행복한 글쓰기를 위한 여섯 단계

계 를 넘 는 글 쓰 기

Writing beyond Borders

境界 경계를 넘는 글쓰기

한성우

도서출판 월인

너무 많은 것을 쓰지 마라.
써야 할 것은 철저하게 써라.

머리말

누구나 글을 쓸 수 있어야 한다고 믿어 왔다. 말을 하는 것만큼이나 자유롭게 글을 쓸 수 있어야 한다고 믿어 왔다. 감정이 넘칠 때면, 지식이 넘칠 때면, 생각이 넘칠 때면 숨을 쉬는 것만큼이나 자연스럽게 글을 쓸 수 있어야 한다고 믿어 왔다.

그러나 현실은 이 믿음과 동떨어져 있었다. 이 '누구나' 속에는 너무나 적은 사람들만 포함되어 있었다. 글을 써야 하는 상황이 되면 머릿속이 하얘지고, 손은 굳어져 한 자도 쓰지 못하는 사람들을 수없이 보아 왔다. 할 수만 있다면 글을 써야 하는 상황을 비껴가려고만 했지 팔을 걷고 글쓰기에 나서는 사람을 본 적이 없다.

아무나 글쓰기를 가르쳐야 한다고 믿어 왔다. 첫돌 무렵의 아이를 둘러싸고 모든 사람이 말 한 마디라도 더 가르치려고 노력하듯 글자를 아는 모든 사람들은 글자를 아는 모든 사람에게 글쓰기를 가르쳐야 한다고 믿어 왔다. 글을 쓰고 읽는 것이 삶을 살아가는 주요 수단이 된 상황이라면 아무나 글을 가르칠 수 있어야 한다고 믿어 왔다.

그러나 이 믿음 역시 현실과 동떨어져 있었다. 아무도 선뜻 나서서 글쓰기를 가르치지 않았다. 글쓰기가 중요하다는 원칙론과 잘 가르쳐야 한다는 당위론은 사방에 넘쳐 났지만 '글쓰기는 이렇게 하는 것이다'라고 자신 있게 나서는 사람이 없었다. 글쓰기에 대한 하소연은 있었지만, 글쓰기의 한 부분에 대한 강조는 있었지만, 좋은 점수를 받아 대학에 가기 위한 비법은 있었지만 글쓰기의 시작부터 끝까지 꼭 필요한 모든 것을 가르쳐 주는 사람은 없었다.

현실은 이랬지만 누구든 글을 써야 하고 누구든 글쓰기를 가르쳐야 하는 상황은 달라지지 않았다. 그렇다고 누구나 쓸 수 있고 아무나 가르칠 수 있다는 믿음만 가지고 무턱대고 나설 수는 없었다. 이제까지 해 온 공부가 글쓰기와는 전혀 다른 공부인데 이 믿음을 구현하겠다고 나서는 것은 세상이 코웃음을 칠 일이었다. 믿음만 있었지 그 믿음을 구현할 특별한 능력이 없었다.

그러나 어찌 된 영문인지 글쓰기 강의와 강연, 문장 컨설팅, 글쓰기 출제와 채점 등 글쓰기와 계속해서 관련을 맺게 되었고 이 과정에서 믿음을 구현할 것을 강요받았다. 필요성은 느끼지만 듣기 싫은 강의에서 쓰기 싫은 글을 써야 하는 학생들을 다독이기 위해서는, 기관이나 기업의 허점투성이 문서를 바로잡아주고 글쓰기를 괴로워하는 사람들에게 적당한 지침을 주기 위해서는, 글쓰기 문제와 채점의 공정성을 기하기 위해서는 글쓰기에 대해 더 고민할 수밖에 없었다. 그리고 이 모든 상황과 사람들을 위한 글쓰기의 원리와 방법을 모색해야만 했다.

다행스럽게도 이제까지 해 온 공부가 글쓰기와 그리 멀지 않은 공부였다. 늘 '구조'와 '생성'이란 두 단어를 머릿속에 넣고 공부를 해야 했는데 그것을 글쓰기의 핵심적인 원리로 발전시켜 나갈 수 있었다. 글이 글자와 구별되기 위해서는 치밀한 구조를 갖추어야 하는데 그 구조는 언어학의 핵심적인 화두였다. 또한 머릿속에 있든 가슴속에 있든 그 모든 것을 문장으로 생성해 내야 글로 전개할 수 있는데 이 생성 또한 언어학의 핵심적인 화두였다.

구조에 바탕을 둔 구성의 원리와 생성에 바탕을 둔 전개의 원리는 글쓰기를 지도하는 데 매우 유용했다. 무엇인가 쓸 거리만 있다면 그것을 구조화시키는 것은 어렵지 않았다. 글의 구조가 만들어졌고 구조의 각 부분에 들어갈 내용만 갖추어졌다면 문장으로 전개해 나가는 것 또한 어렵지 않았다. 이 구성과 전개의 원리를 이해하기만 하면, 그리고 훈련을 통해 그 방법만 터득해 내기만 하면 누구나 글을 쓸 수 있었다.

그러나 구성과 전개만을 가르치는 것의 한계는 분명했다. 어떤 재료가 들어가든 글다운 글로 뽑아내는 것은 가능하지만 어떤 재료를 어떻게 넣을 것인가의 문제가 금세 닥쳤다. 뿐만 아니라 왜 글을 써야 하는지를 모르는 상황에서 글을 쓰는 방법만을 붙잡고 있다는 것은 너무나 맹목적이었다. 글을 써야 하는 동기가 부여되지 않고 글을 씀으로써 달성하고자 하는 목표가 분명해지지 않은 상황에서 온전한 글쓰기 교육이 이루어질 수 없었다.

교양으로서의 글쓰기를 가르치면서 이에 대한 해법을 조금씩 찾아갈 수 있었다. 교양을 인간이 인간답고도 행복하게 사는 데 필요한 것으로 규정한다면 인간을 인간답지 못하게 하고 불행하게 하는 것이 무엇인가를 찾아야 했다. 그리고 그것을 해결하기 위해 노력을 해야 했고, 해결책을 찾았다면 그것을 사람들과 나눌 수 있어야 했다. 이 모든 과정에서 글쓰기는 어떤 의미가 있으며, 글쓰기를 어떻게 해야 할 것인가를 모색해야 했다. 우리의 행복을 방해하는 것이 현실의 다양한 문제라면 그 문제를 발견하고, 해결하기 위해 노력하고, 그 해결책을 제시하는 것이 교양교육의 핵심이었고 글쓰기는 이 과정의 시작부터 끝가지 결합될 수 있었다.

구성과 전개의 원리가 문제해결을 위한 의사소통의 원리로 확장될 수 있었다. 구성과 전개는 단순히 글 자체를 목적으로 삼은 것이었다. 그러나 글을 쓰는 것 자체가 목적이 아니라 그 글을 씀으로써 하고자 하는 무엇이 있어야 하는데 그것이 의사소통이었다. 그리고 의사소통은 소통 자체가 목적이 아니라 그 소통을 통해 주어진 문제의 해결책을 나누고 궁극적으로 문제를 해결하는 것이 목적이었다.

모두의 행복을 위해 문제를 해결해야 하고, 문제의 해결을 위해 의사소통을 해야 하며, 의사소통을 위해 글을 써야 하며, 글을 쓰기 위해 구성과 전개의 원리를 알아야 한다. 이러한 모든 과정이 결코 분리된 것이 아닌 하나의 과정이고 또 그래야만 흰 종이 위의 검은 것이 글자가 아닌 글이 된다. 그래야만 글을 쓰는 동기가 부여되고, 목표가 생기며, 원리와 방법을 알고자 하는 의지가 생긴다. 그래야만 누구나 글을 쓰게 되고, 쓸 수 있게 되고 가르치게 된다. 글을 써야만 우리가 행복해지기 때문이다.

이 책은 이러한 믿음과 고민의 결과물이다. 누구나 쓸 수 있고, 누구나 가르칠 수 있다는 막연한 믿음이 누구나 쓰고 누구나 가르쳐야 한다는 당위로 발전하기까지 많은 시간이 걸렸다. 글을 쓰는 것이 모두가 행복해지기 위한 길이라는 것을 알기까지 또 많은 시간이 걸렸다. 그 과정에서 두서없이 정리해 놓았던 생각들과 자료들을 모아봤다. 그 과정에서 수많은 학생들이 내게 준 선물을 정리해봤다.

이 책을 읽고 이용하는 모든 사람들이 믿음 속의 '누구나'와 '아무나'에 속하길 바라는 마음 간절하다. 문제해결이란 궁극적인 목적을 발견하는 것에서 시작하여 좋은 문장을 쓰는 데까지 내려가든, 좋은 문장에 대한 고민에서 시작하여 궁극적으로 문제해결을 시도하는 데까지 나아가든 그 순서는 상관이 없다. 다만 글쓰기의 진정한 목적인 문제해결을 위해 누구나 노력해야 한다는 것, 글쓰기의 기초적인 원리와 방법은 누구나 익힐 수 있고 아무나 가르칠 수 있다는 것, 그리하여 행복하게 글을 쓰고 행복을 만들어 나가야 한다는 것을 모두가 공유하게 되기를 바란다.

공부하고 가르치는 것을 제일 좋아하도록 키우셨지만 그 길을 반대하셨던, 그러나 지금은 가장 열렬한 후원자가 되신 부모님, 늘 곁에서 든든한 힘이 되어 주시는 나의 또 다른 부모님, 늘 생글생글 웃으면서 변치 않는 믿음과 사랑을 보여주는 아내, 바쁘다는 핑계로 제대로 놀아주지도 못하는 아버지이지만 늘 힘을 주는 딸 모두에게 고마운 마음을 전한다.

이 책 속에 담긴 주요 원리와 방법은 글쓰기의 중요성에 눈을 뜨게 해 주신 최명옥 선생님께 많이 기댔다. 혹시라도 가르침을 제대로 이해하지 못했다면 그것은 전적으로 저자의 책임이다. 그리고 가톨릭대학교 교양교육원에서 같이 부대끼며 교양교육을 위해 애쓴 모든 선생님들께도 감사를 드린다. 특히 교양교육 및 인문학 전반에 눈을 뜨게 해 주신 이현휘 선생님과 김호 선생님께 감사드린다.

이제까지 강의실에서 만난 모든 학생들은 이 책의 가장 중요한 밑바탕이다. 이들을 가르치면서 얻은 여러 방법들만 해도 큰 빚인데 좋은 예문들을 이름도 밝히지 않고 쓰게 돼 더 큰 빚이 되었다. 저자의 불찰로 출처를 다 챙기지 못한 여러 글과 사진의 주인들에게도 많은 빚을 졌지만 지금으로서는 감사의 마음을 표하는 것 이외에는 다른 방법이 없어 안타깝다.

이 책이 나오기까지 많은 사람들의 도움을 받았다. 꼼꼼하게 교정을 봐주고 날카로운 조언을 해 준 김현, 안소진, 구민영, 김아름 선생께 고마움을 표한다. 그리고 좋은 책을 만들기 위해 혼신의 힘을 기울여 주신 박성복 사장님을 비롯한 월인 출판사 식구들에게도 감사드린다.

2006년 5월 25일

로스트로포비치가 연주한 슈베르트의 아르페지오네 소나타를 들으며

저자 씀.

일러두기

- 이 책은 총 6장으로 구성되어 있는데 각 장은 일정한 순서에 따라 배열되었기 때문에 1장부터 6장까지 차례대로 보는 것이 좋다. 1장은 이 책의 서론에 해당하기 때문에 가벼운 마음으로 읽어도 좋다. 2장부터 5장까지는 글쓰기의 과정에 따라 핵심 원리와 방법을 상세하게 설명해 놓았으므로 이 부분은 순서에 따라 꼼꼼하게 읽어 보아야 한다. 특히 예문을 꼼꼼하게 읽고 확인문제까지 풀어보면 원리와 방법을 더욱 확실히 이해하고 익힐 수 있을 것이다. 6장은 이 책의 결론이므로 읽지 않아도 되지만 글쓰기의 영역을 좀 더 확장하고 싶은 독자는 읽는 것이 좋다.

- 장의 첫머리에는 각 장에서 추구해야 할 핵심적인 내용을 적어 놓았다. 해당 장을 읽으면서 늘 염두에 두면 좋다. 또한 각 절에는 그 절에서 학습하고자 하는 내용과 목표를 정리해 두었다.

- 이 책의 각 절과 항에는 가능한 한 고유어를 활용해 비유적인 제목을 붙였고 경우에 따라서는 비유적인 제목과 원개념을 밝힌 제목을 같이 붙였다. 비유적인 표현을 통해 그 내용을 가늠해 보고 구체적인 설명과 예를 읽으면 도움이 될 것이다.

- 본문의 설명에서는 글쓰기의 원리와 방법을 이해하는 데 편하도록 비유를 많이 들었다. 특히 사진과 그림을 곁들여 이해하기 쉽도록 했으므로 원리와 방법을 명확히 파악하도록 노력하기 바란다.

- 본문의 설명과 관련된 예시는 가능하면 몇 개의 주제를 처음부터 끝까지 사용해 글쓰기의 과정을 이해하도록 했다. 이 몇 개의 주제가 어떻게 글로 완성되어 가는가를 파악하면 글쓰기의 과정 전반에 대해 잘 이해할 수 있을 것이다.

- 이 책의 본문에 쓰인 예문 중에 출처를 밝히지 않은 예문은 모두 저자가 직접 썼거나 저자가 가르친 학생들이 쓴 것을 수정한 것이다. 모든 예문이 본문의 설명과 부합되기 때문에 설명과 비교해 읽으면 많은 도움이 될 것이다. 또한 확인문제에도 학생들의 예문을 많이 포함시켰다.

- 본문 설명 뒤에는 핵심적인 내용을 추려 놓았다. 본문의 세세한 내용은 잊더라도 이 내용만은 확실히 기억해야 한다.

- 각 항의 마지막에는 본문의 설명에 부합되는 확인문제를 두었다. 글쓰기는 이론을 암기한다고 되는 것이 아니므로 실제로 글을 써 봐야 한다. 따라서 본문의 설명을 참조해 확인문제를 꼼꼼히 풀어볼 것을 권한다.

- 이 책에 담겨 있는 원리와 방법을 완벽하게 익히되 궁극적으로는 다 잊을 수 있어야 한다. 원리와 방법은 반드시 알아야 하는 것이지만 원리와 방법만 앞세우게 되면 창의적인 글을 쓰기가 어렵다. 따라서 이 책의 원리와 방법을 완전히 익힌 후 그것을 창의적으로 발전시켜 글을 써 나갈 수 있도록 노력해야 한다.

| 차례 |

제1장 경계 찾기

1. '누구나'와 '아무도' … 21

누구나 쓰는 글/ 아무도 자신 있게 쓰지 못하는 글/
누구나 가르치는 글쓰기/ 아무도 완벽하게 가르치지 못하는 글쓰기/
경계 확인의 필요성

2. 목적, 수단, 결과의 경계 … 29

왜 써야 하는가에 대한 의문/ 어떻게 써야 하는가에 대한 의문/
어떻게 될 것인가에 대한 의문/ 문제해결과 의사소통

3. 내용, 사고, 표현, 표기의 경계 … 37

내용에 대한 강박관념과 강요/ 사고에 대한 강박관념과 강요/
표현에 대한 강박관념과 강요/ 바른 표기에 대한 강박관념과 강요

4. '누구도'와 '아무도' … 45

누구도 대신 써 줄 수 없는 글/ 아무나 쓸 수 있는 글/
'우리'를 위한 '나'의 글쓰기

5. 경계를 넘는 글쓰기의 여정 … 51

이 책의 목표/ '경계 찾기'로부터 '또 다른 경계 넘기'까지

제2장 경계 넘기의 준비

1. **글쓰기의 과정** … 57

일반적인 글쓰기의 과정/ 글쓰기 과정에 대한 이해/
문제해결을 위한 글쓰기의 과정/ 문제해결을 위한 글쓰기 과정의 이해

2. **문제의 발견** … 67

무엇이 문제인가 - 문제의 개념/ 답을 말하라 - 해답을 요구하는 물음/
토론하고 연구하라 - 논쟁과 연구의 대상/ 없애라 - 귀찮은 일이나 말썽/
풀어라 - 해결을 요구하는 일

3. **주제의 설정** … 83

무엇에 대해 쓸 것인가 - 주제의 개념/
머릿속의 폭풍 - 주제 설정의 방법/ 생각의 계단 - 주제의 층위/
알맹이와 테두리 - 참주제와 가주제/ 돋보기와 졸보기 - 선택과 집중/

4. **제목의 설정** … 101

문패와 간판 - 제목의 역할/ 추리기, 뽑기, 빗대기 - 제목을 쓰는 방법

5. **글의 종류의 설정** … 107

형식에 따른 글의 종류/ 나에게 오라, 지식과 정보를 주마 - 설명문/
너에게 가마, 나를 따르라 - 논설문

6. **자료의 수집과 정리** … 125

읽을 거리와 쓸 거리 - 자료의 중요성/
앉은뱅이와 탁발승 - 자료 수집의 자세/
청맹과니와 천리안 - 자료 수집의 방법/
벼리와 그물코 - 자료 정리의 방법/
진주조개 잡이의 비극 - 자료에 대한 오해

제3장 경계 넘기

1. **간잡이그림** … 145

아흔아홉 칸 집의 비밀 - 설계의 중요성/
왜, 무엇을, 누구를 위해, 어디에 - 설계의 내용/
터, 기둥, 들보, 지붕 - 구조의 설계/
오로지, 오밀조밀, 온 - 설계의 원칙

2. **간잡이그림의 유형** … 169

삼단[삼딴]과 삼단(三段) - 서론, 본론, 결론/
줄지어 늘어놓기 - 직렬식 구성/ 나란히 늘어놓기 - 병렬식 구성/
줄나란히 늘어놓기 - 복합식 구성

3. **간잡이그림의 상세화** … 207

시방서와 개요 - 개요의 개념/ 짤막하게 쓰기 - 화제개요/
자세하게 쓰기 - 문장개요/ 짤막하지만 자세하게 쓰기 - 복합개요/
行人臨發又開封 - 개요의 재검토

제4장 경계 넘어 터다지기

1. **글목수와 글미장이** … 233

글목수와 글미장이 - 집필/ 재료와 연장 - 필력/ 벽 - 집필의 단위/
잎과 창 - 단락 간의 소통

2. **단락 쓰기** … 253

생각의 덩어리와 문장의 묶음 - 단락의 개념/
덩어리의 크기와 무게 - 단락의 길이/ 피라미드 - 단락의 구조/
피라미드의 정점 - 화제문/ 피라미드의 밑변 - 뒷받침문/
"난 한 놈만 패" - 1단락 1화제/ 오로지 - 통일성/ 오밀조밀 - 긴밀성/
온 - 완결성

3. **설명** … 289

풀이와 깨우침 - 설명/ 뜻매김과 자리매김 - 정의/ 보기 보이기 - 예시/
견주기 - 비교와 대조/ 빗대기 - 유추/ 묶기와 가르기 - 분류와 구분/
뜯어보기 - 분석

4. **논증** … 315

주장과 설득 - 논증/ 내세우기 - 명제/ 부빌 언덕 - 논거/
이끌어내기 - 추론/ 내세우기와 이끌기 - 논증을 통한 단락의 전개

5. **서론 쓰기** … 333

깔때기와 이정표 - 서론의 역할과 구조/ 좁히기 - 구체화를 통한 도입/
넓히기 - 일반화를 통한 도입/ 빗대기 - 유추를 통한 도입/
알리기 - 문제제기

6. **본론 쓰기** … 353

펼침 - 본론의 역할/ 엮음 - 본론의 구성과 전개

7. **결론 쓰기** … 363

마무리 - 결론/ 요약과 덧붙임 - 결론의 서술 방법

제5장 경계 넘어 자유 찾기

1. **다름과 틀림, 그리고 바름** … 375

다름과 틀림/ 같음과 바름/ 얄팍한 규범과 머릿속의 완벽한 어법

2. 맞춤법과 띄어쓰기 … 383
받아쓰기의 어려움/ 누구나 아는 맞춤법/
참을 수 없이 당연한 띄어쓰기/ 사전과 컴퓨터의 도움

3. 한없이 완벽에 가까운 문법 … 397
수다와 글쓰기/ 아는 만큼, 생각한 만큼 쓸 수 있다/
짜깁기의 비극과 긴 문장에 대한 오해

제6장 남은 경계들

1. 솔기 없는 옷(Seamless Coat) … 409
경계와 솔기/ 학술적 글쓰기/ 분야별, 상황별 글쓰기/
백신, 보약, 치료약/ 읽기와 사고력/ 입말과 글말

2. 규정종목과 자유종목 … 423
규정종목과 자유종목/ 글쓰기의 규정종목과 자유종목

제1장 경계 찾기

1. '누구나'와 '아무도'
2. 목적, 수단, 결과의 경계
3. 내용, 사고, 표현, 표기의 경계
4. '누구도'와 '아무도'
5. 경계를 넘는 글쓰기의 여정

"글쓰기보다 더 어려운 것은
글쓰기가 어렵다는 생각에서 벗어나는 것이다."

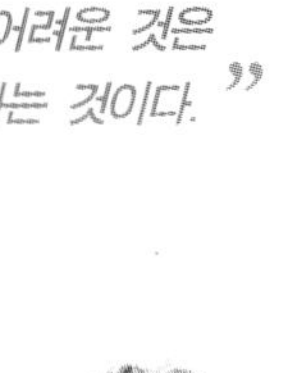

1. '누구나'와 '아무도'

누구나 글을 쓰고 누구나 글쓰기를 가르친다. 그러나 아무도 자신 있게 쓰지 못하고 아무도 완벽하게 가르치지 못한다. 왜 이러한 상황이 초래되었을까? 이 의문에서부터 출발해 보자.

- ❑ 누구나 쓰는 글
- ❑ 아무도 자신 있게 쓰지 못하는 글
- ❑ 누구나 가르치는 글쓰기
- ❑ 아무도 완벽하게 가르치지 못하는 글쓰기
- ❑ 경계 확인의 필요성

누구나 쓰는 글

우리들은 글자를 익힌 순간부터 늘 글을 써야 하는 부담에 시달려 왔다. 글자가 지식과 사고를 전달하고자 하는 수단으로 고안되었기 때문에 글자를 익힌다는 것은 글을 써야 한다는 것과 직결될 수밖에 없다. 그리하여 짧게는 그림일기의 칸을 채우는 것부터 시작하여, 독후감, 수필, 설명문, 논설문 등 수많은 글들을 써야만 한다. 우리 모두는 원하든 원하지 않든 글을 쓸 수밖에 없는 것이다. 또한 일상생활에서도 짤막한 메모를 남기거나 친구에게 편지나 이메일을 보낼 때도 글을 써야만 한다.

글을 써야 하는 부담은 앞으로도 줄어들 것 같지 않다. 대학생활 내내 시험 답안을 써야 하고 보고서를 작성해야 하는데 이 또한 글을 써야만 하는 일이다. 연구자가 되어 논문을 쓰게 된다면 글을 쓰는 일이 일상이 될 것이다. 또한 기업이나 기관에 취업을 하더라도 모든 공식적인 업무가 문서를 통해 이루어지기 때문에 글을 쓰는 일에서 벗어날 수 없다. 꼭 이러한 공식적인 일이 아니더라도 하다못해 주부 대상 라디오 프로그램에 사연을 보내 남들 다 받는 김치 냉장고를 받으려고 해도 글을 써야만 하고, 인터넷상에서 게시판에 자신의 글을 올리거나 댓글을 달려고 해도 글을 써야만 한다.

따라서 글은 누구나 쓸 수밖에 없다. 사회생활을 하면서 의사소통을 하기 위해서는 말이 필수이듯이 글도 필수적인 요소인 것이다. 더욱이 지적인 활동, 공식적인 활동에서 글을 쓰는 행위를 빼놓을 수는 없다. 이렇듯 글쓰기는 누구나 써야 했고 앞으로도 써야 하는 일상의 일부이다.

• 글은 중요한 의사소통 수단이므로 누구나 써야 하고 또 써 왔다.

아무도 자신 있게 쓰지 못하는 글

그러나 기꺼운 마음으로 자신 있게 글을 쓴 기억을 가져본 사람들은 거의 없다. 일기나 독후감은 과제이기 때문에 괴롭기도 하지만 스스로의 힘으로 무엇인가를 생각해 내고 손으로 무엇인가를 써 내야 한다는 것 때문에 몇 배나 더 괴롭다. 편지나 메일을 쓰면서도 과연 쓰고자 하는 내용을 제대로 썼는지, 그것이 잘 전달될 것인지 확신하기 어렵다. 짤막한 한두 단어를 적는 것이라면 몰라도 긴 문장으로 쓰고 문장과 문장을 이어 보다 긴 글을 쓰는 것은 웬만하면 피하고 싶기만 하다.

결국은 남의 글을 베끼거나 짜깁기를 하는 수밖에 없다. '글자'를 쓰는 것을 깨치기는 했지만 '글'을 쓰는 것을 깨치지 못한 이상 스스로의 힘으로 글을 쓴다는 것은 불가능하다. 그래서 궁여지책으로 찾아낸 것이 남의 글을 그대로 베끼거나 글을 모아 다시 엮어내는 것이다. 더욱이 요즘처럼 인터넷에 정보가 넘치는 상황이라면 베끼기나 짜깁기는 최고의 글쓰기 방법이 될 수 있다.

그러나 이 또한 자신이 없기는 마찬가지이고 이렇게 글을 쓰면 쓸수록 부끄러움만 커질 뿐이다. 완전히 베껴 쓰는 것이 아니라면 결국은 자신의 생각을 바탕으로 글을 짜깁기할 수밖에 없는데 이 과정 또한 글을 직접 쓰는 것만큼 어려운 과정이기도 하다. 문장을 모아 놓는다고 해서 글이 되는 것이 아니어서 일정한 기준을 가지고 문장을 모으고 정리해서 써야 하기 때문이다. 더구나 글을 쓰는 목적이 자신의 지식과 사고를 글로 표현하고 독자를 이해시키는 것인데 자신의 사고와 지식이 아닌 것을 억지로 글로 만들자니 제대로 될 리가 만무하다.

결국 글은 모두가 쓰지만 아무도 자신 있게 쓰지 못하는 대상이다. 어떤 종류의 글이든 글을 써야 한다는 것은 부담이다. 원고지를 펼쳐 놓으면 머릿속이 하얘지는 느낌을 받고, 컴퓨터와 마주앉아 키보드를 두드리려고 하면 모든 자판을 까먹은 듯 한 자도 쓸 수가 없다. 누구나 써야 하지만 아무도 자신 있게 쓸 수 없는, 그래서 두려운 것이 글이다.

• 글쓰기에 대한 두려움 때문에, 글쓰기의 구체적인 방법을 모르기 때문에 아무도 자신 있게 쓰지 못한다.

누구나 가르치는 글쓰기

누구나 글을 쓴다는 것은 누구나 글을 가르칠 수 있다는 것을 의미하기도 한다. 글을 한 번이라도 써 본 경험이 있다면 그 경험을 바탕으로 글쓰기를 가르칠 수 있다. 그리하여 일찍부터 가정에서는 부모가 글쓰기를 가르치고 정규교육이 시작되고부터는 학교에서 글쓰기를 가르친다. 모든 분야에서 글쓰기가 필요하기 때문에 꼭 정규교육기관이 아니더라도 글쓰기를 가르칠 수 있었고, 모든 분야에서 필요한 것이기 때문에 반드시 국어 선생님이 아니더라도 글쓰기를 가르칠 수 있었다.

가정과 학교 이외의 사교육시장을 들여다보면 글쓰기를 가르치는 '누구나'의 범위는 훨씬 더 넓어진다. 여러 학원에서 글쓰기, 혹은 논술을 가르치고 각종 학습지, 온라인 프로그램 등 유·무형의 글쓰기 선생님이 넘쳐나고 있다. 또한 글을 쓰는 것을 지도하는 것뿐만 아니라 쓴 글을 고쳐 주거나 아예 대신 써 주는 경우도 있다.

대학에서는 글쓰기 교육이 더욱 복잡해진다. 대학마다 글쓰기 교육과정을 따로 두기도 한다. 교양과정에서 이루어지는 이러한 글쓰기 교육이 끝이 아니고 다른 교양과목이나 전공과목에서도 늘 글을 써야 하고 그 글에 대한 지도를 받는다. 또한 글쓰기에 어려움을 느끼고 있는 학생들을 위해 글쓰기를 돕는 기구를 운영하기도 한다. 이 기구에서는 특별 강좌를 운용하기도 하고 개별적으로 지도를 해 주기도 한다.

- **글쓰기는 교육에서 매우 중요하기 때문에 누구나 가르쳐야 하고, 또 누구나 가르칠 수 있다고 생각해 왔다.**

아무도 완벽하게 가르치지 못하는 글쓰기

그러나 실상을 살펴보면 글쓰기 교육이 완벽하게 이루어지고 있다고 말하기는 어렵다. 이러한 실상은 글을 쓰는 사람을 기준으로 평가해 보면 쉽게 드러난다. 어느 누구도 자신 있게 글을 써 내지 못하고 있다. 모든 사람들이 글을 쓰기는 하지만 어느 누구도 글쓰기에 대해 잘 알고 있다고 말하지 못하고 있다. 이러한 현실은, 누구나 글쓰기를 가르치고 있지만 아무도 완벽하게 가르치지 못하고 있다는 것을 방증한다. 글쓰기에 대해서 잘 모른다고 하면서 필요에 의해서 가르치는 경우이든, 글쓰기의 모든 것을 책임지겠다고 말하면서 가르치는 경우이든 글쓰기를 배우는 사람들이 자신감을 얻지 못한다면 그 가르침은 제대로 된 가르침이라고 보기 어렵다.

글쓰기를 가르치면서 일부는 '내용'의 중요성만 지나치게 강조한다. 이런 부류의 글쓰기 선생들은, 글이라는 것이 결국을 글쓴이의 지식과 사고를 담기 위한 그릇이므로 그 안의 내용이 훌륭해야 한다고 강조한다. 이러한 방식의 글쓰기에서는 얼마나 많은 배경지식을 가지고 있는가, 얼마나 많은 자료를 모았는가, 얼마나 많이 생각했는가가 가장 중요한 요건이 된다. 결국 글을 평가할 때도 그 속에 담긴 내용의 깊이와 넓이를 중심으로 평가한다.

일부는 '형식'의 중요성만 지나치게 강조한다. 즉 글이라는 것은 일정한 구조를 갖춘 지적 구조물이기 때문에 그 형식이 정연해야 한다는 것을 강조한다. 이 경우에는 어떻게 서론, 본론, 결론을 갖추어 글을 쓸 것인가, 각 단락은 어떻게 전개할 것인가, 각 문장들은 어떻게 연결할 것인가에 관심을 집중한다. 따라서 글이 담고 있는 내용보다는 그 내용이 담겨 있는 그릇의 완벽함과 정연함에 초점을 맞추어 평가한다.

일부는 '표현'의 중요성만 지나치게 강조한다. 글이라는 것이 자신의 지식과 사고를 정확한 문장으로 쓰는 것이기 때문에 어법에 맞는 문장으로, 규범에 맞게 쓰는 것이 중요하다는 것이다. 이 경우에는 주어와 서술어가 잘 호응이 되고 있는가, 불필요한 요소가 중복되거나 꼭 필요한 요소가 생략되지는 않았는가, 문장이 중의적이지 않는가 등에 초점을 맞춘다. 또한 맞춤법에 맞게 잘 썼는가, 표준어를 쓰고, 외래어표기법도 잘 지켰는가 등에 초점을 맞춘다. 또한 글에 대한 첨삭도 각종 교정부호를 사용해 원고 위에 시뻘겋게 도배를 하는 것이라고 생각한다.

이렇듯 글쓰기의 일부에 대해서만 강조하는 글쓰기 교육이 제대로 된 성과를 거둘 리 만무하다. 글이라는 것이 내용과 형식이 조화를 이루고 완벽한 문장으로 표현되어야 하는 것임을 고려한다면 어느 한쪽만을 강조하는 글쓰기 교육은 문제가 있다. 더욱이 이러한 부분적인 교육이 특별한 철학이나 방법론에 입각한 것이 아닌 글쓰기를 가르치는 사람들의 한계나 성향을 반영하는 것이라면 더더욱 문제가 있다.

- **글쓰기의 목적, 원리, 내용, 방법 등에 대해 잘 모르기 때문에 아무도 완벽하게 가르치지 못했다.**

경계 확인의 필요성

글쓰기와 관련된 이상의 '누구나'와 '아무도'의 문제는 글쓰기나 글쓰기 교육을 방해하는 어떤 장애물이 있고 그 장애물을 뛰어 넘어야 한다는 것을 말해준다. 그 장애물은 글쓰기에 대한 막연한 두려움일 수도 있고, 글을 쓰는 것을 제대로 배우지 못했다는 불안감일 수도 있다. 또한 글쓰기를 제대로 가르쳐야 하지만 아는 것만, 할 수 있는 것만 가르쳤다는 문제일 수도 있다. 이 장애물을 넘어야만 누구나 글을 잘 쓸 수 있고, 누구나 글쓰기를 잘 가르칠 수 있기 때문이다.

따라서 글쓰기와 글쓰기 교육을 제대로 하기 위해서는 뛰어넘어야 할 경계가 무엇인가를 먼저 확인해야 한다. 그 경계는 글을 쓰는 사람 스스로가 만든 것일 수도 있고, 글을 가르치는 사람들에 의해서 강요된 것일 수도 있다. 그 경계가 무엇이든 그것을 정확하게 확인하고 하나하나 극복해 나갈 때 비로소 글을 잘 쓰고 글을 잘 쓸 수 있도록 가르칠 수 있다.

- **글은 누구나 써야 하고 누구나 잘 쓸 수 있다.**
- **글은 모두가 가르쳐야 하고 모두가 잘 가르칠 수 있다.**

2. 목적, 수단, 결과의 경계

글쓰기를 어렵게 하는 첫 번째 경계에 대해서 알아보자. 왜 쓰는지 모르고 글을 쓴다면, 어떻게 써야 할지 모르고 쓴다면, 글을 쓴 결과가 어떻게 될지 모르고 쓴다면 좋은 글을 결코 쓸 수 없다. 글을 쓰는 목적, 수단, 결과에 대해 명확히 아는 것이 좋은 글을 쉽게 쓰기 위한 출발점이다.

- ❑ 왜 써야 하는가에 대한 의문
- ❑ 어떻게 써야 하는가에 대한 의문
- ❑ 어떻게 될 것인가에 대한 의문
- ❑ 문제해결과 의사소통

왜 써야 하는가에 대한 의문

모든 행위에는 목적이 있다. 즉 행위를 통해 이루고자 하는 것이 무엇인가가 분명해야 하고 이것이 분명해야 나아갈 방향도 정해진다. 행위의 목적은 동기와도 밀접한 관련을 갖는다. 즉 어떤 일이나 행동을 일으키게 하는 계기인 동기가 있으면 이에 따라 목적이 결정될 수 있다. 이러한 동기와 목적은 수단을 선택하는 기준이 되기도 하고 결과를 예측하고 평가하는 지표가 되기도 한다. 글을 쓸 때에도 글을 쓰는 분명한 동기와 목적이 있어야 한다. 왜 글을 쓰게 되었는가는 글쓰기의 동기가 되며, 무엇을 위해 글을 써야 하는가는 글쓰기의 목적이 된다.

그런데 실제로는 글쓰기의 동기와 목적이 불분명한 경우가 많다. 논술시험에서는 글을 쓰게 된 동기는 전형 절차에 글쓰기가 포함되었다는 것이며, 글을 쓰는 목적은 좋은 평가를 받아 합격하는 것이다. 독후감, 보고서 등을 쓰는 동기 또한 논술 시험의 그것과 별로 다르지 않아 누군가가 독후감이나 보고서를 쓸 것을 요구한 것이 동기가 되고, 적당히 써서 제출해 야단을 맞지 않거나 점수를 받을 수 있다는 것이 목적이 된다. 성인이 되어 각종 업무를 위한 글을 쓸 때도 조직이나 상사의 요구가 동기가 되며 자신의 의무를 수행하는 것이 목적이 된다.

그러나 이것은 글을 쓰는 진정한 동기나 목적이 될 수 없다. 시험 답안, 독후감, 보고서, 업무용 문서 등의 동기와 목적 속에 위와 같은 것이 포함되기는 한다. 그런데 이것은 어디까지나 표면적인 목적에 불과하다. 이는 글쓰기 행위를 둘러 싼 체계 내에서 글을 쓰는 행위 자체를 이용하거나 평가하기 위한 목적일 뿐이지 글 자체의 목적은 아니다. 즉, 글 속에 담긴 지식과 사고를 통해 무엇을 이루고자 하는 것인가에 대한 근본적인 목적이 아니다.

글쓰기의 목적에 대한 이러한 의문이 풀리지 않으면 글을 잘 써내기란 쉽지 않다. 글을 쓰는 행위가 글을 쓰는 주체의 자주적인 판단에 의해 능동적으로 이루어져야 하는데 글을 쓰는 행위를 둘러싼 표면적인 동기와 목적은 글쓰기를 수동적인 것으로 만들어 버린다. 또한 이런 글은 보다 큰 목적을 이루기 위한 글이 아닌, 단지 합격용, 점수받기용, 면책용 글이 될 수밖에 없다. 따라서 글을 잘 쓰기 위기 위해 먼저 확인하고 넘어야 하는 경계는 글을 쓰는 목적에 대한 경계이다.

- **글을 쓰는 진정한 목적이 무엇인가를 알아야 능동적이고 주체적인 글쓰기가 가능하다.**

어떻게 써야 하는가에 대한 의문

글을 쓰는 목적에 대한 의문은 어떻게 써야 하는가에 대한 의문으로 이어진다. 목적이 분명하게 수립이 되어야 어떤 종류의 글을 어떤 형식으로 써야 할 것인가를 결정할 수 있다. 즉 글쓴이의 감정을 표현해서 독자의 감동을 일으키는 것을 목적으로 한다면 문학적인 글을 써야 한다. 지식을 전달하여 독자의 이해를 도모하는 것을 목적으로 한다면 설명적인 글을 써야 하고, 주장을 피력하여 독자의 설득을 이끌어내는 것을 목적으로 한다면 논설적인 글을 써야 한다. 글의 종류에 대한 선택은 결국 글의 목적과 밀접한 관련을 맺고 있기 때문에 목적이 분명하지 않으면 글을 어떻게 써야 하는가에 대한 근본적인 문제는 해결될 수 없다.

설사 글을 쓰는 목적이 어느 정도 수립되었더라도 막상 글을 쓰려면 어떻게 써야 할지 막막한 경우가 대부분이다. 시, 소설 등은 전문적인 작가의 영역이라고 생각되어 특별한 경우가 아니면 표현을 위한 글쓰기는 시도되지 않는다. 반면에 설명이나 주장을 목적으로 하는 글은 우리의 일상에서 꼭 필요한 실용문이기 때문에 쓸 기회가 자주 있다. 그런데 비록 설명, 또는 주장이라는 목적이 설정되었더라도 설명이나 주장의 구체적인 방법을 모르면 글을 써 나가기 어렵다. 설명의 방법에는 어떤 것이 있는지, 주장을 펼치려면 논증을 어떻게 해야 하는지에 대한 훈련이 없다면 한 편의 완성된 글을 쓴다는 것이 막막하기만 하다.

이러한 막막함은 글의 형식적인 문제와도 직결된다. 설명을 통해 정보를 분명하게 이해시키거나, 주장을 통해 설득을 시키기 위해서는 최선의 방법이 있을 것이다. 설명이나 주장이 제대로 이루어지기 위해서는 글 전체를 이끄는 서론이 있어야 하고, 서론에서 제기된 문제에 대해 본격적으로 논하는 본론이 있어야 하며, 논의를 마무리하는 결론이 있어야 한다. 이러한 형식에 대한 이해가 없이는 글이 제대로 구성되기 어렵다.

그런데 글의 형식적인 면에 대한 설명을 아무리 듣고, 아무리 많은 책을 참고하더라도 어떻게 써야 하는가의 문제는 쉽사리 해결되지 않는다. 이러한 어려움의 근본적인 이유는 어떻게 써야 하는가에 대한 답이 제대로 마련되지 않았다는 데에 있다. 즉 글을 쓰는 행위의 목적이 무엇이고 그 목적을 달성하기 위해서 글은 어떤 역할을 해야 하는가에 대한 잘못된 이해 때문에 이러한 문제가 발생하는 것이다.

설명하는 글이나 주장하는 글의 형식에 맞게 글을 써 내는 것이 중요하기는 하지만 이것이 근본적인 문제는 아니다. 더 중요한 것은 이러한 형식이 요구되는 이유가 무엇인가이다. 더 나아가 글이 어떤 역할을 하는가에 대한 이해가 중요한 것이다. 글을 쓰는 것 자체가 목적이 아니고 글을 통해서 무엇을 하고자 하는가에 대한 이해가 중요하다.

- **글은 가장 중요한 의사소통의 도구 중 하나이다. 어떻게 써야 가장 효과적인 의사소통이 이루어질 것인가를 알아야 좋은 글을 쓸 수 있다.**

어떻게 될 것인가에 대한 의문

글쓰기를 방해하는 마지막 의문은 그 글이 어떠한 결과를 초래할 것인가와 관련이 있다. 자기 기록이라는 것도 글을 쓰는 목적이 될 수 있지만 대부분의 글쓰기는 의사소통의 도구로 활용되어 글쓴이의 감정, 지식, 주장을 전달하게 된다. 즉 모든 글은 쓰는 것에서 끝나게 되는 것이 아니라 누군가가 읽고 감동을 하거나, 이해하거나, 설득을 당하는 것에서 끝나게 된다. 결국 누군가가 글을 읽게 되고 그 결과 어떠한 반응이나 영향이 나타날 것인가에 대해 의문을 품을 수밖에 없다.

이러한 의문은 글쓰기에 대한 두려움으로 나타난다. 자신의 감정을 솔직하게 표현한 문학적인 글이 과연 읽는 사람의 감동을 이끌어 낼 수 있을까, 설명하는 내용이 과연 맞는 것이며 정확하게 전달될 수 있을까, 주장이 과연 설득력이 있을까에 대해 두려워할 수밖에 없는 것이다. 이러한 두려움이 크면 글을 쓰는 목적과 수단이 아무리 분명하더라고 좋은 글을 써 내기 어렵다.

글을 쓰면 어떻게 될 것인가에 대한 불안감이 증폭되는 중요한 이유 중의 하나는 글이 공식적인 성격을 띠고, 오래 보존된다는 데에 있다. 일상적인 대화는 비공식적으로 이루어질 때가 많고 따로 녹음을 하지 않는 한 보존되지 않는다. 그러나 글쓰기를 통한 의사소통은 공식적인 성격이 강하고 이미 쓴 글은 시간과 공간을 넘어 여러 사람에게, 그리고 오랫동안 읽히게 된다. 결과적으로 자신이 쓴 글에 대해 더 많은 책임을 져야 하기도 한다.

이러한 의문에 대해 답하고 불안감을 떨쳐 버리기 위해서는 글을 쓴 결과가 어떻게 될 것인가에 대해서도 알아야 한다.

- **글은 말에 비해 시간과 공간의 한계를 뛰어 넘어 여러 사람에게 전달되므로 파급효과가 크다. 글을 쓴 결과가 어떻게 될 것인가를 알아야 좋은 글을 쓸 수 있다.**

문제해결과 의사소통

이러한 모든 의문에 대한 답은 '문제해결'과 '의사소통'으로 집약될 수 있다. 우리를 둘러싼 삶 속에 문제가 있다면, 그 문제가 우리의 행복한 삶을 방해한다면 우리는 그 문제를 해결해야 한다. 주어진 문제에 대해서 누군가가 문제의 해결책을 찾아냈다면 그 해결책을 많은 사람과 공유해야 한다. 이러한 문제 상황에서의 의사소통, 즉 문제를 해결하기 위한 의사소통이 글을 쓰는 일차적인 목적이 된다. 그리고 의사소통이 이루어져 문제가 해결된다면 그것이 글을 쓴 근본적인 목적이자 결과가 된다.

따라서 좋은 글을 쓰기 위해서는 '문제해결'과 '의사소통'이라는 두 가지 단어를 늘 염두에 두고 있어야 한다. 글을 쓰는 것이 글 자체가 목적이 아니고 글을 통해서 주어진 문제를 해결하려는 것임을 알아야 주체적이고 능동적인 글쓰기가 가능하다. 문제의 해결을 위해서는 원활한 의사소통이 가능해야 하는데 이 원활한 의사소통을 돕는 가장 좋은 방법, 그것이 글을 쓰는 가장 좋은 방법임을 알아야 한다. 글을 통해 의사소통을 함으로써 문제에 대한 해결책을 공유하고 그 해결책대로 문제를 해결하는 것, 그것이 글을 쓴 결과임을 알아야 한다. 이렇게 글을 쓰는 목적의식과 방법이 분명해야 그 결과까지 완벽하게 책임지는 글쓰기가 가능하다.

• 글은 원활한 의사소통을 통해 주어진 문제를 해결하기 위해 쓴다.

3. 내용, 사고, 표현, 표기의 경계

글 또는 글쓰기에 대해 이야기할 때 저마다 중요하다고 생각하는 것에 대해서만 이야기한다. 내용, 사고, 표현, 표기 그 어느 것도 소홀히 할 수 없음에도 한 가지만 강요하는 경우가 있고 글쓴이 스스로도 강박관념에 빠지는 수가 있다. 그 강요와 강박관념에서 빠져나올 수 있는 방법을 모색해 보자.

- ❑ 내용에 대한 강박관념과 강요
- ❑ 사고에 대한 강박관념과 강요
- ❑ 표현에 대한 강박관념과 강요
- ❑ 바른 표기에 대한 강박관념과 강요

내용에 대한 강박관념과 강요

'무엇을 써야 할지 떠오르지 않는다. 책을 별로 읽지 않아서 쓸 내용이 없다. 배경지식이 없어서 글을 쓸 수가 없다.'

이상은 글쓰기를 어려워하는 사람들이 가지는 내용에 대한 강박관념이다. 깊고도 넓은 내용이 담겨 있어야만 글이 글로서 의미를 가질 수 있는데 그 내용이 충분하지 않기 때문에 글을 쓰기 어렵다고 느끼는 것이다.

'내용이 부실하다. 부정확한 정보가 포함되어 있다. 더 많은 자료를 검토해야 할 필요가 있다.'

이상은 글쓰기에 대한 평가를 하는 사람들이 늘 지적하는 내용상의 문제이다. 글을 읽는 목적은 문자 자체를 읽는 것이 아니라 문자가 담고 있는 내용을 파악하는 것인데 그것이 불충분하면 이러한 지적이 나오는 것은 당연하다.

그런데 글을 쓸 때 필요한 내용에 대한 요구가 이렇듯 강박관념이나 강요로 나타나면 글을 써 내기가 어렵다. 글이 내용과 형식의 결합체임을 감안한다면 내용의 중요성에 대해 인식하는 것은 매우 중요하다. 그러나 좋은 글에 대한 요구가 지나쳐 의사소통을 근본적으로 불가능하게 해서는 안 된다. 깊고 넓은 내용이든 얕고 좁은 내용이든 일단 글로 구성이 되고 전개가 되어야 의사소통이 가능하고 그 의사소통의 과정에서 문제의 해결을 꾀할 수 있는 것이다.

- **내용은 글을 이루는 부분적인 요소일 뿐이다.**
- **넓고 깊은 내용을 지나치게 강요해서도 안 되고, 이로 인해 지나친 강박관념을 가져서도 안 된다.**

사고에 대한 강박관념과 강요

'그 문제에 대해 생각해 보지 못해서 글을 쓸 수가 없다. 사고가 체계적이지 않아 글을 쓰기 어렵다. 하고자 하는 말은 있지만 그것이 비논리적일까봐 글로 쓸 수 없다.'

이상은 글쓰기를 어려워하는 사람들이 사고의 논리성에 대해 가지는 강박관념이다. 설명과 논증이 제대로 이루어지기 위해서는 설명과 논증이 체계적이고 논리적이어야 하는데 사고의 체계성과 논리성에 자신이 없어 글을 쓰기 어렵다고 느끼는 것이다.

'사고가 체계적이지도 않고 논리적이지도 않아 설명이나 주장이 제대로 전달되지 않는다. 주장은 많으나 논거가 부족하다. 논증의 과정이 논리적이지 않다.'

이상은 글쓰기에 대한 평가를 하는 사람들이 지적하는 또 다른 문제이다. 좋은 글을 쓰기 위해서는 많이 생각하고 논리적으로 전개해야 하는데 그렇지 못하다는 지적인 것이다.

그러나 체계적이고 논리적인 사고 또한 권고 사항일 뿐 강박관념이나 강요가 될 수는 없다. 체계와 논리만을 추구하다 보면 정작 중요한 문제해결을 위한 창의적인 아이디어가 사장될 수 있다. 또한 체계와 논리를 추구하다 보면 의사소통 자체가 체계와 논리에 얽매이게 될 수도 있다. 문제의 해결을 위한 원활한 의사소통이 이루어지기 위해서는 사고의 체계와 논리성만을 강조하는 것은 바람직하지 않다.

- **사고는 글을 이루는 부분적인 요소일 뿐이다.**
- **체계적이고 논리적인 사고를 지나치게 강요해서도 안 되고, 이에 대해 지나친 강박관념을 가져서도 안 된다.**

표현에 대한 강박관념과 강요

'머릿속에 생각은 맴도는데 적당한 단어나 좋은 표현이 떠오르지 않는다. 문법에 대한 지식이 없어 비문을 쓸까 염려가 된다.'

이상은 표현 면에서 느끼는 글쓰기의 어려움을 담고 있다. 적재적소에 꼭 필요한 단어를 완벽한 문장으로 써야 한다는 강박관념 때문에 선뜻 글을 쓰기가 어려울 때가 있다. 행여 문장이 국어의 어법에 맞지 않아 지적을 받을까 두려울 때도 있다. 이러한 어려움과 두려움은 바로 표현에 대한 강박관념으로 나타난다.

'단어의 쓰임이 적절하지 않다. 바른 표현이 아니다. 주어와 서술어가 호응이 되지 않는다. 불필요한 요소가 중복되어 있어 문장이 경제적이지 않다. 꼭 필요한 요소가 생략되어 있어 내용을 파악하기 어렵다.'

이상은 글에 대한 첨삭에서 늘 발견할 수 있는 것들이다. 단어가 바르게 사용되어야 하고 표현이 정확하게 이루어져야 하는 것은 내용의 전달력을 높이기 위해 필요하다. 또한 어법에 맞는 문장을 써야 원활한 의사소통이 가능하다.

그러나 표현과 어법에 대한 강박관념이나 강요 때문에 글쓰기에 어려움을 느껴서는 안 된다. 표현이 다소 부정확하더라도 문맥으로 내용을 파악하는 데에 큰 어려움이 없는 경우가 대부분이다. 문장이 어법에 맞지 않더라도 모국어 화자라면 그것을 바로잡아 이해할 수 있다. 즉 정확한 표현과 어법에 맞는 문장을 요구하는 이유가 원활한 의사소통을 위한 것인데 이러한 요구가 지나쳐 글을 통한 의사소통 자체가 방해를 받으면 안 되는 것이다.

그리고 표현과 어법상의 문제는 표현력이나 문법에 대한 지식의 문제가 아닌 내용상의 문제일 경우가 많다. 화자에 따라 어휘의 양에는 차이가 있을 수 있지만 모국어 화자라면 대부분 정확한 단어와 표현을 구사할 수 있다. 또한 모국어 화자라면 문법에 대한 완벽한 지식을 가지고 있다. 그럼에도 불구하고 표현과 어법상의 문제가 나타나는 것은 내용이 충분히 사고되고 정리되지 않았기 때문이다. 따라서 표현과 어법상의 문제는 내용상의 문제와 함께 해결해 나가야 한다.

- **정확한 표현과 어법에 맞는 문장을 쓰는 것 자체가 글을 쓰는 목적은 아니다.**
- **정확한 표현과 어법에 맞는 문장은 내용과 사고의 문제와 함께 풀어 나가야 할 문제이다.**

바른 표기에 대한 강박관념과 강요

초등학교 저학년 때 가장 흔히 보는 시험은 받아쓰기 시험이었다. 받아쓰기 시험은 대개는 맞춤법과 관련된 시험이었고 간혹 띄어쓰기 시험을 보기도 했다. 그리고 백점을 받지 못하면 부끄러운 시험 또한 받아쓰기였다. 그런데 국어의 정서법, 즉 한글 맞춤법은 그리 쉽거나 간단하지가 않다. 백점을 못 받으면 부끄러운 시험이기는 하지만 몇몇 어려운 단어는 받아쓰기가 쉽지 않다. 우리나라가 문맹률이 가장 낮은 나라에 속하기는 하지만 성인이 되어서도 맞춤법을 틀리는 경우가 많고, 띄어쓰기는 늘 자신이 없는 사람들이 많은 것을 보더라도 국어 정서법은 그리 쉽지가 않다는 것을 알 수 있다.

이러한 어려움은 글을 쓸 때 느끼는 어려움을 배가시킨다. 자신의 사고와 지식만으로 글을 쓴다는 것 자체가 어려운데 맞춤법과 띄어쓰기까지 고려해야 한다는 것은 여간 고역이 아닐 수 없다. 그리고 글을 쓴 후에 첨삭을 받아보면 여기저기에 붉은 글씨로 띄어쓰기와 붙여 쓰기 등의 교정기호가 발견되고 맞춤법이 틀린 것이 지적된 것이 발견되면 얼굴이 화끈거리기도 한다. 이러한 문제를 자주 바뀌는 맞춤법 탓으로 돌리기도 하지만 한글 맞춤법은 20년 전에 바뀐 후 전혀 바뀌지 않고 그대로 유지되었기 때문에 바뀌는 규범 탓을 하기는 어렵다.

복잡한 표준어 규정, 외래어 표기법, 국어의 로마자표기법 등까지 고려하면서 글을 쓰는 것은 더더욱 어렵다. 원칙보다는 예외나 허용이 더 많은 듯한 규정들 하나하나를 외우는 것은 불가능한 데다가 글을 쓰면서 그 모두를 적용하는 것 또한 불가능해 보인다. 실제로 모든 규범을 암기하고 예외까지 정확히 알고 있는 사람은 드물다. 어문규범을 준수해야 하는 일에 종사하는 사람들일지라도 규범집과 사전을 옆에 끼고 작업을 하며 규정이나 사전에 없는 것은 전문가에게 도움을 청한다.

규범이 다소 복잡해 보이지만 실제 글쓰기에 관련된 규범은 그리 많지 않다. 틀리기 쉬운, 그리고 늘 틀리는 규범 몇 가지만 정확하게 이해하면 대부분의 표기 오류를 바로잡을 수 있다. 또한 모든 규범을 알 필요도 없을 뿐만 아니라 규범을 참조할 필요 없이 사전만 참조해도 궁금증을 해소하며 정확하게 표기할 수 있다.

더욱이 요즘처럼 워드프로세서를 작성해서 글을 쓰고 컴퓨터로 사전을 참조할 수 있는 상황에서는 기계의 도움을 받아서 규범의 문제를 대부분 해결할 수 있다. 각종 워드프로세서는 맞춤법 교정을 지원하기 때문에 이 교정기의 지시대로 교정하면 쉽게 표기 오류를 수정할 수 있다. 또한 웬만한 온라인 포털에서는 사전 찾기를 지원하기 때문에 의문이 나는 것은 언제든지 손쉽게 찾아볼 수 있다.

따라서 맞춤법과 띄어쓰기가 두려워 글쓰기에 어려움을 느끼는 것은 옳지 않다. 비록 한글 맞춤법을 비롯한 각종 규범이 어렵기는 하더라도 조금만 관심을 가지면 충분히 해결해 나갈 수 있다.

- **어문규범은 글을 통한 정확한 의사소통이 이루어지게 하는 것이 목적이지 규범 자체가 목적은 아니다.**
- **표기상의 문제는 컴퓨터의 맞춤법 교정기나 온라인상의 사전으로 대부분 해결할 수 있다.**

4. '누구도'와 '아무나'

글은 누구도 대신 써 줄 수 없지만 원리와 방법만 이해하면 아무나 쓸 수 있다. 글쓰기의 근본적인 목적을 이해하고 주체적으로, 능동적으로 글쓰기를 해야 함을 확인해 보자.

❑ 누구도 대신 써 줄 수 없는 글
❑ 아무나 쓸 수 있는 글
❑ '우리'를 위한 '나'의 글쓰기

누구도 대신 써 줄 수 없는 글

시대와 상황에 따라 글쓰기의 방식은 달라질 수 있다. 사서오경을 달달 암기해야 하던 시절에는 임금 앞에서 보는 마지막 과거시험의 답안인 대책(對策)을 쓸 때에 성현들의 고전에서 인용을 하는 것이 관례였다. 서양의 저작들이 몰려들어오기 시작한 이후로는 그 저작에서 한두 구절 인용해서 글을 써야 내용이 알찬 것으로 생각하기도 했었다. 연구자가 논문을 쓸 때에는 모든 연구를 자신의 힘만으로 할 수 없기 때문에 필요한 것은 이미 연구된 결과들을 적절히 인용하면서 논문을 써 나간다. 이러한 글쓰기 방식은 일부의 인용이 포함되기는 하지만 글쓴이가 전체의 내용을 구성해 스스로 집필해 나가는 주체적인 방식이다.

최근에 들어서는 인터넷 검색을 이용해 글을 쓰는 방식이 크게 유행하고 있다. 어떤 주제이든 검색 포털에서 필요한 단어나 구절을 쳐 넣으면 그와 관련된 각종 자료들이 나열된다. 글을 쓰는 사람은 이러한 자료들을 그대로 가져오거나 여러 자료들을 짜깁기해서 자신의 글로 만든다. 심지어는 자기소개서와 같은 극히 개인적인 글을 쓸 때에도 인터넷 검색을 이용해 고유명사만 바꿔치기하거나 여러 글을 짜깁기하는 방식이 횡행하고 있다.

이러한 글쓰기 방식은 글쓰기의 근본적인 목적을 망각한 것이다. 글을 쓰는 근본적인 목적이 자신에게 주어진 문제의 해결책을 제시하는 것인데 남이 쓴 해결책을 그대로 옮겨 놓거나 짜깁기를 해 놓는 것은 결코 자신의 해결책이 될 수 없기 때문이다. 더욱이 문제의 해결책은 창의적이어야만 하는데 이미 누군가가 제시한 해결책은 결코 창의적인 해결책이 될 수 없다. 이러한 글쓰기는 일종의 도둑질이다.

따라서 글쓰기를 할 때 가장 먼저 허물어야 할 것은 다른 사람의 글에 의존하는 태도이다. 글은 누구도 대신 써 줄 수 없다. 자기 자신이 발견한 주제이든 누군가에 의해서 주어진 주제이든 스스로 자료를 모으고, 스스로 사고하고, 스스로 집필하여 해결책을 제시해야 한다. 글을 쓰는 목적이 글이라는 결과물을 만들어내는 것이 아닌, 그 글을 통해 자신이 알고 있고 생각해 낸 문제의 해결책을 제시하는 것임을 안다면 결코 남의 글을 도둑질하거나 짜깁기할 수는 없다.

- **글은 누구도 대신 써 줄 수 없다.**
- **자신의 지식, 자신의 생각을 바탕으로 스스로 써 나가야 한다.**

아무나 쓸 수 있는 글

특별한 장애가 없는 한 모든 사람들은 말로써 의사소통을 한다. 아이들은 말을 배우기 시작할 때부터 자신의 의사를 말로 표현하고 다른 사람의 말을 들어 감정, 지식 등을 받아들인다. 적어도 말에 관해서는 아무나 할 수 있다는 것이 당연하게 받아들여지고 있다.

반면에 글쓰기는 아무나 할 수 없다는 인식이 널리 확산되어 있다. 문학적인 글은 작가나 쓸 수 있는 것이고, 설명을 하는 글은 그 분야의 전문가나 쓸 수 있는 것이며, 주장을 하는 글은 그 문제에 정통한 전문 논객이나 쓸 수 있는 것으로 생각한다. 말을 들을 줄 아는 사람은 대개 말을 자유롭게 하는 데 비해, 오늘날 초등교육을 받은 대부분의 사람들은 글을 읽을 줄 알지만 글을 자유자재로 쓰지는 못한다.

글쓰기를 아무나 할 수 없다는 인식은 오늘날과는 다른 상황에서 형성된 것이다. 예전에는 글을 읽고 쓸 수 있는 사람이 많지 않았고, 그 사람들이 쓴 글 중 극히 일부만 여러 사람에게 읽혔다. 인쇄된 책, 신문, 잡지 외에는 별다른 매체가 없었던 시기에는 극소수의 작가나 논객이 이러한 인쇄물의 원고를 썼고 대다수의 사람들은 일방적으로 받아들이기만 했다. 비록 학교 공부를 하는 동안이나 취업 후 업무를 보면서 글을 쓰기는 하지만 그것은 수동적인 활동일 뿐이었다. 이러한 상황에서의 글쓰기는 양방향적인 의사소통의 수단이라기보다는 소수 집단의 일방적인 전달수단에 불과했다.

그러나 오늘날에는 글을 쓸 수 있는 매체나 공간이 매우 다양해졌고 글을 쓰는 기회가 많아졌으므로 이러한 인식은 바뀌어야 한다. 인터넷상에서는 누구나 글을 쓸 수 있으며, 그 글은 훨씬 더 큰 파괴력을 가지고 훨씬 더 빠른 속도로 퍼져나간다. 그리고 그 글에 대한 동조, 반론과 재반론 등이 무수히 이루어진다. 지금의 글쓰기는 일방적인 전달수단이 아닌 양방향적인 의사소통의 수단이 된 것이다. 전화통화보다 단문 메시지 교환이 더 많아진 것은 이러한 상황을 뒷받침한다.

상황이 이렇다면 글은 아무나 쓸 수 있는 것이라는 인식으로 전환될 필요가 있다. 글이 제한된 매체에서 제한된 사람들의 전달수단이 아니라 열린 공간에서 무수히 많은 사람들이 의견을 교환하는 수단이 된 이상 이러한 인식 전환의 필요성은 커진다. 비록 말을 통한 의사소통이 아직 주류를 이루고 있지만 글을 통한 의사소통은 과거에 비하면 폭발적일 정도로 늘어났다.

글을 쓰는 이유가 의사소통을 위한 것이라는 의식이 공유된다면 아무나 글을 쓸 수 있다는 인식도 확산될 수 있다. 모든 사람들이 말로써 자유롭게 의사소통을 하는 이유는 말이 가장 빠르고도 정확한 의사소통의 수단이기 때문이다. 따라서 사람들은 말을 잘하고 못하고를 고민하기 이전에 의사소통을 해야 한다는 필요성을 앞세워 자연스럽게 말을 하고 있다. 이와 마찬가지로 글로써 의사소통을 할 수 있는 환경이 조성되었다면 글을 잘 써야 한다는 강박관념을 넘어 글로써 의사소통을 해야 한다는 필요성을 앞세울 수가 있다.

아무나 글을 쓸 수 있다는 인식을 확산시키기 위해서는 글쓰기의 기본적인 원리를 알고 이 원리에 따른 충분한 훈련이 필요하다. 많은 사람들이 글을 쓰는 원리가 매우 복잡하고 어려운 것으로 알고 있지만 실제로는 그 원리가 매우 간단하다. 즉 글의 분명한 주제를 정하고, 이에 필요한 적절한 내용을 수집·정리한 후 적절하게 구성하여 문장으로 전개하면 되는 것이다. 각각의 과정을 세밀하게 들어가면 어려울 수도 있지만 문제해결을 위한 효과적인 의사소통을 염두에 둔다면 그 원리 자체는 그리 어렵지가 않다.

- **글은 아무나 쓸 수 있다.**
- **글을 쓰는 근본적인 목적을 이해하고 효과적인 의사소통을 위한 글쓰기 방법을 익히는 것은 결코 어렵지 않다.**

‘우리’를 위한 ‘나’의 글쓰기

누구나 써야 하는 글은 실제로는 아무나 쓸 수 있는 글이다. ‘누구나 써야 하는’ 상황을 의무로 받아들이지 않고, ‘누구나 쓸 수 있는’ 권리로 받아들일 수 있다면 능동적이고 주체적인 글쓰기가 가능하다. 그 권리를 적극적으로 활용해 자신에게 주어진 문제에 대한 해결책을 스스로 쓴 글을 통해 효과적으로 제시한다면 그 글을 통해 원활한 의사소통이 가능하고 그 과정에서 주어진 문제를 해결할 수 있을 것이다.

글쓰기에 대해 가지고 있는 두려움만 극복한다면, 글쓰기에 대해 잘못 알려진 것들만 극복한다면 ‘나’는 글쓰기를 말하기만큼 자유자재로 하는 ‘누구나’에 포함될 수 있다. 글을 쓰는 것이 말을 하는 것만큼 필요하고, 말을 하는 것만큼 쉽다는 것을 깨닫는다면 글쓰기를 주저할 어떤 이유도 없다. 이토록 필요하고도 쉬운 것이 글쓰기임을 안다면 ‘나’가 주체가 되어 ‘나’의 글쓰기를 회피할 어떤 까닭도 없다. 그리고 이러한 글로 의사소통을 해 ‘우리’의 문제를 해결할 수 있다면 글쓰기는 소기의 목적을 달성하게 된다.

- **글쓰기는 ‘우리’를 위한 ‘나’의 주체적이고 능동적인 활동이 되어야 한다.**

5. 경계를 넘는 글쓰기의 여정

글쓰기를 어렵게 하는 장애물들, 장애물로 막힌 경계가 확인이 됐다면 장애물들을 치우고 차례로 모든 경계를 넘어가야 한다. 어떤 여정을 밟아가야 할지 확인해 보자.

- ❑ 이 책의 목표
- ❑ '경계 찾기'로부터 '또 다른 경계 넘기'까지

이 책의 목표

글은 누구나 써야 하지만 누구도 자신 있게 쓰지 못한다. 이러한 상황이 초래된 것은 글쓰기 자체가 어렵기 때문이기도 하지만 글쓰기를 어렵게 하는 각종 장애물이 있고 그 장애물로 가로막힌 경계가 있기 때문이기도 하다. 이 장애물은 글쓰기와 관련된 태생적인 장애물이라기보다는 글쓰기에 대한 오해, 글쓰기 교육과 학습에 대한 오해, 글쓰기를 둘러 싼 여러 요소에 대한 오해에서 비롯된 후천적인 장애물이다. 이러한 장애물이 후천적인 것인 만큼 이 장애물을 뛰어넘고 이 장애물로 가로막힌 경계를 뛰어넘는 것이 필요하다.

이 책은 이러한 장애물을 뛰어넘어 누구나 자신 있게 글을 쓸 수 있게 하는 것을 목표로 한다. 사소한 장애물과 이로 인해 만들어진 경계를 뛰어넘으면 글을 쓰는 것 자체가 쉽고도 재미있어질 수 있다. 이렇게 쉽고도 즐겁게 쓰인 글은 읽는 사람도 쉽고 즐겁게 읽을 수 있고 그 과정에서 자연스럽게 글을 쓴 사람과 읽는 사람 사이에 의사소통이 이루어질 수 있다. 그리고 이러한 의사소통의 과정에서 글쓰기의 근원적인 목표인 문제해결이 달성될 수 있다. 이 책은 바로 이러한 여정을 떠나 목표점에 도달하고, 이후의 또 다른 목표를 찾게 할 수 있는 이정표의 역할을 할 것이다.

- **이 책은 누구나 자신 있게 글을 쓰고 가르칠 수 있게 하는 것을 목표로 한다.**

'경계 찾기'로부터 '또 다른 경계 넘기'까지

'경계를 넘는 글쓰기의 여정'에는 두 가지 의미가 포함되어 있다. 하나는 글쓰기를 둘러싸고 있는 외적 경계를 넘는 여정이다. 즉 글쓰기를 어렵게 하는 각종 장애물을 확인하고 그 경계를 넘는 여정을 뜻한다. 다른 하나는 글쓰기 자체의 여정이다. 즉 글을 쓰기 위해서는 여러 단계를 거쳐야 하는데 각 단계의 경계를 넘어 최종적으로 글을 완성해 내기까지의 여정이다. 이 두 여정은 이후로 서술될 원리와 방법을 꼼꼼히 익히며 같이 밟아 나가게 될 것이고 결국엔 원하는 목표 지점에 같이 도달하게 될 것이다.

첫 번째 여정은 경계를 찾는 여정이다. 쉽고도 행복한 글쓰기가 되기 위해서는 장애물로 이루어진 경계를 넘어야 하는데 어떤 장애물과 어떤 경계가 있는지를 찾아야 한다. 그 장애물과 경계는 이미 이 장(1장)의 앞부분에서 살펴본 바와 같다. 그것은 글쓰기를 어렵게 하는 가장 중요한 것이기도 하지만 아주 사소한 것이기도 하다.

2장에서 서술될 두 번째 여정은 앞에서 찾은 경계를 넘기 위해 준비를 하는 여정이다. 문제해결을 위한 글쓰기는 문제를 발견하는 것으로부터 시작된다. 따라서 문제가 무엇인지를 확인하고 이 문제에 대해 글을 쓰기 위해 주제를 어떻게 설정할 것인가에 대해 알아본다. 그리고 설정한 주제에 대해 글을 쓰기 위해서는 자료가 필요한데 이 자료를 어떻게 수집하고 정리할 것인가에 대해 알아본다.

3장에서 서술될 세 번째 여정은 2장의 준비를 바탕으로 하여 본격적으로 경계를 넘어가는 여정이다. 어떤 글이 글자나 문장의 나열이 아닌 진정한 글로 인정을 받으려면 완벽한 구조가 갖추어져 있어야 한다. 따라서 글을 쓰기 위한 기본적인 설계를 하고 이 설계를 구체화해 나가는 방법에 대해서 알아본다.

4장에서 서술될 네 번째 여정은 경계를 넘어 터를 다지는 여정이다. 글을 쓰기 위한 계획이 끝났으면 문장을 엮어 단락을 구성하고, 단락을 엮어 본론을 구성하며, 본론에 서론과 결론을 엮어 한 편의 글을 구성해 나간다. 글을 쓰기 위한 계획에 의거 최종적으로 글을 써 나가는 원리와 방법에 대해 익혀 나가는 부분이다. 따라서 단락을 쓰는 원리와 방법을 이해하고 설명과 논증의 방법에 대해서도 이해한다. 나아가 서론, 본론, 결론을 전개하는 구체적인 방법에 대해서도 살펴본다.

5장에서 서술될 다섯 번째 여정은 경계를 넘어 다진 터에서 사소한 문제들을 해결하여 진정한 자유를 찾는 여정이다. 좋은 글로 평가를 받기 위해서는 단어, 표현, 문장, 표기 등 모든 요건이 제대로 갖추어져야 한다. 그러나 이것에 얽매이게 되면 좋은 글을 쓰기 어렵다. 따라서 단어, 표현, 문장, 표기 등에 얽매이지 않고 자유로워질 수 있는 방안을 모색한다.

6장에서 서술될 여섯 번째 여정은 남은 경계는 물론 이 책의 경계마저 넘기 위한 여정이다. 5장까지의 여정을 밟으면서 글쓰기를 둘러싼 대부분의 경계와 글쓰기 자체의 경계를 넘었지만 그래도 남아 있는 경계가 있다. 따라서 이 경계 하나하나를 확인하고 넘어 언제 어디서든 좋은 글을 쓸 수 있는 방안을 모색한다. 그리고 이 책에서 제시된 글쓰기의 원리와 방법마저 넘어 자신만의 창의적인 글쓰기를 모색할 길을 열어본다.

제 2장 경계 넘기의 준비

1. 글쓰기의 과정
2. 문제의 발견
3. 주제의 설정
4. 제목의 설정
5. 글의 종류의 설정
6. 자료의 수집과 정리

*"해결해야 할 문제가 없다면
싸야 할 글도 없다."*

1. 글쓰기의 과정

일반적인 글쓰기의 과정과 그 과정에서 어떤 일을 해야 하는지 알아보자. 그리고 문제해결을 위한 글쓰기의 과정과 각각의 과정에서 해야 할 일을 추려내어 보자.

- ❑ 일반적인 글쓰기의 과정
- ❑ 일반적인 글쓰기 과정에 대한 이해
- ❑ 문제해결을 위한 글쓰기의 과정
- ❑ 문제해결을 위한 글쓰기 과정에 대한 이해

일반적인 글쓰기의 과정

일반적으로 글쓰기는 '구상 → 주제 설정 → 자료의 수집과 정리 → 구성과 개요 작성 → 집필 → 퇴고' 과정을 거치는 것으로 본다. 이러한 일반적인 글쓰기 과정은 글이라는 외적 형식 자체를 생산해 내는 것을 기준으로 한다. 즉 문제해결이나 의사소통 등과 글쓰기를 연관시키지 않고 이미 주어진 주제에 대해 글을 써 나가는 상황만 고려해 설정한 것이다.

이러한 일반적인 글쓰기 과정은 실제로 이러한 단계를 차례차례 거쳐서 글쓰기가 이루어진다거나 이루어져야 한다는 것이기보다는 설명의 편의를 위해 각 단계를 나누어 놓은 것이다. 실제로 글을 쓸 때는 이 단계가 순차적으로 진행되기보다는 상황에 따라 순서가 역전될 수도 있고 순환적으로 이루어질 수 있다. 따라서 글쓰기 과정을 제대로 이해하기 위해서는 순서보다는 각각의 단계가 무엇을 뜻하며 어떤 활동이 이루어져야 하는가에 대해 아는 것이 중요하다.

- **글쓰기의 일반적 과정 : 구상 → 주제 설정 → 자료의 수집과 정리 → 구성과 개요 작성 → 집필 → 퇴고**

ⓘ 확인문제

다음에 제시되는 글쓰기의 과정에서 순서를 바꾸어도 되는 것과 순서가 별 의미가 없는 것은 무엇인지 나름대로의 기준을 세워 찾아보시오.

구상 → 주제 설정 → 자료의 수집과 정리 → 구성과 개요 작성 → 집필 → 퇴고

일반적인 글쓰기 과정에 대한 이해

글쓰기의 과정에 대해 이해하기 위해 중고등학교 시절의 연례행사였던 고궁에서의 사생대회를 생각해 볼 수 있다. 이 사생대회에서 학생들은 정해진 장소, 예를 들면 경복궁에 정해진 시각에 모인 후 정해진 시각까지 그림을 그려 제출해야 한다. 이 일련의 과정은 글쓰기 과정과 매우 유사하다.

왜 사생대회를 개최하는지, 왜 고궁 중에 경복궁에 가야 하는지는 이미 학교나 선생님들에 의해 결정된 상태이기 때문에 학생들은 좋든 싫든 정해진 시간에 경복궁에 집결해서 무엇인가를 그려야 한다. 만약 학생 신분이 아닌 화가라면 언제 어디를 가서 그림을 그릴 것인가는 스스로 결정할 수 있지만 학생들에게 그런 자율권은 주어지지 않는다.

〔경복궁 - 근정전 유역 / 향원정 유역 / 아미산 유역 / 단청 / 문고리 / 하늘(시계방향)〕

경복궁이라는 큰 범위와 제출해야 할 정확한 시각만 지켜진다면 나머지는 학생들이 선택할 수 있는데 이는 글쓰기의 구상 과정에 해당된다. 경복궁 안의 무엇을 그리든, 수채화, 수묵화, 유화 중에서 무엇을 선택하든 그것은 학생의 자유이다. 구상화를 그리든 추상화를 그리든 이것 또한 학생의 자유이다.

이를 글쓰기에 적용한다면 주어진 커다란 문제 속에서 구체적으로 한 문제를 정하든 문제 전체를 대상으로 하든 그것은 글을 쓰는 사람의 자유이다. 그 주제를 시, 소설, 수필 등의 문학적인 글로 쓸 것인지, 설명문, 논설문 등 실용적인 글로 쓸 것인지도 글쓴이의 선택이다. 그림이든 글이든 커다란 범위만 결정되면 그 이후의 과정은 그림을 그리는 이나 글을 쓰는 사람이 자유롭게 선택해 갈 수 있다.

다음은 무엇을 그릴 것인가를 결정해야 하는데 이는 글쓰기의 주제 설정에 해당된다. 경복궁 안에 있는 이상 그 안의 모든 것이 그림의 대상이 될 수 있다. 경복궁 전체, 특정 전각과 주변 풍경, 전각, 전각의 특정 구성물, 풍경, 풍경 중 특정 자연물(나무, 풀, 바위, 돌, 모래, 흙) 등에서 무엇이든 택할 수 있다. 경복궁에서 사생대회를 개최한 목적에 가장 부합하되 그리는 사람의 능력이 최대한 발휘될 수 있는 대상을 선택하면 된다. 글쓰기도 이와 마찬가지이다. 커다란 주제가 결정이 되었으면 그 속에서 구체적인 주제를 결정하는 것은 글쓴이의 마음이다.

예를 들어 향원정을 그리기로 마음먹었다면 그 다음은 향원정과 그 주변의 풍경에 대한 자세한 정보를 수집해야 하는데 이는 글쓰기에서 자료를 수집하고 정리하는 것에 해당된다. 향원정 전체의 구조 및 주변의 나무, 풀, 연못, 다리, 연꽃 등을 세세히 관찰하여야 좋은 그림을 그릴 수 있다. 또한 자신이 그리고자 하는 면뿐만 아니라 측면이나 후면까지 자세히 관찰해야 완성도가 높은 그림을 그릴 수가 있다. 그리고 할 수만 있다면 고건축물의 일반적 양식, 단청의 문양 및 채색, 옛 정원의 구조 등에 대한 자료도 모아 활용할 수 있다. 글을 쓸 때도 역시 해당 주제와 관련된 다양한 자료를 모으고 정리해 글쓰기의 자료로 이용할 수 있다.

향원정과 주변 풍경에 대한 관찰이 끝나면 각 화폭에 들어갈 구성물을 선택하여 적절히 배치해야 하는데 이는 글쓰기의 구성과 개요 작성에 해당된다. 가장 중요한 구성물이 항원정이므로 이를 어떤 크기로 어디에 놓을 것인가를 고려해야 하고, 주변의 나무, 연못, 다리를 어떤 크기로 어디에 배치해야 할 것인가를 고민한 후 밑그림을 그려야 한다. 이와 마찬가지로 글을 쓸 때에도 설정된 주제와 관련해 가장 핵심이 되는 요소만을 선정해 어떤 순서로 배치할 것인가를 결정해야 한다. 이 단계가 끝나면 세부적인 구성물의 배치와 묘사 방법에 대해 결정해야 하는데 글쓰기에서는 이러한 결정이 개요에 반영된다. 즉 글 전체의 구조와 각 구조의 하위요소들을 결정하고 이를 어떻게 전개할 것인가에 대한 계획을 개요에 담는다.

다음으로 밑그림에 따라 채색을 해 나가는데 이는 글쓰기의 집필에 해당된다. 수채화를 그린다면 밝은 색을 먼저 칠하고 차차 어두운 색을 칠해야 하고 유화를 그린다면 그 반대로 해야 한다. 또한 각 구성요소에서 두드러지게 나타날 요소를 선정하고 이 요소가 부각되도록 주변의 다른 요소를 조화시켜야 한다. 글을 쓸 때도 작성한 개요에 따라 서론, 본론, 결론의 각 부분을 써 나가야 한다. 각 단락을 전개하는 데 가장 적합한 서술방법을 택해 사실이 분명하게 전달이 되고 주장이 선명하게 인식될 수 있도록 써야 한다.

마지막으로 그림을 마무리해야 하는데 이 과정은 글쓰기의 퇴고에 해당된다. 그림에서 세부 묘사가 잘못된 부분이 있으면 수정하고 필요 없는 요소는 적절히 대체해야 한다. 글쓰기에서도 단어, 표현, 문장 등의 오류를 수정하고 글 전체의 구성도 다시 가다듬어야 한다.

- **구상 : 무엇에 대해 어떻게 쓸 것인가에 대해 종합적으로 생각하는 단계**
- **주제 설정 : 무엇에 대해 쓸 것인가에 대해 결정하는 단계**
- **자료의 수집과 정리 : 글쓰기에 필요한 자료를 수집해 정리하는 단계**
- **구성과 개요 작성 : 글의 전체적인 얼개와 세부적인 계획을 짜는 단계**
- **집필 : 문장으로 직접 쓰는 단계**
- **퇴고 : 글에서 잘못된 것을 수정하는 단계**

문제해결을 위한 글쓰기의 과정

문제해결을 위한 글쓰기도 글쓰기의 일부이므로 앞에서 정리된 각 과정을 모두 따른다. 그러나 실제 글쓰기에서는 모든 단계가 순차적으로 일어나는 것도 아니고 모든 단계가 필수적인 것도 아니다. 문제해결을 목적으로 한다면 이 과정은 훨씬 더 단순화될 수 있다. 즉 문제 상황은 늘 존재하는 것이고 이러한 상황에서의 문제를 해결하기 위한 글쓰기는 일정한 유형이 있기 때문에 문제해결을 위한 글쓰기 과정은 보다 간략하게 정리할 수 있다.

문제해결을 위한 글쓰기 과정은 '문제의 발견과 주제의 설정 → 구성 → 전개'의 3단계로 단순화할 수 있다. 문제를 해결하려면 문제를 발견해야 하는데 문제를 발견하는 순간부터 이미 주제의 설정이 이루어진다. 일반적인 글쓰기 과정에서는 이후에 자료의 수집과 정리 과정이 필요한데 이 과정은 특정 단계에 걸치는 것이 아니라 전 과정에서 필요한 것이므로 따로 설정하지 않아도 된다. 왜냐하면 문제를 발견하기 위해서는 충분한 자료를 수집 정리해야 하고, 주제를 구체화하기 위해서도 자료를 검토해야 하고 이후의 구성과 집필 단계에서도 자료를 이용해야 하기 때문이다.

주제가 구체화되는 과정에서 이미 글을 어떻게 구성할 것인가가 대략적으로 결정이 된다. 즉, 주제를 이루는 하위 요소가 글을 구성하는 하위 요소가 되는 경우가 대부분이기 때문에 주제 설정을 하면서 글의 구성 요소를 정하고 이 요소를 어떻게 배치할 것인가를 결정해 나간다.

주제가 설정이 되고 글의 구성이 끝나면 전개 단계로 이어진다. 전개란 설정된 주제에 대한 각 구성 요소를 단락이나 단락의 무리로 문장화해 나가는 것을 뜻한다. 글로써 전개해 나가는 것에는 일정한 방법이 있는데 그 방법에 따라 전개해 나가면 주제와 구성에 부합되는 글로 써 나갈 수 있는 것이다.

- **문제해결을 위한 글쓰기의 과정 : 문제의 발견과 주제의 설정 → 구성 → 전개**

문제해결을 위한 글쓰기 과정에 대한 이해

문제해결을 위한 글쓰기의 과정에 대해 쉽게 이해하기 위해 전문 화가가 경복궁에서 그림을 그리는 과정을 생각해 볼 수 있다. 전문 화가는 누군가의 요구에 의해서라기보다 스스로의 선택에 의해 무엇을 어떻게 그릴 것인가를 결정하고 그려 나간다는 점에서 사생대회의 학생들과는 다르다.

화가가 경복궁을 선택하는 것은 해결해야 할 문제를 발견하는 것과 유사하다. 화가는 다양한 사물이나 풍경에 관심을 가지다가 경복궁에 그릴 만한 무엇이 있다고 판단하여 경복궁을 선택한다. 이와 마찬가지로 문제를 스스로 발견해 글을 쓰는 경우 필자는 화가처럼 스스로의 문제가 무엇인지 찾아내고 그에 대한 해결책을 글로 제시하고자 한다.

〔향원정의 봄〕

경복궁에 간 화가는 학생들처럼 무작정 헤매며 주제를 정하지 않고 자신만의 기준을 미리 정한 후 대상을 찾아나간다. 즉 경복궁의 건축미에 초점을 맞출 것인가, 경복궁의 역사에 초점을 맞출 것인가, 경복궁의 나무와 꽃에 초점을 맞출 것인가 등을 미리 정하고 대상을 물색한다. 이는 문제해결을 위한 글쓰기에서 문제를 발견하는 것과 동시에 주제를 대략적으로 설정하는 것과 유사하다.

화가는 대상을 선택하면서 구도를 같이 고려하여 화폭에 대상물을 어떻게 배치할 것인가를 결정하는데 이는 글을 구성하는 원리와 같다. 그림 그리기에 익숙한 화가는 대상을 보는 순간 이미 구도가 잡히고 그것을 자연스럽게 화폭에 옮길 수 있다. 마찬가지로 문제해결을 위한 글쓰기에 익숙한 필자는 주제를 설정하면서 그 주제가 어떤 하위 요소로 이루어졌는지 파악하고 이 하위요소를 어떻게 배치할 것인가를 결정한다.

구도를 잡아 스케치를 끝낸 화가는 본격적으로 채색을 해 나가는데 이는 글쓰기의 집필 과정과 유사하다. 이 경우에도 전문 화가는 채색의 방법에 매우 익숙하므로 어렵지 않게 채색을 해 나갈 수 있다. 마찬가지로 문제해결을 위한 글을 쓰는 경우에도 글로 전개해 나가는 일정한 방식이 있고 이 방식에 익숙하다면 설정된 주제와 구성에 맞게 글로 전개해 나갈 수 있다.

문제해결을 위한 글쓰기의 과정은 다음과 같은 예를 통해서도 잘 이해할 수 있다. 조선시대 과거에서는 최종합격자 33명이 왕이 직접 낸 문제인 책문(策問)에 대해 대책(對策)을 써 내야 했다. 다음은 광해군 3년 별시문과의 책문이다.

[1] 어리석고 사리판단도 할 줄 모르는 내가 나라의 대업을 이어받긴 했지만 나는 지혜도 모자라고 현명하지도 않다. 깊은 못과 살얼음을 건너야 하는데 건너갈 방법을 모르듯 지금 당장 해야 할 일이 무엇인지 모르겠다.

[2] 나라를 다스리는 요령은 당시의 시급한 일을 잘 파악하는 데 있을 뿐이다. 만약 상황에 맞는 조치를 적절하게 취하지 못하면, 비록 날 새기 전에 일어나 옷을 차려 입고 밤늦게 저녁을 먹으며 부지런히 힘쓴다 해도 끝내 위태로움과 패망을 면하지 못하게 될 것이다. 옛날 요순시대와 하·은·주 세 왕조에서 제대로 행한 일은 어떤 것이었는가? 또 상황에 맞는 조치를 취하면서 오랫동안 나라를 안정시켰던 방법은 무엇이었는가? 한·당 이래 마땅히 해야 했던 일은 무엇이었는가? 결국 상황에 맞

는 조치를 취하지 못하고 줄줄이 난리가 일어나 망했던 까닭은 무엇이었는가?

[3] 무엇보다도 지금 당장 시급하게 인재를 불러들여 나랏일을 해결해야 하는데 선비들은 의견이 달라 서로의 차이를 조정할 길이 없고 서로 마음을 다해 공경하고 화합을 이루려는 미덕도 찾아볼 수가 없다. 쌓인 폐단을 깨끗하게 없애고 전란을 겪고 간신히 살아남은 백성을 소생시키는 것이 지금 당장 시급한 일이다. 하지만 토산물 대신 쌀을 바치도록 공납을 개선해서 백성의 부담을 덜어주려고 해도 토지의 주된 생산물로 세제를 정한다는 본래의 뜻에 어긋난다며 회의적으로 생각하는 사람이 있다. 또한 토지의 경계는 당연히 정확하게 나누어야 하지만 남양의 간척지는 실상과 다른 점이 많다. 호적과 지도도 정리해야 마땅하지만 호패법 때문에 소요가 생기지 않을까 우려하는 사람이 있다. 어떻게 해야 요령 있게 공적을 이룰지 모르겠다.

[4] 이 네 가지 외에 지금 당장 시급히 힘써야 할 것으로 또 무엇이 있겠는가? 그대들은 모두 뛰어난 인재들이다. 필시 일찍부터 마음속에 북받쳐 오르는 뜻을 품고 있었을 테니 저마다 자기 생각을 모두 다 표현해 보라. 내가 직접 살펴보겠다.

– 김태완, <책문, 시대의 물음에 답하라>

책문과 대책이 문제의 해결을 목적으로 하고 있지만 문제는 이미 책문에서 주어진 상태이다. 즉 임금은 스스로 구상하여 문제를 설정한 후 그것을 과거 응시자들에게 제시한 상태에서 글쓰기가 시작된다. 따라서 구상 단계는 상당 부분 생략될 수 있다. 구상 단계에서는 글의 종류와 형식도 결정해야 하는데 대책은 정형화된 형식을 따르는 것이 일반적이므로 글의 종류와 형식에 대해 따로 구상할 필요도 없다.

다음으로 주제를 설정해야 하는데 커다란 주제 또한 책문에서 이미 주어졌다. 커다란 주제는 [1]에 제시되었듯이 '가장 시급히 해결해야 할 문제'이다. 그리고 [2]에서는 역사상의 구체적인 지식에 대해 묻고 있으므로 이를 소주제로 설정해야 하며, [3]에서는 현실의 문제에 대해서 묻고 있으므로 이것 또한 소주제로 설정해야 한다. 그리고 [4]에서는 위에서 제시한 것 이외의 문제에 대해 쓰라고 했으므로 이외의 문제와 그 범위에 대해 결정해야 한다.

자료의 수집, 정리 단계는 대책을 쓸 때는 생략될 수 있다. 짧은 시간에 일일이 자료를 참조하는 것은 불가능해 상당 부분 자신의 기억에만 의존해야 하므로 주어진 문제와 관련된 자신의 기억을 차분히 정리하는 것으로써 자료의 수집 및 정리 과정을 대신해야 한다.

다음으로 대략적인 구성을 해야 하는데 이는 책문을 분석하여 그에 따르면 된다. 앞에서도 서술했듯이 위의 책문은 크게 세 가지를 묻고 있으므로 이 세 가지는 대책에 반드시 포함되어야 한다. 또한 '역사적 지식 → 현실의 문제 → 그 외의 문제' 순으로 배치하는 것이 일반적인 사고의 흐름에도 맞으므로 이 순서로 구성을 할 수 있다. 따라서 이 순서에 따라 구성을 하되 그 하위에 들어갈 각각의 내용을 세밀하게 정리하는 것으로 개요를 작성할 수 있다.

대책은 전형적인 형식과 문체가 있으므로 집필을 할 때는 이 형식과 문체에 따라 이루어진다. 과거 응시자들은 자신의 지식과 주장을 모두 쏟아놓지만 그 모두는 왕에게 고하는 형식으로 되어 있으므로 최대한 자신을 낮추는 표현을 쓰되 자신의 지식과 주장이 잘 드러나도록 써야 한다. 이 과정에서 다양한 글의 전개 방법이 활용될 수 있다.

- **문제의 발견과 주제의 설정 : 문제가 무엇인가 확인하고 그 문제를 해결하기 위해 무엇에 대해 쓸 것인가를 결정하는 단계**
- **구성 : 어떤 내용을 어떤 순서로 배치할 것인가를 결정하는 단계**
- **전개 : 문장으로 직접 서술해 나가는 단계**

2. 문제의 발견

문제해결을 위해 글쓰기를 하려면 문제가 무엇인지 그 의미를 분명히 알아야 한다. 우리가 흔히 쓰는 '문제'라는 단어 속에는 네 가지 이상의 의미가 들어있다. 각각의 문제가 구별되어야 그에 따른 문제해결을 시도할 수 있다.

- ❑ 무엇이 문제인가 – 문제의 개념
- ❑ 답을 말하라 – 해답을 요구하는 물음
- ❑ 토론하고 연구하라 – 논쟁과 연구의 대상
- ❑ 없애라 – 귀찮은 일이나 말썽
- ❑ 풀어라 – 해결을 요구하는 일

무엇이 문제인가 - 문제의 개념

우리의 삶을 여러 가지 방식으로 정의할 수 있지만 문제와 관련시킨다면 '문제를 해결해 나가는 과정'이라고 정의할 수 있다. 모든 사람은 행복한 삶을 원하는데 이 행복을 방해하는 문제가 있다면 누구도 행복을 만끽할 수 없다. 그런데 한 개인으로부터 시작하여 여러 단위의 모든 집단은 현재의 위치와 시점에서 모두 문제를 안고 있다. 개인과 집단이 언제 어디에 있든지 문제는 있기 마련이고 개인과 집단은 이 문제를 해결해야만 행복을 영위할 수 있다.

따라서 문제해결을 위한 글쓰기의 첫 번째 절차는 무엇이 문제인가를 확인하는 것이다. 그 문제는 개인에게 주어진 문제일 수도 있고 개인이 속한 집단과 관련된 문제일 수도 있다. 또한 특정 시점에 한정된 문제일 수도 있고 과거 및 미래와 관련을 맺고 있는 문제일 수도 있다. 개인과 집단이 서 있는 특정 위치와 시점에서 문제가 무엇인가를 확정하는 것이 문제해결의 시작이다.

'문제'라는 개념 속에는 여러 하위 개념이 뭉뚱그려져 있다. 사전에서 '문제'는 다음과 같이 정의된다.

> 문제(問題)
>
> ① 해답을 요구하는 물음.
> ② 논쟁, 논의, 연구 따위의 대상이 되는 것.
> ③ 귀찮은 일이나 말썽.
> ④ 해결하기 어렵거나 난처한 대상. 또는 그런 일.

이렇듯 문제는 매우 다양하게 정의되고 그런 만큼 우리는 현실에서 문제를 많이 느끼게 된다. 문제가 어떻게 하위분류가 되든 우리는 주어진 문제를 해결해야만 행복을 누릴 수 있다. 문제해결을 위한 글쓰기는 바로 이러한 문제를 확인하고 글쓰기라는 의사소통을 통해 문제의 해결책을 제시하는 과정이다.

'문제'에는 다음의 다섯 가지 유형이 있다.

- **해답을 요구하는 물음**
- **논쟁, 논의, 연구의 대상**
- **귀찮은 일이나 말썽**
- **해결을 요구하는 일**

ⓘ 확인문제

1. 다음의 책문(策問)에서 세 가지 유형의 '문제'를 각각 추출해 보시오.

그대가 공자라면 어떻게 정치를 하겠는가

1515년, 중종 10년 알성시

임금께서 이렇게 말씀하셨다.

공자께서 "만일 누가 나에게 나라를 맡아 다스리게 한다면 1년이면 그런 대로 실적을 낼 것이고, 3년이면 정치적 이상을 성취할 것이다." 하셨다. 성인이 헛된 말씀을 하셨을 리 없으니 아마도 공자께서는 정치를 하기 전에 반드시 정치의 규모와 시행하는 방법을 미리 정해놓으셨을 것이다. 그 방법을 하나하나 지적하여 말해보라. 그 당시는 쇠퇴해 가는 주나라 말기라서 이미 법도와 기강이 모두 무너졌다. 그런데도 공자께서는 오히려 '3년이면 정치적 이상을 성취할 것'이라고 하셨다. 만약 공자께서 3년 넘게 정치를 맡았더라면 어떤 실적을 거뒀겠는가? 공자의 가르침을 배운 그대들은 모두 요순시대와 같은 이상적인 사회를 구현하려는 뜻을 품고 있을 테니 뜻이 단지 정치적 목적을 성취하는 데서 그치지는 않을 것이다. 만일 오늘과 같은 시대에 옛날의 이상적인 정치를 이룩하고자 한다면 먼저 무엇에 힘써야 하겠는가? 이에 대한 대책을 남김없이 논해 보라.

– 김태완, <책문, 시대의 물음에 답하라>

2. 아래의 논술 주제에는 어떤 종류의 '문제'가 포함되어 있는지 문제의 종류와 문제의 내용을 있는 대로 찾아보시오.

오늘날 우리는 개인 이기주의와 집단 이기주의가 사회의 건전한 발전을 저해한다는 우려를 흔히 듣는다. 개인 이기주의와 님비(Not In My Backyard)주의 경향은 그것을 걱정하는 사람들조차 실제 자신의 이해와 관련이 있을 때는 자신의 주장과 상이한 태도를 드러낸다는 데서 알 수 있듯이 우리 사회에 깊이 뿌리박은 의식이라고도 할 수 있다. 그러나 이러한 태도를 비난할 수만은 없는 데 우리의 고민이 있다. 인간은 본질적으로 이기적인 동물이기 때문이다. 이런 점을 고려할 때 '건전하고도 지속적인 사회의 발전을 위하여 개인의 이익과 사회의 공익은 어떻게 조화를 이루어야 할 것인가?'에 대한 자신의 견해를 논술하라.

답을 말하라 - 해답을 요구하는 물음

문제 중에서 가장 단순한 것이 해답을 요구하는 물음(question)이다. 즉, '연습 문제/문제가 쉽다/문제가 어렵다/문제를 내다/문제를 풀다/문제의 정답을 맞히다'와 같은 용례에 나타나는 문제이다. 이러한 문제는 이미 확실히 정의되고 답을 제시하는 방법도 정해지는 경우가 많다.

해답을 요구하는 물음에 대해 보다 정확히 이해하기 위해 앞의 책문을 다시 예로 들어보자.

> 어리석고 사리판단도 할 줄 모르는 내가 나라의 대업을 이어받긴 했지만 나는 지혜도 모자라고 현명하지도 않다. 깊은 못과 살얼음을 건너야 하는데 건너갈 방법을 모르듯 지금 당장 해야 할 일이 무엇인지 모르겠다.
>
> 나라를 다스리는 요령은 당시의 시급한 일을 잘 파악하는 데 있을 뿐이다. 만약 상황에 맞는 조치를 적절하게 취하지 못하면, 비록 날 새기 전에 일어나 옷을 차려 입고 밤늦게 저녁을 먹으며 부지런히 힘쓴다 해도 끝내 위태로움과 패망을 면하지 못하게 될 것이다. ①옛날 요순시대와 하·은·주 세 왕조에서 제대로 행한 일은 어떤 것이었는가? 또 상황에 맞는 조치를 취하면서 오랫동안 나라를 안정시켰던 방법은 무엇이었는가? 한·당 이래 마땅히 해야 했던 일은 무엇이었는가? 결국 상황에 맞는 조치를 취하지 못하고 줄줄이 난리가 일어나 망했던 까닭은 무엇이었는가?
>
> ②무엇보다도 지금 당장 시급하게 인재를 불러들여 나랏일을 해결해야 하는데 선비들은 의견이 달라 서로의 차이를 조정할 길이 없고 서로 마음을 다해 공경하고 화합을 이루려는 미덕도 찾아볼 수가 없다. 쌓인 폐단을 깨끗하게 없애고 전란을 겪고 간신히 살아남은 백성을 소생시키는 것이 지금 당장 시급한 일이다. 하지만 토산물 대신 쌀을 바치도록 공납을 개선해서 백성의 부담을 덜어주려고 해도 토지의 주된 생산물로 세제를 정한다는 본래의 뜻에 어긋난다며 회의적으로 생각하는 사람이 있다. 또한 토지의 경계는 당연히 정확하게 나누어야 하지만 남양의 간척지는 실상과 다른 점이 많다. 호적과 지도도 정리해야 마땅하지만 호패법 때문에 소요가 생기

> 지 않을까 우려하는 사람이 있다. 어떻게 해야 요령 있게 공적을 이룰지 모르겠다.
>
> ③이 네 가지 외에 지금 당장 시급히 힘써야 할 것으로 또 무엇이 있겠는가? 그대들은 모두 뛰어난 인재들이다. 필시 일찍부터 마음속에 북받쳐 오르는 뜻을 품고 있었을 테니 저마다 자기 생각을 모두 다 표현해 보라. 내가 직접 살펴보겠다.
>
> – 김태완, <책문, 시대의 물음에 답하라>

위의 예문에서 과거 응시자들은 밑줄 친 ①, ②, ③에 대해 모두 해답을 작성해야 한다. 이 중에서 ①, ③은 문장의 형식에서도 알 수 있듯이 묻는 내용을 분명히 밝혀 직접적으로 물은 문제(question)이다. 이 경우에는 물은 것에 정확히 부합되도록 직접적으로 답을 쓰면 된다.

이러한 문제가 주어지면 책문을 낸 왕, 대책을 작성하는 과거 응시자, 그리고 이 책문을 읽는 다른 독자들 사이에서는 책문의 물음을 중심으로 의사소통이 이루어진다. 즉 문제가 분명히 정의되었으므로 왕은 그에 대한 직접적인 답을 요구한 것이고, 응시자는 그 문제에 대한 답을 작성하며, 다른 독자는 책문에서의 문제와 대책을 대조하면서 읽는다. 이러한 문제와 이에 대한 글을 통한 의사소통은 가장 간단하면서도 정확하게 이루어질 수 있다.

평가나 선발을 위한 시험에서의 글쓰기 문제는 대개 이와 같은 형식이다. 평가나 선발이 공정하게 이루어지기 위해서는 물음과 답이 분명하게 정해져야 하는데 이를 위해서는 문제(question)의 형식으로 물음을 분명하게 정해야 하기 때문이다. 따라서 이러한 문제에 대한 답으로서의 글쓰기는 주어진 문제와 정확하게 부합되는 내용으로 구성해서 전개하면 된다.

- **해답을 요구하는 물음(question) : 묻는 것이 확실히 정의되고 답을 제시하는 방법도 확실히 정해지는 물음**

ⓘ 확인문제

1. 다음에 제시되는 글을 바탕으로 '해답을 요구하는 물음' 형식으로 문제를 제시해 보시오.

> 유아나 초등학생들을 대상으로 영어 조기 교육 바람이 서울 강남 지역을 중심으로 번지고 있다. 이에 대해 외국어는 10세 전후부터 배워야 효과적이며 국제화 시대에 필수적인 교과라는 찬성론과 국어와 영어는 체계가 달라 너무 어려서부터 영어를 배우면 영어는 물론 국어도 잘 못하게 된다는 반대론이 맞서 왔다.
>
> 세계화 바람이 불면서 정부는 초등학교 3학년부터 영어를 일부 가르치기로 방침을 세워 놓고 있다. 국제화 시대에 경쟁력을 갖춘 교육을 하기 위해 영어 조기 교육을 실시한다는 것이다. 이런 추세를 타고 요즘 서울 강남 일대에서는 일부 학원들이 어려서부터 영어를 가르쳐야 커서 잘한다면서 생후 6개월짜리부터 유치원생, 초등학생들을 모집하자 희망자들이 줄줄이 모여들었다고 한다. 이런 학원들은 외국인 강사를 고용해 어린 아이들의 이름을 마이크, 소피아로 바꿔 부르고 엄마 아빠도 채 익히기도 전에 마마, 파파부터 익히게 한다고 한다.
>
> 유치원반의 한 달 수강료가 48만원이나 하는 곳도 있다. 일부 전문가들은 생활 속에서 외국어를 배워야 할 어린이들이 학원에서 주입식으로 배워 봤자 지속성이 없고 스트레스만 가중된다고 주장한다. 기본 생활 습관 형성기에 외국인들로부터 외국어를 배울 경우 가치관의 혼돈만 일으키게 되며 더구나 검증되지 않은 교육방법에 따른 부작용도 심각하다는 것이다.

2. 다음에 제시되는 글을 바탕으로 '해답을 요구하는 물음' 형식으로 문제를 제시해 보시오.

> 다음은 『열자』라는 책에서 나오는 글이다.
>
> 백성자고(伯成子高)라는 사람은 자기 몸의 터럭 하나를 뽑아서 천하를 이롭게 할 수 있다고 하더라도 그렇게 하지 않았고, 나라를 버리고 숨어서 밭을 갈았다. 우(禹)임금은 세상을 위해서 자기 몸을 부리다가 몸을 지치고 메마르게

만들었다. 옛날 사람들은 터럭 하나를 뽑아서 천하를 이롭게 할 수 있다고 하더라도 그렇게 하지 않았고, 설령 한 몸을 봉양하는 데 천하가 필요하다고 하더라도 천하의 일에 간여하지 않았다. 사람들이 저마다 터럭 하나도 손해 보지 않으려고 하고, 사람들이 저마다 천하를 이롭게 하려고 애쓰지 않는다면 천하는 저절로 다스려질 것이다.

토론하고 연구하라 – 논쟁과 연구의 대상

문제의 유형 두 번째는 논쟁과 학문적 연구의 대상으로서의 문제(issue, theme)이다. 논쟁이 이루어지기 위해서는 다루는 내용이 있어야 하는데 그것이 바로 문제(issue)이며, 학문적 연구가 이루어지기 위해서는 연구의 주제가 있어야 하는데 이 또한 문제(theme)이다. 논쟁에서의 문제는 개인과 집단 간에 의견 차이가 생기는 순간 정해진다. 즉 어떠한 사안에 대해 의견이 서로 다르거나 분쟁이 있을 때 그 사안 자체가 문제로 설정될 수 있다. 그리고 학문적 연구에서는 연구자 개인이 의문을 품은 대상 자체가 문제로 설정될 수 있다.

앞의 책문에서 논쟁과 연구의 대상이 될 수 있는 문제는 ②에 잘 나타나 있다. ②를 보면 '인재를 불러들여 나랏일을 해결해야 하는데 선비들은 의견이 다른 것', '토산물 대신 쌀을 바치도록 공납을 개선해서 백성의 부담을 덜어주려는 세제에 대해 본래의 뜻에 어긋난다며 회의적으로 생각하는 사람이 있는 것', '호적과 지도도 정리해야 마땅하지만 호패법 때문에 소요가 생기지 않을까 우려하는 사람이 있는 것' 모두가 논쟁거리인 문제(issue)가 될 수 있다. 위의 문제는 '인재등용, 대동법, 호적과 지도 정리' 등으로 정리할 수 있는데 이 사안에 대해 의견을 달리하는 개인이나 집단 간에는 이 사안이 중요한 문제일 수 있다. 그리고 ②에 나타난 문제에 대해 누군가가 학문적인 호기심을 가지고 연구를 한다면 이 또한 문제(theme)가 될 수 있다.

논쟁과 연구의 대상으로서의 문제는 자연발생적인 것일 수도 있고 해답을 요구하는 문제(question)의 형태로 따로 주어질 수 있다. 자연발생적인 경우는 앞의 책문에 나타난 것처럼 왕과 신하들 간의 의견 차이, 당파와 당파 간의 의견 차이에 의해 자연스럽게 나타난다. 그런데 과거 응시자들은 이러한 논쟁에 이미 참여하고 있을 수도 있지만 과거장에서는 왕이 제시한 책문의 형태로 받았으므로 해답을 요구하는 문제로 받은 것이다. 연구자 또한 자신의 관심사에 따라 이러한 문제를 연구 주제로 삼을 수도 있지만 과거 응시자 중

누군가가 이 문제에 대해 장기적으로 연구한다면 역시 해답을 요구하는 문제의 형태로 연구의 대상인 문제를 받게 된 것이다.

- **논쟁과 연구의 대상 : 의견 차이가 나는 사안 또는 학문적 연구의 주제로서 자연발생적으로 설정되거나 해답을 요구하는 문제의 형태로 제시되는 문제**

ⓘ 확인문제

1. 다음에 제시되는 글에서 '논쟁과 연구의 대상'으로서의 문제가 무엇인지 구체적으로 쓰시오.

갑 : A기업은 우리 나라 노사 정책의 표본이라 할 만해. 1990년을 전후하여 노사 분규가 단 한 건도 없었을 뿐만 아니라 날로 사세가 커져 지금은 세계 일류의 기업으로 성장하고 있잖아? 노조가 없어도 사원의 임금과 복지에 충실하다면 노사 관계는 원만히 해결되고 근로자와 기업이 동시에 발전할 수 있다는 좋은 본보기라 생각해.

을 : 나는 생각이 다른데. 임금과 복지만으로 근로자들의 성취 동기를 충족시키는 데는 한계가 있다고 봐. 기업의 진정한 발전은 기업이 근로자에게 일방적으로 호혜를 베푸는 것이 아니라 노사가 동등한 자격으로 기업을 꾸려 나갈 때 이뤄진다고 봐. 물론 당장에는 사업의 효과 면에서는 당근이 좋겠지만 긴 안목으로 볼 때 A기업의 발전은 틀림없이 한계에 부닥치고 말 거야.

2. 다음에 제시되는 글에서 '논쟁과 연구의 대상'으로서의 문제가 무엇인지 구체적으로 쓰시오.

[가] 모든 사회의 문화는 단순한 상태에서 복잡하고 분화된 상태로 변화하며, 이러한 문화의 변화 과정은 또한 '進步'로 이해될 수 있다. 실로 모든 문화

는 야만, 미개, 문명의 단계를 거쳐 진화하고, 문명의 단계는 미개의 단계보다, 미개의 단계는 야만의 단계보다 더 나은 문화 또는 더 발달된 문화로 파악된다. 가령 오늘날의 선진 사회의 문화는 이미 문명의 단계에 도달한 것인 데에 비하여, 아직도 많은 다른 사회의 문화는 문명의 단계에 이르지 못하고 있다.

[나] 어느 사회에서 특징적으로 나타나는 문화 특성이 다른 사회의 기준에 의해 평가될 수는 없다. 우리가 다른 사회의 문화를 올바르게 이해하려면, 문화의 相對性을 인정하고 그 사회 자체의 脈絡에서 그 문화를 평가하고 이해하는 태도를 가져야 한다. 왜냐 하면 어떤 사회의 문화라도 그것은 그 사회 나름대로의 특수한 환경과 상황에 적응해 온 역사적 과정의 결과이며, 그것은 그 사회의 구성원들에게는 가치 있고 의미 있는 것이기 때문이다.

없애라 – 귀찮은 일이나 말썽

문제의 유형 세 번째는 귀찮은 일이나 말썽이어서 없애거나 변화시켜야 하는 대상으로서의 문제(trouble)이다. 이러한 문제는 개인이나 집단이 처한 상황 속에서 스스로 깨닫게 되며 이를 해결하기 위해서는 말썽을 일으키는 근원 자체를 제거해야 한다. 이러한 문제는 글쓰기와 직접적인 관련은 없다. 즉 글을 통한 의사소통보다는 근원을 제거하려는 직접적인 행동이 필요하기 때문이다. 그러나 이러한 문제가 논쟁이나 연구의 대상이 될 수는 있다.

위의 책문에서 인재등용이나 대동법 시행을 둘러싼 신하들의 논쟁이 국정을 운영하는 데 방해가 된다고 임금이 생각한다면 이것이 귀찮은 일이나 말썽으로서의 문제가 될 수 있다. 실제로 광해군은 이러한 문제를 인식했기 때문에 위의 책문에서와 같이 문제로 제기하고 있다.

- **귀찮은 일이나 말썽 : 변화시키거나 없애야 하는 대상으로서의 문제**

확인문제

1. 다음에 제시되는 글에서 '귀찮은 일이나 말썽'으로서의 문제가 무엇인지 구체적으로 쓰시오.

최근 컴퓨터 통신을 배운 한 무역 회사 부장 김모 씨(45세)는 말로만 듣던 통신 대화, 즉 채팅을 해 보기로 하였다. 김 부장이 대화방에 접속하니 화면 가득 나타나는 대화방의 제목들. 김 부장은 「고딩의 안전 지대」라는 대화방을 골라 들어갔다. 방에 들어가는 순간 나타나는 「어솨요」, 「안냐쎄요」……. 당황한 김 부장이 바라만 보고 있는 동안 계속해서 「밥 머거써요?」 「님 모해요?」 등의 질문이 쏟아진다. 이어서 「잠수하지 맙시다」 「수면으로 부상」 따위의 대화도 오간다. 김 부장은 할 말을 잃고 있는데 연이어 「자폭할까요」 「담에 바여」 등 어지러운 글들을 남기고 다들 사라지고 잠시 후 홀로 남은 자신을 발견한다. 김 부장은 자신의 언어 체계가 시대에 뒤떨어진 것인지 의문을 가진 채 컴퓨터 통신 언어에 대한 심한 이질감을 느끼기에 이르렀다.

2. 다음에 제시되는 글에서 '귀찮은 일이나 말썽'으로서의 문제가 무엇인지 구체적으로 쓰시오.

"언제나 무언가 모자랐지만, 생활은 훨씬 안정됐었다."
"언제나 감시의 눈초리가 있었지만, 사람들은 훨씬 상냥했었다."
"도시의 모습은 초라했지만, 부랑아는 없었다."
"여가를 보낼 여유는 없었지만, 범죄는 훨씬 적었다."
"언제나 길게 줄을 서야 했지만, 모든 것이 훨씬 단순했다."

<슈피겔> 최근호 특집 기사는 요즘 텔레비전이나 신문에서 그려지는 옛동독 시절의 모습이 실제 이상으로, 지나치게 부정적으로 비쳐지고 있다는 동독인들(64%)의 불만을 첫머리에 전하고 있다. <슈피겔>이 여론조사전문기관인 엠니드연구소와 함께 옛 동독지역의 성인 1천명을 대상으로 실시한 이번 설문조사는 지난 5년 간의 '통일실험'이 동독인들의 의식구조에 어떻게 자리매김되고 있는가를 포괄적으로 보여주는 최초의 것이어서 눈길을 끈다. 이번 설문조사 결과 '통일 이후'의 삶에 대해 53%의 동독인들이 "예상했던 것보다 훨씬 가혹하다"는 평가를 내리고 있다. 심지어 15%의 동독인들은 "이제 와서 돌이켜보건대 동서독이 통일되지 않았기를 바라느냐"라는 물음에도 기꺼이 수긍하고 있다. "우리는 하나의 민족"을 외쳐대며 서독의 마르크만이 자신들을 구원해줄 '복음'임을 믿어 의심치 않던 것이 이들에게 불과 5~6년 전의 일이었음을 되새겨볼 때, 실로 놀라운 일이다.

'통일실험'이 못마땅하기는 서독인들도 마찬가지다. 별도의 설문조사에서 43%의 서독인들이 "지난 5년 간의 현실이 기대했던 것보다 문제투성이"라는 평가를 내렸다. 특히 25%의 서독인들은 "독일정부가 동독지역에 너무 많은 돈을 쏟아 붓고 있다"라는 불만마저 터뜨리고 있다.

풀어라 – 해결을 요구하는 일

문제의 유형 네 번째는 해결을 요구하는 일로서의 문제(problem)이다. 이러한 개념은 앞의 모든 문제를 포함하는 가장 포괄적인 개념이다. 즉 해답을 요구하는 물음이든, 논쟁과 연구의 대상이든, 귀찮은 일이나 말썽이든 이러한 문제에 직면한 주체는 각각의 문제에 맞는 해결책을 제시해야 한다. 비록 내용이나 방법은 조금씩은 다르더라도 결국은 해결책이 제시되어야 하기 때문에 앞의 세 문제는 해결을 요구하는 일로서의 문제(problem)에 포괄될 수 있다.

따라서 글쓰기의 목적이 주어진 상황에서의 문제를 해결하는 것이라고 할 때의 문제는 바로 해결을 요구하는 일로서의 문제이고, 이러한 행위를 문제해결(problem solving)이라고 한다. 앞의 책문에 대한 대책을 쓸 때 책문 속에 직접적인 질문 형태로 제시된 문제에 대해 답을 쓴다면 그것은 답을 쓰는 것에 국한된 것이 아니라 그 문제를 해결하기 위한 해결책을 제시하는 셈이 된다. 또한 책문에 제시된 문제에 대해 논쟁을 하든, 학문적인 연구를 하든 그 행위 자체가 문제해결 과정이 된다.

해결을 요구하는 일로서의 문제는 스스로 발견할 수도 있고 주어질 수도 있다. 선발이나 평가를 목적으로 하는 글쓰기에서는 문제가 주어지기도 하지만 다소 포괄적으로 주어질 경우에는 그 범위 안에서 보다 구체적으로 문제를 발견해 나가야 한다. 앞의 책문에서 ③은 직접적인 물음 형태의 문제이지만 구체적인 문제는 아무것도 제시되지 않았다. 즉 '이 네 가지 이외에 시급히 힘 써야 할 것'은 필자가 스스로 결정해야 한다. 대부분의 글쓰기 문제나 주제도 이런 식으로 주어지므로 해결을 요구하는 일로서의 문제를 스스로 결정하고 해결책을 제시할 수 있어야 한다.

- **해결을 요구하는 일 : 가장 포괄적인 개념으로서의 문제이며 필자가 스스로 문제를 구체화하고 이에 대한 해결책을 제시해야 하는 문제**

ⓘ 확인문제

1. 다음에 제시되는 글을 현대사회에 적용하여 '해결을 요구하는 일'로서의 문제를 제시해 보시오.

(가) 아프리카에는 양과 닮은 스프링복이라는 야생 동물이 있다. 그 동물은 수백, 수천 마리씩 떼를 지어 풀밭을 찾아다니는데, 풀밭을 만나면 뜯어먹고 다 먹으면 또 다른 곳으로 옮겨 간다. 그런데 어떤 때는 풀밭이 있어도 계속 달리는 경우가 있다. 그건 앞쪽에서 풀을 죄다 뜯어먹어 버려 먹을 게 없어진 뒤의 놈들이 앞에 가는 놈들을 밀어붙이기 때문이다. 한 번 달리기 시작하면 점점 더 빨라져 새로운 풀밭이 나타나도 먹지 못하고, 떼를 지어 계속 달리다가 낭떠러지에 떨어져 한꺼번에 몰살하는 수도 있다고 한다.

(나) 『장자』에는 그림자가 싫어서 계속 도망가는 사람 이야기가 나온다. 빨리 달리면 달릴수록 그림자도 더 빨리 따라오니 그는 더 빨리 달아나려고만 하였다. 장자는 그 사람에게 이렇게 충고하였다. "당신이 나무 그늘에서 쉬면 그림자도 따라오지 않을 것이다."

2. 다음에 제시되는 글을 현대사회에 적용하여 '해결을 요구하는 일'로서의 문제를 제시해 보시오.

세상을 살아가는 데에는 좋은 일보다 궂은 일이 더 많다. 그 궂은 일들을 어떻게 효율적으로 극복하면서 삶을 보람 있게 꾸려 나가느냐 하는 것이 중요한 문제다. 세시 풍속은 삶의 어려움을 극복하는 우리 민족의 집단적인 슬기에서 비롯된 것이다. 세시 풍속은 생산, 신앙, 문화 등을 생활 기반으로 하면서 계절에 따라 꼭 쓰일 곳과 있어야 할 때에 안배되어 왔다. 공동체의 염원을 하나로 모으는 정월을 '당굿'으로부터 섣달 그믐에 이르기까지 계절에 걸맞게 가다듬고 풀면서 일과 놀이를 하나로 하며, 공동체의 다양한 의견들을 통일시키는 의지를 표현하였다. 말하자면 세시 풍속은 한 생활 공동체의 역사적 슬기로서 오늘의 우리를 지켜 왔음은 두 말할 나위도 없다. 그런데 이러한 세시 풍속은 특정 지역의 집단을 단위로 이루어져 왔기 때문에 기본적으로 지연을 바탕으로 하고 있었다.

한편 우리 민족은 지연 외에도 혈연을 중시한다. 그 대표적인 생활 풍습이 제사다. 제사는 가문을 확인하고 문중의 우애와 단결을 과시하는 역할을 하였다. 제사를 지내기 위해 일가친척들이 모여서 화목을 다지고, 자식들에게 형제간에 빈부의 차이가 있더라도 서로 합심하고 도울 수 있는 계기를 만들어 주기도 하였다. 이처럼 우리 민족은 가문 중심의 사고방식과 생활 태도를 뚜렷이 지니고 있었다.

우리 민족은 전통적으로 지연과 혈연 중심의 사고방식과 생활 태도를 지니고 있었다. 이러한 지연과 혈연을 바탕으로 독특한 관습과 풍습 그리고 전통을 창출하고 계승 발전시켜 왔다. 그러나 지연과 혈연 중심의 사고와 생활은 공적인 일과 사적인 일을 혼동하게 하기 때문에 합리적인 태도와는 거리가 멀다는 비판을 받기도 한다.

3. 주제의 설정

문제가 무엇인지 확인한 뒤 이 문제를 해결하기 위한 글을 쓰기 위해서는 그 문제의 핵심적인 요소를 파악해 그것을 주제로 삼아야 한다. 주제의 개념을 보다 명확하게 이해하고 주제를 설정하는 방법에 대해 알아보자.

- ❑ 무엇에 대해 쓸 것인가 – 주제의 개념
- ❑ 머릿속의 폭풍 – 주제 설정의 방법
- ❑ 생각의 계단 – 주제의 층위
- ❑ 알맹이와 테두리 – 참주제와 가주제
- ❑ 돋보기와 졸보기 – 선택과 집중

무엇에 대해 쓸 것인가 - 주제의 개념

일반적으로 주제는 글에서 다루고자 하는 중심적인 내용을 뜻한다. 즉 글을 쓸 때 무엇에 대해 쓸 것인가란 문제에서의 '무엇'에 해당된다. 한 편의 완성된 글에는 여러 가지 내용이 담기게 되는데 이 내용 중 가장 핵심적인 것, 또는 가장 상위의 것이 주제이다. 한 편의 글에 비록 여러 개의 소주제가 있을 수 있지만 그 소주제는 모두 하나의 큰 주제로 수렴되어야 한다. 그리고 글에는 가장 핵심적인 하나의 주제가 있어야 하고 나머지 주제는 그 핵심 주제에 부가되는 주제이어야 한다.

해결을 요구하는 일이 있어 이에 대한 해결책을 제시하는 글을 쓰고자 할 때 가장 먼저 해야 하는 것이 주제를 설정하는 일이다. 문제는 매우 포괄적인 개념이고 다소 추상적인 개념이어서 문제 전체와 씨름을 해서는 글을 제대로 써 나갈 수 없다. 문제를 구성하는 가장 핵심적인 요소가 무엇인가를 찾아내고 그것을 구체화하여 글로 전개해 나가야만 문제의 해결책이 효과적으로 서술될 수 있다. 글의 주제는 바로 이 핵심적인 요소를 구체화하여 설정한다.

따라서 문제해결을 위한 글쓰기에서 '주제'는 문제를 구성하는 가장 핵심적인 요소이자 글의 중심 내용이다. 굳이 문제해결과 관련짓지 않고 글 자체만을 따질 때는 글의 중심 내용을 주제라고 정의한다. 이러한 정의도 나름대로 타당한 의미가 있지만 글을 쓰는 근본적인 목적을 고려할 때 주제는 주어진 문제의 핵심적인 요소와 관련이 있어야 한다. 그리고 이 핵심적인 요소는 글의 전체에서 집중적으로 논의되며 해결책이 제시될 수 있어야 한다.

주제는 미리 주어지는 경우도 있고 필자가 스스로 찾아내야 하는 경우도 있다. 앞의 여러 문제 유형에서 해답을 요구하는 문제에 대한 글쓰기의 경우는 이미 주제가 명확하게 제시되어 있는 경우이다. 앞에서 말했듯이 평가와 선발을 위한 글쓰기 시험에서는 주제가 명확하게 제시된다.

[1] 역사는 인간들의 주체적 노력에 의해 이루어진다. 그런데 이 주체적 노력을 하는 이들이 누구인가에 따라 역사의 주인에 대한 다양한 견해가 존재한다. '역사의 주인은 누구인가'에 대한 명확한 답이 될 수 있는 한 편의 완성된 글을 쓰시오.

[2] 얼마 전 우리는 IMF라는 혹독한 시련을 겪었다. 우리가 이런 시련을 다시 겪지 않기 위해서는 당시의 문제점을 면밀히 검토하고 우리 경제가 그에 대한 대비를 철저히 할 필요가 있다. 과거의 IMF를 겪게 된 원인을 분석하고 현재의 경제위기를 대비할 수 있는 방안에 대해 논하시오.

[3] 최근 과거사 청산 문제가 중요한 화두로 대두되고 있다. 그 중에서 집중적으로 거론되고 있는 것이 친일파 처리 문제이다. 그런데 친일파 처리에 대한 현재의 논란은 감정에 치우친 면이 적지 않다. 이러한 친일파 문제를 합리적으로 해결할 수 있는 방안에 대해 논하라.

위의 예에서 [1]은 가장 명확한 형태로 주제가 제시되었다. 즉 '역사의 주인은 누구인가'라는 물음에 대한 답을 글로 써야 하므로 이 경우에는 '역사의 주인'이란 주제로 글의 내용이 한정된다.

[2]와 [3]에서는 주제가 [1]만큼 명확하게 제시되어 있지 않지만 쉽게 찾아낼 수 있다. [2]에서 한정한 주제는 'IMF를 겪게 된 원인의 분석과 현재의 경제위기 대비 방안'이며, [3]에서 한정한 주제는 '친일파 문제를 합리적으로 해결할 수 있는 방안'이다. 그런데 [2]와 [3]의 경우에는 비록 주제가 한정이 되어 있기는 하지만 이 주제의 세부적인 내용은 새로이 정해야 한다. 즉 방안에 대해 모색을 하라고 하였을 뿐 그 방안이 무엇인지는 문제 속에서 제시되어 있지 않았기 때문에 적절한 기준을 세우고 그 기준에 따라 방안을 마련한 후 글로써 전개해야 한다.

위의 예와는 달리 대부분의 글쓰기에서는 스스로 주제를 찾아 정해야 한다. 즉 자신이나 자신을 둘러싼 환경에서 무엇이 문제인지를 파악하고 그 문제에 대한 해결책이 마련되면 글을 쓰게 되는데, 이때는 온전히 스스로의 힘으로 주제를 정해야 한다. 더욱이 창의적인 글쓰기를 하고자 한다면 스스로 주제를 설정하는 능력이 있어야 한다.

- **주제는 문제를 구성하는 핵심 요소이자 글을 구성하는 중심 내용이다.**
- **주제는 주어지는 경우도 있지만 대부분 스스로 문제의식을 가지고 찾아야 한다.**

확인문제

1. 다음의 문제에 답하기 위한 글을 쓴다고 할 때 '주제'를 구체적으로 쓰시오.

(1) 대중문화의 많은 부분들은, 대중들에게 현실에 만족하면서 순응하도록 하는 가치관을 주입시키고, 말초적이고 감각적인 쾌락과 대리적 만족을 제공함으로써, 대중을 정치적으로 무관심하고 소극적인 존재로 만들고 있다는 의견이 있다. 대중문화가 이렇게 변모하게 된 원인을 밝히고 그 해결책을 제시하라.

(2) 우리나라의 학문이 외국 학문을 추종하는 경향이 심하다는 우려가 있다. 이 우려는 지식이나 학문의 민족성을 전제로 한 것이다. 세계적 보편타당성을 지닌다는 학문과 관련하여 학문 연구에 민족성이 견지되어야 할 이유가 있는지를 검토하고 그에 관한 찬·반 양론 중 하나를 택하여 정당성을 논하라.

(3) 자본주의 사회는 개인의 자유를 보장한다. 이 자유에는 자신이 소유한 재산, 즉 사유 재산을 자신의 뜻대로 처분할 수 있는 자유도 포함된다. 자유의사와 능력에 따라 합법적으로 모은 재산이라면 그 처분도 소유자 자신의 자유의사에 맡기는 것이 당연하다 하겠다. 자신이 소유하고 있는 재산을 가지고 고급 벤츠를 사든, 이탈리아제 대리석으로 장식된 고급 빌라를 사든, 수천만 원짜리 모피 코트를 사든 그것은 법적으로 보장된 그 사람의 자유이다. 그런데도 '과소비'는 심심찮게 비판의 대상이 된다. 여러분이 우리 사회의 과소비를 비판하는 입장에 있다면, 여러분은 어떤 근거들을 들어 자신의 입장을 뒷받침하겠는가?

2. 다음의 문제에 답하기 위한 글을 쓴다고 할 때 '주제'를 구체적으로 쓰시오.

[문제] 글 [나]의 사실에 근거하여, 글 [가]에 나타난 여배우의 태도를 비판하시오.

[가] 열렬한 동물 애호가인 프랑스의 여배우 브리지트 바르도는 김영삼 대통령에게 한국인이 보신탕을 먹지 못하도록 조치해 줄 것을 요구했다. 바르도는 "한국을 방문한 여행객들이 이러한 혐오스런 관습에 충격을 받고 있다."라는 내용의 편지를 김 대통령에게 보냈다고 공개했다. 바르도는 이 편지에서 "이 같은 야만적인 관습은 경제협력개발기구 가입을 원하는 한국의 대외 위상을 해치는 것"이라면서 한국정부가 개고기의 판매를 금지시켜 줄 것을 요구했다. 그리고 이 같은 '슬픈 사건'을 논의하기 위한 면담을 김 대통령에게 요청했다.

[나] 인도의 힌두교도들은 쇠고기를 먹지 않고, 유대인이나 이슬람교도들은 돼지고기를 혐오하며, 미국인이나 프랑스인들은 보신탕에 대한 생각만 해도 구역질을 느낀다. 이에 반해 어떤 지역에서는 구더기와 메뚜기가 기호식품으로 사랑받고 있다. 한 조사에 따르면 쥐고기를 먹는 사회도 42개나 된다고 한다. 고대 로마인들은 광대한 제국 곳곳의 산해진미를 앞에 두고도 굳이 자신들이 즐겨 먹는 썩은 생선 소스를 찾으며 "이 맛에 필적할 만한 것은 없다."라고 말했다.

머릿속의 폭풍 - 주제 설정의 방법

주제를 설정할 때 가장 흔히 쓰이는 방법이 자유연상(brain storming)이다. 이는 주어진 문제와 관련해 머릿속에 떠오르는 생각들을 자유롭게 적어가면서 주제를 선정해 나가는 방법이다. 이 방법은 집단적인 토론에서 창의적인 아이디어를 창출해 내고자 할 때 흔히 쓰이지만 글쓰기를 할 때도 매우 유용하다.

예를 들어 '경복궁' 하면 떠오르는 것을 자유롭게 적어 보면 다음과 같다.

- 고궁 - 풍경 - 향원정 - 경회루 - 아미산 - 근정전 - 나무 - 연못 - 덤불 - 돌 - 모래 - 흙……
- 전각 - 기둥 - 기와……
- 인물 - 사람 - 어린이 - 노인 - 외투……

또한 '친일 청산' 하면 떠오르는 것도 자유롭게 적어 보면 다음과 같다.

- 역사 - 과거 - 과거는 흘러갔다 - 과거사 청산……
- 제국주의 - 일제시대 - 민족말살 정책 - 식민사관 - 친일 - 친일파 - 이광수 - 친일 언론인 - 인간의 선택 - 고뇌……
- 외국에서의 과거사 청산 - 친일 청산 방안 - 언론 분야의 친일 청산 - 역사 왜곡……

위에서 자유롭게 연상된 각각의 항목은 모두 주어진 문제와 관련되어 있기 때문에 모두가 글의 주제가 될 수 있다. 그러나 문제해결을 위한 글쓰기에서 주제는 문제의 핵심요소와 관련이 있어야 하므로 자유롭게 연상된 각 요소를 일정한 기준에 따라 정리한 후 주제를 선정해야 한다. 위의 즉 각 항목을 자세히 살펴보면 추가해야 할 것, 빼야 할 것, 묶어야 할 것, 나누어야 할 것이 뒤섞여 있음을 알 수 있다. 각 항목들 간의 관계를 생각하면서 이런 작업을 반복적으로 거치면 주어진 문제에 대해 답하기 위한 글의 주제를 적절하게 선정할 수 있다.

자유연상된 각 항목을 보고 추가, 삭제, 통합, 분리 등을 하기 위해서는 일정한 기준이 필요하다. 즉 각 항목이 주어진 문제에 대한 해결책을 제시하기 위한 목적에 부합하는가를 고려해 필요 없는 것은 빼고 필요한 것은 보탤 수 있다. 또한 각 항목 중에서 이미 상식적인 차원이나 문제 상황에서 전제되고 있는 것이라면 뺄 수도 있다.

- **주제를 설정할 때 머릿속에 떠오르는 생각을 자유롭게 적어나가는 자유연상을 이용하면 유용하다.**

① 확인문제

아래의 주제에 대해 글을 쓴다고 가정하고 머릿속에 떠오르는 것을 자유롭게 적어 보시오.

(1) 개인의 일탈 행위가 사회와의 관계 속에서 어떤 의미를 지니는가?
(2) 우리 사회에서 대학이 맡아야 할 기능
(3) 과학적 진리는 절대적인가?
(4) 지성인의 실천적 사명
(5) 지금까지 인간의 역사는 진보의 역사인가?

생각의 계단 - 주제의 층위

글의 주제는 매우 다양한 층위에서 설정될 수 있는데 이를 이해하기 위해 앞에서 제시한 경복궁에서의 사생대회를 다시 한번 생각해 보자. 사생대회가 시작되면 학생들은 여러 곳으로 흩어져 나름대로 그림의 주제를 설정한 후 그림을 그리기 시작할 것이다. 학생들이 설정한 주제는 다음과 같이 분류할 수 있다.

[1부류] 풍경, 인물
[2부류] 고궁, 경복궁, 전각, 사람
[3부류] 향원정 유역, 경회루 유역, 아미산 유역, 근정전 유역
[4부류] 향원정, 경회루, 아미산, 근정전, 향원정 주변의 나무, 경회루 주변의 연못, 아미산 주변의 덤불, 근정전 앞마당의 돌
[5부류] 기와, 기둥, 돌, 모래, 흙, 어린이, 노인, 두꺼운 외투

위에서 설정된 모든 주제는 각기 그림의 주제가 될 수는 있다. 그러나 굳이 경복궁에서 사생대회를 개최한 목적을 고려해 보면 모든 부류가 적절한 주제가 될 수는 없다. [1부류]와 [2부류]의 주제는 너무 포괄적이라는 문제가 있다. '풍경, 인물, 정물' 등은 그림의 소재에 따라 나누는 가장 큰 분류 항목이다. 그림의 주제를 이렇게 잡았다면 그릴 대상을 구체적으로 선정하지 못한 채 소재에 대한 대분류만 한 것이기 때문에 바로 그림을 그릴 수가 없다. [1부류]보다는 다소 구체적이지만 [2부류] 또한 너무 포괄적이어서 바로 그림을 그릴 수 없다. 고궁은 옛 궁궐 모두를 뜻하기 때문에 경복궁에 와서 옛 궁궐 모두를 그릴 수는 없고, 높은 곳에 올라가 내려다보지 않고는 경복궁 전체를 화폭에 담을 수 없다. 또한 경복궁에 수많은 있는 전각이나 오고가는 수많은 사람 모두를 한 화폭에 담을 수 없다. 이러한 부류의 주제는 너무 넓고 그 만큼 추상적이기 때문에 그림으로 그리는 것이 불가능하다.

[4부류]와 [5부류]는 너무 구체적인 주제라는 점에서 문제가 있다. 향원정을 주제로 설정하여 화폭 가득 향원정을 그려 놓는다면 특별한 경우를 제외하고는 좋은 그림으로 인정될 수 없다. 향원정 주변의 나무 몇 그루만 화폭에 가득 그린 것도 마찬가지이다. 나아가 [5부류]의 기와, 돌, 노인 등을 그린다면 굳이 경복궁까지 올 필요가 없다. 이런 주제는 어디에나 널려 있기 때문에 이러한 주제의 그림은 경복궁에서 사생대회를 개최한 의의를 살릴 수 없다.

결국 경복궁에서 사생대회를 개최한 의의를 가장 잘 살리는 것은 [3부류]의 주제이다. 향원정, 경회루 등은 경복궁에서만 볼 수 있으며 그 건축미 또한 뛰어나다. 또한 정자와 누각은 주변의 풍광과 어우러져야 아름다움이 더해지는데 향원정과 경회루를 중심으로 하여 주변의 연못, 나무, 배경의 산 등을 적당히 조화시키면 가장 아름다운 그림을 그릴 수 있다. 하나의 핵심주제를 설정하고 이 핵심주제를 더욱 더 부각시킬 수 있는 주변적인 소재를 선정함으로써 완성도가 높은 그림을 그릴 수 있는 것이다. 이러한 점을 감안하면 다음과 같이 주제를 잡는 것이 가장 바람직할 것이다.

[향원정]

[경회루]

이러한 주제의 층위 설정 문제는 '친일 청산'이라는 문제에 대한 글을 쓸 때도 같은 양상으로 적용할 수 있다. 이 주제에 대하여 학생들이 설정할 수 있는 주제는 다음과 같이 분류할 수 있다.

[1부류] 역사란 무엇인가? 제국주의의 속성, 역사 속의 인간의 선택, 과거는 흘러갔다.
[2부류] 일제시대, 민족말살정책, 친일, 친일파, 과거사 청산
[3부류] 친일 청산을 위한 구체적 방안, 언론분야 친일이 해방 후 언론에 미친 해악, 외국의 사례에 비춰 본 친일 청산의 문제점
[4부류] 친일 소설가, 친일 언론인, 식민사관에 의한 역사 왜곡
[5부류] 이광수의 친일 행위, 친일 언론의 작태, 친일파의 인간적 고뇌

[1부류]와 [2부류]는 지나치게 포괄적이기 때문에 적절한 주제가 될 수 없다. '친일 청산'이란 구체적인 문제가 주어진 상태에서 '역사란 무엇인가, 친일파란 무엇인가' 등에 대해 글을 쓴다면 주어진 문제에 대한 아무런 해결책도 제시할 수 없다. [1부류]와 [2부류]의 주제들은 주어진 문제보다 상위 주제이거나 상위 개념과 같은 층위에 있는 다른 주제이기 때문에 적절한 주제가 될 수 없다.

[4부류]와 [5부류]는 그 범위가 지나치게 좁기 때문에 주어진 문제에 대한 적절한 주제가 될 수 없다. '친일 소설, 친일 언론' 등은 '친일 청산'의 하위 부류들이다. 따라서 이 부류에 속한 주제로 글 전체를 구성한다면 주어진 문제에 대한 부분적인 답변밖에 되지 못한다. 이렇게 주제를 좁게 설정하면 주어진 문제에 대한 충분한 해결책을 기대하기 어렵다.

따라서 주어진 문제에 대한 적절한 글을 쓰기 위해서는 [3부류]와 같은 주제를 선정해야 한다. [3부류]의 주제들은 요구되는 모든 문제에 대한 적절한 답을 할 수 있으며 이 주제를 더 쪼개 나가면 보다 자세한 해결책도 제시할 수 있다.

- **주제의 층위는 다양하게 설정될 수 있다. 주어진 문제에 따라 추상성과 구체성을 조화시켜 주제를 설정해야 한다.**

ⓘ 확인문제

아래의 주제에 대해 글을 쓴다고 가정하고 머릿속에 떠오르는 것을 일정한 기준에 따라 층위를 정해 분류하시오.

(1) 비만
(2) 언론의 역할
(3) '-짱' 신드롬의 해부

알맹이와 테두리 – 참주제와 가주제

위에서 제시한 모든 주제는 글의 주제가 될 수 있는데 각 층위의 주제들 간에는 가주제와 참주제의 관계가 성립된다. 가주제는 주어진 문제를 포괄적으로 이해했을 때의 주제이고 참주제는 주어진 문제에 대한 구체적인 답을 하기 위한 주제이다. 가주제는 참주제를 포함하는 일반적이고 추상적인 주제이며 참주제는 가주제에 포함되는 개별적이고 구체적인 주제이다.

예를 들어 텔레비전에 대해 글을 쓸 때 다음과 같은 대한 다양한 층위의 주제 설정이 가능하다.

텔레비전

A	↑가주제	전자제품으로서의 텔레비전
	→참주제	**프로그램 방영 및 시청 도구로서의 텔레비전**
		사회적 영향력을 가진 매체로서의 텔레비전
B	↑가주제	텔레비전의 오락성 비판
	→참주제	**텔레비전의 합리적 편성 방향**
		프로그램명의 외래어 비판
C	↑가주제	텔레비전의 공익성 제고를 위한 합리적 편성방향
	→참주제	텔레비전의 공정성 제고를 위한 합리적 편성방향
		시청률 제고를 위한 합리적 편성방향
D	↑가주제	드라마의 시청률 제고를 위한 합리적 편성방향
	→참주제	오락물의 시청률 제고를 위한 합리적 편성방향
		교양물의 시청률 제고를 위한 합리적 편성방향
E	↑가주제	질 높은 교양물 제작
	→참주제	시청자 중심의 방송 시간 편성
		시청자의 의견과 요구 수렴

가주제와 참주제의 관계는 상대적인 관계이다. 위의 그림에서 A는 B에 대

해 가주제이고 B는 A에 대해 참주제이다. 그러나 B는 C에 대해 가주제이고 C는 B에 대해 참주제이다. 또한 C는 D에 대해 가주제이고 D는 E에 대해 가주제이다.

위와 같은 경우는 극히 추상적으로 문제가 주어졌기 때문에 문제 상황에 따라 다양한 층위에서의 주제 설정이 가능하다. 만약 '텔레비전 개론'이라는 수업의 초기에 글을 써야 하는 상황이라면 A 층위에서 '텔레비전의 정의와 분류'를 주제로 설정할 수 있다. 만약 방송국의 편성국장으로서 이 문제에 대해 글을 쓴다면 D 층위에서 '분야별 시청률 제고 방안'이라는 주제로 글을 쓸 수 있다. 이렇듯 문제 상황에 따라 가장 추상적인 가주제에서 가장 구체적인 참주제에 이르기까지 다양한 주제를 설정할 수 있다.

- **가주제는 주어진 문제에 대한 포괄적인 주제이고 참주제는 주어진 문제에 대한 구체적인 답을 하기 위한 주제이다.**
- **가주제와 참주제의 관계는 상대적인 관계이다.**

① 확인문제

아래의 주제에 대해 글을 쓴다고 가정하고 가장 포괄적인 주제부터 가장 구체적인 주제까지 참주제와 가주제의 관계가 성립하도록 차례대로 쓰시오.

(1) 세계화
(2) 세대차이
(3) 애니메이션

돋보기와 졸보기 – 선택과 집중

글쓰기를 어려워하는 가장 흔한 이유 중의 하나는 주어진 문제에 대해 너무 많이 생각하고 너무 많은 내용을 쓰려 한다는 것이다. 여기서 너무 많이 생각하고 쓰려 한다는 것은 양의 문제가 아니라 가짓수의 문제이다. 즉 주어진 문제에 대한 해결책을 너무 많은 양의 글로써 쓰는 것이 문제가 아니라 문제와 관련이 없거나, 관련이 있더라도 너무 사소한 내용까지 모두 글에 포함시키려 하는 데서 글쓰기의 어려움이 초래된다.

이러한 문제는 주제를 분명하게 설정하지 못하는 문제이기도 하다. 문제가 아무리 복잡하게 꼬여 있어 보여도 그 문제를 구성하는 각각의 구성요소들은 일정한 구조를 갖추고 있기 때문에 그 구조를 파악하게 되면 그 문제의 핵심요소, 즉 주제를 설정할 수 있다. 문제의 핵심요소를 파악하지 못하면 주변의 요소만 장황하게 늘어놓게 되고 결국에는 해결해야 하는 문제는 전혀 다루지 못하게 된다.

따라서 주제를 설정할 때 명심해야 할 것 중의 하나는 선택과 집중이다. 문제가 주어지면 그 문제에서 주제로 선택해야 할 것이 무엇인가 올바로 선택해야 한다. 올바른 선택이 이루어지기 위해서는 문제에 대해 충분히 숙고해야 하며, 필요한 자료를 충분히 검토하고, 다른 사람들의 견해를 기꺼이 들어야 한다. 이러한 과정에서 문제의 핵심요소가 발견되면 그것을 주제로 잡고, 글에서는 그 주제에 대해서만 철저하게 서술해 나가야 한다.

다음의 두 사진을 통해 선택과 집중의 문제를 생각해 볼 수 있다.

[경회루?]

[향원정?]

왼쪽의 사진을 찍은 사진가는 주제가 경회루라고 우길지 모르지만 경회루는 앞의 나무에 의해 반 이상 가려 있기 때문에 주제로서 잘 부각되지 않는다. 이 경우에는 찍는 위치가 잘못 선택된 것이다. 오른쪽의 사진도 주제가 향원정에 집중되어 있지 않다. 사진에서의 주제는 호를 이루고 있는 길과 그 위의 나무이고 향원정은 부수적인 존재밖에 되지 않으므로 향원정이 주제로 부각되지 않는다. 사진을 찍을 때 선택과 집중을 잘 해야 하듯이 글을 쓸 때도 선택과 집중을 잘 해야 주제가 잘 부각될 수 있다.

다음은 교육의 방법에 대한 내용이지만 선택과 집중에 관련하여 글쓰기에도 그대로 적용할 수 있다.

> 어린이의 사고력을 훈육함에 있어 무엇보다도 먼저 경계해야 할 것은 내가 말하는 '생기 없는 관념(inert ideas)'인데, 이는 활용되지도 않고 검증되지도 않으며, 참신한 연관성으로 결합되지도 않은 채 단지 머릿속에 주입시키기만 한 관념을 말한다. (중략) 여기서 우리는 두 가지 교육상의 기본 원칙을 선언하자. 그 첫째는 "너무 많은 과목을 가르치지 마라."라는 것이며, 둘째는 "가르쳐야 할 것은 철저하게 가르치라."라는 것이다.
>
> – 알프레드 노스 화이트헤드, <교육의 목적>

위의 글에서 밑줄 친 부분을 글쓰기에 적용한다면 '너무 많은 것을 쓰지 마라', '써야 할 것은 철저하게 써라'가 될 수 있다. 즉 한 편의 글에서는 핵심적인 주제 하나만 설정이 되어야만 좋은 글을 쉽게 쓸 수 있다. 그리고 선택된 주제에 대해서는 철저하게 써야 글의 완성도를 높일 수 있다.

선택과 집중의 문제는 글 전체에서뿐만 아니라 단락을 전개할 때도 그대로 적용될 수 있다. 즉 단락을 쓸 때는 한 단락에서 하나의 소주제에 대해서만 써야 한다. 그리고 단락 내의 모든 문장은 소주제와 관련이 있어야 한다는 통일성을 지켜야 하며, 단락 내의 모든 문장은 상호 밀접한 관련이 있어야 한다는 긴밀성을 지켜야 한다. 마지막으로 주어진 소주제에 대해 충분히 서술해야 하는 완결성을 지켜야 한다. 이는 단락 내에서 지켜야 할 요건이기는 하지만 결국 주제에 대한 선택과 집중의 문제이기도 하다.

반대로 이러한 단락의 요건은 글 전체에도 그대로 적용할 수 있다. 한 편의 글에서는 하나의 주제에 대해서만 써야 하며, 주제가 정해지면 글을 구성하는 모든 요소는 주제에만 집중되어야 한다. 그리고 각 구성 요소는 상호간에 긴밀한 관계를 맺어야 하며, 설정된 주제에 대해 충분히 논의를 전개해야 한다. 이렇듯 주제 설정 단계부터 단락으로 전개해 나가는 과정에 이르기까지 선택과 집중의 원리가 견지되어야만 좋은 글을 쓸 수 있다.

- **한 편의 글에서는 하나의 주제에 대해서만 집중적으로 논해야 한다.**

① 확인문제

다음은 과학의 절대성에 대해 쓴 학생의 글이다. 이 글에서 필자가 주로 논하고자 했던 주제가 무엇인지 쓰시오. 부분적으로 통일성을 깨뜨리는 주제는 무엇인지 찾아 쓰시오.

> 1960년대에 토마스 쿤이라는 사람은 '과학 혁명의 구조'라는 책을 통하여 패러다임이라는 개념을 발표했다. 패러다임이라는 개념은 과학뿐 아니라 인문, 철학, 사회과학, 예술에 이르기까지 다양한 개념들을 포괄할 수 있는 내용이다. 쿤은 이 책에서 패러다임이란 변화하며 특히 과학과 같은 부분들은 패러다임의 변화와 함께 변화한다고 제시하고 있다. 그렇다면 과학의 진리들이 쿤이 제시한 패러다임과 함께 변화한다고 했을 때, 과연 왜 과학적 진리들이 변화하는지와 그러한 변화하는 과학적 진리들이 과연 절대적이라고 할 수 있을지에 대한 고찰이 필요하다.
>
> 과학은 기본적으로 철학을 바탕으로 한 학문이다. 즉 철학에서의 가장 중요한 문제인 인간의 본성을 찾는 과정에서 인간의 본성을 정확히 이해하기 위해

파생된 학문이다. 그렇기 때문에 결국 인간의 본성을 절대적으로 정의할 수 있는 철학이 존재할 수 있어야만 완벽한 절대적 과학적 진리들을 찾을 수 있을 것이다. 그러나 아직까지 과학적 진리의 기본이 되는 베이컨의 귀납적 철학으로는 절대적 인간의 본성을 찾아내지 못했기 때문에 완벽한 절대적 진리를 찾지 못하고 있다. 과학에 이용되는 귀납적 철학이란 관찰된 사실들만이 진리이기 때문에 현재까지와는 다른 사실들이 관찰된다면 과학적 진리는 언제든 바뀔 수 있다는 철학이다. 그렇기 때문에 베이컨의 귀납적 철학을 기본으로 하고 있는 과학적 진리는 원론적으로는 완벽하지도 또한 절대적 진리라고도 할 수 없을 것이다.

어떤 과학적 진리라도 영원히 절대적이라고는 할 수 없다. 그러나 쿤의 패러다임이라는 개념을 도입하면 패러다임이 변하지 않는 한 그 패러다임 내에서의 과학적 진리는 절대적이 된다고 할 수 있다. 과학의 진리에 절대적 진리가 전혀 없었다면 현재의 문명을 이룩할 수조차 없었을 것이다. 1900년대 초기까지 우리의 생각을 지배했던 뉴턴의 패러다임은 그 당시 인간이 감지할 수 있던 세상에서 완벽히 들어맞는 절대적 과학적 진리였다고 할 수 있다. 현재 우리의 관점으로 보았을 때 뉴턴의 과학이 절대적 진리라고 볼 수는 없지만 그 당시 뉴턴의 과학이 절대적 진리였음을 부인할 수는 없다. 즉 인간이 감지할 수 있는 한계 내에서 현재의 과학적 진리가 완벽히 들어맞고 패러다임들이 변화하지 않을 때 그 패러다임 내에서의 과학적 진리는 절대적이라고 할 수 있는 것이다.

현재의 과학적 진리들은 현재에는 절대적이라고 할 수 있다. 과학적 진리들은 현재 인간이 관찰할 수 있는 사실들을 기본으로 하고 있기 때문이다. 천문학에서 허블 우주망원경이라는 것을 기준으로 많은 천문학에서의 진리들이 바뀐 것을 알 수 있다. 그것은 허블 망원경이 인간이 감지할 수 있는 영역을 넓혀주었기 때문이다. 그런데도 천문학자들은 현재 자신의 과학적 지식들에 대해 끊임없이 의심하고 있다. 그럼에도 불구하고 현재의 기준으로 보았을 때 천문학자들이 지닌 지식들은 현재까진 절대적 진리라고 할 수 있는 것이다. 왜냐하면 인간의 지각 능력이 더 커지기 전까지는 현재의 지식이 완벽하기 때문이다. 그리고 이러한 지식들이 현재 우리의 삶에 많은 부분 유용하게 사용되고 있기 때문이다. 만약 과학적 지식들이 조금이라도 절대적 진리를 지니고 있지 않다면 문명의 발달에 전혀 도움을 못 주었을 것이기 때문이다.

과학적 진리란 기본 철학부터 불완전성을 기본으로 하고 있기 때문에 객관적으로 본다면 절대 절대적인 진리가 될 수 없다. 그러나 역설적으로 불완전한 철학을 기본으로 했기 때문에 그 불완전한 귀납적 철학에 의한다면 현재의 과학적 진리는 현재에는 절대적이 될 수 있는 것이다. 그럼에도 불구하고 현재의 과학적 진리가 현재의 패러다임 내에서만 진리가 된다는 것에는 결국 과학에는 한계가 있음을 포함하고 있는 것이기에 과학이 완벽한 절대적 진리가 되기 위해서 더욱 많은 노력이 필요한 것은 틀림없는 사실이다.

4. 제목의 설정

짧은 글이든 긴 글이든 제목은 그 글의 첫인상을 좌우하는 매우 중요한 요소이다. 주제와 관련하여 제목을 어떻게 정해야 하는지 자세히 알아보자.

- ❑ 문패와 간판 - 제목의 역할
- ❑ 추리기, 뽑기, 빗대기 - 제목을 쓰는 방법

문패와 간판 - 제목의 역할

문패나 현판, 그리고 간판은 그것이 달려 있는 곳에 대한 대략적인 정보를 준다. 사람이 사는 집이나 기관에는 대개 문패나 현판이 붙어 있다. 이 문패를 보면 그 집에 누가 살고 있는지 대략적으로 알 수 있으며 현판을 보면 그 곳이 무엇을 하는 곳인지 알 수 있다. 이렇듯 문패나 현판은 그 집이나 기관 전체에 대해서 모두를 알려주지는 못하더라도 그 대표나 핵심은 알려준다. 그리고 상점이나 기업에는 대개 간판이 붙어 있는데 이 간판을 보면 그곳이 어떤 물품이나 서비스를 취급하는지를 대략적으로 파악할 수 있다.

글에서는 제목이 문패와 간판의 역할을 한다. 즉 제목은 글의 맨 앞에 놓여 글 전체의 주제, 소재, 관점 등을 대략적으로 드러낸다. 제목을 쓰는 방법에는 여러 가지 방법이 있지만 제대로 작성된 제목이라면 그 제목만 보고도 그 글이 무엇에 대해 다루었는가를 파악할 수 있다. 또한 제목을 통해서 필자의 태도나 관점 등도 파악할 수 있다.

오늘날처럼 글이 넘쳐나는 상황에서는 제목이 매우 중요한 역할을 한다. 예를 들면 신문은 30면 정도가 글로 빼곡하게 채워지는데 그중의 어떤 글이 독자의 선택을 받아 읽히기란 여간 어렵지 않다. 그래서 기자나 편집진에서는 제목을 뽑는 데 심혈을 기울여 가능하면 그 기사가 읽히도록 노력한다. 책의 경우에도 마찬가지여서 일 년에 수천 종의 책이 나오고 있는 상황에서 어떤 책이 독자들의 선택을 받기란 쉽지 않다. 따라서 작가나 편집자들은 가능하면 튀는 제목이나 독자의 관심을 끌 수 있는 제목을 쓰려고 노력한다. 짧은 글에서도 제목은 글의 얼굴 같은 역할을 하므로 해결하고자 하는 문제와 쓰고자 하는 내용을 잘 전달할 수 있도록 제목을 써야 한다.

- **제목은 글의 맨 앞에 놓여 글 전체의 주제, 소재, 관점 등을 대략적으로 드러내는 역할을 하므로 해결하고자 하는 문제와 쓰고자 하는 내용이 잘 드러나도록 제목을 붙여야 한다.**

ⓘ 확인문제

다음 만화는 컴퓨터는 인간을 이어주는 구실도 하지만 인간을 고립시킬 수도 있다는 것을 보여주고 있다. 만화의 상황이 잘 드러나도록 적절한 제목을 셋을 쓰시오.

추리기, 뽑기, 빗대기 – 제목을 쓰는 방법

제목을 쓰는 가장 일반적인 방법은 주제를 짧은 문장이나 구로 압축해서 쓰는 것이다. 즉 글 전체의 내용을 포괄하는 주제를 더 축약하여 글의 내용을 이해시키는 방법이 가장 많이 쓰인다. 이런 제목은 설명문이나 논설문 등의 실용적인 글에서 매우 유용하다.

주제를 설정하는 과정에서 살펴본 향원정, 친일파, 텔레비전에 대해 글을 쓴다고 가정하고 제목을 써 보자. 먼저 주제를 압축하여 쓴다면 다음과 같이 쓸 수 있다. 다음과 같이 제목을 쓰면 독자는 글 전체에서 무엇을 다룰지 분명하게 알 수 있다. 이 경우에는 제목과 주제가 같을 수도 있다.

- 향원정 : 향원정의 사계 / 향원정의 구조 / 향원정에 얽힌 비사(秘史) / 향원정의 추억
- 친일파 : 친일파 처리를 위한 선결 조건 / 친일파의 생존 전략
- 텔레비전 : 텔레비전의 효용 / 텔레비전 제작 과정 / 텔레비전 변천사 / 텔레비전의 구조

제목을 쓰는 또 다른 방법에는 글 내용의 일부를 발췌하는 방법이 있다. 글 속에서 가장 흥미로운 부분, 중요한 부분, 독자의 관심을 끌 만한 부분이 있으면 그 부분을 그대로 제목으로 쓰거나 약간 변형해서 제목으로 쓸 수 있다. 이러한 제목도 논설문과 설명문 모두에서 쓰일 수 있으나 주장을 담은 제목일 경우에는 논설문에 적합하다. 이러한 제목을 쓸 때에도 글의 내용 중에서 가장 핵심적인 부분, 즉 주제와 밀접한 관련을 가진 부분을 발췌해야 한다.

- 향원정 : 향원정의 다리를 개방하라 ← 향원정의 참모습을 더 가까이에서 즐길 수 있는 방안을 논하는 글의 제목

- 친일파 : 친일파는 살아 있다 ← 친일파의 현황을 논하는 글의 제목
- 텔레비전 : 텔레비전의 채널 선택권을 아내에게 ← 텔레비전과 가정의 평화를 논하는 글의 제목

마지막으로 유사한 것에 빗대어 쓰는 방법이 있다. 제목은 글의 내용을 제시할 뿐만 아니라 글의 내용에 관심을 가지게 하는 역할도 한다. 그러므로 경우에 따라서는 유사한 다른 사례에 빗대는 유추의 방법으로 제목을 쓰기도 한다. 이 방법 역시 제목이 주제를 암시하고 있어서 독자는 제목만으로도 글의 내용을 대략적으로 파악할 수 있어야 한다.

- 향원정 : 경복궁의 수줍은 색시
- 친일파 : 아직도 구르는 반역의 수레바퀴
- 텔레비전 : 바보들의 바보상자

- **글의 제목은 주제를 압축하거나, 글의 일부를 발췌하거나, 유사한 다른 사례에 빗대서 쓸 수 있다.**
- **어떤 방법으로 제목을 쓰든 제목은 주제와 밀접한 관련이 있어야 하고, 독자가 제목만 보고도 글의 내용을 대략적으로 파악할 수 있어야 한다.**

① 확인문제

1. 다음과 같은 내용으로 글을 쓸 때 가장 적절한 제목을 쓰시오.

- 개인의 삶은 외부의 환경과 관련을 맺기 마련이다.
- 개인이 외부의 환경에 적응하지 못해 갈등을 겪는 일은 비일비재하다.
- 무력한 개인은 외부의 환경과 부딪칠 경우 대부분 자기 안에 숨어 버린다.

- 작은 새가 자신을 공격하는 까마귀나 매에게 무리를 지어 맞대응하는 일은 우리에게 시사하는 바가 크다.
- 집단행동을 자기 집단만의 이익을 높이기 위한 방편으로 이용해서는 안 된다.

2. 다음 글을 바탕으로 글을 쓴다고 할 때 가장 적절한 제목을 쓰시오.

어떤 사냥꾼이 두 마리의 개를 데려다가 한 마리는 사냥개로 훈련하고 한 마리는 집을 지키도록 했다. 사냥을 하는 개는 불평이 심했다. 왜냐하면 자기가 사냥터에서 먹이를 잡아오면 집 지키는 개도 어김없이 제 몫을 받아먹곤 했기 때문이다.

"이건 불공평해. 내가 애써 사냥한 것을 아무 일도 하지 않고 집에만 있는 개가 납죽납죽 받아 삼키면서 잘도 살다니……. 이건 웃기는 얘기야."

그러자 집 지키는 개가 그를 달래면서 이렇게 말했다.

"날 너무 비난하지 말게나. 그건 말일세, 주인님의 탓이야. 주인님은 나에게 사냥하는 법을 가르쳐 주지 않고 오로지 남이 사냥한 것을 먹는 법만 가르쳐 주었으니 말일세."

5. 글의 종류의 설정

세상에는 수없이 많은 글이 있지만 우리가 써야 할 글은 실용문이다. 실용문의 개념을 문학적인 글과 비교해 파악해 보고, 실용문의 대표 격인 설명문과 논설문의 특징에 대해 알아보자.

- ❑ 형식에 따른 글의 종류
- ❑ 나에게 오라, 지식과 정보를 주마 – 설명문
- ❑ 너에게 가마, 나를 따르라 – 논설문

형식에 따른 글의 종류

글은 내용과 형식에 따라 그 종류가 매우 다양하다. 글을 쓰는 주된 목적이 문제에 대한 해결책의 제시이기는 하지만 문제의 해결을 주된 목적으로 하지 않는 글도 있고 해결책을 제시하는 방식에 따라 여러 종류의 글이 있다.

글은 크게 문학적인 글과 실용적인 글로 나뉜다. 문학적인 글은 주로 감동을 목적으로 하는 글로서 시, 소설, 희곡, 수필 등이 여기에 해당된다. 이런 종류의 글은 읽는 이에게 감동을 주는 것을 목적으로 한다. 물론 감동을 유도해 글쓴이가 문제해결책을 제시한다는 면에서는 이런 종류의 글 또한 문제의 해결책을 제시하는 글이기도 하다. 실용적인 글은 주로 이해와 설득을 목적으로 하는 글로써 설명문과 논설문이 여기에 해당된다. 설명문은 글쓴이의 지식을 글로 전달함으로써 읽는 이가 이해하도록 하는 글이고, 논설문은 글쓴이의 주장을 글로 전달하여 읽는 이가 설득되도록 하는 글이다. 설명문과 논설문은 문제해결책의 제시를 위한 전형적인 글이다. 물론 설명과 논증이 적절히 혼합되어 문제해결책이 제시되는 경우가 많다.

같은 주제를 다루더라도 글의 종류는 경우에 따라 다를 수 있다. 다음의 시를 살펴보자

심인(尋人)

황지우

김종수 80년 5월 이후 가출
소식 두절 11월 3일 입대 영장 나왔음
귀가 요 아는 분 연락 바람 누나
829-1551

이광필 광필아 모든 것을 묻지 않겠다
돌아와서 이야기하자
어머니가 위독하시다

조순혜 21세 아버지가
기다리니 집으로 속히 돌아오라
내가 잘못했다

나는 쭈그리고 앉아
똥을 눈다.

위의 시는 문학적인 글로서 80년 광주 민주화운동 당시에 실종된 이들의 사연을 통해 당사자들의 아픔을 표현하는 동시에 제3자일 수밖에 없는 작가와 타인들의 무감각을 담아내고 있다. 그런데 이 시의 소재가 되었고 글 속에 그대로 인용된 사람을 찾는 사연은 실용문의 일종이다. 모든 사연이 실종된 사람을 찾기 위한 목적에서 쓰인 것인데 시인은 그것을 시의 일부분에 포함시켜 읽는 이의 감동을 유도하고 있다.

위 시의 사연 및 역사적 사실에 대해 실용적일 글을 쓸 수도 있다.

실종된 가족을 찾는 수많은 사연은 80년 광주의 아픔을 잘 말해 준다. '김종수 80년 5월 이후 가출 소식 두절 11월 3일 입대 영장 나왔음 귀가 요 아는 분 연락 바람 누나 829-1551'라는 사연에서, 살아 있다면 어엿한 장정으로 군에 입대할 동생에 대한 안타까운 마음을 읽을 수 있다. '이광필 광필아 모든 것을 묻지 않겠다. 돌아와서 이야기하자. 어머니가 위독하시다'라는 사연에서는 시대의 아픔을 애써 외면하며 가족의 문제로 돌리고자 하는 마음을 읽을 수 있다. '조순혜 21세 아버지가 기다리니 집으로 속히 돌아오라. 내가 잘못했다'라는 사연에서는 사랑하는 딸을 지켜주지 못한 자책감에 시달리며 그리움을 자신에 대한 책망으로 대신하는 아버지의 마음을

> 읽을 수 있다. 사연도 제각각이지만 이 모두는 80년 광주에 살았던 우리 부모형제들의 아픔을 고스란히 전해준다.

위의 글은 사람을 찾는 사연을 예로 들면서 그 가족들의 아픔을 느낄 수 있다는 사실을 전해주고 있다. 또한 글을 읽는 이는 이 글을 통해 안타까운 사연이 많음을 알고 80년 광주에 살았던 이들의 아픔을 알 수 있다. 따라서 이 글은 사실의 전달과 이해를 목적으로 하고 있기 때문에 실용적인 글 중에서 설명문으로 볼 수 있다.

위의 시와 설명문에 언급된 내용을 바탕으로 주장하는 글, 즉 논설문을 쓸 수도 있다.

> 80년 광주에서 가족을 잃은 이들의 아픔을 치유하는 길은 그들이 사건의 본질을 제대로 이해하게 하는 데서 시작해야 한다. '김종수 80년 5월 이후 가출 소식 두절 11월 3일 입대 영장 나왔음 귀가 요. 누나'라는 사연을 보면 실종자의 누나는 자신의 동생을 죽게 한 것이 독재자의 군대였다는 사실을 외면한 채 동생을 군대에 보내지 못하는 것을 안타까워하고 있다. '이광필 광필아 모든 것을 묻지 않겠다. 돌아와서 이야기하자. 어머니가 위독하시다'는 사연은 마치 '광필이'가 문제인 것처럼 쓰며 모든 것을 용서하겠다고 말하고 있다. 또한 '조순혜 21세 아버지가 기다리니 집으로 속히 돌아오라. 내가 잘못했다'라는 사연은 딸이 실종된 것이 마치 아버지의 잘못인 양 말하고 있다. 이러한 사례들에서, 이들은 그 아픔이 독재 권력에 의해 초래되었다는 것을 모르고 있음을 알 수 있다. 자신들이 겪은 아픔이 외적인 요인에 의해 초래된 것을 모르다면 이들은 자신들을 자책하며 살 수밖에 없고 결과적으로 그들의 아픔은 치유될 수 없다. 이들의 아픔이 치유되기 위해서는 자신들을 향한 자책의 화살을 무자비한 독재 권력에 돌릴 수 있도록 이들에게 80년 광주민주화운동의 본질을 제대로 알려야만 한다.

위의 글 또한 사람을 찾는 사연을 예로 들고 있지만 단순한 사실을 전달하고자 하는 것이 아니라 '사건의 본질을 제대로 이해하게 해야 한다'는 주장을 담고 있다. 각각의 사연과 이에 대한 분석은 글쓴이의 주장을 뒷받침하기 위한 논거로 사용되고 있다. 이 글을 읽는 이는 주장과 논거를 통해 주장에 설득되어 글쓴이와 같은 생각을 가지게 된다. 따라서 이 글은 주장을 통한 설득을 목적으로 하고 있기 때문에 실용적인 글 중에서 논설문으로 볼 수 있다.

이 책은 주로 실용문을 쓰는 원리와 방법에 대해 다룬다. 문학적인 글을 쓰는 것도 매우 중요하지만 이는 주로 전문 작가의 몫이다. 필요에 따라서는 문학적인 글로써 자신의 목적을 달성할 수도 있지만 배우는 과정에서나 실무에서의 글쓰기는 대개 이해와 설득을 목적으로 한다. 따라서 글쓰기에 관한 이 책의 모든 설명과 연습은 실용문을 전제로 한다.

- **글은 목적에 따라 실용적인 글과 문학적인 글로 나뉜다.**
- **실용적인 글에는, 설명을 통해 이해를 목적으로 하는 설명문과 주장을 통해 설득을 목적으로 하는 논설문이 있다.**

① 확인문제

1. 다음 시의 내용과 유사한 설명문 한 단락을 쓰시오.

흔들리지 않고 피는 꽃이 어디 있으랴
이 세상 그 어떤 아름다운 꽃들도
다 흔들리면서 피었나니
흔들리면서 줄기를 곧게 세웠나니
흔들리지 않고 가는 사랑이 어디 있으랴

젖지 않고 피는 꽃이 어디 있으랴
이 세상 그 어떤 빛나는 꽃들도

다 젖으며 젖으며 피었나니
바람과 비에 젖으며 꽃잎 따뜻하게 피웠나니
젖지 않고 가는 삶이 어디 있으랴.

- 도종환, <흔들리지 않고 피는 꽃이 어디 있으랴>

2. 다음의 소설을 읽고 이 소설의 주제와 관련해 논설문 한 단락을 쓰시오.

그만 지치고 말았다. 아무리 거리를 싸다녀 보았으나 이렇다 하게 마음에 드는 얼굴이 없었다. 여느 때는 그렇게 흔히 눈에 뜨이더니, 아무래도 포기하고 선생님께 직업 모델이라도 하나 구해 달래야겠다.

저기 우울해진 미술 대학 여학생 둘이, 가까운 아무 다방에나 들어가 다리 쉼을 하려고 어느 길모퉁이를 돌아설 때였다. 둘이는 약속이나 한 듯이 그 자리에 서고 말았다.

거기 한 사십이나 뵈는 지게꾼 사내가 허름한 옷에 찌든 조끼를 입고 팔짱을 낀 채 서 있었다. 그 볕에 그은 얼굴의 풍성한 구레나룻, 저 수염을……. 둘이는 저도 모르는 새 서로 얼굴을 쳐다보았다. 자기네가 찾던 모델이 바로 여기 있었다고

두 시간에 천 환을 주기로 하고 사내를 아틀리에로 데리고 왔다. 아틀리에라야 한 학생 집 딴채에 붙은 세 평이 될까 말까 한 마루방이었지만.

사내에게 자연스런 자세를 취하게 하는 데 약간 애를 먹었다. 그렇지만 둘이는 처음으로 모델을 사용한다는 데 어떤 새로운 정열과 보람을 느끼면서 사내의 수염을 중심한 얼굴 모습을 데생했다. 그리고 사내더러 다음날 다시 오도록 당부를 했다.

돈을 받고 나온 사내는 대견스러웠다. 가만히 앉아서 두 시간 동안에 천 환을 벌다니. 줄곧 땀을 흘리며 짐을 날라다 주고도 몇 십 환을 깎으려는 아낙네들과 아귀다툼을 해서 고작 얻어내는 것이 일이백 환인데.

아직도 종판 한두 짐은 질 수 있는 시간이었으나 곧장 집으로 향했다. 대문이자 방문인 문을 열고 들어가 돈을 내놓자 마누라가 놀란다. 그만 시간까지 그만한 돈을 벌어오기란 없다시피 했기 때문이다.

사내는 한 숨에 오늘 있은 일을 얘기했다.

마누라는 아무래도 믿을 수 없는 듯,
"세상에 별일두 다 있군. 그래, 당신 같은 꼴은 그려 뭣 하려는 걸까, 참."
"그러기 말이오, 낼은 두루마기라도 좀 걸치구 가야겠소. 그 못 입게 된 것이나마 동정을 좀 갈아 두우. 난 다리 밑에 가서 머리나 좀 깍구 오리다. 오랜만에 수염도 좀 밀구……."

– 황순원, <모델>

나에게 오라, 지식과 정보를 주마 – 설명문

실용문 중에서 가장 흔하게 볼 수 있는 것이 설명문이다. 설명문에서 필자는 지식과 정보를 글을 통해 전달하고 독자는 글을 통해 지식과 정보를 이해한다. 이러한 '전달'과 '이해'가 필자와 독자 사이에 이루어지는 의사소통의 핵심이다. 대부분의 교과서, 각종 설명서, 안내문 등이 모두 이렇게 전달과 이해를 목적으로 하는 설명문으로 분류될 수 있다. 주장을 펼치는 논설문도 주장만으로는 이루어질 수 없으므로 논설문에서도 설명의 방식이 많이 사용된다. 따라서 설명문은 실용문의 대표 격이며 문학 작품 이외의 실용적인 문장 모두를 설명문으로 보기도 한다.

설명문에서의 의사소통은, 지식과 정보를 가지고 있는 필자가 글을 쓰면 그러한 지식과 정보를 필요로 하는 독자가 능동적으로 이 글을 찾아서 읽는 방식으로 이루어진다. 즉 필자는 객관적인 사실에 대해서만 서술하기 때문에 상대적으로 소극적인 태도를 보이고, 독자는 필요에 따라 지식과 정보를 찾기 때문에 상대적으로 적극적인 태도를 보인다. 다음은 전형적인 설명문이다.

> 북미 인디언들은 사람과 자연, 사람과 사람 사이에 나타날 수 있는 가장 흥미로운 공생 형태를 실현했던 것 같다. 우선 그들은 스스로를 자연의 일부로 여겼을 뿐 자연의 주인이라고 생각하지 않았다. 그들은 어떤 지역에 사냥감이 떨어지면 사냥터에 다시 사냥감이 번성하도록 다른 곳으로 이주하곤 했다. 따라서 그들이 어디에 머물든 땅이 황폐해지는 일은 없었다.
>
> 인디언의 가치 체계에서 개인주의는 명예보다는 수치의 원천이었다. 자기를 위해 뭔가를 하는 것은 남들의 비웃음을 살 일이었다. 그들은 아무것도 소유하지 않고 아무것에 대해서도 자기 권리를 주장하지 않았다. 오늘날에도 인디언들은 자동차를 사면 그것을 가장 먼저 요구하는 인디언에게 빌려 주는 것을 당연한 일로 알고 있다.
>
> 인디언 자녀들은 속박 없이 교육을 받았다. 사실 그들은 인생과 자연을 스스로 배워 나갔다고 볼 수 있다. 그들은 식물을 접목시키는 방법을 알아

> 내고 그것을 옥수수 잡종을 만들어 내는 데에 응용했으며, 고무나무를 이용하여 비가 새지 않는 천막을 만들 줄 알았다. 또 유럽인들이 흉내 낼 수 없을 만큼 무명을 곱게 짜서 옷을 지었으며, 아스피린과 키니네, 심지어는 초콜릿의 유용성을 알고 있었다.
>
> 인디언 사회는 평등주의적인 사회였다. 물론 추장이 있었지만 사람들이 자발적으로 그의 지도를 따를 때만 추장일 수 있었다. 지도자가 된다는 것은 신뢰의 문제였다. 우두머리를 뽑는 것은 상시적인 일이었다. 어떤 결정에 대해 90명이 따른다 해도 그것에 찬성하지 않는 10명은 따르지 않을 수도 있었다. 각자 자기 생각에 최선이라고 생각되는 것을 행하면 되었다. 우리 식으로 말하자면 누구나 올바른 법률을 찾아내어 그것을 적용하는 셈이었다.
>
> 인디언 사회에서는 세습 권력도 영구 권력도 없었다. 어떤 결정을 내릴 때마다 부족회의를 열어 각자의 의견을 개진하였다. 프랑스 대혁명보다 훨씬 전에 의회 제도가 있었다. 다수가 추장을 신임하지 않으면 그는 스스로 물러나야 했다.
>
> 인디언들은 사람이든 짐승이든 목숨 가진 것은 다 소중히 여겼다. 그들은 적들의 목숨을 함부로 해치지 않았다. 적들이 자기들 목숨을 함부로 다루지 않도록 하기 위해서였다. 남이 너에게 행하기를 원치 않는 일을 남에게 행하지 말라는 역지사지(易地思之)의 사고방식이다.
>
> – 베르나르 베르베르, <상대적이며 절대적인 지식의 백과사전>

위의 글은 인디언의 삶, 사회, 의식 등에 대해 필자가 알고 있는 것을 차분히 설명하고 있다. 이 글에서 서술되고 있는 모든 내용은 필자의 경험과 관찰을 통해 얻은 것일 수도 있고 자료를 수집해서 얻은 것일 수도 있다. 어떤 방법으로 구성된 것이든 필자는 이 내용에 대해 사실이라고 믿고 있고, 이에 대해 객관적으로 서술한다고 믿고 있다. 또한 독자들도 이 글에 담긴 내용이 객관적인 사실이라고 믿고 받아들인다.

그러나 위의 글에 담긴 똑같은 내용으로 논설문을 쓸 수도 있고, 똑같은 글이 논설문으로 읽힐 수도 있다. 같은 사실을 놓고도 필자에 따라 다른 글을 쓸 수도 있다. 이는 같은 사안에 대해서 사람들마다 다른 판단을 내리기 때문이다. 위의 글 속에도 부분적으로 가치판단이 개입되어 있는데 다른 가치판단을 하는 사람이 이 글을 읽는다면 이 글은 설명문이 아닌 논설문으로 읽힐 수도 있다. 또한 이 글의 필자가 처음부터 다른 의견을 가지고 있는 사람을 염두에 두고 잘못 알고 있는 지식을 바로잡는 것을 목적으로 썼다면 이 글이 논설문일 수도 있다. 따라서 논설문과 설명문의 구분이 모호할 때도 많다.

- **설명문은 지식과 정보를 글로써 전달하여 독자로 하여금 지식과 정보를 이해하도록 하는 것을 목적으로 하는 글이다.**
- **같은 내용으로 설명문과 논설문을 동시에 쓸 수도 있고으므로 양자 간의 경계가 모호할 때도 있다.**

① 확인문제

1. 다음의 설명문에서 전달하고자 하는 핵심적인 지식과 정보를 정리해 보시오.

> 중국에서 5세기 무렵 효율적인 관료 제도와 행정 조직, 법 체계가 만들어진 뒤로 천 년이 훨씬 지나서야 서구는 그 비슷한 것들을 서서히 발전시키기 시작했다. 그런 점에서 서구의 많은 지식인들이 중국 문명에 찬사를 보내는 일은 쉽게 이해할 수 있다. 그러나 중국과 서구의 문명을 올바로 이해하기 위해 개개의 제도를 직접 비교해서는 안 된다. 어떤 제도의 성격은, 그것이 작용하고 있는 사회의 지배적 세계관이나 전체적인 권력 구조 같은 것을 고려하지 않고는 규정할 수 없기 때문이다.
>
> 당시 중국의 제도가 근대적이었다고 하지만, 그것은 유교라는 전근대적인 종교적 세계관 속에서 기능을 발휘하고 있었다. 유교에 초월적인 성격이 적지 않게 있었던 것이다. 유교는 정치권력의 정당성을 천의(天意)에서 구했으며, 하늘이 지향하는 바를 지상에서 구현하는 것이 정치의 목표였다. 이는 정치는 인

간의 일이며, 정치의 목표는 특정의 윤리나 종교 이념을 실현하는 것이 아니라 상호 충돌하는 인간들의 이해관계를 조정하는 데 있다는 근대적 정치관과 본질적으로 구별된다. 중국의 관료 제도가 근대적이었다고 하더라도 그것이 봉사하고 있는 세계관은 서구의 것과 전혀 다른 전근대성을 띠고 있었던 것이다.

이러한 차이는 근본적으로 양 문명의 상이한 권력 구조에 기인한다. 서구에서는 국가들 사이의 투쟁, 교회와 국가 사이의 투쟁이 계속되는 과정에서 정치의 탈종교화 현상이 계속되었다. 그러나 중국에서는 춘추 전국 시대 정치의 탈종교화 과정이 진(秦)의 통일로써 중단되었고, 계속된 통일 제국들은 그 권력의 정당성을 종교에서 찾았던 것이다.

유교 이념의 민주주의적인 측면 또한 마찬가지이다. 비록 유교에 그런 요소가 있다 하더라도 그것을 과대평가해서는 안 된다. 서구에서는 국가들 사이, 또 국가와 교회 사이의 투쟁이 사회의 다른 세력, 특히 부르주아 세력이 대두할 기회를 제공함으로써 민주주의가 실현될 수 있었다. 서구 민주주의는 분산된 권력들의 틈바구니에서 여러 사회 세력들이 전체적인 균형을 이루고 타협과 조정을 거쳐야 했던 역사적 상황에서 실현되었던 것이다. 그러나 통일된 대제국이 유교 이념과 결합하고 있던 중국에서는 이 결합된 힘에 대항해서 지배 권력을 나누어 가질 수 있을 만한 세력이 등장할 수 없었다. 유학자들은 민본주의적인 유교 이념을 신봉하면서도 황제의 절대 권력을 제한할 실제적 수단을 가질 수 없었고, 종종 이 절대 권력에 의지하여 스스로가 권위주의적으로 행동하기까지 했다.

2. 다음의 설명문에서 전달하고자 하는 핵심적인 지식과 정보를 정리해 보시오.

1990년대는 텔레커뮤니케이션 분야에 중요하고 새로운 현상의 발전이 목격된 시기이다. 증가 일로의 휴대폰 보급이 그것이다. 1990년에는 전 세계적으로 1,100만 개의 휴대폰이 보급되었을 것으로 추정된다. 10년 뒤에는 4억 명이 넘는 인구가 휴대폰을 사용하게 되었다. 1억 8,000만 명에 이르는 사람들이 PC를 소유하고 있는 것과 비교했을 때에, 휴대폰이 어째서 점차적으로 텔레커뮤니케이션의 미래로 간주되고 있는지 분명해진다.

휴대폰은 그 자체는 새로운 것이 아니지만, 지구촌 차원의 현상으로 진입시킨 기술은 아주 최근에 개발된 것이다. 이른바 아날로그 기술을 사용하는 휴대폰 '1세대'는 의사소통과 이동성이 통합될 수 있음을 보여주었던 개척자였다. 디지털 기술은 '2세대' 휴대폰을 탄생시켰는데, 더 빠르고 덜 성가시고 더 편리한 소형 제품 생산이 가능해졌다. 제품 가격은 저렴해지는 한편 더 넓은 지역이 통화 가능 영역으로 편입되면서 휴대폰의 대중성은 증폭되었다. 현재로서 신규 휴대폰 가입률이 기존의 유선전화 가입률을 훨씬 앞서고 있다. 유선전화선 공급이 달리고 전화 기반 구조가 취약한 나라에서는 휴대폰이 하나의 신뢰성을 지닌 훨씬 더 필요한 대안으로 평가받고 있다.

기술은 여간해서는 정체하는 적이 없지만, 휴대폰의 경우에는 시대를 앞선 진보를 계속하고 있다. 기대를 많이 걸고 있는 '3세대' 휴대폰 기술은 '무선 인터넷' 시대의 도래를 예고할 것이다. '무선응용통신규약(Wireless Application Protocol : WAP)'의 지원을 받아 웹사이트에서 텍스트 정보가 걸러져서 휴대폰 화면에 문자로 뜨게 된다. 사용자들은 휴대폰을 통해서 인터넷에 접속하여 은행 업무에서 입장권이나 교통수단 표 예매, 혹은 주식 가격을 주문하는 등에 이르는 업무를 처리할 수 있게 된다. 컴퓨터와 전화선 연결 작업은 온라인 접속하는 데에 더 이상 필요한 절차가 되지 않을 터이지만 서핑과 브라우징에 더 많은 시간이 소요될 것이다. 그러나 신속한 접속을 위해서는 '아이모드(i-mode)'를 장착한 휴대폰일 경우 인터넷 접속을 더 신속하고, 더 편리하게 해 줄 것이다.

'휴대폰은 그 이동성으로 개인을 해방시킨 경이적인 도구이다'라고 한 평론가는 주장한다. 부정할 수 없는 것으로, 휴대폰은 지속적 이동을 해야 하고, 직장으로 출퇴근을 하며, 빈번한 여행과 분주한 일정으로 특징지어지는 시대에는 엄청난 자산이다. 관련 업무는 보다 효율적으로 꾸려질 수 있다. 부모들은 10대 자녀들과 언제든지 연결될 수 있으며, 재래의 유선전화선에서 이동하거나 떨어진 상태에서 휴대폰은 이제 사사로운 개인적 업무나 전문 직업적 욕구 모두를 처리하는 데 사용될 수 있다. 사람들은 휴대폰이 가져다주는 유연성을 높이 평가하고 있다.

그러나 다른 사람들은 휴대폰이 동시에 오늘날의 시대가 해결해야 하는 골치 아픈 측면의 징후를 지니고 있다고 경고한다. 사회 변화 속도가 급물살을 타는 때에 근무시간은 연장되고 개별 직장인은 더 많은 업무량을 점차 요구받으며, 휴대폰은 개인의 사적인 시간을 침해함으로써 광란적인 삶의 템포를 더 빠르게 할 수 있다. 이는 직장인들과 언제든지 접속할 수 있음을 의미하며, 개인 사생활과 직장 생활 사이의 경계를 애매하게 만든다. 이전에는 사적인 생각을 수습하는 데 사용되었던 귀중한 '자투리' 시간들이 휴대폰 울리는 소리 때문에 근무 마지막 순간까지 광적으로 일에 매달리도록 하여, 과거에는 한쪽으로 젖혀 놓았던 잔무 처리에 힘을 쏟아야 한다. 기차나 식당과 같은 공공장소에서, 휴대폰은 애물단지로 취급되기에 이르렀고 적절한 사용을 위해 제한적 조치가 취해지고 있다.

- 앤서니 기든스, <현대사회학>

너에게 가마, 나를 따르라 – 논설문

논설문은 적절한 논거로 뒷받침하며 주장을 펼쳐 설득을 이끌어내는 것을 목적으로 하는 실용문이다. 논설문에서 필자는 자신의 주장을 분명히 피력하고 이 주장을 뒷받침할 논거를 논리적으로 제시한다. 독자는 이 논거의 타당성을 판단하여 필자의 주장을 수용하거나 거부한다. 이러한 '주장'과 '설득'이 논설문을 통한 의사소통의 핵심이다. 각종 논문, 사설, 연설 등이 이렇게 주장과 설득을 목적으로 하는 논설문으로 분류될 수 있다.

논설문의 필자는 설명문의 필자에 비해 적극성을 띤다. 즉 자신의 주장이 있고, 그 주장을 관철시켜 독자의 설득을 유도하기 위해서 독자에게 적극적으로 다가선다. 또한 설득 자체가 목적이 아니라 그 설득을 통해 독자의 동조나 또 다른 행동을 유도하는 것을 목적으로 하기 때문에 상대적으로 적극적이다.

이에 반해 독자는 상대적으로 소극적이다. 논설문을 읽는 독자는 필자의 주장과 다른 견해를 가지고 있거나 필자의 주장에 별로 관심이 없는 사람일 경우가 많다. 따라서 이들은 논설문을 읽을 때 비판적인 시각으로 읽을 때가 많고 동조하려 하기보다는 반발, 또는 반대하려는 경향을 보일 수 있다. 따라서 논설문의 필자는 적극적으로 독자에게 다가가서 주장을 하고 필자는 소극적이기는 하지만 논증이 타당할 경우 설득을 당하는 방식으로 의사소통이 이루어진다.

논설문에서 논거를 제시할 때는 주로 설명의 방식을 쓴다. 논설문에서의 핵심은 주장이지만 그 주장이 설득력이 있으려면 적절한 논증의 과정이 있어야 한다. 이 논증의 과정에서는 설명문에서 사용하는 여러 가지 서술 방법이 그대로 쓰인다. 따라서 주장이 분명하게 제시된다는 점을 빼면 논설문은 설명문과 구별되지 않을 경우가 많다.

논설문과 설명문의 관계를 이해하기 위해 다음의 글을 살펴보자.

어떤 기업 광고에서 '콜럼버스의 달걀'을 소재로 하여 생각의 전환을 강조하는 것을 보았다. 아메리카 대륙 상륙이 무어 별거냐고 비아냥거리는 소리를 듣자, 콜럼버스는 그 자리에서 달걀을 세워 보라고 했다. 모두 실패한 후에 콜럼버스가 달걀을 집어들고 퍽 하니 그 밑둥을 깨고 세웠다는, 소문으로 전해지는 유명한 이야기다. 일이라는 것이 해 놓고 보면 별것 아닌 듯싶지만 언제나 '최초의 발상 전환'이 어렵다는 매우 자존심 강한 의미가 여기에 담겨 있다.

그런데 우리는 이 '콜럼버스의 달걀'에 대하여 문제성을 느껴 본 적은 없는가? 그 기업과 광고 작성자에 대한 비판을 하려는 것이 아니라 우리의 문명사적 의식 전반에 깔린 무의식의 성격에 문제를 제기해 보고자 함이다. 여기서 주목하고자 하는 점은, 이 콜럼버스의 달걀이 이제는 상식을 넘는 발상이라기보다는 도리어 상식이 되어 버린 역사적 과정과 현실이라는 점이다.

달걀의 겉모양은 어떻게 생겼는가? 그것은 타원형이다. 따라서 이는 애초에 세울 이유가 없도록 설계되어 있는 것이다. 둥지에서 구르더라도 그 둥지 반경을 벗어나지 않도록 고안된 생명의 섭리가 여기서 드러난다. 만일 원형이었다면 한번 굴러 버리는 경우 자칫 둥지에서 그대로 멀리 이탈되기 십상이며, 각지게 되어 있다면 어미새가 품기 곤란했을 것이다. 그래서 그 타원형은 생명을 지키는 원초적 방어선이다.

따라서 이것을 세워 보겠다는 것은 그런 생명의 원칙과 맞서는 것이 된다. 먹기 위해서도 아니면서, 둥지에서 벗어나지 않도록 만들어진 생명체를 자신이 원하는 자리에 고정시켜 장악해야겠다는 생각이 '콜럼버스의 달걀'을 가능하게 만드는 뿌리이다. 그래서 그것은 상식을 깬 발상 전환의 모델이라기보다 생명을 깨서라도 자신의 구상을 달성하겠다는 탐욕적 반생명적 발상으로 확대된다.

실로 콜럼버스와 그의 일행은 카리브 해안과 아메리카 대륙에 상륙해서 자신들이 원했던 금과 은을 얻기 위해 무수한 생명을 거리낌 없이 살육했다. 결국 콜럼버스의 달걀은 서구의 제국주의적 팽창 정책을 뒷받침하는 사고의 원형이 된다. 그것이 전개되는 과정에서 아시아, 아프리카, 중동 등지에서 얼마나 많은 생명들이 이런 식으로 무지막지하게 '달걀 세우기'를 당했는지 모른다. 우리도 그 중 하나이다. 콜럼버스의 손에서 달걀이 지표면에 내려치기까지의 거리는 짧고, 그 힘은 그 개인에게 한정되어 있지만 그 거리와 힘 속에는 제국주의라는 문명사적 탐욕이 압축되어 있었던 것이다.

오늘날, 이 '달걀 세우기'는 콜럼버스 시대 이후 여러 가지 변형된 모습으로 우리의 삶을 지배하고 있다. 때문에 오늘날 정작 필요한 발상의 전환은 달걀을 어떻게 하면 세울 수 있을 것인가라는 질문에 갇혀 그 답을 모색하는 일에서 가능한 것이 아니라, 달걀의 모양새가 왜 타원형인가를 진지하게 묻는 일에서 시작되어야 한다. 원래의 타원형을 지키는 새로운 노력이 '오늘의 상식'을 깨지 못할 때는 생명의 신음소리가 도처에 계속 들리게 될 것이다. 그리고 그것은 다름 아닌 우리 자신의 죽음으로 다가오게 될 것이다. 바로 이러한 오늘의 문명사적 위기를 극복하려는 마음이야말로 진정한 발상 전환의 출발점이 아니겠는가?

– 김민웅, <콜럼버스의 달걀에 대한 문명사적 반론>

위의 글에서 필자는 발상 전환의 대표적인 사례로 꼽히는 '콜럼버스의 달걀'을 비판하며 또 다른 발상의 전환을 촉구하고 있다. 이 글에서 필자는 '콜럼버스의 달걀'에 담긴 발상의 위험을 비판하는 데 많은 지면을 할애하고 있다. 그리고 이 비판을 바탕으로 오늘의 문명사적 위기를 극복하기 위한 발상의 전환을 요구하고 있다. 따라서 이 글은 필자의 주장이 분명하게 담겨 있고 적절히 논증이 이루어지는 논설문이다.

그런데 논증의 과정에서는 설명의 방식이 많이 쓰이고 있음을 확인할 수 있다. 윗글의 필자는 '콜럼버스의 달걀'의 일화, 달걀의 생김새에 관한 세 번째 단락, '콜럼버스의 달걀'과 관련된 발상이 초래한 문제점 등을 객관적인 사실을 바탕으로 설명하고 있다. 이렇듯 논증의 과정은 설명문의 서술방식과 크게 다르지 않다. 결국 논설문은 명쾌한 주장과 이를 적절히 논증할 설명의 방식이 결합된 글로 볼 수 있다.

- **논설문은 적절한 논증을 거쳐 주장을 피력하여 독자를 설득하는 것을 목적으로 하는 글이다.**
- **논설문에서 논증을 할 때는 설명문의 방식이 그대로 적용된다.**

확인문제

1. 다음의 글에서 핵심적인 주장과 이를 뒷받침하는 논거를 정리해 보시오.

저는 우선 재즈를 흑인음악으로만 알고 있는 것은 잘못이라고 말하고 싶습니다. 재즈가 아프리카 음악에서 비롯된 것은 사실이지만 최근에 백인들이 흑인 재즈를 백인음악화하여 재즈는 많이 변화하였습니다. 유럽에서도 재즈를 유럽식으로 변형시켜 '이지엠'이라는 새로운 장르를 탄생시켰습니다. 저는 국내 가요를 재즈화하여 재즈를 한국적으로 해석하려고 노력했습니다. 저는 한국에서 태어나기는 했지만 재즈 드러머인 아버지를 따라 아르헨티나로 이민을 가 거기서 성장했고 성인이 되어서는 미국으로 가서 공부했습니다. 남미, 미국이라는 다양한 환경 속에서 항상 문제가 되는 것은 남미의 재즈건 미국의 재즈건 그 자체를 공부하더라도 그 나라 대중의 정서와 감성을 완전히 체득할 수 없었다는 점이었습니다. 그래서 저는 저의 감정과 정서를 인정하면서 그것을 재즈의 선율에 싣는 작업을 하게 되었던 것입니다. 저는 이렇게 생각합니다. 한국 재즈에는 한국 대중의 정서와 감성에 어울리는 우리만의 그 무엇이 필요하다고 말입니다.

2. 다음의 논설문에서 핵심적인 주장과 이를 뒷받침하는 논거를 정리해 보시오.

한국 민요 중에서 가장 널리 알려져 있어서 누구나 부를 줄 아는 노래가 '아리랑'이다. '아리랑'이 무슨 뜻이며 언제부터 불리게 되었는지에 대해서는 여러 가지 설이 있다. 가령, '아리랑'이 근래에 불려진 노래라는 설은 대원군의 경복궁 공사에서 그 유래를 찾고 있다. 경복궁을 짓는 큰 역사(役事)를 위해서 나라에서는 많은 백성들을 부역에 동원했으며 공사 비용이 모자라자 원납전이라는 강제 기부금도 거둬갔다. 이런 시대 상황 속에서 반가운 말은 없고 괴로운 말만 들려오므로 '차라리 내 귀가 먹었으면 좋겠다'는 뜻의 '아이농(我耳聾)'이란 말이 유행했는데, 여기에서 '아리랑'이 나왔다는 것이다. 또 쇄국 정책을 썼지만 러시아, 미국, 일본, 영국 등 외세가 들어오자, 이를 경계하라는 뜻에서 유생(儒生)들을 중심으로 '아미일영(俄美日英)'이라고 부르던 것이 '아리랑'으로 전음(轉音)되었다는 설도 있다. 이 밖에 '아랑전설'에서 나왔다느니 신라의 혁거세의 아내 알영부인의 '알영'에서 '아리랑'으로 변했다느니 고려 '청산별곡'의 후렴 '얄라리 얄라'에서 '아리랑'이란 말이 나왔다느니 하는 여러 설이 구구하다. 여기에서 그 설 중 어느 하나를 진실이라고 결론짓기는 어렵다. 다만 한 민요의 형성은 돌연히 이루어지는 것이 아니라, 상당한 시간을 두고 여러 가지로 시험을 하다가 그 중에서 가장 보편적이어서 많은 사람들에게 공명되어 불리는 것이 남아서 전승되는 것으로 미루어볼 때, '아리랑' 역시 그러한 과정을 거쳤을 것이라고 보는 것이 타당하다.

6. 자료의 수집과 정리

머릿속에 있는 지식과 생각만으로는 글을 쓸 수 없기 때문에 누구나 기존의 자료에 의존해서 글을 쓴다. 자료가 왜 중요하고 어떻게 자료를 모아 정리하고 그것을 이용해 글을 쓸 것인가에 대해 상세히 알아보자.

- ❑ 읽을 거리와 쓸 거리 - 자료의 중요성
- ❑ 앉은뱅이와 탁발승 - 자료 수집의 자세
- ❑ 청맹과니와 천리안 - 자료 수집의 방법
- ❑ 벼리와 그물코 - 자료 정리의 방법
- ❑ 진주조개 잡이의 비극 - 자료에 대한 오해

읽을 거리와 쓸 거리 – 자료의 중요성

인간의 지식은 누적적으로 전달된다. 문자가 없던 시절에는 조상이나 선배들이 발견해 낸 지식이 입에서 입으로 전달되었고, 문자가 발명되고 난 이후에는 기록을 통해 전달되었다. 시간이 지날수록 지식이 축적되었고 나중에 태어난 사람들은 이 모든 지식을 처음부터 다시 알아낼 필요 없이 마음대로 이용할 수 있게 되었다.

누적된 지식을 활용하여 연구를 하고 다른 일을 해 나가는 것은 오늘날 매우 일반화되었다. 컴퓨터 프로그래머들은 모든 프로그램을 한 줄 한 줄 처음부터 짜는 것이 아니라 자주 사용되는 처리과정은 아예 미리 만들어 저장해 놓고 필요할 때마다 그대로 가져다 프로그램을 짠다. 수학을 연구하는 학자는 모든 수학적 원리들을 재발견해서 연구하는 것이 아니라 이미 발견된 정리들을 가져다 연구를 진행한다. 수학뿐 아니라 모든 학문 분야에서 기존의 연구결과들을 활용해 연구를 수행한다.

글을 쓸 때도 글을 쓰는 데 필요한 여러 자료들을 어떻게 활용할 것인가가 매우 중요하다. 필자가 가지고 있는 지식이 아무리 풍부하다고 하더라도 모든 문제를 해결하는 데 충분할 수는 없다. 문제마다 필요한 자료가 다르며 문제마다 알아야 지식이 다르다. 또한 경우에 따라서는 그 문제와 관련된 자료를 직접적인 관찰이나 경험을 통해 수집해야 하기도 한다. 이렇듯 글을 쓸 때 글의 원천 재료가 되는 정보를 충실히 수집해야 좋은 글을 쓸 수 있다.

자료를 수집하는 것도 중요하지만 적절하게 정리하는 것도 중요하다. 지식은 누적적이기 때문에 오늘날에는 수없이 많은 자료가 널려 있다. 도서관에는 셀 수 없는 책과 논문이 보관되어 있고, 인터넷 검색 포털에서 검색어를 치면 수십, 수백 건의 관련 자료가 나열된다. 과거에는 자료가 부족한 것이 문제였다면 오늘날에는 자료가 너무 많은 것이 문제가 된다. 따라서 이를 적절히 정리해야만 글을 쓰는 데 바로 활용할 수 있다.

- **자료는 글을 쓰는 데 필요한 기초재료이므로 충분히 수집해야 한다.**
- **수없이 많은 자료를 적절히 정리하여 글쓰기에 이용해야 한다.**

확인문제

1. 다음과 같은 자료를 바탕으로 글을 쓸 때 적절한 주제를 쓰시오. 그리고 이 자료 외에 유사한 자료를 더 찾아보시오.

> – 증기기관을 발명한 제임스 와트 : 64세에 연구 생활에서 은퇴, 80세까지 글래스고 항구의 수도 회사에서 일함
> – 버트런드 러셀 : 94세에 원폭 금지 운동, 베트남 전쟁 반대 운동 주도
> – 존 글렌 : 77세에 우주 궤도 비행에 성공
> – 도리스 해독 여사 : 88세에 미국 대륙 횡단

2. 다음과 같은 자료를 바탕으로 글을 쓸 때 적절한 주제를 쓰시오. 그리고 이 자료 외에 필요한 자료가 무엇인지 쓰시오.

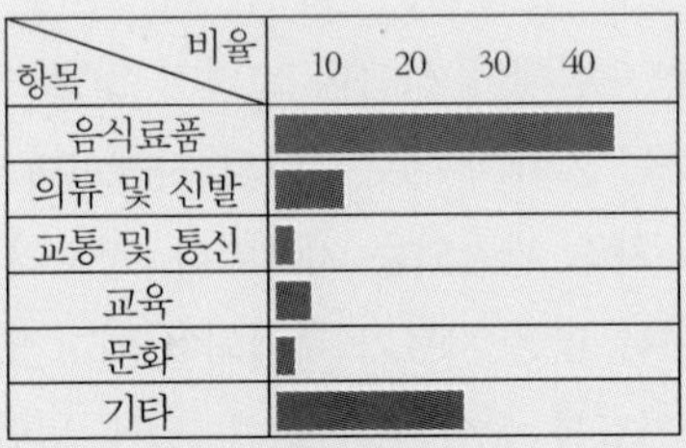

우리나라 가계 지출(1970년)

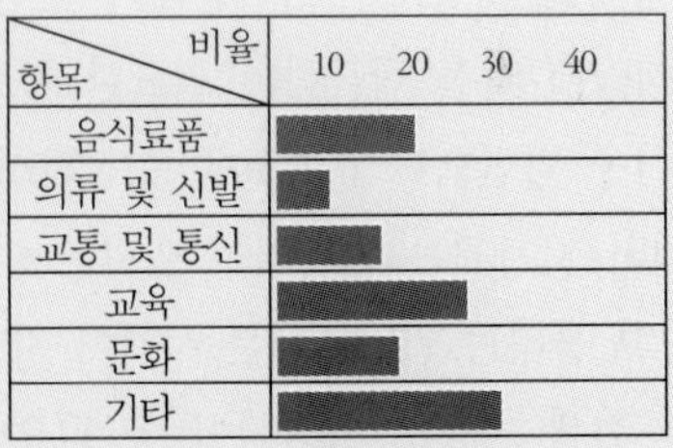

우리나라 가계 지출(1998년)

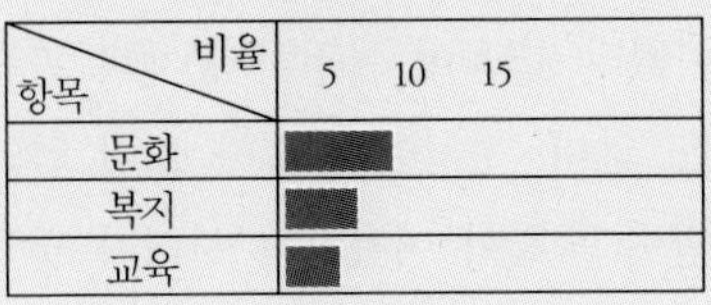

우리나라 정부 예산 지출(1970년)

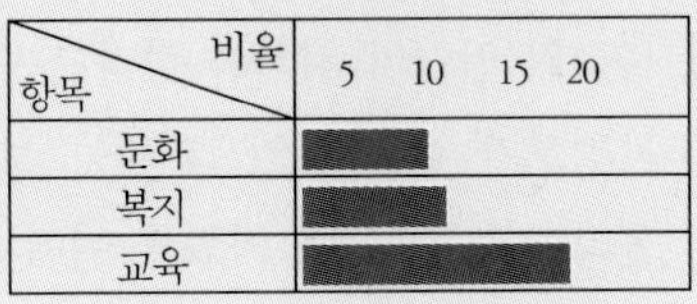

우리나라 정부 예산 지출(1998년)

앉은뱅이와 탁발승 - 자료 수집의 자세

오늘날처럼 다양한 내용과 형식의 자료가 있는 상황에서는 자료를 수집하는 방법도 매우 다양하다. 과거에는 몇 권 되지 않는 책을 읽는 것이나 전문가를 찾아보는 것이 전부였지만 오늘날에는 책, 신문, 잡지, 각종 CD-ROM, 온라인상의 디지털화된 정보 등 그 가짓수를 일일이 나열하기 어려울 정도로 많다.

이렇게 자료의 종류가 수없이 많아져도 자료를 수집하는 자세는 '앉은뱅이'와 '탁발승'의 자세 두 가지로 비유할 수 있다.

- 앉은뱅이 : 일어나 앉기는 하여도 서거나 걷지 못하는 사람.
- 탁발승 : 도를 닦으려고 경문(經文)을 외면서 집집마다 다니며 동냥하는 중.

앉은뱅이의 자세는 일어나 앉기는 해도 서서 걷지 못하는 앉은뱅이처럼 필요한 자료를 직접적으로 수집하려 하기보다는 간접적인 방법으로 수집하려는 자세를 뜻한다. 어떤 문제가 발생하였을 때 그 문제가 일어난 현장이나 그 맥락에 직접 접근하여 필요한 자료를 수집해야 하는데 그렇지 않고 멀리서 쉬운 방법으로만 자료를 수집하려 하는 자세가 앉은뱅이의 자세이다.

이러한 자세는 인터넷이 발달된 이후 자주 관찰되는 자세이다. 정보의 바다라고 불리는 인터넷에는 시간이 지날수록 많은 자료가 축적되어 가고 있다. 또한 검색 기능도 강화되어 꼭 필요한 자료를 손쉽게 찾을 수 있게 되었다. 그러나 아무리 인터넷상의 자료가 증대되고, 검색기능이 강화되더라도 지금까지 축적된 인간의 지식을 망라할 수는 없다. 더욱이 특정한 문제와 관련된 지식과 정보가 갖춰져 있으리라는 보장도 없다. 상황이 이렇다 보니 인터넷상에 올라 있는 제한된 자료를 여러 사람이 똑같이 이용하는 사태가 발생하게 된다. 이러한 자세로는 결코 창의적인 글을 쓸 수가 없다.

나아가 도둑질까지 서슴지 않는 경우도 많다. 인터넷에서 검색된 자료는 손쉽게 복사해서 붙일 수 있기 때문에 자신의 글 속에 그대로 가져다 붙이는 경우가 있다. 이렇게까지 하지는 않더라도 몇 개의 자료를 적당히 짜깁기하는 경우도 자주 발견된다. 이러한 행위는 일종의 도둑질이므로 결코 용납될 수 없다. 또한 글쓰기가 문제해결을 위한 것임을 감안한다면 이러한 방식의 글쓰기는 문제를 해결하는 데 아무런 도움이 될 수 없다.

탁발승의 자세는 집집마다 동냥을 다니며 도를 닦는 중처럼 필요가 있을 때 발로 직접 뛰어 자료를 수집하는 자세를 뜻한다. 어떤 문제가 발생하였을 때 그 현장이나, 그 문제의 이해 당사자만큼 정확한 자료를 제공하는 것은 없다. 따라서 문제와 직접적으로 관련된 자료를 직접 수집하려는 자세가 필요하다.

그러나 모든 경우에 탁발승의 자세가 옳은 것은 아니다. 오늘날처럼 자료의 디지털화가 진행되고 있는 상황이라면 디지털화된 자료를 손쉽게 모으고 나머지 시간은 구상과 집필에 더 많이 할애하는 것이 더 바람직할 수 있다. 따라서 자료를 수집할 때는 기본적으로 탁발승의 자세를 가지되 사안에 따라 손쉽게 자료를 이용하는 앉은뱅이의 자세를 가미할 필요가 있다.

- **자료를 수집할 때는 문제와 직접적으로 관련된 자료를 발로 뛰며 수집하려는 자세가 필요하다.**

확인문제

1. 다음의 주제로 글을 쓸 때 참조할 수 있도록 도서목록을 검색해 적당한 책과 논문을 나열해 보시오.

(1) 세계화와 민족주의
(2) FTA와 한국의 농업
(3) 스크린쿼터와 한국영화

2. 다음의 주제에 대한 자료를 인터넷 검색을 통해 찾은 후, 각 자료를 비교해 각 자료끼리 얼마나 베끼고, 짜깁기를 했는가, 오류가 얼마나 반복되고 있는가를 지적해 보시오.

(1) '어처구니'의 어원
(2) 한국의 문맹률
(3) 설렁탕과 곰탕

청맹과니와 천리안 – 자료 수집의 방법

자료의 대부분은 글로 되어 있다. 음성, 동영상, 그림 등의 자료도 있고, 직접 면접조사를 하여 얻은 음성자료도 있지만 대부분의 자료는 글로 되어 있다. 인터넷상의 자료 또한 대부분 글이며 여기에 일부의 그림이나 동영상 등이 포함되기도 한다.

자료가 대부분 글로 되어 있기 때문에 자료 수집의 방법 중 독서가 가장 중요한 방법이 된다. 즉 책, 신문, 잡지, CD-ROM, 디지털화된 텍스트 등 어떤 형태로 되어 있든 이것을 제대로 읽어내는 것이 필요하다. 자료를 읽고 글을 쓰는 데 꼭 필요한 정보를 찾아내기 위해서는 주어진 문제에 대해 분명히 이해하고, 통찰력을 발휘해야 한다. 이와 관련해서 다음과 같은 두 가지 비유가 가능하다.

- 청맹과니 : 겉으로 보기에는 눈이 멀쩡하나 앞을 보지 못하는 눈. 또는 그런 사람
- 천리안 : 천 리 밖의 것을 볼 수 있는 안력(眼力)이라는 뜻으로, 사물을 꿰뚫어 볼 수 있는 뛰어난 관찰력을 비유적으로 이르는 말.

청맹과니는 눈 뜬 장님처럼 좋은 자료를 보고도 그 자료에서 중요한 것을 발견하지 못하는 사람을 뜻한다. 반면에 천리안은 문제를 꿰뚫어 볼 수 있는 통찰력으로 자료에서 중요한 것을 읽어낼 수 있는 사람을 뜻한다. 자료를 수집할 때는 당연히 천리안이 필요하다. 이 천리안은 달리 길러지는 것이 아니라 문제에 대해 충분히 이해하고 그 문제를 해결하는 데 필요한 자료가 무엇인지를 스스로 알아낼 수 있는 통찰력이 있을 때 발휘될 수 있는 것이다.

천리안은 자료수집에 관련된 것이 아니라 문제를 발견하여 이에 대한 해결책을 제시하기까지 모든 과정에 관련된 것이기도 하다. 즉 많은 사람들이 문제를 느끼지 못하는 상황에서 문제를 발견하는 능력, 그 문제를 해결하는

데 필요한 핵심적인 요소가 무엇인지를 파악하는 능력, 이에 해결책을 제시하는 데 가장 적합하도록 글을 구성하고 전개할 수 있는 능력 등 모든 상황에서 천리안과 같은 능력이 필요하다.

글을 쓰기 위한 자료는 무궁무진하게 널려 있다. 자신의 경험이나 일상의 사소한 일도 얼마든지 글을 쓰기 위한 자료가 될 수 있다. 다음의 예를 살펴보자.

검정 고무신

한 번도 발에 딱 맞는 고무신을 신어본 적이 없다. 타이어를 녹여 만들었다는, 그래서 값이 헐할 수밖에 없는, 그래서 잘 뚫어지고 잘 갈라지는 그 검정 고무신에 대한 추억은 늘 헐렁하기만 하다. 검정 고무신에도 어김없이 문수(文數)가 있어 그 문수만 정확히 기억한다면 그렇게 헐렁한 신발을 신어야 할 이유가 없었다. 게다가 어머니는 문수가 들쭉날쭉하다며 지푸라기를 내 발에 딱 맞게 끊어 장에 가서 검정 고무신을 사오셨는데 늘 헐렁한 이유를 알 수가 없었다.

어린 깜냥에 잘 이해가 되지 않았다. 내 발이 그리 빨리 자라는 것도 아닌데, 발이 그 신발을 채울 만큼 될 때는 이미 뚫어지고 찢어져서 못 신게 되는데 늘 헐렁한 검정 고무신을 신어야 하는 이유를 알 수가 없었다. 찢어지게 가난한 형편도 아니면서 싸구려 고무신도 딱 맞춰 사 주지 않는 것이 슬프기도 했다.

그러나 진정한 슬픔과 깨달음은 더 이상 헐렁한 신발을 신을 필요가 없을 때가 돼서야 밀려왔다. 성장이 멈춘 것이 확인된 스무 살 무렵 신발값과 신발을 고르는 권한을 나에게 건네는 어머니의 표정은 슬퍼 보였다. 아뿔싸! 한두 치수 큰 신발을 사도 무럭무럭 큰 발이 그 치수를 앞지르는 큰 기쁨을 어머니는 잃으신 것이었다. 검정 고무신이 헐렁할 수밖에 없었던 것은 곧 작아질 신발값이 아까워서가 아니라 내가 빨리 자라 그 신발을 꽉 채우기를 바라는 기대가 더 컸기 때문이었다.

새 학기에 새로운 학생들을 만날 때마다 어떤 신발을 준비해야 하나 늘 망설이게 된다. 표준화된 신발을 준비한다면 모두를 두루뭉술하게 만족시킬 수 있을 듯도 하다. 맞춤 신발을 준비한다면 하나하나를 꼭 집어 만족시킬 수 있을 듯도 하다. 그러나 모두에게 헐겁고 버거운 줄 알면서도 버릇처럼 큰 신발을 준비하게 된다. 소위 '교양교육'을 하면서부터는 더더욱 큰 신발을 준비하게 된다.

표준은 폭력이고 맞춤은 감옥일 뿐이다. 더 넓어지고 더 깊어질 수 있는데 표준이 강요된다면 그것은 폭력일 수밖에 없다. 지나간 삶의 궤적이 다양하고 앞날의 가능성이 무한한데 맞춤이 강요된다면 그것은 감옥일 수밖에 없다. '교양'이 무엇인지 아무도 정의를 내리지 못하는데 기성품과 맞춤이 쏟아져 나온다면 그것은 결코 진정한 교양을 위한 신발일 수 없다. 무겁고 헐거워 신발을 질질 끌더라도 그 속에서 무한히 성장할 수 있다면 그 신발에 맞는 인간이 진정한 교양인일 것이다.

봄을 맞아 딸아이의 운동화를 한 켤레 샀다. 하루가 다르게 커가는 아이를 흐뭇하게 바라보며 두 치수나 큰 운동화를 샀다. 볼이 넓어 신기 편하고 앞코에 여유가 많아 발가락이 자유롭게 놀아 좋단다. 나를 키운 부모님이나 나를 가르친 선생님들의 마음을 조금이나마 느낄 수 있는 봄날이다.

위의 글의 필자가 이 글을 쓰기 위해 사용한 자료는 극히 사소한 것이다. 어릴 적의 헐렁한 검정 고무신에 대한 추억과 딸에게 운동화를 사준 경험은 극히 사소한 개인적인 경험일 뿐이다. 그런데 위의 글의 필자는 교육자로서 학생들에게 어떤 교육을 해야 하는가를 고민하다가 자신의 사소한 경험과 교육에 대한 철학을 결합시켜 글을 쓰고 있다. 이렇듯 겉으로는 사소해 보이는 경험적 자료라도 얼마든지 글을 쓰기 위한 좋은 자료가 될 수 있다. 이는 주어진 문제에 대해 깊이 있게 생각하고 글을 쓸 때는 물론 평소에도 여러 자료들을 충실히 정리해 놓아야만 비로소 가능하다.

- **자료를 수집할 때는 문제의 해결을 위해 꼭 필요한 자료를 적절히 선별해 내는 능력이 필요하다.**
- **이러한 능력은 주어진 문제에 대해 깊이 있게 이해하고 그 문제의 해결을 위한 통찰력을 발휘할 때 가능하다.**

ⓘ 확인문제

1. 다음의 주제로 글을 쓴다고 할 때 필요 없는 자료를 삭제하고 필요한 자료를 추가하시오.

주제 : 주체성 확립의 필요성
- 개화파는 일본에 의존한 개혁 정책을 폈기 때문에 결과적으로 개혁에 실패하고 말았다.
- 우리의 힘으로 광복을 쟁취하지 못했기 때문에 미·소가 개입하게 되었고, 분단이라는 또 다른 시련을 겪게 되었다.
- 신라는 당의 세력을 등에 업고서 삼국 통일을 이루었기 때문에 통일 후 당의 내정 간섭에 시달려야 했다.
- 고려는 독자적인 기술 개발에 힘썼기 때문에 세계에서 가장 앞선 인쇄 기술을 확보할 수 있었다.
- 북한은 식량난(食糧難)과 전력 부족 등 각종 어려움에 처해 있기는 하지만, 무역에 의존하지 않는 경제 구조를 가지고 있다.

2. 다음의 주제로 글을 쓴다고 할 때 필요 없는 자료를 삭제하고 필요한 자료를 추가하시오.

주제 : 불의 사용과 인류의 진보
- 음식을 익혀 먹게 됨으로써 음식 문화가 발달하게 되었다.
- 신의 불을 훔쳐 인간에게 주었다는 그리스 신화의 영웅 프로메테우스의 고통은 인간 의지의 한 표현이기도 하다.
- 금속 제련이 가능하게 되어 도구가 발달하게 되는 결정적인 진전이 이루어졌다.
- 불을 잘 간수하고 관리하는 것은 과거나 지금이나 대단히 중요한 일이다.
- 난방과 조명이 가능해져 인간의 활동 공간과 시간이 확장되었다.

벼리와 그물코 – 자료 정리의 방법

자료가 수집되었다고 해서 글을 쓰는 데 바로 이용될 수 있는 것은 아니다. 글을 쓰기 위해서는 일정한 형식으로 글을 구성해야 하듯이 자료를 수집할 때도 일정한 기준을 가지고 적절히 정리해야 한다. 한 편의 글을 쓰기 위해 수집한 자료도 마찬가지이지만 나중에 쓸 글을 대비해 수집해 놓은 자료도 적절한 기준에 따라 정리해 놓아야만 필요할 때 바로 이용할 수 있고 필요에 따라 자료를 가감할 수 있다.

자료를 정리하는 방법은 그물에서의 '벼리'와 '그물코'에 비유할 수 있다. 그물은, 물고기가 걸릴 수 있도록 뚫린 구멍인 그물코와 그물 위쪽에 꿰어 그물을 옮기거나 필칠 때 쓰는 줄인 벼리로 구성된다. 고기를 잡는 것은 그물코이지만 그물을 제어하기 위해서는 벼리가 반드시 필요하다.

- 벼리 : 그물의 위쪽 코를 꿰어 놓아 잡아당겨 그물을 오므렸다 폈다 할 수 있게 한 줄. 일이나 글의 뼈대가 되는 줄거리.
- 그물코 : 그물에 뚫려 있는 구멍.

개별적이고 산만한 자료는 그물코에 해당한다. 글을 쓸 때 이러한 자료가 직접적으로 쓰이기는 하지만 자료가 개별적이고 산만하게 나열만 되어 있을 경우에는 찾기도 불편할 뿐만 아니라 자료를 추가하거나 삭제하기도 어렵다. 따라서 이를 적절히 분류하고 묶을 수 있는 벼리가 반드시 필요하다.

자료의 벼리, 즉 자료를 적절히 관리하는 데는 분류와 구분의 방법이 적절히 활용될 수 있다. 먼저, 다양한 자료를 수집한 경우에는 분류의 방법을 사용할 수 있다. 즉 여러 자료들을 일정한 기준을 세워 묶어 보다 큰 단위로 만들면 관리가 편리하다. 분류는 한 번만 이루어지는 것이 아니라 상·하위 관계를 고려해 단계적으로 이루어질 수 있고 이렇게 되면 자료는 계층적인 관계를 갖게 된다.

자료를 수집할 계획을 먼저 세우고 자료를 수집할 때는 구분의 방법을 사용할 수 있다. 즉 문제를 먼저 분석하여 이 문제를 해결하는 데 필요한 자료를 먼저 정한 후 하나하나 자료를 수집할 수도 있는데 이때 이 구분의 개념을 사용할 수 있는 것이다. 이 경우에도 역시 적절한 기준에 따라 계층적인 구조를 갖도록 구분을 하고 자료를 수집할 수 있다.

분류나 구분 어느 방법을 이용하든 자료를 정리하는 것은 이미 문제를 인식하고 해결책을 제시하려는 순간부터 시작되는 것이기도 하다. 즉 무작정 자료를 모으고 그 자료를 분석한 후 글을 쓰는 것이 아니라 글을 구상할 때부터 어떤 자료가 필요하고 어떻게 수집하여 정리할 것인가를 결정하게 된다. 물론 자료를 수집하는 과정에서 글에 대한 구상이 바뀌기도 하지만 좋은 글을 쓰기 위해서는 자료를 수집하고 정리하기 이전에 자료에 대한 계획이 구체적으로 수립되어야 한다.

경복궁의 문화재에 대한 안내서를 예로 들어 자료의 수집과 정리의 방법을 구체적으로 생각해 보자. 특별한 계획 없이 경복궁을 살펴본 후 안내서를 쓰기로 했다면 자유연상을 하듯이 경복궁을 돌아다니면서 자료를 수집할 수 있다.

광화문 흥례문 근정문 근정전 천추전 사정전 만춘전 자선당 수정전 경회루 영추문 건춘문 강녕전 교태전 아미산 자경전 함화당 집경당 향원정 집옥재 신무문……

위와 같이 건축물을 위주로 자료를 수집했다면 이를 적절한 기준에 따라 분류해야 안내서를 집필할 때 효과적으로 이용할 수 있다. 따라서 위의 건물들을 적절하게 분류할 기준이 필요한데 건축물은 용도에 따라 분류하는 것이 적절하므로 용도에 따라 분류하면 다음과 같다.

- 문(門) : 광화문 흥례문 근정문 영추문 건춘문 신무문

- 전(殿)
  - 정전(正殿) : 근정전
  - 편전(便殿) : 천추전, 만춘전, 사정전, 자경전
  - 침전(寢殿) : 강녕전, 교태전
- 누정(樓亭) : 경회루, 향원정

위와 같이 정리하면 건물의 용도가 무엇인지 일목요연하게 파악할 수 있을 뿐만 아니라 실제 집필할 때도 위와 같은 분류에 따라 할 수 있으므로 집필도 용이하다. 그리고 위와 같이 정리하는 과정에서 건물이 아닌 '아미산'은 제외되었으며, '전(殿)'보다 격이 낮은 '당(堂), 재(齋)' 등은 제외되었다. 그리고 '전(殿)'도 용도에 따라 다시 분류하였다. 이렇게 해 놓으면 자료를 나열만 해 놓았을 때와 달리 체계적으로 자료를 정리할 수 있다.

먼저 자료를 수집하고 정리하는 방법도 있지만 자료 수집에 대한 계획을 먼저 세우고 적절히 구분하여 자료를 수집할 수도 있다. 위와 같이 먼저 자료를 수집하고 이를 분류하다 보면 빠지는 항목이 생기거나 균형이 잡히지 않게 될 수도 있다. 따라서 안내문을 작성하기 위한 적절한 구성을 먼저 한 후 이 구성에 따라 자료를 모아 정리하는 방법을 취할 수도 있다.

<table>
<tr><td rowspan="6">• 건물</td><td rowspan="2">문(門)</td><td>정문</td></tr>
<tr><td>부속문</td></tr>
<tr><td rowspan="3">전(殿)</td><td>정전(正殿)</td></tr>
<tr><td>편전(便殿)</td></tr>
<tr><td>침전(寢殿)</td></tr>
<tr><td>누정(樓亭)</td><td></td></tr>
<tr><td rowspan="2">• 유물</td><td>옥내(屋內)유물</td><td></td></tr>
<tr><td>옥외(屋外)유물</td><td></td></tr>
<tr><td>• 정원</td><td></td><td></td></tr>
</table>

위와 같은 자료의 수집과 정리가 가능하려면 전문적인 지식이나 많은 관심이 있어야 한다. 즉 대상에 대해 잘 알거나, 계속적인 조사를 통해 대상을 충분히 이해하고 있어야 한다. 글쓰기와 글쓰기를 위한 자료 수집이 익숙해지면 이와 같은 방법이 훨씬 더 효율적이므로 이 방법에 익숙해져 자료를 수집하고 정리할 필요가 있다.

- **수집된 자료를 적절한 기준으로 분류해야 효과적으로 이용할 수 있다.**
- **자료를 수집하고 정리하기 이전에 기준을 분명하게 세우면 자료의 수집과 정리가 훨씬 용이하다.**

확인문제

1. 다음은 한 텔레비전 방송사의 프로그램 목록이다. 이 방송사의 모든 프로그램을 대상으로 종합적인 점검을 한 후 보고서를 쓴다고 할 때 아래의 프로그램을 적절한 기준에 따라 분류하시오.

!(느낌표)
뉴스 24
뉴스 투데이
뉴스데스크
모닝쇼 '이재용의 기분 좋은 날'
모닝쇼 '최윤영과 네 남자'
베스트 극장
스포츠 뉴스
주말의 명화
특별기획 '불꽃놀이'
명작드라마 '대장금'
아침드라마 '이제 사랑은 끝났다'
내 인생의 스페셜
무한도전
뽀뽀뽀
생방송 화제 집중
쇼! 음악중심
심야 스페셜
오늘의 뉴스데스크
요리 보고 세계 보고
우리말 나들이 '손거스러미'
일일연속극 '사랑은 아무도 못 말려'
주말연속극 '진짜 진짜 좋아해'

PD 수첩 '목사님 어글리 코리언'
TV 속의 TV
TV특종 놀라운 세상
강력추천 토요일
공감 - 특별한 세상
기 파이터 태랑
지구촌 리포트
창사 45주년 특별기획 '주몽'
찾아라! 맛있는 TV
청춘 시트콤 '레인보우 로망스'
톡톡톡! 오후 2시
통일 전망대

2. 다음은 인터넷 채팅의 일부이다. 이 자료를 바탕으로 청소년 언어의 문제점에 대해 글을 쓴다고 할 때 적절한 기준에 따라 아래의 자료를 분류하여 정리하시오.

민철 : 하이~
은란 : 안뇽. 혜원님
혜원 : 방가방가
민철 : 그동안 어케 지내셨어여?
혜원 : 제가 좀 뜸했져.
혜원 : 하는 일 없이 바빠서리 ^^;;;
은란 : 제 멜 받으셨나여?
혜원 : 멜?
은란 : 정모 공지, 멜로 보냈는데...
혜원 : 아녀. 못 받아쓰...
은란 : 아뒤 잘못 썼나? --;;;
은란 : 다시 보내드릴께여.
민철 : 저 먼저 갑니다.
혜원 : 벌써?
민철 : 지금 피씨방인데, 집에 들어가봐야져.
은란 : 낼 정모는 오실 거져?
민철 : 네.
은란 : 낼 바여.
혜원 : 담에 바여.

진주조개 잡이의 비극 – 자료에 대한 오해

다양하고 풍부한 자료는 좋은 글을 쓰는 데 꼭 필요한 요소이다. 그러나 자료의 비중을 너무 과대평가해서도, 과소평가해서도 안 된다. 다음의 일화는 글쓰기에서 자료가 차지하는 비중은 물론 구성과 전개의 중요성도 잘 보여준다.

> 남태평양의 바닷가에 유능한 진주조개 잡이가 있었다. 남들보다 훨씬 더 오랜 시간 동안 자맥질을 할 수 있었을 뿐만 아니라도 크고 아름다운 진주가 든 조개를 정확하게 골라내는 재주를 가지고 있었다. 그러던 어느날 진주조개 잡이에게 애인이 생겼다. 이 애인은 예쁜 진주목걸이를 원했다.
>
> 그는 진주조개를 잡는 데는 누구보다 자신이 있었기 때문에 세상에서 가장 좋은 진주를 모아 목걸이를 만들어 주마 하고 약속을 했다. 다음날부터 진주조개 잡이는 매일매일 바다 속에 들어가 진주를 캤다. 그런데 진주를 모으면 모을수록 점점 더 욕심이 생기기 시작했다. 어떤 것은 크기가 마음에 안 들었고 어떤 것은 빛깔이 마음에 안 들었다. 어떤 것은 표면이 너무 거칠었고, 어떤 것은 모양이 일그러져 있었다. 실제로는 모든 것이 최상의 진주였지만 진주 조개잡이는 더 좋은 진주가 있을 것이라 생각했고 더 좋은 진주를 구할 자신도 있었다.
>
> 시간이 지날수록 진주는 늘어만 갔다. 처음의 생각은 진주 한 말을 모아 그 중에서 좋은 진주만 고를 생각이었다. 그러나 한 말을 모으고도 양에 차지 않자 한 가마니를 모아 고르려고 했다. 그러나 한 가마니를 모으고 나서도 역시 부족하다는 생각이 들었다. 시간은 하염없이 흘러갔고, 진주는 나날이 늘어갔지만 아름다운 목걸이를 기대했던 여자친구의 사랑은 늘어가는 진주에 반비례해 싸늘하게 식어갔다.

진주 조개잡이는 좋은 진주에 대해서만 알았지 디자인과 세공의 중요성에 대해 전혀 몰랐던 것이다. 좋은 진주 목걸이를 만들기 위해서는 좋은 진주가 반드시 필요하지만 좋은 진주가 전부는 아니다. 어떤 목걸이가 여자 친구에게 어울릴 것인가를 생각하고 적당한 진주에 구멍을 뚫어 잘 꿰는 것도 중요하다. 비록 진주가 문제가 있더라도 디자인을 어떻게 하느냐에 따라, 혹은 세공을 어떻게 하느냐에 따라 얼마든지 아름다운 목걸이로 만들 수 있다. 좋은 진주 목걸이가 만들어지기 위해서는 뛰어난 디자이너와 세공사도 필요한 것이다.

위의 글에 나타난 진주조개 잡이처럼 자료 자체에 지나친 비중을 두거나 자료에만 관심을 기울이면 좋은 글을 필요할 때에 완성하기가 어렵다. 글을 쓸 때 자료만 많이 모은다고 해서 반드시 좋은 글을 쓸 수 있는 것은 아니다. 또한 실제 글을 쓸 때 자료만 나열한다고 해서 좋은 글이 되는 것도 아니다. 정작 중요한 것은 해결할 문제에 부합하는 자료를 얼마나 정확하게 선별하느냐고, 더 중요한 것은 자료를 바탕으로 필자가 어떻게 구성해서 전개하느냐이다. 따라서 좋은 글이 되기 위해서는 주제, 구성, 전개와 자료가 조화를 이루어야만 한다.

- **자료는 주제에 부합되는 것을 선별해서 글의 구성과 전개에 적절하게 반영하여야 한다.**

제 3장 경계 넘기

1. 간잡이그림
2. 간잡이그림의 유형
3. 간잡이그림의 상세화

*"글에서 구조가 보이지 않는다면
그것은 글자이지 글이 아니다."*

1. 간잡이그림

천재는 주제만 주어진다면 바로 글을 쓸 수 있겠지만 보통 사람들은 글을 쓰기 위해 기초적인 설계를 먼저 해야 한다. 글을 쓰기 위한 기초적인 설계를 어떻게 해야 하는가를 자세히 알아보자.

- ❑ 아흔아홉 칸 집의 비밀 - 설계의 중요성
- ❑ 왜, 무엇을, 누구를 위해, 어디에 - 설계의 내용
- ❑ 터, 기둥, 들보, 지붕 - 구조의 설계
- ❑ 오로지, 오밀조밀, 온 - 설계의 원칙

아흔아홉 칸 집의 비밀 - 설계의 중요성

조선시대까지 백성들이 사는 집의 최대 크기는 아흔아홉 칸이었다. 백성들 중에는 이보다 더 크게 지을 능력이 있는 사람도 있었지만 더 크게 짓는 것은 임금의 권위에 도전하는 것으로 보아 법으로 금지했다. 집의 규모를 가늠할 때 기둥과 기둥 사이의 공간을 한 칸으로 쳤으니 아흔아홉 칸 집의 규모는 꽤 컸음을 알 수 있다.

이런 집을 지을 때는 집을 짓기 위한 간잡이그림, 즉 설계도가 있어야 한다. 전설적인 목수는 간잡이그림도 없이 이런 집을 지었다고 전해진다. 그러나 눈에 보이는 간잡이그림이 없었을 뿐이지 간잡그림 없이 집을 짓는다는 것은 불가능하다. 아무리 뛰어난 목수라도 아무런 계획 없이 한 칸 한 칸 지어나가지는 않을 것이다. 설사 공사는 그렇게 하더라도 머릿속에는 안채, 사랑채, 바깥채, 별채의 배치가 완벽하게 되어 있을 것이며 각각의 건물에는 어떤 공간을 어떻게 만들 것인가에 대한 계획이 분명하게 서 있을 것이다. 재목을 짜 맞추고 벽을 쌓고 지붕을 덮을 때도 치수까지 다 정해 놓고 자재를 마름질하여 집을 올릴 것이다.

오늘날에는 건물을 짓기 이전에 반드시 설계도를 그리고 이 설계도에 따라 건물을 지어 나간다. 건축주의 기본적인 요구를 파악하고 자신이 가지고 있는 지식과 기술을 총동원하여 설계를 한다. 필요한 공간을 정하고 그 공간들을 어떻게 배치하고 어떻게 완성해 나갈 것인가에 대한 계획을 세운다. 그리고 인테리어까지 포함해 어떻게 장식하고 마무리할 것인가를 정한다.

글을 쓸 때도 집을 지을 때와 마찬가지로 글이 완성되기까지의 모든 계획이 서 있어야 한다. 비록 글을 집필해 나갈 때는 첫 자부터 한 자 한 자 써나가지만 그렇게 쓰기 이전에 글 전체에 대한 계획, 각 부분에 대한 계획을 분명하게 세우고 쓰게 된다. 글의 목적이 무엇인지, 문제를 해결하는 글이라면 무엇이 문제인지를 먼저 생각하고 이에 따라 글을 구성하는 요소의 설정과 배치를 해야 한다. 그리고 이러한 계획에 따라 적절한 자료를 수집하여 글로 전개해 나가야 하는데 이런 전개 계획까지 세밀하게 설계해야 한다.

- **글을 쓰기 전에 글의 구성과 전개에 대한 분명한 계획을 담은 설계도를 면밀하게 작성해야 한다.**

① 확인문제

다음의 글은 어떤 구조로 되어 있는지 그림으로 그리시오. 그리고 각 단락은 어떤 구조로 전개되고 있는지 쓰시오.

[가] 미개인은 17개의 코코넛에 6개의 코코넛을 더한 합계를 어떻게 구할까? 미개인이 덧셈의 합계를 구하는 방법은 우리가 알파벳을 외우는 방법과 같다. 17개의 코코넛을 센 다음 다시 6개의 코코넛을 더 세는 것이다. 이 과정에서 '계산'은 전혀 이루어지지 않는다. 단지 23에 이를 때까지 계속해서 세기만 이루어질 뿐이다. 그러나 두 개의 수를 결합해 하나의 수를 만들었다는 점에서 이 미개인은 일종의 계산을 '했다'고도 할 수 있다. 이 미개인은 코코넛 대신 조약돌이나 막대기와 같은 다른 보조량을 이용하여 코코넛의 합을 구할 수도 있다. 이 경우 미개인은 자신이 구하는 답을 물리적으로 '파악'했을 뿐만 아니라 심지어는 '적었다'라고까지 말을 할 수 있을 것이다.

[나] 아라비아의 상인들은 중요한 수들을 이런 '조약돌 쓰기'의 형태로 작은 가방 속에 넣어 다녔을 것으로 생각된다. 우리가 현재 사용하는 주화에 대해 생각해 보자. 주화들의 단위를 무시한다면 이 주화들은 우리가 원하는 수를 나타내는 보조량으로, 따라서 일종의 숫자로 생각할 수 있다. 예를 들어 743이라는 수를 생각해 보자. 우리는 이 수를 743개의 페니 주화라는 형태로 가지고 다니지는 않는다. 우리는 743개의 페니 주화 대신 한 장의 5달러 지폐, 두 장의 1달러 지폐, 네 개의 10센트 은화, 그리고 단 세 개의 페니 주화로 지니고 다닌다. 왜 이렇게 하는 것일까? 이렇게 큰 단위들로 묶는 이유는, 지니고 다니기에 편하다는 명백한 이점도 있지만 또한 수를

더욱 쉽게 읽을 수 있기 때문이다.

[다] 그렇다면 이런 '조약돌 숫자'를 사용하지 않는 원시적인 숫자 체계의 경우엔 어떻게 계산했을까? 한 농부가 60과 457을 더하는 과정으로 논의를 시작해 보자. 이 농부는 세 단계를 통해 덧셈을 한다. 첫 번째 단계로 457을 자신만의 기호로 적는다. 두 번째로 60을 첫 번째의 기호와는 별도로 적는다. 마지막으로 두 개의 수를 묶어 무리들로 나누는데 먼저 'V'로 묶고 그 다음에 'O'로 묶는다. 이렇게 하는 것은 답을 쉽게 읽을 수 있도록 하기 위한 것이다. 사실 457이라는 처음의 수를 쓸 때도 마찬가지 작업이 이루어졌다. 모든 단위수 열들을 묶음을 나타내는 기호로 바꾸면서 지워나간 것이다.

[라] 농부의 수는 본질적으로 로마 숫자와 같다. 하지만 거상(巨商)들의 계산소에서도 같은 방식으로 셈이 이루어졌을까? 다시 말해, 판이나 탁자 위에 로마 숫자를 사용하여 분필로 금액을 적고 계산한 뒤 다시 이 숫자들을 지우고 최종 결과만을 장부에 올렸을까? 물론 그렇지는 않았다. 상인들, 정부 관리들, 그리고 계산소의 사무원들은 로마 숫자를 버리고 조약돌, 즉 카운터counter를 사용했다. 하지만 이들은 앞에서 예로 든 미개인처럼 단순하게 조약돌을 일렬로 늘어놓으면서 계산하지는 않았다. 대신 이들은 셈판이라는 것을 사용했다.

[마] 왜 이들이 로마 숫자를 버리고 셈판을 사용했는지를 이해하는 것은 쉽다. 첫째로 셈판을 사용하면 수를 무리로 나누어 다루기가 쉬워진다. 또한 이렇게 하면 수를 움직일 수 있어 계속해서 쓰고 지울 필요 없이 다른 수들과 여러 가지 방식으로 결합할 수 있게 된다. 다시 말해 6238과 같은 큰 수를 크고 작은 또는 여러 가지 색을 지닌 다양한 종류의 조약돌을 사용하여 여러 가지 무리로 분해할 수 있는 것이다. 하지만 이것이 셈판을 이용한 계산의 전부는 아니다. 카운터는 위치에 따라 나타내는 값이 달라졌다. 판이나 탁자는 여러 개의 열로 나누어졌으며 각 열은 단위수, 10의 배수, 100의 배수, 그리고 1000의 배수를 위한 자리로 사용되었다. 이런 셈판과 카운터를 사용하면 6238과 같은 수를 쉽게 '쓸' 수 있다. 하나의 열에는 아홉 개 이하의 카운터만 존재하므로 수를 시각화하는 것이 전혀 힘들지 않게 되는 것이다.

[바] 정말 중세에는 이렇게 셈을 했을까? 이상해 보이지만 사실이 그랬다. 계산할 때는 10의 등급화에 바탕을 둔 성숙된 위치 값 기수법을 사용했지만 수를 쓸 때에는 옛날의 숫자를 그대로 사용했던 것이다. 이 두 체계는 수세기 동안 함께 사용되었다. 로마 숫자는 '대중적인' 단순함을 지니고 있었으나 계산에서는 쓸모가 없었는데 사람들은 이런 단점을 더욱 고등한 단계적 구조를 지닌 셈판을 사용함으로써 극복했다. 따라서 숫자와 셈판이라는 상호보완적인 체계는 간단한 계산에 완전히 들어맞는 편리한 도구였다. 그래서 중세 사람들은 굳게 이 체제를 지켰던 것이다.

- 카를 메닝거, <수의 문화사>

왜, 무엇을, 누구를 위해, 어디에 – 설계의 내용

글을 쓰기 위한 간잡이그림을 그릴 때 다시 한 번 고려해야 하는 것이 이유와 목적, 주제, 대상, 매체 등이다. 이상의 네 가지는 이미 문제를 발견하고 주제를 설정하는 단계부터 계속 고려되어 온 것들이다. 그리고 집필을 하거나 다 쓴 글을 검토할 때도 계속 견지되어야 할 것들이다.

'왜'의 문제는 글을 쓰는 이유에 관련된 것이다. 글을 쓰는 목적은 다양한 층위에서 결정될 수 있지만 궁극적으로는 주어진 상황의 문제를 해결하는 것이다. 따라서 특정한 문제 상황에서 문제의 해결책을 글로 제시하는 것이 목적이므로 글을 위한 간잡이그림을 그릴 때 반드시 다시 고려되어야 한다.

'왜'의 문제는 글의 종류를 결정하는 것과도 관련이 있다. 글로써 의사소통을 하고자 한다면 어떤 종류의 의사소통을 하고자 하는지를 결정해야 한다. 즉 감정의 표현을 통해 감동을 유도하는 것인지, 설명을 통해 이해를 꾀하는 것인지, 주장을 통해 설득을 이끌어내는 것인지 정해야 한다. 각각의 목적에 따라 문학적인 글과 실용적인 글이 선택될 것이고 선택된 글의 종류에 따라 다른 간잡이그림이 그려질 것이다.

'무엇을'의 문제는 주제를 무엇으로 할 것인가의 문제이다. 문제해결을 위한 핵심적인 요소가 글의 주제가 되는데 글을 위한 간잡이그림을 그릴 때 이 주제에 철저하게 집중해야 한다. 그리하여 글을 구성하는 모든 요소가 주제에 집중되도록 간잡이그림을 그려야 한다.

'누구를 위해'는 독자에 대한 고려이다. 글은 쓰기 위한 것이 아니라 읽히기 위한 것이다. 따라서 글을 읽을 사람이 누군가를 반드시 고려해야 한다. 글을 읽을 사람, 즉 독자는 주어진 문제에 관심이 있는 사람들이고, 주어진 문제를 해결하기 위해 글로써 의사소통을 해야 하는 사람들이다. 따라서 이들의 지식수준, 연령 등을 고려하여 문체, 글의 길이, 문장과 표현 등을 정해야 한다. 이러한 점들이 글을 위한 간잡이그림을 그릴 때부터 명확하게 결정되어 있어야 글을 전개할 때 혼란이 생기지 않는다.

'어디에'는 매체와 관련된 문제이다. 글이 어디에 실리느냐에 따라 글의 성격이 다소 달라질 수 있다. 특히 글의 길이나 문체 등은 매체와 밀접하게 관련이 된다. 같은 신문에 실리는 글이더라도 사설은 극히 짧기 때문에 압축적으로 쓸 수 있도록 간잡이그림을 그려야 하며, 칼럼은 상대적으로 길기 때문에 다소 여유 있게 논의를 전개할 수 있도록 간잡이그림을 그려야 한다. 또한 시험과 평가를 위한 글은 분량이 엄격하게 제한되어 있는 경우가 많은데 이 경우 간잡이그림을 그릴 때부터 각 요소의 길이를 미리 정해야 집필하는 과정에서 부족하거나 넘치지 않고도 각 부분의 균형이 잡히도록 쓸 수 있다.

- **글을 위한 설계도를 그릴 때는 이유와 목적, 주제, 대상, 매체 등을 철저히 고려해야 한다.**

① 확인문제

1. 다음 글을 읽고 글을 쓴 이유와 목적, 글의 주제, 글을 실은 매체 등을 차례로 쓰고, 글의 구조가 여기에 부합되는지 검토하시오.

전하(殿下)의 다스림이 이미 그릇되어 나라의 근본이 망했고, 하늘의 뜻은 가버렸으며 인심도 이미 떠났습니다. 비유하자면 백 년 된 큰 나무에 벌레가 속을 갉아먹어 진액이 말라버렸는데 회오리바람과 사나운 비가 어느 때에 닥쳐올지 알지 못하는 것과 같습니다.

낮은 벼슬아치는 아래에서 히히덕거리면서 우선 주색만을 즐기고 높은 벼슬아치는 위에서 어름어름하면서 오로지 재물만을 늘리며, 물고기의 배가 썩어 들어가는 것 같은데도 그것을 바로잡으려고 하지 않습니다. 궁궐 안의 신하는 자기 세력 끌어들이기를 용이 못에서 물을 빨아들이듯 하고, 궁궐 밖의 신하는 백성 벗기기를 이리가 들판에서 날뛰듯 하니, 가죽이 다 해어지면 털도 붙어 있을 데가 없다는 것을 알지 못합니다.

나랏일을 정돈하는 것은 자질구레하게 형벌을 정하는 데에 있지 아니하고 오직 전하의 한 마음에 달려 있습니다. 그런데 전하께서 좋아하시는 일이 무엇인지 모르겠습니다. 학문을 좋아하십니까, 풍류와 여색을 좋아하십니까, 활쏘기와 말달리기를 좋아하십니까? 군자를 좋아하십니까, 소인을 좋아하십니까? 좋아하시는 바에 따라 나라가 흥하느냐 망하느냐 하는 것이 달려 있습니다.

진실로 어느 하루 깜짝 놀라 깨달아 팔을 걷어붙이고 학문에 힘쓰시면 덕을 밝히고 백성을 새롭게 하는 도리를 얻게 됩니다. 그렇게 하시면 그 안에 온갖 선(善)이 갖추어지고 온갖 덕화(德化)도 이로 말미암아서 나오게 됩니다. 이것을 들어서 시행하면 나라를 고루 잘 살게 할 수 있고, 백성을 화합하게 할 수 있으며, 위태로움을 편안하게 만들 수 있습니다.

정치를 하는 것은 사람에게 달려 있고, 사람을 쓰는 일은 몸을 수양함으로써 하며, 몸을 수양하는 일은 도(道)로써 하는 것입니다. 전하께서 만약 사람을 쓰는 데에 이렇게 하신다면 전하를 모신 신하들로서 사직을 보위하지 못할 자가 없을 것입니다. 전하께서 덕화를 베푸셔서 태평한 천하를 이루신다면, 저는 마구간의 끝자리에서나마 채찍을 잡고 정성을 다해서 신하의 직분을 다할 것입니다.

엎드려 원하옵건대 전하께서는 마음을 바로 하는 것으로써 백성을 새롭게 하는 요체를 삼으시고, 몸을 수양하는 것으로써 사람을 쓰는 근본을 삼으셔서 왕도(王道)의 법을 세우십시오. 왕도의 법이 왕도의 법답지 않으면 나라가 나라답게 되지 못합니다. 밝게 살피시기를 엎드려 바라옵니다. 저는 감당할 수 없이 떨리고 두려운 마음으로 죽음을 무릅쓰고 이 말씀을 전하께 올리옵니다.

2. 다음 글을 읽고 글을 쓴 이유와 목적, 글의 주제, 글을 실은 매체 등을 차례로 쓰고, 글의 구조가 여기에 부합되는지 검토하시오.

6일 전국경제인연합회에 따르면 업종별 매출액 기준 600대 기업을 대상으로 기업경기실사지수(BSI) 동향을 조사한 결과, 3월 BSI(전달기준 100)가 102.4로 나타나 2월에 비해 경기가 좋아질 것으로 전망했다. 월별 BSI가 100 이상이면 경기가 전달보다 나아질 것으로 생각하는 기업인이 많고 100 이하면 전달보다 나빠질 것으로 생각하는 기업인이 많다는 것을 의미한다.

월별 BSI는 지난해 9월 105를 기록한 후 10월 92.0, 11월 81.0, 12월 68.0, 올 1

월 62.7, 2월 83.0 등으로 5개월 연속 100 이하였다가 6개월 만에 100을 넘어섰다. 대한상공회의소도 5일 전국의 제조업체 1,993개를 대상으로 기업경기 전망을 조사한 결과, 2/4 분기 BSI가 기준치인 100으로 집계됐다고 밝혔다.

체감 경기가 다소 나아진 것은 소비와 투자 축소로 인한 매출 부진 및 미국 경제전망의 불투명 등 악재에도 불구하고 자금시장이 안정되고 있는 데다 경공업 부문과 화학, 시멘트, 운수 등이 계절적 비수기에서 벗어난 데 따른 것으로 분석된다. 분야별로는 내수 BSI가 117.9, 수출 BSI가 111.4를 기록, 수출보다 내수 전망이 좋은 것으로 조사됐다.

산업별로 경공업의 경우 섬유·의복, 타이어를 제외하고는 대부분의 업종이 나아질 것으로 예상됐고 음료업(140)과 가죽·신발(130)의 호조세가 두드러질 것으로 전망됐다. 반면 전기·전자를 비롯해 자동차, 철강, 정유 등 주요 산업의 부진은 계속될 것으로 예상됐다.

터, 기둥, 들보, 지붕 – 구조의 설계

집을 지을 때는 적당한 터를 잡아 다진다. 이 터 위에 주추를 놓고 기둥을 세운다. 기둥의 위에 들보를 가로지른 후, 그 위에 서까래를 얹는다. 이렇게 하면 집의 골조는 거의 마무리가 된다. 요즘의 건물은 구조가 다소 달라졌지만 골조를 만드는 이러한 과정은 크게 다르지 않다.

글을 위한 간잡이그림을 그릴 때에도 터, 기둥, 들보, 지붕에 해당하는 모든 계획을 분명하게 세워야 한다. 글쓰기에서 터와 지붕은 글의 핵심적인 부분은 아니지만 글의 핵심적인 내용을 이끌어내고 끝맺음을 하는 부분이다. 또한 글쓰기에서 기둥과 들보는 글의 핵심적인 부분을 떠받치고 가로지르는 부분이다. 이러한 두 부분이 조화를 이루도록 간잡이그림을 그려야 한다.

글의 구성요소에서 터는 글의 서론 부분에 해당한다. 서론은 글의 출발점으로서 대개 도입부와 문제제기부로 구성되는데 간잡이그림에도 이에 대한 계획이 포함되어야 한다. 즉 글을 쓰게 된 동기, 이유 등을 밝혀 자연스럽게 문제제기부로 이어지게 하고, 본론에서 본격적으로 논의할 것이 무엇인지를 밝힐 수 있도록 짜야 한다.

글의 구성요소에서 기둥과 들보는 글의 본론 부분에 해당한다. 본론은 서론에서 제기한 문제에 대해 핵심적인 논의를 해 나가는 부분이다. 기둥과 기둥 사이에 벽이 쌓이고, 들보를 중심으로 천장이 만들어져 독립된 공간이 만들어지듯이 본론은 몇 개의 핵심적인 부분으로 구성된다. 이러한 핵심적인 요소끼리 밀접한 관련을 맺어야 하고 서론 및 이어질 본론과도 밀접한 관련을 맺어야 한다. 본론에 대한 간잡이그림에서는 본론의 각 부분에 대한 분명한 계획을 세워야 한다.

글의 구성요소에서 지붕은 글의 결론 부분에 해당한다. 지붕을 덮어야 비바람과 직사광선으로부터 보호를 받을 수 있듯이 결론이 잘 마무리되어야 글의 완성도가 높아질 수 있다. 이러한 목적을 달성하기 위해 결론 부분에는 글 전체의 내용을 요약하고 덧붙여야 할 내용을 추가한다.

다음의 향원정 사진을 통해서 간잡이그림의 중요성을 살펴보자.

[향원정 1]

[향원정 2]

위의 두 사진은 모두 비슷한 위치에서 향원정을 주제로 하여 찍었다. 왼쪽의 사진은 주변의 풍경을 많이 넣어 찍었고, 오른쪽의 사진은 약간의 풍경을 포함시키기는 했지만 향원정을 중심으로 찍었다. 두 사진 모두 좋은 사진이기는 하지만 왼쪽의 사진이 훨씬 더 향원정의 아름다움을 부각시키고 있음을 알 수 있다.

이러한 차이는 사진의 구도를 잡는 과정에서 나타난 것이다. [향원정 1]은 가까이 있는 나무를 사진의 윗부분에 배치하고, 물에 비친 향원정을 아랫부분에 배치한 후 중앙에 향원정을 배치했다. 이렇게 함으로써 원근감이 살아났을 뿐만 아니라 중앙의 향원정에 시선이 집중되는 효과도 나타났다. [향원정 2]는 향원정과 약간의 주변 풍경만 중앙에 밋밋하게 배치하여 원근감도 느껴지지 않고 주제에 시선이 집중되지도 않는다. 결국 두 사진은 같은 위치에서 같은 크기로 향원정을 잡았지만 주변의 풍경과 어떻게 조화를 시켰는가에 따라 차이가 난 것이다.

[향원정 1]에서의 주변 풍경은 글에서의 서론과 결론 부분에 비교될 수 있다. 글에서 가장 중요한 부분이 결론이기는 하지만 결론이 잘 부각되기 위해서는 서론과 결론이 효과적으로 쓰여야 한다. [향원정 2]처럼 주제만 덜렁 보

여준다고 해서 좋은 사진이 되는 것이 아니듯, 글을 쓸 때도 본론만 덩그러니 쓴다고 해서 좋은 글이 되는 것이 아니다.

위의 사진을 찍은 사람은 향원정이라는 주제를 먼저 정하고 그 다음에 다른 요소들을 배치했을 것이다. 이처럼 글을 쓸 때도 본론을 먼저 결정하고 이 본론과 조화를 이루도록 나머지 부분을 구성하면 글의 각 부분이 조화롭게 될 수 있다.

이제 글을 위한 간잡이그림을 하나의 주제에 대해 글을 쓰는 것을 통해서 살펴보자.

[문제] 최근 과거사 청산 문제가 중요한 화두로 대두되고 있다. 그 중에서 집중적으로 거론되고 있는 것이 친일파 처리 문제이다. 그런데 친일파 처리에 대한 현재의 논란은 감정에 치우친 면이 적지 않다. 이러한 친일파 문제를 합리적으로 해결할 수 있는 방안에 대해 논하라.

⇓

위의 예는 주어진 문제에 대한 글을 쓰기 위해 가장 간략한 형식으로 간잡이그림을 그린 것이다. 위의 문제에서는 친일파 처리에 대한 의견을 쓸 것을 요구하고 있으므로 이 문제에 대한 답은 논설문이 되어야 한다. 논설문이나 설명문 등의 실용문은 서론, 본론, 결론 삼단 구조를 갖는 것이 가장 일반적이므로 위의 간잡이그림도 이러한 삼단 구조를 보이고 있다.

그리고 문제에서는 친일파 문제의 처리 방안에 대해서만 묻고 있으므로 본론에서는 친일파의 처리 방안에 대해 집중적으로 논해야 한다. 그런데 합리적인 처벌 방안이 제시되기 위해서는 선행 작업이 필요한데 윗글의 필자는 친일파에 대한 정의를 분명히 내리고 이에 따라 친일파를 분류한 후 차등적인 처벌방안을 모색하고 있다.

이러한 글의 내용과 흐름이 위의 간잡이그림에 담겨 있다. 이를 바탕으로 보다 자세한 개요를 작성할 수 있다. 주제가 정해지고 나면 위와 같이 본론을 중심으로 간단한 설계를 하고 세부적인 개요를 작성해 나가면 효과적으로 글을 구성할 수 있다.

- **글을 설계할 때는 본론에 어떤 내용이 들어갈 것인가를 먼저 정한 후 본론에 적절하게 배치하고 이에 따라 서론과 결론을 정한다.**

① 확인문제

다음은 '모방도 예술이다'라는 제목으로 학생이 작성한 글이다. 글을 읽고 서론, 본론, 결론을 나눈 후 글의 구조를 그림으로 그리시오. 본론에서 핵심적으로 논의하고 있는 소주제가 무엇인지를 찾고, 이 소주제가 본론에서 적절히 구성되었는지, 이 주제를 유도하고 정리하기에 서론과 결론이 적절한지 평가하시오.

모방도 예술이다

어린 아이들은 모든 행동과 말에 있어서 어른의 것을 따라한다. 어린이가 가장 많이 접촉하고 있는 어른은 부모인데, 말투나 행동들을 보면 그 부모와 똑같이 닮아 있다. 거기다 아이가 점점 커가면서 접촉하게 되는 많은 사람들의 것들을 모방하며 흉내 내는 것을 알 수가 있다. 하지만 중요한 것은 아이가 흉내 내고 행동함으로써 아이만의 행동이 된다는 것이다. 그러한 행동을 하도록 환경을 제공한 부모나 다른 사람들의 행동이 아닌 아이 자신만의 행동인 것이다. 예술에 있어서의 모방 역시 마찬가지이다. 모든 창작은 모방에서부터 시작되며, 아이의 흉내 내기가 결국은 아이의 고유의 행동이 되듯이 예술에 있어서의 모방 역시도 무시할 수 없는 예술인 것이다. 하지만 많은 사람들이 아직 모방예술은 예술이 아니고 창작예술만이 진정한 예술이라고 생각하는 경향이 있다. 그래서 창작과 모방의 정의를 명확히 하고, 모방의 측면을 다시 생각할 필요가 있는 것이다.

사람들은 흔히 창작이 예술의 전부라고 생각하고, 모방예술은 경시하는 경향이 있다. 하지만 위에서도 밝혔듯이 창작은 모방이 받침이 되어야만 생겨날 수 있는 것이다. 그리고 모방을 뒷받침한 창작이 아닌 그냥 모방만 했다 하더라도 그 자체로도 충분히 훌륭한 예술이 될 수가 있다. 창작과 모방은 어떻게 보면 상반되어 보이지만 자세히 알고 보면 서로가 서로에게 없어서는 안 되는, 도움을 주는 존재인 것이다. 우리는 창작과 모방의 정확한 내용을 알아야지만 모방이 예술이냐 아니냐를 판가름할 수 있을 것이다.

창작이라는 말은 독창적인 것을 전제로 한다. 이 말에서 창작예술은 독창적인 예술이라는 것을 알 수 있다. 창작예술이라는 것은 사실적이기보다는 추상적인 개념이며, 새로운 것을 만들어 내려는 노력에서 생겨났다. 사람들은 이러한 독창성이 있는 창작을 진정한 예술로 보았다. 하지만 이러한 창작 역시 모방이 밑받침이 되고 있다는 것을 알아야 한다. 가령 나뭇잎을 그린다고 한다면, 독창적인 아이디어로 색다르게 그릴 수는 있겠지만 나뭇잎이라는 개념을 마음속에 그려두고 있다는 것은 그것의 개념을 모방하고 있다는 것이다. 또 마음을 그린다고 했을 때, 그것은 예술인의 독창적이고 주관적인 생각이지만, 역시 마음이라는 원래 존재하고 있는 개념 위에서의 독창성이기 때문에 모방을 기본적으로 깔아놓고 있는 것이다. 즉 어떠한 창작물이라 하더라도 그것은 무(無)에서 유(有)의 발견이 아닌 유(有)에서 유(有)의 발견이라는 것이다. 이러한 맥락에서 봤을 때 창작은 독창적인 것을 전제로 하지만 그 독창적인 것 밑에는 모방이라는 개념을 더욱 기본 전제로 한다는 것을 알 수 있다.

모방예술이란 자연이나 현실의 모습·동작·소리 등을 그대로 본떠서 나타내는 예술, 또는 그러한 작품을 나타내는 말이다. 모방예술은 재현예술이라고도 불리기도 한다. 모방은 창작성이 없다 하여 사람들이 열등하게 보기가 쉽다. 하지만 모방 자체도 예술이다. 또 완벽한 모방은 없고 항상 조금의 창작이 들어가게 되어 있다. 예를 들어서 풍경화를 그린다고 생각하자. 거기서 나무 하나를 정말 사진처럼 그대로 그려냈다고 하자. 그렇다면 그것은 완벽한 모방이 될지도 모르지만 그 나무, 풍경을 보는 사람이 대상을 어떻게 파악하느냐에 따라서 조금씩은 달라지기 때문에 창작의 요소도 어느 정도 가미되어 있다고 봐야 한다. 사진을 찍는다 하더라도, 사진은 정말 사실을 있는 그대로 나타내지만 작가가 무엇을 나타내고 싶어 하는지, 또는 작가의 생각이 무엇인지를 작품을 통해서 알 수 있다면 그것 역시 창작의 요소를 가지고 있는 것이다. 그냥 사실 그대로에서 작가의 마음을 통해 다른 의미가 전달되었으니, 그 자체가 하나의 창작인 것이다.

모방은 예술인의 측면과 예술작품의 측면에서 해석해 볼 수 있다. 예술인의 측면에서 해석한다면 모든 모방은 창작의 요소를 가미하는 창작적 모방이 될 것이다. 예술 작품 그대로의 모방 혹은 재현은 모방 그 자체의 우월성을 인정해 주어야 할 것이다. 그렇기 때문에 우리는 어떤 측면에서건 모방 역시도 예술이라는 것을 알 수 있다.

창작의 요소를 가미한 모방은 모방으로서 아주 훌륭한 예술이다. 사람의 마음은 주관적이기 때문에 아무리 사실 그대로를 재현한다 하더라도 그 작품을 만든 예술인의 정신이 깃들게 되어 있다. 미술품 역시 그대로 재현하려 하더라도 재현하는 예술인의 정신이 깃들게 되어 있으며, 사진 역시도 현상 그대로가 아닌 사진작가의 정신이 깃들게 되어 있다. 이것은 글 쓰는 데서도 그대로 적용이 된다. 예전에 책에서 이러한 내용의 글을 읽은 적이 있다. '아무리 객관적인 사실을 전한다 할지라도 그 글을 쓰는 사람의 정신이 깃든 한 그 글은 주관적일 수밖에 없다. 그렇기 때문에 이 세상에 객관적인 글은 없다.' 이런 내용의 글이었는데, 약간 과장된 측면이 있지만 어느 정도는 공감할 수 있는 얘기이다. 또 음악에 있어서도 아무리 중세 시대의 오페라를 그대로 재현한들 지금 그 작곡자와 원래 부르던 예술가들이 살아있지 않은 한, 그 사람들이 부르지 않고 현대의 사람들이 부르는 한 그것은 불가피하게 재해석될 수밖에 없고 또 하나의 창작을 가미한 모방이 되는 것이다.

설사 창작과 예술인의 정신을 생각하지 않더라도 우리는 그 작품만으로도 그것을 예술이라고 말할 수 있다. 예술인을 배제한 예술작품 그 자체만 볼 때 모방 그 자체로서의 모방이 필요할 때도 있고, 우리는 그 가치를 충분히 인정해 주어야 한다. 음악의 옛 작품들은 작곡되었을 그 당시, 그 분위기, 작곡자가 원했던 그 악보 그대로 연주하는 것이 도리이며 또 그렇게 연주하는 사람이 칭송을 받는다. 물론 음악의 재해석이 중요하긴 하지만 그것은 작곡된 곡의 테두리 안에서이다. 이런 점에서 볼 때 모방 역시 훌륭한 예술이라 칭할 수 있는 것이다. 말 그대로 재현이라는 측면에서 봤을 땐 오히려 창작보다는 모방이라는 개념이 더 우월한 예술적 개념이라고 생각할 수 있을 것이다. 예술가에 초점을 맞추다 보면 위에서 말했듯이 주관적이 될 수밖에 없을 것이다. 하지만 예술작품에 초점을 맞추며 '모방'이라는 것을 조명해 본다면 그것이 더 필요하고 더 우월하게 평가되는 경우도 있는 것이다. 또 작품을 그대로 재현하기까지의 수고와 땀을 우리는 높이 사야 하는 것이다.

모방은 예나 지금이나 예술에 있어서 끊이지 않는 논쟁거리가 되어 왔다. 하지만 모든 창작은 모방 위에서 이루어지는 것이고, 모방 역시 어떤 의미에서는 창작이 가미되기 때문에 모방을 예술이 아니라고 하는 것은 지나친 예술에 대한 오만이 아닐까 생각한다. 우리는 모방 역시도 예술이라고 인정해야 하며, 창작의 어머니는 모방이라는 것을 다시 한번 생각해야 한다. 모방이 없이는 진정한 창작이 나올 수 없으며, 모든 모방은 창작자의 주관이 깃들어 있기 때문에 존중해 주어야 하며, 또 작품 그 자체로서의 모방과 재현 역시 존중해 주어야 할 것이다.

오로지, 오밀조밀, 온 - 설계의 원칙

글을 쓰기 위한 계획을 세울 때 반드시 견지되어야 할 원칙으로는 통일성, 긴밀성, 완결성이 있다. 이 원칙은 글 전체에 적용될 뿐만 아니라 단락으로 전개해 나갈 때도 적용되는 원칙이다. 글을 쓰기 위한 간잡이그림을 그리는 단계는 글 전체에 대한 계획을 세우는 단계이므로 이 단계에서 이 원칙이 철저하게 지켜져야 이후의 단계에서도 이 원칙에 따라 글이 작성될 수 있다.

통일성은 글의 모든 내용과 요소가 오로지 설정된 주제에 집중되어야 한다는 원칙이다. 앞의 문제에서는 친일파의 처리방안에 대해서 물었으므로 글에서는 오로지 친일파의 처리방안에 대해서만 논해야 한다. 또한 처리방안을 직접적으로 언급하는 내용은 아닐지라도 처리방안을 모색하는 데 필요한 내용이어야만 한다. 앞의 간잡이그림을 보면 모두 친일파에 대해서 논하고 있고 친일파의 처리방안은 본론 3에서 논하고 있지만 본론 1, 2는 처리방안을 모색하는 데 꼭 필요한 것이므로 통일성이 잘 지켜졌다.

긴밀성은 글을 구성하는 내용과 요소가 긴밀한 연관관계를 가지도록 오밀조밀하게 짜여야 한다는 원칙이다. 즉 서론은 본론에서 논할 문제를 분명히 제기할 수 있도록 짜여야 하며, 본론은 서론에서 제기된 문제에 따라 체계적으로 전개될 수 있도록 만들어져야 한다. 그리고 결론은 서론에서 제기하고 본론에서 본격적으로 논의한 내용을 잘 매듭지을 수 있도록 구성되어야 한다. 앞의 간잡이그림에서 본론을 보면 '정의 → 분류 → 처벌' 순으로 구성되어 있는데 이는 최종적으로 처벌방안을 논하는 데 적절한 구성일 뿐만 아니라 각각의 내용이 논리적으로도 긴밀한 연관관계를 가지므로 긴밀성이 잘 지켜졌다.

완결성은 글을 구성하는 내용과 요소가 주어진 문제에 대해 충분히 답을 할 수 있도록 짜여야 한다는 원칙이다. 즉 문제에서 요구한 내용에 대해 빠진 것 없이 충실하게 서술해 나갈 수 있도록 간잡이그림을 그려야 한다는 원칙이다. 앞의 문제에서는 친일파에 대한 처리방안에 대해 물었는데 본론 3에서는 처리방안을 본격적으로 논하겠다고 계획을 세웠고 본론 1, 2에서는 이러한 처리방안이 제시될 수 있는 전제를 마련했으므로 완결성이 잘 지켜졌다.

다음과 같이 문제가 다소 추상적으로 주어져도 글을 쓰기 위한 간잡이그림은 통일성, 긴밀성, 완결성을 고루 갖추어 마련되어야 한다.

[문제] '사람은 무엇으로 사는가'에 대한 자신만의 답을 쓰시오.

⇓

주제 : 사랑

서론 – 본론 – 결론

본론 1 : 기다림 – 사랑을 꿈꾸며

⇓

본론 2 : 만남 – 사랑을 느끼며

⇓

본론 3 : 이별 – 사랑을 추억하며

⇓

본론 4 : 기다림 – 또 다른 사랑을 꿈꾸며

위에서 주어진 주제는 매우 포괄적이고도 추상적인 주제여서 글을 쓰기가 쉽지 않다. 그런데 이에 대한 간잡이그림을 보면 매우 간단하면서도 명쾌하게 작성되었음을 알 수 있다. 즉 문제에서는 '사람은 무엇으로 사는가'에 대한 자신만의 답을 요구했으므로 윗글의 필자는 그것을 '사랑'으로 정했다. 그리고 이에 대해 글을 전개하기 위해서 본론을 네 부분으로 나누어 시간적 순서로 구성하고 있다. '사랑'은 문제의 물음에 충분히 부합될 수 있으므로 '사랑'에 대해 집중적으로 서술해 나가면 통일성이 잘 지켜질 수 있다. 그리고 사랑을 최고의 가치로 여기며 살지만 사랑의 대상이 무엇이든 기다리고, 만나고, 헤어지고, 다시 기다리는 순환으로 파악하여 구성했으므로 본론의 각 요소끼리는 긴밀성이 잘 유지되고 있으며, 순환하는 모든 단계를 서술했으므로 완결성도 잘 갖추어졌다.

설계의 원칙을 더 잘 이해하기 위해 잘 알려진 옛날이야기 하나를 예로 들어보자.

옛날에 떡 장사를 하는 어머니와 오누이가 함께 살고 있었다. 어머니는 아침 일찍 장에 떡을 팔러 나갔다가 저녁 늦게야 돌아오곤 했다. 오누이의 집은 인적이 드문 산골짜기에 있었는데 장에서 집으로 돌아오려면 으스스한 언덕을 하나 넘어야 했다. 이 언덕에는 호랑이가 가끔씩 나타나 지나가는 사람들을 잡아먹곤 했다.

그날 저녁도 어머니는 팔다 남은 떡을 머리에 이고 고개를 넘고 있었다. 때마침 굶주린 호랑이가 나타나 어머니에게 “떡 하나 주면 안 잡아먹지.”라며 위협을 했다. 어머니는 침착하게 떡 하나를 주었지만 호랑이가 떡 하나에 만족할 리 없었다. ‘또 하나, 또 하나’를 연발하더니 결국 떡을 다 먹고는 어머니까지 잡아먹고 말았다.

이쯤에서 만족할 법도 했는데 호랑이는 두 아이도 잡아먹어야겠다고 생각했다. 어머니의 옷을 입고 밀가루로 얼굴과 손을 하얗게 칠하고는 아이들만 있는 오두막집으로 갔다.

“얘들아, 엄마야. 문 열어.” 호랑이는 엄마의 목소리를 흉내 내어 아이들을 불렀다. 오누이는 쉰 목소리가 이상하여 문틈으로 내다보았다. 엄마 옷을 입고 얼굴과 손에 하얗게 밀가루 칠을 했지만 털이 북실북실 나고 발톱이 날카롭게 난 걸 보니 틀림없는 호랑이였다.

오누이는 부리나케 뒷문으로 도망쳤고 호랑이도 그 뒤를 바짝 따라갔다. 막다른 골목에 이르게 된 오누이는 하늘에 대고 기도를 했다. “하나님, 우리를 살리시려거든 굵은 동아줄을 내려 주세요.” 하늘이 오누이를 불쌍히 여겼던지 하늘에서 굵은 동아줄이 내려왔고 아이들은 그 줄을 부여잡고 하늘로 올라갔다. 이를 본 호랑이도 똑같이 기도하자 하늘에서 줄이 하나 내려왔다. 그러나 그 줄은 썩은 동아줄이었는지 중간에 끊어져 호랑이는 땅에 떨어져 죽고 말았다.

하늘로 올라간 오누이는 해와 달이 되어 낮에는 오빠가 밝게 세상을 비추었고, 밤에는 누이동생이 달이 되어 세상을 은은히 비추었다. 호랑이가 떨어진 곳은 마침 수숫대가 널린 밭이었다. 지금도 수숫대를 보면 피처럼 붉은 부분이 있는데 이 때 떨어진 호랑이의 피 때문이라고 한다.

이 이야기는 누구나 다 알고 있는 옛날이야기이지만 글의 통일성, 긴밀성, 완결성과 관련하여 시사하는 바가 크다. 오누이는 하늘에서 내려온 동아줄 하나만 잡고 하늘로 올라갔다. 만약 주변에 아무리 아름답게 보이고 귀해 보이는 줄이 있을지라도 오누이는 그 한 줄만 타고 올라간 것이다. 다른 줄을 잡았다면 오누이의 운명도 호랑이의 운명과 같아졌을지 모른다. 이와 마찬가지로 글을 쓸 때 주제 하나가 정해지면 오로지 그 주제 하나에만 집중해서 써야 한다.

오누이의 줄은 중간에 끊어지지 않고 하늘에 맞닿아 있었다. 그 줄을 잡고 차근차근 오르기만 하면 하늘에 닿을 수 있는 것이다. 줄을 타고 올라가면서 뛰어 오를 수도, 날아오를 수도 없다. 오직 한 발 한 발 오르는 방법밖에 없다. 글을 쓸 때도 이와 마찬가지로 글의 각 요소가 차근차근 논리적 순서를 밟아서 전개되어야 한다.

오누이가 줄을 타고 오르기 시작했다면 하늘에 도달해야만 한다. 다시 내려간다면 호랑이의 밥이 될 처지이다. 그렇다고 하릴없이 매달려 있을 수도 없다. 땅을 떠나 줄을 잡은 순간부터 오누이는 하늘에 닿아야만 목숨을 부지할 수 있었고, 결국에는 하늘에 닿아 해와 달이 된 것이다. 이와 마찬가지로 글을 쓸 때도 어떤 주제에 대해서 글을 쓰기 시작하면 그 주제에 대해 필요한 모든 내용을 완벽하게 서술해야 한다. 해결해야 할 문제에 대해 창의적인 해답이 글을 통해 완전히 제시되었을 때 비로소 문제해결이 가능한 것이다.

- **글을 위한 설계를 할 때는 통일성, 긴밀성, 완결성을 잘 갖추어야 한다.**

ⓘ 확인문제

다음은 '인문학 경시 풍조'를 주제로 학생이 작성한 글이다. 글 전체의 구조를 분석한 후 통일성, 긴밀성, 완결성이 갖추어졌는지를 평가하시오.

인문학 경시

도로가 넓어지고 교통량이 많아지면서 육교가 횡단보도를 상당부분 대체하고 있다. 육교는 일견 참신한 아이디어처럼 보이나, 큰 문제점들을 내재하고 있다. 우선 높은 계단 형식이라 두 다리가 튼튼해야 이용할 수 있고, 직선거리를 빙 둘러서 연결하기 때문에 시간도 많이 걸린다. 이는 우리 시대의 인문학의 모습과 매우 닮아있다. 현대 인문학자들은 그들의 고매한 정신세계에 도취되어 인문학 연구를 '그들만의 리그'로 진행하고 있고, 이러한 경향은 실용성과 경쟁력을 중시하는 신자유주의 환경과 맞아떨어지면서 인문학을 현실 세계로부터 한층 더 고립시키고 있다. 그 결과 인간과 인간, 인간과 사회 사이의 소통이 지연되거나 아예 일어나지 않는 것이다. 이러한 인문학의 위기는 곧 인간의 위기로 직결되므로 소홀히 하여 방치해서는 안 된다. 이 글에서는 우리 사회에서 인문학이 제 위상을 찾지 못하는 이유를 분석하고 그 해결책을 제시하고자 한다.

인문학 경시의 풍토가 조성된 원인은 크게 인문학의 안과 밖에서 찾아볼 수 있다. 우선 내부적으로, 현실사회와 유리된 채 폐쇄적인 학문 자세로 스스로를 상아탑 안에 가둔 편협함을 지적할 수 있다. 이러한 모습은 인문학의 산실이어야 할 대학에서 자주 발견된다. 우선 인문학 관련 교양 강좌의 폭이 좁고 그 내용이 진부하여 학생들을 끌어들이지 못한다. 그리고 실제로 이러한 강좌를 들어 보면 그 수업 방식도 구태의연한 경우가 많다. 해가 지나도 똑같은 내용으로 강의를 하는 교수와 이에 맞춰 시험 때만 되면 강의 노트를 베끼고 족보를 찾는 학생들, 토론과 합의의 방식이 필수적인 인문학 공부임에도 불구하고 일방적인 지식 전달에 그치는 수업 진행 방식 등에서 인문학에 대한 안일한 태도가 잘 드러난다. 이렇게 현실 문제와 교감하지 않고 학문의 순수성만을 고집하다가 오히려 그 순수성 안에 매몰되어 고리타분함을 재생산하고 있는 인문학은 그 자신의 고립을 자초하고 있다고 해도 과언이 아니다.

그러나 오늘날 인문학이 위기를 맞게 된 결정적인 요인은 인문학이 설 자리를 마련해주지 않는 우리 사회의 척박함이다. 우리네 역사에서 인문학은 수차례 벼랑 끝에 몰렸다. 일제 식민 통치와 군부 독재 시절에는 억압적 통치 구조로 인해 인문학이 건강하게 발전할 수 없었고, 후에 개발 독재의 부작용으로 경제 위기가 도래하여 마구잡이 구조조정 열풍이 불었을 때는 학문의 구조조정 과정에서 제일 먼저 무시당했다. 이렇게 우리 사회가 무한 경쟁을 기조로 하는 신자유주의 체제로 재편되면서 인문학은 신자유주의 교육 정책으로 인해 병들어 가고 있다. 대학의 자율화, 특성화를 말하면서 극도의 무한 경쟁 체제라고 할 수 있는 광역화를 무조건적으로 실시하였고, 두뇌 한국(BK21) 사업비 중 1/20만을 인문학 분야에 할당하였다. 이러한 정책은 인문학을 연구하고자 하는 학생들의 취업과 생계의 길을 봉쇄하여 이들의 발걸음을 자격증 시험과 고시 등으로 돌리게 함으로써 인문학을 고사시키는 결과를 불러오고 있는 것이다.

이러한 위기 상황을 현명하게 타개해 나가기 위해 우리는 그 해결책을 인문학의 안팎에서 찾아야 한다. 우선 인문학 내부에서 그 동안 상아탑에 갇혀 현실 세계를 조망하고 아우르지 못했던 점을 반성하고 열린 시각과 열린 자세를 가져야 한다. 교수는 자신의 연구 성과를 몇 십 년 동안 우려먹기만 할 것이 아니라, 그것이 인문학적 정신이 부족하여 병들어가고 있는 현대 사회를 치유하는 데 어떻게 활용될 수 있을 것인지를 고민해야 한다. 학생들은 인문학 강좌를 그저 학점을 따기 위한 만만한 수업이 아닌, 순수한 지적 욕구에 의거한 연구 대상으로 보아야 하고, 자치적으로 인문학 관련 세미나, 학회, 동아리 등을 활성화시켜야 한다. 더 나아가 이러한 인문학 연구 결과들은 다수 대중에게 공유되어, 열린 광장에서의 다양한 토론을 거쳐 구체적인 삶 속에서 구현되어야 한다.

하지만 이러한 내부적인 노력은 외부적 지원 없이는 결코 그 결실을 맺을 수 없다. 현재 우리 사회 전반을 지배하고 있는 약육강식의 풍토에 대한 근본적인 개혁이 없는 한, 인문학은 결국 우리의 발목을 붙잡고 같이 벼랑으로 떨어질 것이다. 이를 위해 현재 '세계화'라는 거창한 명목으로 우리를 끊임없는 감시와 경쟁의 장으로 몰아넣고 있는 신자유주의 정책들에 대한 재고가 필요하다. 특히, 공존보다는 피 튀기는 경쟁을, 인간의 가치보다는 덧셈 뺄셈의 이익을, 근원적인 질문보다 무조건적인 암기를 강요하여 인문학적인 상상력을 원천 봉쇄하는 교육 정책은 마땅히 개혁되어야 한다. 인문학 위기의 근본적인 대안은 패러다임의 전환에서 찾아야 하고, 이러한 패러다임의 전환은 그것을 재생산하고 있는 '교육'이라는 기제의 개혁에서부터 비롯될 수 있을 것이다.

모든 육교를 횡단보도로 대체해야 한다는 말이 아니다. 세태가 각박해질수록 소통의 통로는 다양해야 한다. 문제는 사람들 사이의 소통이 중요하게 생각되지 않는 사회 분위기 속에서 그러한 소통의 통로가 점점 소수의 전유물이 되어 가고 있고, 그로 인해 사람들이 유대 관계를 상실한 채 원자화되고 획일화되고 있다는 것이다. 우리는 내부적으로는 안일함과 폐쇄성으로 인해 부패해가고 외부적으로는 실리와 경쟁을 강조하는 신자유주의 환경으로 침식당하고 있는 인문학의 위기 상황을 직시해야 한다. 그리고 이러한 위기가 재앙으로 이어지지 않도록 자체적으로는 성찰과 반성을 통해 능동적이고 열린 학문이 되려는 노력을 해야 하고, 외부 환경은 조화와 유대를 중시하는 분위기를 조성하여 이를 뒷받침해야 한다. 이렇게 안팎으로 부단히 노력한다면 인문학은 우리의 삶의 모양새와 방향을 제시해 주는 본연의 임무를 수행할 수 있을 것이다.

2. 간잡이그림의 유형

글을 쓰기 위한 설계도는 다양하게 그릴 수가 있지만 일정한 유형을 따른다면 매우 손쉽고도 효과적으로 그릴 수 있다. 글의 일반적인 구조를 알아보고 그것을 글쓰기에 적용할 수 있는 구체적인 방안에 대해 알아보자.

- ❑ 삼단[삼딴]과 삼단(三段) – 서론, 본론, 결론
- ❑ 줄지어 늘어놓기 – 직렬식 구성
- ❑ 나란히 늘어놓기 – 병렬식 구성
- ❑ 줄나란히 늘어놓기 – 복합식 구성

삼단[삼딴]과 삼단(三段) - 서론, 본론, 결론

글의 형식은 필자의 판단에 따라 자유롭게 선택될 수 있다. 즉 문제의 종류에 따라, 목적에 따라, 주제에 따라, 필자의 취향에 따라 자유롭게 선택될 수 있다. 글의 형식이 고정되어 있다면 글쓰기 자체가 재미없는 작업이 될 수도 있고, 고정된 틀 속에 내용도 갇혀 창의적인 글이 쓰이지 않을 가능성도 있다.

그러나 글의 형식을 자유롭게 선택할 수 있다는 것이 아무렇게나 선택할 수 있다는 것을 뜻하지는 않는다. 글의 형식을 자유롭게 선택할 수 있다는 것은 글의 내용에 가장 적합한 형식을 자유롭게 선택할 수 있다는 것을 의미한다. 글을 쓰는 이유가 원활한 의사소통을 통하여 주어진 문제를 해결하는 것이라면 의사소통이 가장 정확하고도 편안하게 이뤄질 수 있는 글의 형식을 선택해야 한다.

설명문이나 논설문 등의 실용문은 거의 대부분 서론, 본론, 결론의 삼단으로 구성된다. 국어의 관용어 중에 '삼단 같은 머리'는 숱이 많고 길지만 잘 정돈되어 있는 여자의 머리를 뜻한다. 즉 아무리 숱이 많고 길더라도 차분하게 정돈되어 있으면 아름답게 보임을 의미한다. 이와 마찬가지로 설명문과 논설문도 아무리 길더라도 그 형식은 삼단 구성을 벗어나지 않는다. 이렇듯 실용문이 삼단 구성을 띄는 것은 이러한 구성이 설명과 논증을 통한 의사소통에 가장 적합하기 때문이다.

삼단 구성은 반드시 설명문이나 논설문에서 유용한 것만은 아니다. 다음에 제시되는 자기소개서도 일종의 실용문인데 전형적인 삼단 구성을 취하고 있다.

몸의 몸짓, 마음의 몸짓, 그리고 정신의 몸짓
- 무용치료사 ○○○의 자기소개서

그것이 무용이라 불리든, 춤이라 불리든 나는 나의 몸으로 세계를 느끼고, 나의 몸으로 내면을 표현하는 '몸짓'에 20대 초반을 보냈다. 그리고 그 '몸짓'만의 공허함을 극복하고 새로운 가능성을 발견하기 위해 몸부림치며 마음과 정신을 발견하고 온전한 자아를 회복하며 20대 중반기를 보냈다. 이제 남은 삶 모두를 '나'와 '남'을 뛰어넘어 '우리'를 위해 헌신할 수 있는 기회를 얻기를 간절히 소망하며 지난 시절 나를 되돌아보고 미래를 꿈꾸고자 한다.

몸짓의 가능성과 한계

한국무용을 전공한 나는 무대에서의 몸짓을 통해 나의 무한한 가능성을 보았고 역설적이기는 하지만 그 가능성의 마지막에 한계를 보았다. 호탕한 아버지의 성품을 닮아 활달한 성격을 지녔던 나는 무엇이든 표현하는 것을 좋아했다. 초등학교 시절에는 밴드부로 활동하면서, 중학교 때는 RCY 클럽에서 봉사하면서, 고등학교 때는 잠재된 내 무용 능력을 발견해 춤꾼으로서의 꿈을 키워나가면서 나는 끊임없이 나를 표현했다. 대학에 진학해 한국무용을 전공하여 국내외에서 다양한 공연을 하면서 나는 나의 몸짓을 통해 어떠한 언어보다도 더 빨리 나를 표현해 냈다. 무대에서의 내 몸짓은 나를 자유롭게 했고 나를 행복하게 했다.

그러나 몸으로만 하는 몸짓의 한계는 춤을 추면 출수록 더 커져 갔다. 93년 봄, 같이 춤을 추면서 입시를 준비했던 친구의 죽음은 나에겐 큰 충격이었다. 오직 육체적인 완벽함을 추구해야 한다는 강박감에 시달려 먹은 것을 모두 토해낼 수밖에 없는 거식증으로 무대에 설 수 없게 되었을 때의 충격은 이루 말할 수가 없었다. 몸짓으로만 표현해야 하기 때문에 무대에 서야만 하는, 눈에 보이는 몸짓이 없으면 나의 정체성마저도 사라져 버리는 현실에 나는 절망할 수밖에 없었다.

몸에서 마음으로

몸에서 느낀 한계를 극복할 수 있는 길은 마음으로부터 왔다. 그리 넉넉지 않은 형편 가운데에서도 2남 1녀의 앞날을 위해 성실로만 일관하셨던 부모님을 보면서, 어린 평생을 자식과 손주들을 위해 헌신하셨던 할머니를 보면서 나는 그분들의 마음속으로부터 우러나오는 몸짓을 볼 수 있었다.

비록 화려한 조명이 비치는 무대가 아니지만 삶의 무대에서 당신의 자식들이 잘되기만을 바라는 진실된 몸짓에서 나는 새로운 가능성을 발견할 수 있었다. 내가 진정으로 나의 피붙이를 사랑하는 마음이 있다면, 부모님의 맞벌이 때문에 더 따뜻한 사랑이 필요한 두 동생에 대한 책임감이 있다면, 그리고 나를 키워준 모든 이들에 대한 감사의 마음이 있다면 내가 살아가야 할 무대는 자명했다. 그들과 삶의 무대에서 부대끼면서 마음으로 표현되는 몸짓이야말로 참된 몸짓임을 알았다.

이러한 마음으로부터의 몸짓은 자연스럽게 내가 가진 능력을 남에게 쏟아 부을 수 있는 기회로 이어졌다. 초·중학교 무용부의 지도강사로서 학생이 아닌 동생들을 가르치면서, 여성회관 무용부 강사로서 수강생이 아닌 언니와 어머니들을 가르치면서 나는 비로소 몸짓의 참 의미를 깨달을 수 있었다. 동작 하나하나를 따라하면서 한없이 즐거워하는 동생들, 가사의 굴레에서 벗어나 어린애처럼 즐거워하는 언니와 어머니들과 함께 하면서 그 즐거운 마음이 자연스럽게 몸짓으로 이어졌고 그 몸짓은 어떤 춤보다 아름다웠다.

마음에서 정신으로

대학원 진학은 무대에서의 몸짓과 삶의 현장에서의 몸짓이 학문으로서 어떻게 체계화될 수 있는가, 그리고 그 몸짓으로 모든 사람들이 행복을 누릴 수 있는 길이 무엇인가를 배울 수 있는 계기가 되었다. 교수님과 교우들을 통해 무용교육에 대한 지식을 넓히고, 무용/동작치료라는 분야를 접해 각종 프로젝트와 세미나에 참여하면서, 사람에 대한 이해를 높이고자 심리학을 부전공으로 하고 심리교육 과정을 이수하면서 새로운 가능성을 발견할 수 있었다. 무용과 동작을 포함한 모든 '몸짓'이 사람의 몸뿐만 아니라 정신까지도 치료할 수 있다는, 나아가 그 진정한 몸짓이 있다면 모두가 행복해질 수 있다는 것을 알았다.

석사학위논문을 마치고 미국유학의 소중한 기회가 주어진다면 무용치료사(DTR) 자격증을 획득해 몸짓으로 사람의 마음을 치료하고 정신을 치료하는 치료사로서, 그리고 내가 가진 경험과 지식을 후배에게 가르칠 수 있는

> 교육자로서의 길을 가고 싶다. 아직은 미개척 분야인 무용/동작 치료 분야, 그렇기 때문에 더 많은 노력이 필요하지만 더 큰 가능성이 열려 있다. 지금 내가 필요한 것은 간절한 나의 지적 요구를 채워줄 학교와 선생님이다. 내가 정서적으로나, 지적으로 가득 차서 넘친다면 그것이 진정한 몸짓으로 표현된다면 그것이 몸과 마음과 정신이 하나가 된 진정한 몸짓이 될 것이다. 그리고 그 진정한 몸짓이 다른 사람에게 전해져 모두가 행복한 몸짓을 할 수 있게 되기를 간절히 소망한다.

위의 글은 다소 길지만 전혀 지루하지 않고 자연스럽게 읽히며 읽고 난 뒤에 내용이 분명하게 파악이 된다. 이는 내용이 충실하게 채워져 있기 때문이기도 하지만 글의 구성이 정연하기 때문이다.

위의 글은 자기소개서이지만 '몸의 몸짓, 마음의 몸짓, 그리고 정신의 몸짓'이란 제목을 따로 붙여 글 전체의 주제와 내용, 그리고 형식까지도 암시하고 있다. 즉 글의 제목에서 '몸짓'이란 단어를 드러내 글쓴이가 무용과 관련이 있음을 알리고 있고 '몸의 몸짓 → 마음의 몸짓 → 정신의 몸짓'으로 단계를 설정해 무용을 하는 목적과 의식이 점차 고양되어 왔음을 보여주고 있다. 또한 이 순서에 따라 본론이 구성되고 있다.

그런데 본론의 내용이 바로 서술된다면 독자는 갑자기 튀어나온 내용을 의아하게 생각할 수도 있다. 즉 본론에서 핵심적인 내용이 전개되기 위해서는 그러한 내용이 전개되는 이유가 있어야 하는데 그러한 이유를 밝히지 않으면 쉽게 본론의 내용에 몰입할 수 없기 때문이다. 따라서 위의 글에서는 본론의 앞에 자신이 이 글을 쓰는 이유, 그리고 본론과 같이 구성되는 이유에 대해서 밝히며 자연스럽게 본론을 이끌고 있다. 그리고 본론의 서술이 끝난 뒤 따로 결론 부분을 두어 앞의 내용을 요약하고 자신의 바람을 피력하고 있다.

이 글은 다음과 같이 간잡이그림을 그릴 수 있다.

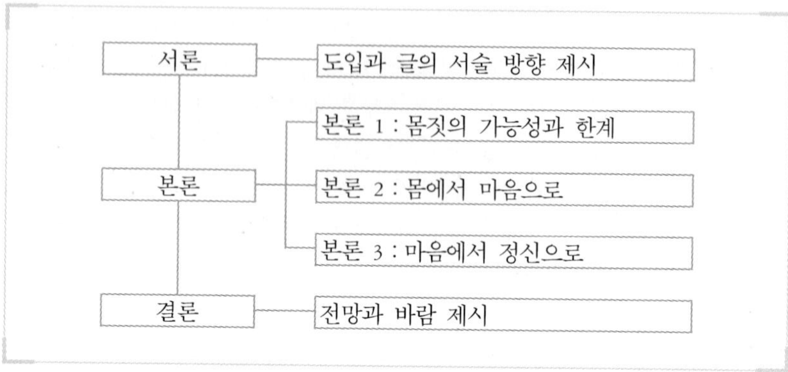

이 글이 자기소개서이기는 하지만 위와 같이 간잡이그림을 그리면 본론의 각 부분이 훨씬 더 유기적으로 결합될 뿐만 아니라 글 전체도 유기적으로 결합될 수 있다. 즉 서론과 결론을 포함시킨 삼단구성을 사용함으로써 글의 통일성, 긴밀성, 완결성을 유지할 수 있게 된 것이다. 그 결과 독자들도 글의 내용을 쉽고도 정확하게 파악할 수 있게 된다.

이상의 예처럼 실용적인 글은 삼단구성을 취하는데 이러한 구성을 취하는 이유는 이 방식이 설명과 논증 등의 목적을 달성하는 데 가장 효과적이 때문이다. 따라서 모든 실용문은 특별한 이유가 없는 한 다음과 같은 삼단구성을 취하는 것이 좋다. 또한 삼단구성의 각 부분도 다음과 같은 내용으로 구성되는 것이 좋다.

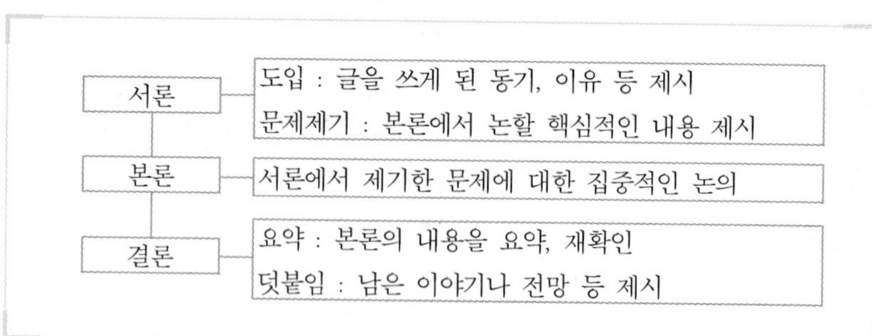

위에서 보듯이 서론은 자연스럽게 글의 핵심적인 주제에 접근하도록 유도하는 역할과 본론에서 논할 핵심적인 내용을 제기하는 역할을 한다. 본론에서는 서론에서 제기된 내용에 따라 집중적으로 논의를 전개하고 결론에서는 이를 요약하고 필요한 내용을 덧붙인다. 이러한 구성과 각 요소의 역할이 유지될 때 글을 통한 의사소통이 가장 명쾌하게 될 수 있다.

삼단구성의 구성요소 중에서 서론과 결론은 형식적인 구성요소이고 본론은 내용적인 구성요소이다. 서론과 결론에도 내용이 있기는 하지만 이 내용은 본론의 내용을 이끌어 내거나 마무리하는 것일 뿐 독립된 내용은 아니다. 즉 서론과 결론은 각기 고유의 형식적 역할이 있고 이 부분의 내용은 본론에 따라 결정된다. 본론은 주제와 관련된 핵심적인 내용이 전개되므로 내용적인 구성요소이다.

- **모든 실용문은 서론, 본론, 결론의 삼단구성을 취하는 것이 좋다.**
- **서론과 결론은 본론을 보조하는 형식적인 요소이고, 본론은 핵심적인 내용을 전개하는 내용적인 요소이다.**

ⓘ 확인문제

다음 글을 읽고 서론, 본론, 결론의 삼단구성이 잘 되었는지 판단해 보고, 문제가 있다면 어떻게 수정해야 할지 밝히시오.

영화 실미도에 흐르는 '위험한 감동'

나는 영화는 쥐뿔도 모른다. 하지만 684 북파부대를 다룬 영화 <실미도>에 대해 쓰려고 한다. 주제넘게 영화의 기술적인 완성도, 연출이나 연기력, 캐릭터 분석이나 평가 등은 하지 않겠다. <실미도>에 대한 영화적 분석은 영화평론가 같은 영상문화 전문가들의 몫이다. 나는 그럴 능력도 없거니와 이 글의 목적과도 거리가 멀다.

평소 거의 영화관 출입을 않다가 얼마 전 <실미도>를 본 이유는 분단과 전쟁, 남북관계에 관심이 있었기 때문이다. 영화를 다 보고 난 뒤 마음이 불편했다. 나의 <실미도> 감상평을 요약하면 '감정의 과잉' 혹은 '역사의 빈곤'이었다. 하지만 다른 사람들의 평가는 매우 우호적이다. <실미도>는 개봉 15일째인 1월7일 전국 400만 관객을 넘어서는 등 흥행몰이를 하고 있다. 관객들은 살인적 훈련을 이겨낸 684부대 훈련병들의 불굴의 의지, 끈끈하고 거친 남성들의 동료애에 박수를 치고, 개인의 삶을 무자비하게 허물어뜨리는 국가 권력의 난폭함에 분노한다.

나는 <실미도>에 찬사를 보내는 사람들의 판단을 존중한다. 내가 느낀 불편함이 타인이 느낀 감동보다 비교우위에 있다는 근거는 어디에도 없다. 만약 <실미도>를 보고 난 뒤 극장 화장실에 가지 않았다면 이 글을 쓰지 않았을 것이다. 화장실에서 고등학생쯤으로 보이는 10대 두 명이 볼일을 보면서 영화에 대해 이야기하고 있었다. "야, 김일성 목을 딸 수 있었는데, 아쉽다." "맞아, 그랬으면 통일도 되고 좋았을 텐데."

영화 중반쯤 고된 훈련 끝에 살인병기로 완성된 684부대 부대원들이 김일성의 목을 따기 위해 고무보트를 타고 평양 주석궁을 향해 출동한다. 하지만 갑작스러운 북파 작전 취소 명령을 듣고 부대원들은 바다 위에서 "제발 북으로 보내 달라."고 절규한다. 10대들은 개인을 무자비하게 망가뜨린 국가나 전쟁을 선동하는 이데올로기를 비판하는 게 아니라 김일성 암살 계획을 취소한 국가의 '변덕스러운' 명령에 대해 화를 내고 있었다.

과연 얼마나 많은 사람들이 이런 반응을 보이는지 궁금했다. <실미도> 공식 홈페이지 자유게시판에는 '우리는 31명의 람보를 잃었다' '남북 화해 분위기가 그토록 중요했던 것인가' 같은 글들이 올라와 있다. 대중의 관심사에 예민한 한 스포츠신문은 684부대 소대장 김방일(59 · 영화 속 조 중사 실제 인물)씨를 만나 "만약 김일성 암살 계획이 시도됐다면 반드시 성공했을 것이라고 확신한다."는 인터뷰 기사를 싣기도 했다.

특히 실미도 31명을 영웅시하는 10대들이 이런 반응을 보였다. '김일성 모가지를 따면 통일을 이룰 수 있었다'는 일부 관객들의 '위험한 감동'은 자칫 남북관계를 대립과 갈등으로 돌리려는 수구세력에게 악용될 수도 있다. 숱한 난관을 뚫고 최근 남북관계는 적대와 대립 관계에서 서로의 차이를 인정한 전제 위에서 교류를 통해 공동이익을 추구하는 화해와 협력 관계로 돌아서고 있다. 하지만 여전히 '국군 탱크가 평양 주석궁을 밀고 들어갈 때 통일이 이루어진다.'며 역사를 뒤로 돌리려는 수구세력들이 있다.

강우석 감독은 개봉 전 <씨네21>과의 인터뷰에서 <실미도>는 국가주의에 희생당한 사람들의 비극을 그려냈다고 말했다. 강 감독은 교육대장 역을 맡은 안성기가 중앙정보부 간부에게 "중앙정보부가 국가냐"는 말을 하는 장면을 찍을 때 기분이 가장 좋았다고 했다. 감독은 국가주의를 비판한다고 했는데, 일부 관객은 국가주의에 매몰되어버린 셈이다.

하지만 이런 현상이 관객 탓만은 아니라고 본다. 영화에서는 '윗대가리'의 김일성 암살작전 취소 명령에 맞서 '김일성 목을 따게 북에 보내 달라'며 훈련병들이 처절하게 울부짖는 장면을 자세하게 보여주고, 실미도를 탈출한 훈련병들이 서울 대방동까지 버스를 타고 와서 진압 군인들과 대치하며 최후를 맞는 순간에 남북 적십자 회담을 알리는 현수막이 펄럭인다. 영화에 나오는 훈련병들과 '김일성 목 따기=인생역전'이란 정서적 일치감을 이룬 일부 관객들이 정부의 변덕스러운 평화통일 정책이 실미도 영웅 31명을 죽였다는 '함정'에 빠질 장치가 영화 도처에 깔려 있다.

무엇보다 영화는 훈련병들이 실미도로 끌려오게 된 1968년의 적대적 남북관계에 대해서는 크게 주목하지 않았다. 영화 홍보 문구처럼 32년 동안 묻힌 실미도의 역사적 진실을 밝히려면, 현역 군인도 아닌 31명의 시민들이 왜 1968년 봄에 실미도로 모이게 되었고 끝내 처절하게 숨지게 됐는지를 주목해야 했다. 실미도 사건의 뿌리는 분단과 이로 파생된 적대적 남북관계이고 1968년의 구체적 상황에 주목해야 한다. "1968년 한해는 한국전쟁 이후 휴전 기간 중 가장 격렬한 해였으며, 비무장지대 안팎에서 심각한 사건들이 발생했다."

1968년에는 남쪽으로 침투하던 321명의 북한 무장요원들이 사망하고 군사분계선 근처에서 181건의 남북충돌이 벌어졌다. 이 결과 145명의 국군, 18명의 미군, 35명의 민간인 등 198명이 전사하고, 240명의 국군, 54명의 미군, 16명의 민간인 등 310명이 다쳤다. 1968년 남북은 이틀에 한번꼴로 군사분계선에서 대포까지 동원해 교전을 벌이던 사실상 전시상태였다. 만약 일부 관객의 소망처럼 684부대원들이 김일성의 목을 땄다면 남북통일이 됐을까. 끔찍하다. 전쟁 위기가 고조되던 당시 한반도 상황을 감안하면 십중팔구는 한반도 전면전으로 번

졌을 것이다. 1970년대 접어들어 미국과 중국의 화해 등 동서 냉전의 긴장이 풀어지고 북한의 잇단 대남침투 작전이 실패하자 남북관계는 대결에서 대화 국면으로 전환한다. 한반도는 1960년대 후반부터 이어진 일촉즉발의 전쟁 위기를 간신히 넘기게 된다.

그런데 영화를 보다 궁금해졌다. 북한은 특수부대인 124군부대 소속 최정예 현역 장교 31명을 남파해서 청와대 습격 사건을 일으켰는데, 왜 한국은 군번도 계급도 없는 밑바닥 인생들로 684부대를 꾸렸을까. 684부대 막내 훈련병 민호의 대사처럼 국가는 '아무도 모르게 써먹고, 아무도 모르게 없애버릴 계획'이었을 것이다.

또 다른 구조적 원인은 당시 한국군의 전·평시 작전통제권이 모두 주한유엔군 사령부에 있었기 때문이다. 북한군의 대간첩 침투작전에 대한 한국과 미국의 대응 작전도 유엔군사령부 사령관의 책임 하에 수행됐다. 그런데 1968년 1월21일 청와대 습격 사건과 1월23일 발생한 미국 정보함 푸에블로호 납북 사건 처리를 두고 한국과 미국이 충돌했다. 유엔군사령부 사령관이 청와대 습격 사건에는 아무런 대응도 하지 않다가 푸에블로호 납북 사건에 대해서는 데프콘2를 발령하고 전쟁 직전 단계까지 갔다.

이런 미국의 이중적 태도에 분노한 박정희 대통령은 한국군이 보복공격의 일환으로 북진할 수 있다고 위협했다. 당황한 유엔군사령부는 한국군 단독 북진을 막으려고 한국군에 대한 유류보급 통제를 강화하기도 했다. 당시 한국군에도 최정예 특수부대 요원들이 숱했지만, 중앙정보부가 1968년 4월 실미도에 계급도 군번도 없는 민간인들을 급하게 모아 김일성 암살훈련을 시킨 것은 작전통제권이 없었기 때문이 아닐까. <실미도>에는 684부대원 31인의 처참한 운명과 군대의 작전통제권을 이방인에 맡긴 1968년 대한민국의 처연한 모습이 겹쳐 있다.

– 권혁철, <한겨레 21>

줄지어 늘어놓기 - 직렬식 구성

실용문 전체는 위와 같은 삼단구성을 취하지만 글이 길어지면 보다 복잡하고 다양한 구성으로 발전되어야 한다. 글의 길이가 짧으면 서론, 본론, 결론을 각기 한 단락으로도 쓸 수 있지만 대개의 경우는 글의 길이가 이보다는 길다. 글이 확장될 경우 서론, 본론, 결론 중 확장되어야 하고, 확장될 수 있는 것은 본론이다. 서론이나 결론이 확장되는 경우는 긴 논문이나 책일 경우이다. 이 경우에도 서론과 결론이 담당해야 할 역할에 따라 확장되는 것일 뿐 내용상 다른 내용이 추가되는 것은 아니다.

본론이 확장될 수 있는 방식으로 가장 흔한 것은 직렬로 배열하는 방식, 즉 줄지어 늘어놓는 방식이다. 줄지어 늘어놓는 방식은 다음과 같다. 이는 본론의 각 구성요소가 순차적으로 나열되는 구성 방식이다. 그림상 좌우로 나란히 이어지는 것으로 표현했으나, 상하로 나란히 이어져도 역시 직렬식 구성이 된다.

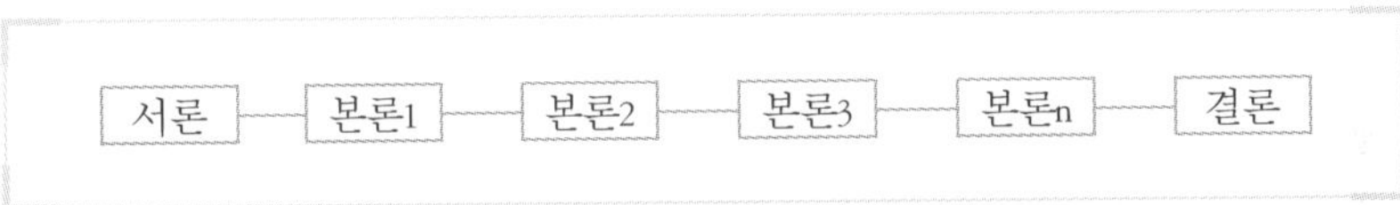

다음은 본론의 구성요소가 순차적으로 나열된 글의 예이다. 이 글은 색다른 형식의 자기소개서인데 시간적 순서에 따라 순차적으로 구성하였다.

붕대 감는 펜

내 마음의 신전

내 마음 깊은 곳에는 한 채의 신전이 있다. 아주 완성되지 않은, 조금은 퇴락한 그 신전의 계절은 늘 봄이다. 그곳에는 영감을 일으키는 부드러운 바람이 불고 밝은 햇살이 그림자를 녹인다. 그러나 그 신전의 한가운데 있는 샘의 가장자리에는 수많은 혈흔들이 남아 나머지 풍경들과는 대조를 이룬다. 자세히 보니, 그 곳에는 오래 되었지만 아직은 쓸 만한 펜 한 자루가 붕대를 들고 서 있다. 그의 앞에는, 난도질을 당한 피범벅의 영혼이 울고 있다. 펜은 샘에서 퍼 올린 깨끗한 물로 그를 씻기고, 그의 상처 한 곳 한 곳을 정성스레 싸맨다. 치료받은 영혼은 감사하단 말도 없이 그곳을 떠난다. 하지만 펜은 아무것도 원하지 않고 또 다른 상처받은 영혼이 오기를 기다리고 있다. 이것이 나에게 있어 가장 크고 소중한 삶의 이유이다.

봄의 입구에서 피어난, 삶의 이유

초등학교 6학년 개학식 날이었다. 아직은 차가운 날씨 속에서 나는 오랜만에 만난 친구들과 인사를 나누고 장난을 치고 있었다. 작은 난로 곁에 앉아서 정신을 팔던 나는 맞은편에 앉은 어떤 아이를 보게 되었다. 나는 그 아이를 알고 있었다. 우리 친구들 중에서는 가장 인기가 좋은, 화려한 여자 아이였다. 이전에는 '그냥 그런 애구나' 라는 생각밖에는 한 적 없었지만 같은 반이 되어 그녀를 가까이서 보게 되었을 때 나는 가슴이 두근거리기 시작했다. 첫사랑이었다. 아직은 차가운 3월, 나에게 있어 숨쉴 이유를 준 첫 번째 축복이었다.

그러나 소극적인 성격의 나는 한마디 말조차 먼저 건넬 수 없었다. 아주 오랜 시간 동안, 나는 그녀를 향한 사랑을 숨기면서 오랫동안 앓기 시작했다. 그렇게 앓고 앓다가, 나는 자꾸만 혼잣말을 하게 되었다. 나의 사랑에 대해 말하기 시작했고, 그녀의 아름다움에 대해 생각하기도 했고, 내 마음의 아픔에 대해 울기도 했다. 그리고 그때부터 내 교과서는 나의 생각들로 인해 점점 낙서투성이가 되어 갔다. 내 마음 속 쌓인 말의 출구가 되어, 나의 목마름을 채워주는 구세주가 되어 글은 그렇게 나에게 찾아왔다.

다시 봄이 와도 피어나지 못하는 꽃

다행히도 그녀와는 같은 중학교에 진학할 수 있었다. 하지만 나는 끝까지 하고 싶은 말을 전하지 못했고, 3학년이 되어 수원으로 전학을 오고 말았다. 그녀가 눈앞에서 사라졌고, 나에게는 글이 남았다. 그리고 이제 내 손에 들린 펜은 사랑에 대한 노래를 하기보다 세상의 모든 것에 대해 의문을 품기 시작했다. 내 멋대로 조금은 어설픈 철학을 이야기 하며, 멋대로

펜을 휘둘러 댔다. 작가가 될 것이라는 신념은 확고했지만, 아직은 무슨 이야기를 해야 하는지 정하지 못 했던 것이다.

차갑고 아픈 날일 지라도, 펜의 눈물은 언제나 검은 색

그렇게 나는 아무것도 붙잡지 못하고 고등학교에 들어갔다. 그리고 죽어가기 시작했다. 나를 가둬버린 창살 위로 보이는 하늘이 어느 때보다 푸르렀고, 어쩌다 만나는 햇살이 너무나 반가울 만큼 차가운 시절이었다. 그때, 글은 나의 저항의 도구가 되었다. 획일적이고 현실만을 위해 공부할 것을 강요받는 곳에서, 나는 나를 지키기 위해 글을 썼다. 그러나 펜은 힘을 잃고 자꾸만 헛된 이야기를 했고, 나의 아픔은 커져만 갔다.

하지만 나는 고등학교 시절을 통해 알게 되었다. 세상에는, 너무나 상처받은 마음을 가진 사람이 많다는 것을. 그때까지 나는 그저 나의 아픔에 대해 하소연하기 위해 글을 썼을 뿐이었지만, 서서히 상처받은 이들을 바라보기 시작했다. 이런 일을 하게 된 이유는 내가 착해서도 아니고, 정해진 것을 그저 따르기 만할 뿐인 건 아니다. 진짜 이유는 나도 마음이 아프기 때문이다. 누군가가, 내 속에 고인 피를 닦아주기를 원하기 때문이다. 다른 사람들의 상처를 보고 치료해 주다보면, 언젠가는 나도 치유 받을 수 있을 거라고 생각하기 때문에. 글은 작가와 독자사이의 소통인 거라고, 누군가가 말했었다. 이젠 나도 그 말을 믿는다.

그리고 다시 내 앞에는 텅 빈 백지가 서있다

지금도 내 안의 신전에는 아픈 영혼들이 찾아온다. 고맙다고 하는 이들도 있지만, 그저 떠나가는 이들이 아직은 많은 것 같다. 어쩌면 내가 서툴러서 일지도 모른다. 차가운 겨울이 휩쓸고 간 이 신전에 지금은 봄이 찾아와 있다. 당분간은 상처 입을 일은 없을 거라고 한숨 돌리고 있지만, 아직도 나는 아프다. 그리고 간절히 원하는 것이 있다. 그래서 나는 믿고 있다. 언젠가는 나의 아픔을 이해하고 치유해 줄 누군가가 나의 앞에 나타나리라고. 죽기 전에 그를 만나고, 내게 작가라는 멋진 꿈을 선물해 준 나의 첫사랑에게 감사를 하는 것이 지금 내 삶을 버티게 해주는 소중한 이유다.

위의 자기소개서는 특이하게도 서사적 성격을 강하게 띠고 있다. 즉 초등학교 때 만난 여자친구에 대한 감정의 흐름과 그로 인해 커지게 된 작가의 꿈을 초등학교, 중학교, 고등학교, 그리고 현재의 대학교 순으로 순차적으로 구성하고 있다. 시간적 순서에 따라서 내용을 줄지어 늘어놓는 방식은 자기소개서에 흔히 쓰이는 방식인데 여자친구와의 만남과 그로 인해 갖게 된 작가의 꿈에 집중해 눈길을 끄는 자기소개서를 작성하였다.

줄지어 늘어놓는 방식은 시간적 순서가 있거나 수직적 위계를 가지는 구성 요소를 단선적으로 배치하는 구성 방법이다. 시간의 흐름 및 사건 전개의 각 과정과 인과관계에 따라 차례로 배치하는 것으로서 보다 구체적인 유형은 다음과 같다. 편의상 서론과 결론은 생략하고 본론만 보인다.

직렬식 구성의 유형

[시간의 흐름]

① 과거 — 현재 — 미래

예) 애니메이션의 역사

[과거] 2차원 애니메이션의 시대 — [현재] 3차원 애니메이션의 시대 — [미래] 실사(實寫)와 애니메이션의 통합 시대

② 시기1 — 시기2 — 시기3 — …… — 시기n

예) 대중가요의 흐름

[20세기 초~60년대] 황혼녘의 애가(哀歌) 트로트 — [70년대] 한낮의 열정 록과 포크 — [80년대] 티타임(tea time)의 감미로움 발라드 — [90년대 이후] 폭풍 전야의 거센 파도 힙합과 댄스

③ 사건 발생 전 — 사건 발생 — 사건 발생 후

예) 2002 한일월드컵과 세계 속의 한국

[2002 한일 월드컵 이전] 축구도 못하는 개최국 — [2002 한일 월드컵] 기적을 이룬 개최국 — [2002 한일 월드컵 이후] 기적을 현실화하는 선진국 — [2006 독일 월드컵] 축구도 잘하는 선진국

④ [봄] — [여름] — [가을] — [겨울]

예) 프로야구의 한해살이

[스프링캠프] — [페넌트레이스] — [가을의 고전] — [스토브리그]

[과정]

⑤ [단계1] — [단계2] — [단계3] — [……] — [단계n]

예) 글쓰기에 대한 공포 극복 5단계

[1단계] '지식과 사고의 부족'이라는 핑계 있는 무덤에서 벗어나라 — [2단계] 현재의 지식과 사고를 정비하라 — [3단계] 글쓰기의 정석을 익히라 — [4단계] 정비된 지식과 사고를 바탕으로 구성하라 — [5단계] 정석을 바탕으로 문장, 단락, 글로 차분히 전개하라

[인과]

⑥ [원인] — [결과]

예) 벤처기업의 몰락

[연구 및 개발 투자 소홀] — [기술 경쟁력 격감] — [시장 지배 실패] — [신규 투자 중단] — [로비 및 검은 거래] — [몰락]

시간의 흐름에 따른 방식은 줄지어 늘어놓는 대표적인 구성 유형이다. 인간 사고의 흐름은 시간적 순서에 따라 진행되는 것에 매우 익숙해 있으므로 이러한 방식으로 구성된 글은 매우 쉽게 읽힌다. 시간의 흐름에 따른 구성방식은 과정이나 인과와 달리 시간의 절대적 길이도 단계별로 중요시된다.

'과거 - 현재 - 미래' 순으로 구성하는 방식은 지난 시기뿐만 아니라 지난 시기를 바탕으로 미래를 예측하거나 미래를 향한 의지를 드러낼 수 있는 구성방식이다. 시기에 따라 늘어놓는 방식은 일정한 기준에 따라 시기를 적절히 나누고 차례대로 서술할 때 편리한 방식이다. 시기를 나누는 합당한 기준을 세우고 그 기준에 따라 적절한 제목을 붙이면 흐름을 일목요연하게 정리할 수 있고 내용도 쉽게 전달할 수 있다.

시간의 흐름에 따른 구성 방식의 다른 예를 살펴보자. 다음의 예는 시간의 흐름에 따른 직렬식 구성의 대표적인 예로서 각 시대별로 특정 집단이 어떻게 변모했는가를 보여주고 있다.

친일파의 변신

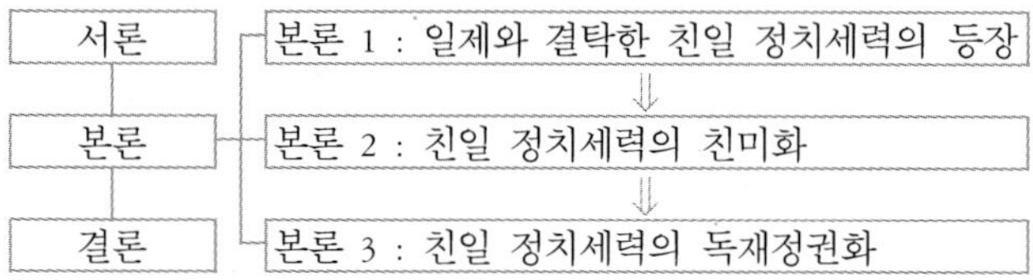

위의 예는 편의상 본론의 세 요소를 나란히 늘어놓기는 했지만 각 요소는 시간적 순서를 가지므로 줄지어 늘어놓기의 방식으로 본론이 확장된 것이다. 즉 '일제 시대 → 미군정 시대 → 독재정권 시대' 순으로 시간의 흐름에 따라 줄지어 배열한 것이다. 이렇게 배열하고 글로 전개하면 그 변모과정을 일목요연하게 파악할 수 있다.

사건 발생 전후로 구성하는 방식은 시기에 따른 구성 방식의 특수한 유형이다. 즉 매우 중요한 사건이 있었을 때 그 사건을 전후로 하여 변화를 살펴볼 수 있는 구성 유형이다. '봄 - 여름 - 가을 - 겨울'과 같은 구성은 순환적으로 일어나는 일에 적합한 방식이다. 다른 유형은 시작과 끝이 있지만 이 유형은 무한히 반복되는 특징이 있다.

과정은 각 단계의 절대적 시간은 중요하지 않지만 순차적으로 진행되는 것에 적합한 유형이다. 즉 각 단계는 긴 시간 동안에 일어날 수도 있고 짧은 시간 동안에도 일어날 수 있다. 이 경우 시간의 길이와 관계없이 각 단계는 동등한 자격을 가진다. 인과는 원인과 결과가 명백한 두 사건 사이에 적절한 구성유형이다. 즉 하나의 사건이 원인이 되어 다른 사건이 일어났을 때 이 방식을 쓸 수 있다. 이 경우 인과 관계가 한 번만 나타날 수도 있고 여러 번 나타날 수도 있는데 인과관계가 여러 번 나타날 경우에는 과정의 유형도 함께 사용된다. 다음은 단계적으로 인과관계가 나타나는 예이다.

외환위기

- 서론
- 본론
  - 본론 1 : 기업부실의 심화
  - ⇓
  - 본론 2 : 기업 및 국가신용등급 하락
  - ⇓
  - 본론 3 : 외채상환 압력 증가 및 추가차입 장애
  - ⇓
  - 본론 4 : 외환위기
- 결론

위의 예도 본론의 네 요소를 편의상 나란히 늘어놓았지만 각 단계는 인과적인 순서에 따라 진행된다. 각 단계는 시간적 길이의 차이는 있더라도 순차적으로 일어난다. 이렇게 원인과 결과가 순차적으로 맞물리는 사건은 인과적 관계에 따라 줄지어 배열하면 매우 효과적으로 글을 구성할 수 있다.

인과적 관계에 따라 줄지어 배열하는 구성은 문제해결적 글쓰기에도 매우 유용하다. 글쓰기를 통해 문제의 해결책을 제시하기 위해서는 문제의 원인을 분석해야 하는 경우가 많다. 즉 이미 발생한 문제의 원인을 찾고 이에 대한 해결책을 찾는 경우가 문제해결적 글쓰기에 매우 흔하게 나타난다. 다음은 이러한 문제해결적 글쓰기에 흔히 사용되는 구성 방식이다.

환경문제의 해결

- 서론
- 본론
  - 본론 1 : 환경문제의 실태
  - ⇓
  - 본론 2 : 환경문제의 원인
  - ⇓
  - 본론 3 : 환경문제의 해결책
- 결론

• **본론을 확장시킬 때 시간적 순서가 있거나 수직적 위계를 가지는 구성 요소를 직렬로 늘어놓으면 효과적이다.**

ⓘ 확인문제

1. 다음에 제시되는 주제에 대해 참주제를 쓰고 이를 글로 전개해 나가는 데 적합한 구성을 직렬식으로 제시하시오.

(1) 집단이기주의
(2) 지역감정
(3) 신자유주의
(4) 과학의 가치중립성
(5) 문명충돌

2. 다음의 논제에 대한 답을 전개해 나가는 데 적합한 구성을 직렬식으로 제시하시오.

[문제] 르네상스 이후 역사는 진보한다는 믿음이 일반화되어 왔다. 아래 글의 물음에 대한 해명을 중심으로 역사 진보에 대한 자신의 견해를 논술하라.

르네상스는 인간 중심의 세계와 이성의 우위라는 고전적인 관점을 회복하였다. 그러나 미래관만은 고대의 비관적인 미래관 대신에 유태적, 기독교적 전통에 유래한 낙관적 미래관을 받아들였다. 이리하여 일찍이 적대적이고 해로운 것으로 여겨졌던 시간이 이때에 와서는 친근하고 창조적인 것으로 되었다. "시간이 흘러감에 따라 망하지 아니할 것이 무엇이냐?"라는 호라티우스의 말을 "진리는 시간의 딸이다."라는 베이컨의 말과 비교해 보라.

그 후 근대사 역사 서술의 창시자라고 할 수 있는 계몽 시대의 합리주의자들은 유태적, 기독교적인 목적론을 답습하고 아울러 그 목표를 현세화하였다. 그리하여 그들은 역사 과정 자체의 합리적인 성격을 회복할 수가 있었던 것이다. 역사는 지상에서의 인간 지위의 완성이라는 목표를 향해 달려 왔다. 계몽 시대의 최고의 역사가인 기본은 "세계의 각 시대는 인류의 진정한 부, 행복, 지식과 덕까지도 증진시켜 왔고 지금도 증진시키고 있다."고 주저 없이 적어 놓았다.

오늘날에도 물질적 자원과 과학 지식의 축적이라는 측면에서의 진보, 그리고 기술적인 의미의 환경에 대한 지배력의 증대 등은 아무도 의심하지 않을 것이다. 그러나 정신적, 사회적 측면에서의 진보에 대해서는 과연 어떻게 대답할 수 있을 것인가?

나란히 늘어놓기 – 병렬식 구성

본론이 확장될 수 있는 다른 방식은 병렬로 배열하는 방식, 즉 나란히 늘어놓는 방식이다. 나란히 늘어놓는 방식은 다음과 같다. 이는 본론의 각 구성요소가 대등하게 나열되는 구성 방식이다.

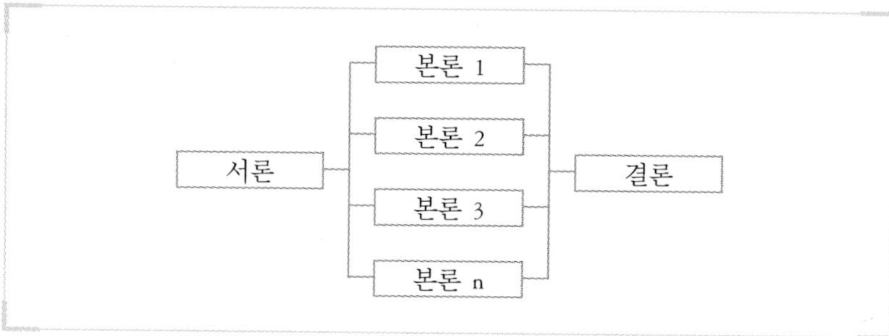

다음은 본론의 구성요소가 대등한 관계로 나란하게 나열된 글의 예이다.

세 여인의 향기

본격적인 연구자의 길로 들어선 이후 나는 수없이 많은 방언조사를 다녀야 했고 그 과정에서 수없이 많은 할머니 할아버지들을 만나야 했다. 어찌 보면 고역일 수 있는 그 만남이 즐거웠던 것은 그분들이 내게 연구 거리만 준 것이 아니라 연구의 의미와 자세까지 주었기 때문이다. 특히 고창 해리에서 만난 나씨 할머니, 서산 지나 태안 가는 길에서 만나 뵌 운산댁, 두만강 건너편 중국 땅 삼합진에서 보름을 함께 지낸 진씨 아매의 향기는 잊을 수가 없다.

"개땅쇠 아요? 개땅쇠!"

나는 그 말의 뜻에 관심을 가질 틈이 없었다. '세상에 입술이 저렇게 똥그래지다니, 저렇게 정확하게 '외'가 단모음으로 발음되다니…….' 온통 내

관심은 '쇠'를 통해 처음 들어보는 정확한 '외' 발음에 집중되어 있었다. 음성학 테이프에서만 들어보았던 것이 저렇게 발음되는구나 하고 감탄하고 있을 무렵 다시 짜증 섞인 목소리가 들려왔다.

"개땅쇠 아냥께 왜 딴전이랴? 쩌그 봐요. 맨 개펄 아뇨. 우린 저걸 개펄이라 하들 않고 개땅이라고 햐. 전라도에 개땅이 원체 많애 싸니까 여그 사는 사람을 개땅쇠라고 햐. 개똥새가 아뇨. 개똥은 무신 얼어 죽을 개똥. 알라믄 똑뙤기 알고 똑뙤기 갤차."

순간 뒤통수를 맞은 느낌이었다. 어느새 뜻은 다 잊고 오로지 소리만 듣고 있었다니, 욕심껏 논문을 쓸 생각만 하고 이분들이 하고자 하는 말은 듣지 않고 있었다니, 잘못 알려진, 그래서 이 사람들을 비하하는 말을 바로잡을 생각도 안하고 있었다니……. 부끄러울 따름이었다. 지금도 누군가가 전라도 사람을 비하해 '개똥새'라고 말하면 순간 나씨 할머니의 동그란 입술과 호통이 동시에 떠오른다.

"할머니, 이장님 댁이 어디유?"

"저길루 쫌만 가문 되야. 시 번채 집이여"

마을 어귀 정류장에서 만난 할머니에게 이장 댁을 여쭸고 할머니는 대답을 해 주셨지만 시골 사람들 거리 개념이 늘 그렇듯이 '쫌만'이 얼마만큼인지 알 수 없었고 세 번째는 무엇을 기준으로 세 번째인지 알 수 없었다. 하릴없이 차를 돌려 나오는데 할머니는 아직도 느린 걸음으로 정류장에서 2Km는 됨직한 마을로 들어오고 계셨다. 허탕을 친 게 억울해 할머니께 따져 물었다.

"쪼끔이 워디래유? 어디서부텀 시 번채 집이래유?"

"사람이 왜 그랴? 늙은이 다리 쩔룩대는 거 안 뵈야? 나 좀 태워줄 중 알았두만 기냥 가버리는 게 워딨댜? 태워 줬이믄 오죽 잘 일러줬을까"

'아뿔싸! 사람이 왜 이 모양이 됐을까? 조사 조금 빨리 시작한다고 해서 뭐가 달라질 게 있다고. 할머니 모시고 들어간들 시간이 얼마나 지체된다고…….' 지금이야 조사 다닐 때 어르신들이 바쁘면 낡은 차이지만 막걸리에 새참까지 실어다 드리곤 하지만 그 때 생각을 하면 아찔하기만 하다.

"어이 왔음둥? 그 먼 길을 어째 왔음둥? 이 누추한 동네에 보름씩이나 어찌 있겠음둥?"

내내 '둥둥'타령이었다. '둥'인지 '두~ㅇ'인지 애매한 말꼬리로 진씨 아매는 두 손을 무릎께까지 내리며 허리를 굽히는 인사와 동시에 끊임없이 물어왔다. '심양까지 비행기 타고, 연길까지 또 비행기 타고, 용정 거쳐 여기까지 차타고 왔지요. 왜 오긴요, 방언조사 하러 왔죠. 어쩌겠어요. 보름 동안 잘 참아봐야죠.' 그런데 며칠 지내고 보니 손을 무릎 아래까지 내리며 하는 '어이, 어째, 어찌 ~둥'의 인사는 반가운 사람이 오면 그 사람을 최고로 높게 대우하며 하는 인사였다. '왜, 어떻게'가 궁금한 것이 아니라 그 먼 길을, 이 하찮은 사람들을 만나러, 이 누추한 곳까지 오시다니 고맙고 미안해서 어쩌지 못하겠다는 마음의 표현이었던 것이다.

"어이 가겠음둥? 어찌 가겠음둥? 언제 또 오겠음둥?"

보름을 지내고 떠날 때 진씨 아매는 또 연신 두 손을 모아 허리를 90도로 굽히고는 인사를 해댔다. '그러게요? 이렇게 곱디고운 할머니를 두고 어떻게 가지요? 두만강 건너 기차 타면 한나절인데 다시 이틀을 빙 둘러 가야하네요. 언제요? 두만강 건너편에 다니는 기차가 서울까지 마음대로 오간다면 그때 다시 올 수 있으려나요?' 두만강을 건너자마자 닿을 수 있는 동네에 이렇게 마음씨 좋은 할머니가 계신데 언제 다시 볼지 기약을 할 수 없다니, 걸어서 건너도 될 땅을 비행기 타고 돌아돌아 가야 한다니……. 아직도 그곳에 다시 가보지 못했다. 그 때의 다짐대로 통일이 되고 기차가 이어지면 기차 타고 갈 수 있으려나?

배우고 알아야 할 것은 소리가 아닌 뜻임을 깨우쳐 준 나씨 할머니, 사람의 소리만 듣지 말고 마음의 소리까지 들어야 함을 알려 주신 운산댁, 안타까운 마음으로 통일을 다시금 생각하게 해 주셨던 진씨 아매. 내가 그 동안 숱한 방언조사에서 얻은 가장 큰 만남이자 배움이었다. 조사하는 데도 철이 들어 말의 참뜻까지 배우고자 하는 자세가 내게도 있다면, 만나 뵐 모든 분이 언어의 보고이니 마음을 다해 섬겨야 함을 알게 됐다면, 통일을 앞당기기 위해 연구자로서 해야 할 일이 무엇인지 깨닫고 실천할 수 있게 되었다면 이는 순전히 이 세 여인의 향기 덕이리라.

위의 글은 조사하는 과정에서 만난 세 할머니를 회상하면서 그 분들에게 배운 교훈을 서술하고 있다. 글의 맨 처음은 글을 이끌어 내는 도입 부분이고, 맨 마지막은 글을 마무리하는 결론 부분이다. 본론은 세 할머니를 만난 일화와 거기서 얻은 깨달음으로 되어 있는데 세 일화가 대등하게 나열되고 있으므로 병렬적 구성을 취하고 있음을 알 수 있다. 이렇게 서론에서 글을 잘 이끌어내고, 본론의 세부분을 병렬적으로 구성하여 그 내용과 구조를 쉽게 파악하도록 하며, 결론에서 잘 마무리함으로써 쉽게 읽히고 내용도 정확하게 전달하는 글이 되었다.

나란히 늘어놓는 방식은 공간적으로 배치되어 있거나 수평적 위계를 가지는 구성 요소를 복선적으로 배치하는 구성 방법이다. 즉 공간의 이동이나 사건의 이해당사자, 하나의 사건에 얽힌 다양한 국면 등을 나란히 늘어놓은 것으로서 구체적인 유형은 다음과 같다.

병렬식 구성의 유형

①	②	③
1지역	1부분	1부류
2지역	2부분	2부류
……	……	……
n-1지역	n-1부분	n-1부류
n지역	n부분	n부류

예) 애니메이션

① 종류	③ 세대별 반응	③ 보는 이유
일본식 애니메이션	아동 : 몰입	흥미
미국식 애니메이션	청소년 : 마니아	상상력 자극
한국식 애니메이션	청 · 장년 : 추억	화려함
기타	노년 : 거부	단순함

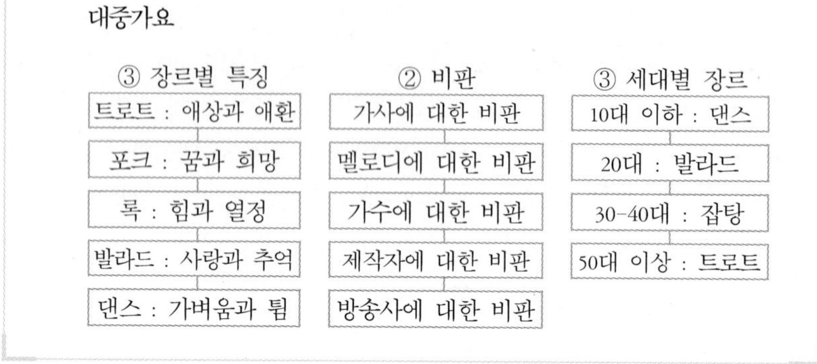

지역과 부분에 따라 나란히 늘어놓는 방식은 공간적으로 배치된 구성요소에 따라 적절히 쓸 수 있는 방식이다. 다소 넓은 공간이면 지역에 따라 배치할 수 있고 작거나 물건의 일부일 때는 부분에 따라 배치할 수 있다. 또한 큰 개념을 작은 개념 몇 개로 나누는 방식인 구분이나 분석의 방법을 썼을 때도 부분에 따라 배치할 수 있다. 하나의 사건에 관련된 다양한 국면이나, 집합 내의 원소들을 일정한 기준에 따라 묶은 분류의 방법을 썼을 때는 부류에 따라 배치할 수 있다.

다음의 예는 모두 하나의 사건을 둘러싼 다양한 국면을 대등하게 나란히 늘어놓은 구성방식을 취한 예이다.

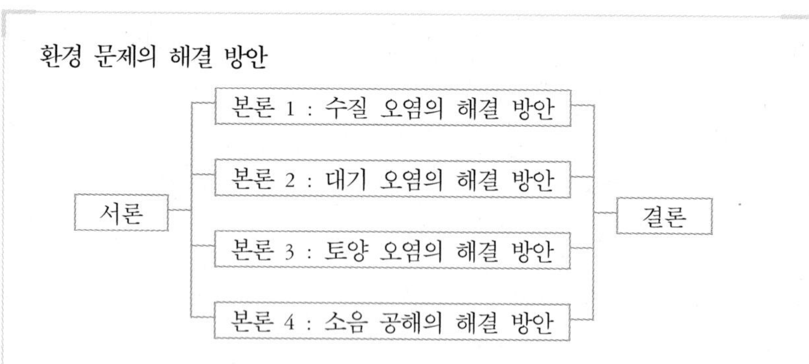

친일파가 미친 영향

외환 위기의 대응 방안

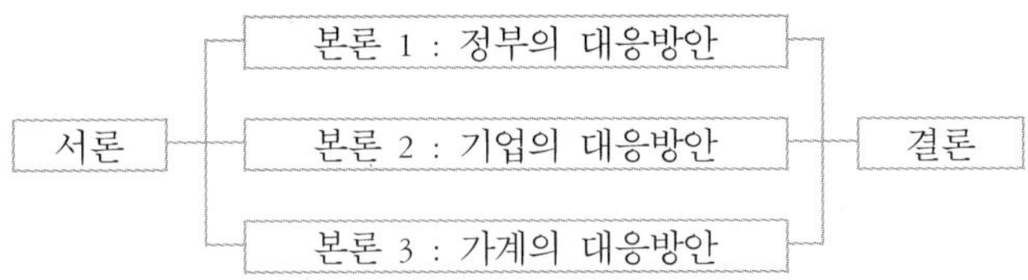

환경 문제는 '수질 오염, 대기 오염, 토양 오염, 소음공해'로 분류될 수 있다. 따라서 환경 문제의 해결 방안을 논하는 글이라면 이 네 가지를 대등한 관계로 설정하고 본론을 나란히 늘어놓는 구성을 생각해 볼 수 있다. 친일파가 미친 영향은 광범위하지만 가장 크게 영향을 미친 분야는 '정치, 경제, 사회, 학문, 문화' 등이다. 따라서 이 분류에 따라 각각의 분야에 미친 영향을 대당한 관계로 설정하고 본론을 나란히 늘어놓는 것도 좋은 방법이다. 외환 위기의 대응 방안을 논할 때 우리 경제의 중요한 세 축을 이루는 '정부, 기업, 가계'를 대등한 관계로 설정하고 본론을 병렬식 구성으로 하면 효과적으로 구성할 수 있다.

- **본론을 확장시킬 때 공간적으로 배치되어 있거나 수평적 위계를 가지는 구성 요소를 병렬로 늘어놓으면 효과적이다.**

ⓘ 확인문제

1. 다음에 제시되는 주제에 대해 참주제를 쓰고 이를 글로 전개해 나가는 데 적합한 구성을 병렬식으로 제시하시오. 그리고 앞에서의 직렬식 구성과 비교해 어느 쪽이 글을 전개하는 데 좋을지 판단해 보시오.

(1) 집단이기주의
(2) 지역감정
(3) 신자유주의
(4) 과학의 가치중립성
(5) 문명충돌

2. 다음의 논제에 대한 답을 전개해 나가는 데 적합한 구성을 병렬식으로 제시하시오.

[문제] 아래에 제시된 두 글을 논의의 출발점으로 삼아 '지금까지 인간의 역사는 진보의 역사인가'에 관한 자신의 견해를 논술하시오.

(가) 과학 기술 문명이 인류에게 한없는 편의를 제공해 온 것은 사실이지만 그 부산물로 생태학적 위기를 초래한 것도 엄연한 사실이다. 그리고 이러한 위기는 마치 특정 개인이 자신의 죽음을 쉽사리 예상하거나 직접 체험할 수 없다는 사실과도 유사하게 과거 인류의 역사에서 일찍이 경험하지 못한 위기로서 쉽게 예상할 수도 없고 체험할 수도 없다는 데 그 특징이 있다. 그러나 개인의 경우는 주변에서 벌어지는 것을 관찰함으로써 직접적이지는 않다 하더라도 어느 정도 문제 의식에 도달할 수 있지만 지구의 멸망 또는 인류의 멸망은 인류가 오직 한 번 겪을 수 있는 경험이며 그 한 번으로써 더 이상 경험의 의미를 살릴 것도 없는 특이한 경우이다.

(나) 역사적 진보에 대한 낙관적인 신념은 과학이 발달하고 이른바 합리적이며 휴머니스틱한 세계관이 정립되고 종교적 정치적 자유가 더욱 확대되면서 형성되었다. 그러나 여기서 유의할 점은 진보가 무엇인가 하는 점

이다. 진보의 개념이 특정한 목표나 어떤 방향을 향해 나가는 의미를 담고 있다면 여러 가지 다른 가치 체계에 따라 진보의 내용도 달라질 수 있기 때문이다. 진보에 대해 우리가 이야기할 때 문제 삼아야 할 것은 우리의 구체적인 삶을 추구할 때의 진보와 이상적인 목표와 궁극적인 도달점으로서의 진보의 개념을 구별해야 한다는 점이다. 그리고 진보를 불가피한 당위적 법칙으로 생각하고 그 목표를 향해 나아가야 하는 것으로 받아들이는 태도에 대해서도 검토해야 한다.

3. 다음의 글에서 제시된 문제점을 해결하기 위한 방안에 대해 쓰고자 할 때 적합한 구성을 병렬식으로 제시하시오.

우리 사회에서는, 힘이 많이 들고 괴로움이 큰 일보다도 그 자체에 즐거움과 보람이 느껴지는 일에 종사하는 사람이 더 좋은 대우를 받을 경우가 많다. 이에 두 가지 면에서 모두 유리한 일에 대한 선호와 두 가지 면에서 모두 불리한 일에 대한 기피가 불가피하게 되며, 불리한 일밖에 차지가 돌아오지 않는 계층의 사람들은 이중의 불만을 갖게 된다. 여기서 생기는 문제가 즐거움과 보람을 느끼기 쉬운 일에 종사하는 사람에게 많은 보수가 돌아가고, 힘든 고역으로서의 성격이 강한 일에 종사하는 사람에게는 적은 보수가 돌아간다는 것은 사리에 어긋나는 모순이 아니냐 하는 그것이며, 이러한 모순은 사회의 구조의 모순에서 유래한다고 볼 때 이 문제는 곧 사회 정의의 문제로 연결된다.

줄나란히 늘어놓기 - 복합식 구성

본론을 확장하는 가장 기본적인 방식이 줄지어 늘어놓거나 나란히 늘어놓는 것이지만 글의 길이가 길어지면 좀 더 다양한 방법으로 본론을 확장해야 한다. 이 경우에도 각 구성요소를 직렬이나 병렬로 연결하는 것은 크게 달라지지 않는다. 다만 이 두 가지 방법을 적절히 혼합하면 된다. 그런데 두 가지 방식이 같이 사용되더라도 무분별하게 배열되어서는 안 된다. 즉 직렬 속에서 병렬이 일어난다든지 병렬 속에서 직렬이 일어난다든지 하는 방식으로 흐름이 명확히 보이도록 배열되어야 한다. 이렇게 직렬식 배치와 병렬식 배치를 일관되게 적용한다면 글이 아무리 길어지더라도 쓰거나 읽는 데 어려움이 없다.

다음은 어린 시절의 경험과 교육 문제를 연결시켜 쓴 수필인데 전형적인 복합식 구성을 보이고 있다.

다래끼를 치료하는 세 가지 방법

그 많던 다래끼가 다 어디로 갔는지 모르겠다. 어린 시절 반에 한 둘은 다래끼가 나서 눈이 퉁퉁 부어 있거나 안대를 해서 애꾸가 되어 있었는데 요즘은 통 다래끼에 걸린 사람이 보이지 않는다. 그 탓에 다래끼를 치료하는 데 탁월한 능력을 가진 우리 삼대가 실력 발휘를 할 기회가 없어져 아쉽기만 하다. 그런데 문득 다래끼를 치료하는 세 가지 방법이 떠오른 것은 틀림없이 직업병 탓이리라.

할머니는 역시 고수였다. 마을 사람들 중 다래끼에 걸린 사람들은 모두 할머니를 찾아왔고 할머니는 호미 한 자루를 들고 마당으로 환자를 인도했다. 생년, 월, 일, 시 사주에 따라 전후좌우로 몇 발자국씩 움직이게 하고는 마지막 멈춘 곳의 땅을 팠다. 그러면 신기하게도 땅속에서 조그마한 숯덩어리가 나왔고 할머니는 그게 다래끼의 씨였다면서 아궁이에 넣어 태웠다. 그리고 2-3일이 지나면 다래끼는 씻은 듯이 나았다.

아버지 역시 할머니에 크게 뒤지지 않았다. 가끔씩 할머니는 환자를 아버지에게 물려 주셨고 아버지는 물려받은 환자를 정성껏 치료하셨다. 발을 깨끗이 씻기고는 먹과 붓을 준비해 양발바닥에 정성스럽게 한자로 글씨를 쓰셨다. 대개는 平, 安, 幸, 福 이런 글자들이었던 것 같다. 발바닥에 전해오는 붓의 촉감 때문에 깔깔대던 환자들은 만족하며 돌아갔고 묘하게도 그 환자 역시 2-3일 안에 다래끼가 다 나았다.

그 피가 다른 곳으로 흐르지는 않아 나 역시 재주가 있었다. 어쩌다 다래끼에 걸리면 나는 눈썹을 하나 뽑아 돌무더기 속에 넣어 두었다. 누군가가 그 돌무더기를 발로 찼고, 2-3일 안에 내 다래끼는 그 사람에게 옮겨 갔다. 한번은 조회 시간 전에 눈썹을 뽑아 운동장 한 켠에 돌무더기를 만들어 놓았는데 그곳이 마침 전교생이 교실로 들어가는 통로여서 200명 전교생 중 반 이상이 다래끼에 걸렸으니 내 방법도 꽤나 효험이 있었나 보다.

가르치는 일이 직업이 되고 난 뒤로 늘 어떻게 가르쳐야 할 것인가는 나에게 큰 숙제일 수밖에 없다. 딱히 약을 먹지 않더라도 시간이 지나면 저절로 낫는 다래끼처럼 놔둬도 알아서 잘 커나갈 학생들이지만 어떻게 하면 더 빨리, 더 잘 크게 할까를 고민하다 보니 별별 방법이 다 동원된다. 더욱이 가르쳐야 할 것이 단순한 지식이 아니라 '창의적 문제해결력'이라 이름 붙은 것이니 더더욱 고민스러울 수밖에 없다.

맨 처음 선택한 방식은 내가 다래끼를 치료한 방식과 마찬가지인 '전이(轉移)'의 방식이었지만 한계가 빤히 보였다. 내가 아는 다래끼 치료법은 기껏해야 남에게 나의 것을 옮기는 것에 불과했다. 마찬가지로 내가 하는 교육은 몇 년 먼저 배워서 조금 더 알고 있는 것을 그대로 옮기는 것에 불과했다. 몇 번 옮기고 나면 곧 바닥이 드러나고 바닥을 채우지 못해 발만 동동 구를 뿐이었다.

그 바닥을 채울 수 있는 해법은 아버지가 다래끼를 치료한 방식과 마찬가지인 '전거(典據)'의 방식이었고 약간은 효과를 보긴 했다. 내 경험과 지식이 되지 않는다면 아버지가 천자문에서 한자를 꺼내 오셨듯이, 도서관과 서점에서 이책 저책 뽑아오는 수밖에 없었다. 맛보기로 약간 보여주고 중요한 내용은 책에 있으니 책을 찾아 읽으라고 다그치는 방식이었다. 그러나 남들 다 알고 있는 지식을 소개하는 것만으로 어떻게 문제를 해결하고, 그것도 창의적으로 해결할지는 막막할 뿐이었다.

늦게야 '확신으로의 인도'를 통해 치료하는 할머니의 비법을 알아냈고 그 속에서 창의적 문제해결의 비법을 찾았다. 할머니는 동네 사람들의 사주를 모두 외고 계셨고, 좁은 마당이다 보니 잔치 때 솥을 걸고 장작을 땠던 곳을 정확히 알고 계셨다. 환자가 찾아오면 사주와 숯이 있는 자리를 역산해 손을 잡고 인도하셨고 그 속에서 숯을 캐내 치료의 확신을 주셨다. 할머니는 다래끼 걸린 사람이 원하는 것이 무엇인가를 알고 계셨고 그것을 당신만이 아는 방법으로 구현했던 것이다. 결국 학생 하나하나를 파악하고 그들과 함께 어디엔가 있을 창의적 문제해결책을 찾아 나서지 않고서는, 그리고 그 과정에서 확신을 주지 않고서는 어떤 창의적 교육도 불가능하다는 것을 뒤늦게 깨달았다.

아둔한 내게 맡겨진 학생들이 불쌍할 따름이지만 때늦은 깨달음에 의지해 같이 길을 떠나보는 수밖에 달리 길이 없다. 그나마 다행이기도 하다. 몇 푼어치도 안 되는 경험과 몇 권 되지도 않는 책으로 학생들을 가두고 강요하지 않을 수 있게 되었으니 다행이다. 학생 하나하나를 파악하고 같이 손을 잡고 같이 고민해 나가야 한다는 것을 알았으니 다행이다. '창의적인 문제해결책이 바로 이것이다'라고 말할 확신은 없지만 어딘가에 반드시 있고 같이 찾다보면 찾을 수 있을 것이라는 확신이나마 있어 다행이다. 이제야 두 눈의 안대를 뗀 느낌이다.

위의 글은 다래끼를 치료하는 방법 세 가지를 나열하고, 여기에서 교육의 방법을 찾아내고 있다. 글의 맨 처음은 글을 이끌어 내는 도입이 중심이 된 서론 부분이고 그 뒤에 할머니, 아버지, 필자 순으로 치료법이 병렬되고 있다. 그리고 이 방법을 교육과 연결시키기 위한 한 단락을 쓴 후 치료법의 역순으로 교육의 방법에 대해 쓰고 있다. 본론에서 '다래끼를 치료하는 세 가지 방법'과 '다래끼 치료에서 배운 세 가지 교육 방법'이 병렬되고 있고 이 두 묶음의 방법은 중간에 매개 단락에 의해 직렬되고 있다. 이렇게 함으로써 글 전체가 매우 유기적으로 구성되었는데 이를 그림으로 보이면 다음과 같다.

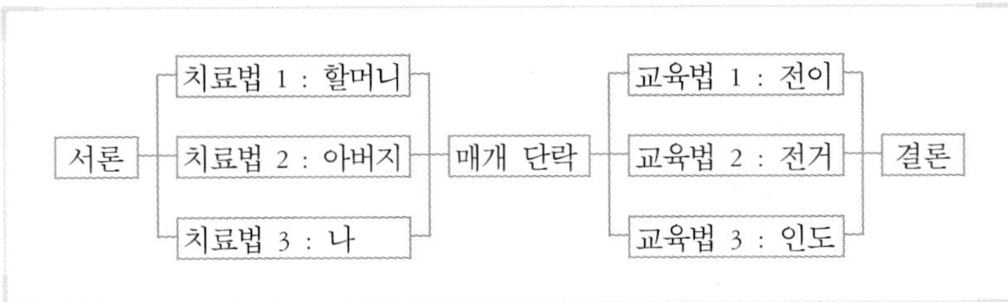

위의 글은 사소해 보이는 개인적인 경험을 바탕으로 글을 썼지만 그것이 교육에 대한 고민과 결합되고 효과적으로 구성되어 전달효과를 높이고 있다. 이와 같이 세부적인 요소들이 일정하게 배열되면 각 요소들끼리의 관계를 쉽게 파악할 수 있게 된다. 나아가 이 요소들의 집합이 보다 큰 층위에서 일정하게 배열되면 글 전체의 구조도 쉽게 파악할 수 있도록 도와주므로 매우 효과적인 구성 방식이다. 따라서 직렬식 구성과 병렬식 구성을 적절하게 혼합하면 긴 글도 명쾌한 구조로 써 나갈 수 있게 된다.

직렬과 병렬을 혼합한 기본적인 유형 중 직렬과 직렬이 혼합되는 구성은 다음과 같다.

위의 방식은 직렬로 연결되는 각 요소 내에서 다시 직렬로 연결되는 구조이다. 예를 들면 시간의 흐름에 따라 나란히 늘어놓을 때 크게 구분한 각 단위를 다시 세분했을 때와 같은 경우에 쓸 수 있다. 이러한 방식은 직렬로 배열되는 요소가 여러 층위가 있을 때 효과적으로 쓸 수 있다.

다음은 직렬과 병렬이 혼합되는 구성이다.

위의 방식은 직렬로 연결되는 각 요소 내에서 다시 병렬로 연결되는 구조이다. 예를 들면 시간의 흐름에 따라 변화를 살피되 여러 계층으로 세분하여 살필 때 쓸 수 있다. 이 방식은 직렬과 병렬의 장점 모두를 갖춘 방식이다.

이 방식은 다음에 이어질 [병렬-직렬] 방식과 호환되는 방법이다. 즉 직렬된 각 요소 내에서 병렬이 일어날 수도 있지만 똑같은 내용을 병렬된 각 요소 내에서 직렬이 일어날 수도 있다. 예를 들면 대중가요를 시대별로 먼저 구분하고, 그 안에서 다시 '주도층 및 향유층, 가사와 멜로디의 특징, 매체와 유통' 등으로 세분할 수도 있지만, '주도층 및 향유층, 가사와 멜로디의 특징, 매체와 유통'로 먼저 나누고 이를 시간의 흐름에 따라 살펴볼 수도 있다.

다음은 병렬과 직렬이 혼합된 방식이다.

위의 방식은 병렬로 연결된 각 요소 내에서 다시 직렬로 연결되는 구조이다. 위의 예와 같이 '선수, 행정, 팬'으로 먼저 나누고 그 속에서 단계별로 다시 세분하는 방식이다. 앞에서 말했듯이 이 방식은 [직렬-병렬] 방식과 호환될 수 있다.

다음은 병렬과 병렬이 혼합된 방식이다.

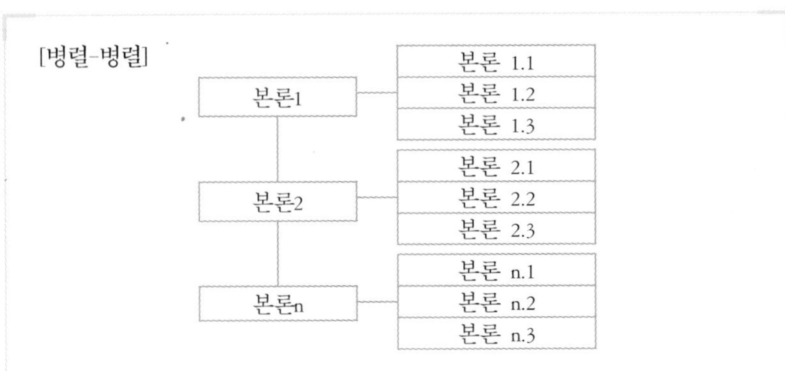

예) 벤처기업의 특성별 발전 전략

지식 기반 벤처	지식의 개발 및 축적
	지식의 운용을 통한 수익 창출
	이익의 환원 및 공유
기술 기반 벤처	기술의 개발 및 축적
	기술의 운용을 통한 수익 창출
	이익의 환원 및 공유
인력 기반 벤처	인력의 확보 및 교육
	인력의 운용을 통한 수익 창출
	이익의 환원 및 공유
자본 기반 벤처	자본의 확보 및 증대
	자본의 운용을 통한 수익 창출
	이익의 환원 및 공유

위의 방식은 병렬로 결합된 각 요소에서 다시 병렬이 일어나는 방식이다. 이 방식은 대등한 요소가 여러 층위에서 나열될 때 적합하게 사용될 수 있는 방식이다. 특히 분류나 구분에 의해 서술할 때 각 기준에 따라 여러 층위가 나뉘면 각각을 다시 병렬시켜 글을 구성할 수 있다.

이상의 간잡이그림의 유형은 매우 유용하지만 이것에 매몰되어서는 안 된다. 이상에서 살펴본 간잡이그림의 유형은 필요에 따라 선택적으로 활용할 수 있고, 선택해야 하는 것들이다. 즉 이러한 유형은 절대적인 것이 아니며 가장 많이 사용하면서도 편리하게 활용할 수 있는 예를 제시한 것뿐이다. 그럼에도 불구하고 이러한 틀 속에 갇혀 모든 글을 이러한 방식으로 써 나간다면 창의적인 글쓰기는 불가능해진다.

- **본론이 더 길게 확장될 때는 직렬과 병렬을 복합한 방식으로 구성할 수 있다.**
- **복합식으로 구성되더라도 직렬과 병렬의 구성 원리는 그대로 유지되어야 한다.**
- **간잡이그림의 유형은 글쓰기에 대한 기초적인 훈련을 할 때는 유용하지만 이 틀에 갇히면 창의적인 글쓰기가 어렵다.**

확인문제

1. 다음에 제시되는 주제에 대해 앞의 직렬과 병렬 구성을 적절히 엮어 혼합식으로 구성을 제시하시오.

(1) 집단이기주의
(2) 지역감정
(3) 신자유주의
(4) 과학의 가치중립성
(5) 문명충돌

2. 다음의 논제에 대한 답을 전개해 나가는 데 적합한 구성을 혼합식으로 제시하시오.

[문제] 다음은 최만리가 세종에게 제출한 '언문(한글) 창제 반대 상소문'의 일부이다. 그가 사용한 논거들을 중심으로, 이에 대한 자신의 생각을 서술하시오.

우리나라는 조종 이래로 지성껏 중국 문화를 섬기어, 오로지 중국 제도를 따라왔습니다. 그런데, 이제 바야흐로 중국과 문물제도가 같아지려고 하는 때를 맞이하여, 언문을 창제하시면 이를 보고 듣고 하는 사람들 가운데 이상히 여길 사람이 있을 것입니다. 이럴 때 이런 의심에 대한 대답으로 말씀하시기를, 언문은 모두 옛 글자를 바탕으로 한 것이지 새 글자가 아니라고 하신다면, 곧 자형은 옛날의 고전 글자와 비슷하다고 하시지만, 소리로써 글자를 합하는 것은 모두 옛적에 어긋나는 일이며 실로 근거가 없는 것입니다. 그러하오니 혹시 언문이 중국으로 흘러들어가서 이를 그르다고 말하는 이가 있으면, 중국 문화를 섬김에 있어서 어찌 부끄럽지 않겠습니까?

예로부터 9개 지역으로 나뉜 중국 안에서 기후나 지리가 비록 다르더라도 아직 방언으로 인해서 따로 글자를 만든 일이 없고, 오직 몽고·서하·여진·일본·서번(티벳)과 같은 무리들만이 각각 제 글자를 가지고 있는데, 이는 모두 오랑캐들만의 일이라 말할 가치도 없습니다. 전해 오는 고전에 의하면, 중국[夏]의 영향을 입어서 오랑캐가 변했다는 이야기는 있어도, 오랑캐의 영향을 입었다는 이야기는 아직 못 들었습니다. 역대 중국이 모두 우리나라가 기자의 유풍을 가지고 있고, 문물제도가 중국과 견줄 만하다고 하였는데, 이제 따로 이 언문을 만들어 중국을 버리고 스스로 오랑캐와 같아진다면 이것은 이른바 소합향(蘇合香)을 버리고 쇠똥구리의 환약을 위하는 것이니, 어찌 문명의 큰 해가 아니겠습니까? 우리나라가 덕을 쌓고 어진 정치를 베풀어 문(文)을 숭상해 온 교화가 점점 깨끗이 없어져 버릴지 두렵삽나이다.

3. 다음의 논제에 대한 답을 전개해 나가는 데 적합한 구성을 혼합식으로 제시하시오.

[문제] 현대 사회에서는 사회적 평등을 다룬다는 이유로 개인의 자유를 제한하는 일이 자주 일어난다. 어떤 특정한 이유로 개인의 자유를 침해하거나 제한하는 일이 정당한가? 아래의 글을 참고하여 물음에 대한 자신의 견해를 밝혀라.

사람은 누구나 자기 나름의 삶을 추구하며 살 권리가 있다. 인간이 갖고 있는 다양한 가능성을 충분히 발휘할 수 있는 조건이 마련된 사회는 좋은 사회이다. 근대 시민 혁명 이후 자리잡은 자유주의는 이런 사회의 이념을 대변해 준다. 자유주의에 따르면 자기가 원하는 것을 가장 잘 아는 사람은 바로 자기 자신이기 때문에 이런 개인의 자율성을 최대한 보장하는 일이 중요하다. 개인의 자유를 보호하기 위해서는 국가가 하는 일은 적으면 적을수록 좋다.

그런데 자본주의 사회가 발전하면서 점차 확장될 것이라 믿었던 자유의 권리는 몇몇 사람에게만 한정되었고 많은 사람들은 자유는커녕 생존의 문제도 제대로 해결하지 못하는 문제가 생겼다. 생존의 문제에 시달리는 사람에게 자유를 말하는 일은 차라리 사치스럽다. 같은 사회에 살면서도 개인이 누리는 자유의 정도에 차이가 생기면서 자유주의 사상은 흔들리기 시작했다. 무엇보다도 심각한 빈부 격차 문제를 어떻게든 해결해야 했다.

이런 문제를 해결하기 위해 결국 국가가 나섰다. 사회적 불평등 문제를 해결하기 위해서 국가가 적극적으로 개인의 삶에 개입하는 일은 정당하다는 생각이 설득력을 얻기 시작했다. 국가의 적극적인 개입은 겉보기에는 개인의 영역을 침해하는 일처럼 보이지만 결과를 놓고 보면 이야기는 다르다. 누구든 사회를 떠나서는 살 수 없다. 따라서 우리 사회가 좋은 사회냐 아니냐는 내 삶의 질을 결정하는 데 큰 영향을 미친다. 이런 점에서 불평등한 사회 구조를 개혁하기 위해서 개인의 영역을 침해하는 일은 정당하다. 사회적으로 불평등이 줄어들면 지금보다 나은 사회로 한 발 다가서게 되며 이런 사회에서는 더 많은 사람들이 자유를 누릴 수 있는 분위기가 마련되기 때문에 결국은 모두에게 좋은 일이다.

3. 간잡이그림의 상세화

글을 쓰기 위한 설계도만으로는 바로 글을 쓸 수가 없으므로 대개는 글을 쓰기 위한 구체적인 계획인 개요를 작성한다. 개요가 무엇이고 어떻게 작성해야 하는가를 알아보자. 그리고 작성된 개요를 검토하여 글을 쓰기 직전에 이제까지의 글쓰기 과정을 재검해 보자.

- ❑ 시방서와 개요 - 개요의 개념
- ❑ 짤막하게 쓰기 - 화제개요
- ❑ 자세하게 쓰기 - 문장개요
- ❑ 짤막하지만 자세하게 쓰기 - 복합개요
- ❑ 行人臨發又開封 - 개요의 재검토

시방서와 개요 - 개요의 개념

건물을 지을 때 간잡이그림은 한 장만 그릴 수도 있고 여러 장을 그릴 수도 있다. 말 그대로 초가삼간을 지을 때 간잡이그림을 여러 장 그릴 필요는 없을 것이다. 그러나 아흔아홉 칸 집을 지을 때는 여러 장의 간잡이그림을 그려야 한다. 즉 집 전체의 건물 배치도를 그린 간잡이그림도 그려야 하는가 하면 각 건물별로 간잡이그림을 따로 그려야 한다. 요즘처럼 거대한 빌딩을 지으려면 셀 수 없을 정도의 설계도가 필요하다. 건물의 규모가 커지면 커질수록 간잡이그림의 수는 늘어날 수밖에 없다.

그러나 간잡이그림에 건물을 지을 때 필요한 모든 것을 다 드러낼 수는 없다. 간잡이그림은 어디까지나 그림이기 때문에 그림으로 표현할 수 있는 것 이외에는 설명할 수가 없다. 공사의 순서, 필요한 재료와 재료의 가공 방법, 시공 방법 등은 간잡이그림에는 나타낼 수가 없다. 따라서 건물을 지을 때는 시방서(示方書)를 작성하여 건물을 짓는 데 필요한 각종 정보를 나타낸다.

앞에서 살펴본 글을 위한 간잡이그림도 글 전체의 대략적인 구조와 내용만 드러냈을 뿐이어서 글로 전개하기에는 부족하다. 글을 위한 간잡이그림을 그리는 이유는 글에 담길 대략적인 내용, 구성 요소와 그 배치 등을 보이기 위한 것이다. 따라서 이 간잡이그림에 다른 요소가 들어갈 수 없다. 능숙한 필자라면 이러한 간잡이그림만으로도 충분히 글을 써 나갈 수 있다. 그러나 글쓰기를 훈련하는 과정에서 글을 쓸 때나 형식을 엄밀하게 지켜야 하는 글을 쓸 때에는 보다 자세한 계획이 필요하다.

간잡이그림을 발전시켜 글을 쓰기 위한 세부 정보를 상세하게 나타낸 것을 글쓰기에서는 개요라고 한다. 이는 건물을 짓기 위한 시방서와 대체로 일치한다. 개요에는 글의 제목, 주제를 명확히 기록한다. 그리고 글의 각 구성 요소를 차례대로 쓰고 그 요소를 글로 발전시킬 수 있는 재료까지도 상세하게 기록한다. 이 개요에는 문제의 발견과 주제의 설정, 구성 과정에서 고려한 모든 내용이 상세하게 기록되기 때문이 이 개요만 있으면 얼마든지 글을 써 나갈 수 있다.

개요에 포함되어야 할 것은 상황에 따라 다르지만 대개 다음과 같은 것은 필수적이다.

- 제목 : 교통지옥의 원인과 대책
- 주제 : 교통지옥의 원인을 정확히 파악하여 이에 따른 해결책을 강구해야 한다.
- 글의 구성
  1. 서론
     - 도입 : 출·퇴근 시간대마다 겪는 교통지옥
     - 문제제기 : 교통지옥 해소 방안 마련의 필요성
  2. 본론 1 : 교통지옥의 원인
     - 불편한 대중교통 수단
     - 심각한 교통 체증
  3. 본론 2 : 교통지옥 해소 방안
     - 당국 차원의 대책 : 대중교통의 설비 정비
     - 시민 차원의 대책 : 불필요한 자가용 운행 자제
  4. 결론
     - 요약
     - 제안

글을 쓸 때는 주제에 따라 제목을 적절히 붙여야 한다. 개요에 제목을 명시해 놓아야 글을 쓰면서도 주제에서 벗어나지 않아 통일성을 유지할 수 있다. 주제 또한 명료하게 써야 한다. 주제는 앞에서 주제를 설정하는 방법에 따라 정한 후 이것을 정확한 문장으로 쓰는 것이 좋다. 이렇게 쓴 주제에서 벗어나지 않도록 글을 구성해서 전개하면 글의 통일성을 깨뜨리지 않으면서 쓸 수 있다.

글의 구성은 서론, 본론, 결론의 삼단 구조를 분명히 지키고 확장된 본론도 상세하게 써야 한다. 실용문에서는 서론, 본론, 결론의 삼단 구조를 갖추는 것이 일반적이다. 글에서는 본론이 가장 중요하기는 하지만 서론과 결론도 반드시 갖추어져 있어야 좋은 글을 쓸 수 있다. 본론은 적절한 구성유형에 따라 줄지어 늘어놓거나 나란히 늘어놓으면 된다. 가능하면 이러한 관계까지 나타나도록 개요를 쓴다.

글을 구성하는 각 부분에는 글을 전개하는 데 필요한 내용과 요소도 적절히 써야 한다. 서론은 도입과 문제제기로 구성되므로 도입부분을 어떻게 끌어나갈 것인지, 문제제기는 어떻게 할 것인지를 분명히 써야 한다. 특히 서론에서는 문제제기가 가장 중요하므로 정확한 문장으로 문제제기를 하는 것이 바람직하다. 본론의 각 부분에는 소주제와 함께 이 소주제를 뒷받침할 내용까지 쓰는 것이 좋다. 결론은 요약과 덧붙이는 말이 들어가는데 꼭 필요한 경우에는 여기에도 적절한 내용을 미리 써 놓는 것이 좋다.

개요를 쓰는 방법에는 크게 두 가지가 있다. 하나는 화제개요로서 글을 쓸 때 필요한 내용을 짤막하게 메모식으로 쓰는 개요이다. 다른 하나는 문장개요로서 글을 쓸 때 필요한 내용을 완전한 문장으로 쓰는 개요이다. 이 두 가지 개요는 상황에 따라 선택하는데 경우에 따라서는 문장개요와 화제개요 두 가지를 섞어서 쓰기도 한다.

- **개요는 글을 써 나가는 데 필요한 문제, 주제, 제목, 구조, 내용 등을 모두 담아 일목요연하게 정리한 것이다.**
- **개요에는 제목, 주제, 글의 구성과 세부 내용 등을 자세하게 써 넣는 것이 좋다.**
- **개요에는 화제개요, 문장개요가 있는데 경우에 따라서는 이 두 가지를 혼합해서 쓰기도 한다.**

ⓘ 확인문제

다음은 잡지 기사의 전문(全文)이다. 이 글을 보고 이 글의 개요를 작성해 보시오. 작성된 개요와 다음의 글을 검토해 수정해야 될 사항에 대해 지적하시오.

홍보와 과장과 소문의 잡탕밥

"미스 정 선생님, 기사만 썼다 하면 조회 수 1등을 하는 비결이 뭔가요?" "세 가지 비결이 있어요. 먼저 눈에 확 띄는 제목이죠. 두 번째는 본지 특종 같은 선정성이에요. 마지막 비결, 제가 직접 신들린 클릭으로 조회 수를 올리고 있어요." "미스 정 선생님, 정말 대단하세요!"

지난 3월19일 한국방송 <개그콘서트> '문화살롱' 코너에서 신 마담과 인터넷 신문 '싸이비뉴스'의 명예기자로 많은 네티즌을 '낚으신' 미스 정 선생님이 나눈 대화 중 일부분이다. 기자의 입장에서 연예기사의 현주소를 그대로 보여주는 콩트를 보고 있자니 참 '웃는 게 웃는 게 아니다'.

온라인 연예기사의 경쟁이 치열해지면서 웃지 못 할 일들이 하루에도 몇 번씩 일어나고 있다. 먼저 사실 확인 단계를 거치지 않고 당사자의 주장을 일방적으로 전달하는 경우다. 지난해 ▲▲▲이 광고 촬영 때문에 드라마 촬영을 펑크 냈다는 기사가 났다. 이에 대해 몇몇 온라인 연예매체들은 ▲▲▲이 병원에 갔다는 소속사의 입장을 마치 사실인 것처럼 전달했고 그 건은 그렇게 지나갔다. 가수 ○○○이 불법 도박 혐의로 검찰 조사를 받는 중인데도 불구하고 '도박을 하지 않았다'는 ○○○의 막무가내 식 주장을 그대로 내보낸 기사가 포털 사이트 첫 페이지를 장식하기도 했다.

과장된 홍보성 보도 자료에 의존한 기사들도 많다. 지난 2월 □의 뉴욕 메디슨 스퀘어 가든 공연에 대해 <뉴욕타임스> 기자가 혹평을 하자 소속사는 해당 기자와 이메일을 주고받은 결과 혹평이 오해 때문이라는, 전혀 앞뒤가 맞지 않는 내용의 보도 자료를 만들었다. 연예매체들은 이 보도 자료를 기사로 썼고 똑같은 내용의 기사가 여러 건 인터넷에 올라가면서 이 내용이 사실인 양 알려지기도 했다.

연예가나 인터넷에서 떠도는 소문을 논란으로 확대시켜 그 과정을 중계하듯 기사로 쓰기도 한다. 대표적인 경우가 문화방송 드라마 <궁>의 캐스팅 논란.

온라인 매체들은 이 드라마의 캐스팅과 관련한 소문을 기사화하고 또 네티즌 반응으로 기사를 쓴 뒤 이에 대한 반박을 다시 한 번 쓰는 중계식 보도로 많은 네티즌을 피곤하게 했다.

속보 경쟁으로 완성된 기사 형태를 갖추지 않은 '작성 중' 기사가 결과물로 출고되기도 한다. 제작발표회와 영화시사회, 기자회견 등이 열리면 현장에서 기자들은 노트북으로 연예인의 말 한마디가 담긴 기사와 사진을 연달아 올린다. △△△의 컴백 드라마 <봄날> 제작발표회에서는 여러 언론사가 경쟁하듯 1보, 2보, 3보 순으로 기사를 올렸고 최근 ▽▽▽과 ◁◁의 이혼 기사는 10보까지 나오는 기염을 토했다.

'문화살롱' 미스 정 선생님도 알고 있듯이 연예기사는 '제목 싸움'이다. 스포츠신문 시절에는 1면 기사가, 지금은 포털 사이트 뉴스박스 제목이 연예기사 전쟁의 승패를 좌우한다. 방법은 전형적이다. '고백' '충동' '누드' 등 선정적인 단어나 아리송한 문장으로 클릭하게 한 뒤 제목과 무관하거나 기사 가치가 없는 잡담이나 농담식 기사로 네티즌을 낚는다.

이러한 해프닝, 기자만의 책임일까. 한 연예기사 담당기자는 이렇게 말한다. "온라인 연예기사를 많이 쓰다 보면 포털 사이트가 좋아하고 네티즌을 클릭하게 하는 기사나 제목의 감이 와요. 무난하게 제목을 달면 아무리 내용이 좋아도 읽히지 않고, 조금이라도 늦게 쓰면 아무도 모르게 묻히고 만다는 것을 수차례의 경험으로 터득했거든요."

- 안인용, <한겨레 21>

짤막하게 쓰기 – 화제개요

화제개요는 개요의 각 구성요소에 들어갈 내용을 간단한 메모식으로 표현하는 방법을 사용한 개요이다. 이 방법을 쓰면 글 전체의 구성을 일목요연하게 드러낼 수 있고 빠른 시간 내에 작성할 수 있는 장점이 있다. 그러나 간단한 메모만으로는 내용을 파악하기 어려운 경우가 있고 그 내용을 문장화하기 어려운 단점이 있다.

화제개요는 빠른 시간 내에 개요를 작성하고자 할 때 매우 유용하다. 그러나 너무 간략한 개요이므로 글을 쓰는 데 익숙하지 못한 필자에게는 화제개요는 바람직하지 않다. 따라서 화제개요는 글의 구성과 단락의 전개에 대해 충분히 훈련이 된 필자에게 바람직한 방식이다.

다음은 앞에서 다루어 본 친일파 처리 방안에 대한 글을 화제개요 형식으로 쓴 것이다.

- 제목 : 친일파의 합리적 처리를 위하여
- 주제 : 친일파의 정의, 분류, 차등적 처벌
- 글의 구성

  1. 서론
     - 친일파에 대한 논의의 문제점
     - 정확한 정의와 분류의 필요성, 차등적 처벌 필요성
     - 친일파에 대한 정확한 정의, 분류에 따른 차등적 처벌 문제 제기
  2. 본론 1 : 친일파의 정의
     - 시대 - 행동 - 피해
  3. 본론 2 : 친일파의 분류
     - 자발적 친일파 : 식민 정책에 대한 적극적 동조, 자발적 참여
     - 묵시적 친일파 : 식민 정책에 대한 소극적 동조, 수수방관 또는 소극적 참여
     - 강요된 친일파 : 식민 정책에 대한 소극적 반대, 강요에 의한 참여

4. 본론 3 : 친일파에 대한 차등적 처벌
   - 자발적 친일파에 대한 처벌 - 재산 몰수, 지위 박탈, 사법 처리
   - 묵시적 친일파에 대한 처벌 - 도의적 책임, 부분적·제한적 처리
   - 강요된 친일파에 대한 처벌 - 반성의 기회 제공
5. 결론
   - 요약
   - 친일파 문제의 신속한 처리 촉구

위의 개요는 간잡이그림보다 좀 더 상세한 내용을 담고 있다. 즉 간잡이그림에는 글의 구성만 나타나 있었는데 위의 개요에는 제목, 주제가 포함되어 있어 이 개요를 통해 앞으로 쓸 내용을 구체적으로 알 수 있다. 그리고 글을 전개해 나갈 순서대로 화제가 정리되어 있으므로 이 화제에 따라 글을 써 나가면 글의 통일성, 긴밀성, 완결성을 유지할 수 있다.

- **화제개요는 개요의 각 구성요소에 들어갈 내용을 간단한 메모식으로 표현한 개요이다.**
- **화제개요는 글 전체의 구성을 일목요연하게 드러낼 수 있고 빠른 시간 내에 작성할 수 있다.**

ⓘ 확인문제

1. 다음의 주제에 대해 글을 쓴다고 할 때 적절한 참주제를 설정하고 화제개요를 작성하시오.

(1) 교육의 위기
(2) 노인문제
(3) 삼권분리
(4) 예술의 효용
(5) 양심적 병역거부

2. 다음의 논제에 대해 글을 쓴다고 할 때 화제개요를 작성하시오.

[문제] 조직 사회가 고도로 발달한 오늘날 우리는 미래의 더 윤택한 삶을 위해 끊임없이 노력하도록 강요받는다. 다음 글은 현재를 미래를 위한 과도기로만 인식하는 태도에 반대하고 지금 이 순간의 삶이 가진 기쁨에 충실할 것을 이야기하고 있다. 오늘날 우리 사회에서 이러한 삶의 자세가 지니는 의의 또는 한계를 논술하시오.

나는 여기서 이른바 영광이라는 것이 무엇인지를 깨닫는다. 그것은 바로 거리낌 없이 사랑할 권리다. 이 세상에 사랑은 한가지 밖에 없다. 여자의 몸을 껴안는다는 것은 동시에 하늘에서 바다로 내려오는 저 기이한 기쁨을 자신의 가슴에 껴안는다는 것을 뜻한다.

잠시 후 내가 압셈트 수풀 속에 몸을 던지고 그 향기가 내 몸속에 배어들게 할 때면 나는 모든 편견들에도 불구하고 하나의 진실을 성취하고 있음을 자각하게 될 것이다. 그 진실은 태양의 진실이며 또한 내 죽음의 진실이기도 할 것이다.

어떤 의미에서 내가 지금 여기서 내기를 걸고 있는 것은 나의 삶이라고 할 수 있다. 뜨거운 풀 냄새가 나고 바다의 숨결과 이제 막 울어대기 시작하는 매미소리들로 가득 찬 나의 삶 말이다. 미풍은 서늘하고 하늘은 푸르다. 나는 송두리째 자신을 맡기는 이 삶을 사랑하노니 나는 삶을 자유롭게 말하고 싶다.

그것은 내게 주어진 인간 조건에 대한 자부심을 안겨준다. 그러나 사람들은 흔히 내게 이렇게 말하곤 했다. 자랑스러워할 것은 하나도 없다고. 아니다. 자랑스러워할 만한 것이 있다. 이 태양, 이 바다, 젊음이 용솟음치는 내 가슴, 소금 맛이 나는 나의 몸 그리고 부드러움과 영광이 노란색과 푸른색 속에서 서로 만나는 거대한 무대가 그것이다.

바로 이것을 정복하기 위하여 내 힘과 자신을 다 바쳐야 한다. 여기서는 모든 것이 나를 손톱자국 하나 없이 고스란히 남겨 둔다.

나는 나 스스로의 그 무엇 하나 포기하지 않는다. 나는 아무런 가면도 쓰지 않는다. 삶이라는 그 어려운 지혜를 참을성 있게 배우기만 하면 족하다. 그 지혜야말로 이 세상의 어떤 처세술 못지않은 것이다.

– 알베르 까뮈, <티파사에서의 결혼>

자세하게 쓰기 - 문장개요

문장개요는 개요의 각 구성요소에 들어갈 내용을 완전한 문장으로 표현하는 방법을 사용한 개요이다. 이 개요는 작성하는 데 시간이 많이 걸리고 글 전체의 구조를 일목요연하게 드러내지 못하는 단점이 있을 수 있다. 그러나 이미 문장화한 내용이 개요에 포함되어 있으므로 집필하는 시간을 절약할 수 있는 장점이 있다.

문장개요는 시간이 충분하여 상세한 개요를 작성할 필요가 있을 때 유용하다. 집필을 끝내고 나면 수정을 할 수 있는 범위가 제한되므로 이 방법으로 개요를 작성하면 집필이 끝난 후에 하게 될 수고를 덜 수 있다. 글쓰기에 익숙한 필자는 이러한 개요를 잘 쓰지 않지만 글쓰기를 훈련할 때는 매우 유용한 방법이므로 익숙해질 필요가 있다.

다음은 앞에서 다루어 본 친일파 처리 방안에 대한 글을 문장개요 형식으로 쓴 것이다.

- 제목 : 친일파의 합리적 처리를 위하여
- 주제 : 친일파를 적절히 정의하고 분류하여 차등적으로 처벌해야 한다.
- 글의 구성

1. 서론
   - 친일파에 대한 논의에는 많은 문제점이 있다.
   - 이러한 문제점을 해결하기 위해 정확한 정의와 분류가 필요하고 이에 따라, 차등적으로 처벌할 방안을 모색해야 한다.
   - 친일파에 대한 정확한 정의와 분류를 하고, 이에 따른 차등적 처벌 방안을 모색하고자 한다.
2. 본론 1 : 친일파는 일제시대에 일제와 결탁해 일제의 식민통치에 도움을 주고 우리 민족에게 피해를 주었으며 개인적인 이득을 취한 사람들을 뜻한다.
   - 친일파는 일제시대에 활동하였다.

- 친일파는 일제와 결탁해 식민통치를 도왔다.
- 친일파는 우리 민족에게 피해를 주는 대신 자신들의 이익을 챙겼다.

3. 본론 2 : 친일파는 식민 정책에 대한 태도와 자발성 여부에 따라 세 부류로 나눌 수 있다.
   - 자발적 친일파는 일제의 식민 정책에 적극적으로 동조해 자발적으로 일제를 위해 일한 이들이다.
   - 묵시적 친일파는 식민 정책에 소극적으로 동조하며 수수방관하거나 소극적으로 일제를 위해 일한 이들이다.
   - 강요된 친일파는 식민 정책에는 반대하지만 강요에 의해서 어쩔 수 없이 일제를 위해 일한 이들이다.
4. 본론 3 : 친일파는 부류에 따라 차등적으로 처벌해야 한다.
   - 자발적 친일파는 재산을 몰수하고, 지위를 박탈하며, 사법 처리도 해야 한다.
   - 묵시적 친일파는 도의적 책임을 묻고 부분적·제한적으로 책임을 물어야 한다.
   - 강요된 친일파는 반성의 기회를 제공하고 공포에서 벗어나도록 해야 한다.
5. 결론
   - 친일파 처리는 이상의 분명한 기준에 의해서 이루어져야 한다.
   - 친일파 문제를 하루속히 처리하여 새로운 시대를 열어나가야 한다.

위의 개요는 모든 내용을 완전한 문장으로 썼기 때문에 문장들만 적절히 연결해도 글이 될 정도이다. 문장개요에는 화제개요에 포함된 모든 내용이 포함되어 있을 뿐만 아니라 훨씬 자세하므로 글을 쓰는 데는 더 편리하다. 이러한 개요에 따라 글을 써 나가면 통일성, 긴밀성, 완결성이 잘 지켜질 수 있다.

- **문장개요는 개요의 각 구성요소에 들어갈 내용을 완전하게 문장으로 쓴 개요이다.**
- **문장개요는 쓰는 데 시간이 많이 걸리지만 글로 바로 써 나갈 수 있다.**

① 확인문제

1. 다음의 주제에 대해 글을 쓴다고 할 때 적절한 참주제를 설정하고 문장개요를 작성하시오.

(1) 문화 상대주의
(2) 진화론과 창조론
(3) 광고의 효용
(4) 9・11테러
(5) 컴퓨터의 용도

2. 다음의 논제에 대해 글을 쓴다고 할 때 문장개요를 작성하시오.

[문제] 다음 글 (가)와 (나)는 세계화와 민족주의에 대하여 서로 다른 주장을 펼치고 있다. 두 입장 중 하나를 선택하여 옹호하되, 반드시 다른 입장을 비판하라.

(가) 세계화의 추세 속에서 세계화의 물결에 빨리 적응하는 것만이 우리 민족의 살 길이다. 세계화 시대에 민족주의를 고집하는 것은 구태의연한 낡은 이념에 빠져 민족의 발전을 지체시킬 뿐이다. 배타적 민족주의는 국제 경쟁력 강화에 필수적인 과학과 기술의 발전에 아무런 도움을 주지 않을 뿐만 아니라 오히려 걸림돌이 된다. 민족 산업의 육성에 방해되기 때문에 외국의 투자 유치를 반대하는 것은 잘못된 생각이다. 외국의 투자 유치를 장려하면 국내에서 고용이 새롭게 창출되어 실업을 줄일 수 있고 세원도 확장되어 국가 경영에 도움이 되며 나아가 기술의 도입이 훨씬 쉬워지기 때문에 여러 가지 긍정적 효과를 낳는다.

(나) 세계 무역 기구, 우루과이 라운드, 그린라운드 등 일련의 세계화 과정의 요인들은 여전히 강자의 논리를 반영하고 있다. 그렇기 때문에 세계화를 무조건 찬양하고 추종하려고 해서는 안 된다. 외국의 투자 유치에 대해서 조심스럽게 접근해야 한다. 아직 국제 경쟁력을 갖추지 못한 분야의 제조업

과 서비스업에 외국 자본이 진출한다면, 국내의 관련 산업은 체질 개선을 통해 경쟁력을 강화하기보다는 오히려 쉽게 붕괴될 가능성이 높다. 이렇게 볼 때 선진국의 입장에서 세계화와 개방화는 곧 비교 우위에 있는 상품을 많이 파는 것을 의미하지만, 우리의 입장에서 세계화와 개방화는 여전히 경제적 존속을 더욱 심화시킬 가능성이 농후하다.

짤막하지만 자세하게 쓰기 – 복합개요

복합개요는 문장개요와 화제개요를 병용하는 방법으로 작성하는 개요이다. 이 방법은 문장개요와 화제개요의 장점만을 추려내어 개요의 특정부분에는 문장으로 쓰고 나머지 부분에는 화제로 쓰는 방법이다. 글 전체의 구조는 화제개요로 파악하고 세부적인 내용의 전개는 문장개요를 바탕으로 할 수 있는 방법이다. 이 방법은 시간을 절약하면서도 글을 편리하게 쓸 수 있는 매우 효과적인 방식이다.

다음의 개요는 화제개요와 문장개요를 합쳐 복합개요로 작성한 것이다.

- 제목 : 친일파의 합리적 처리를 위하여
- 주제 : 친일파를 적절히 정의하고 분류하여 차등적으로 처벌해야 한다.
- 글의 구성

1. 서론
   - 친일파에 대한 논의의 문제점
   - 정확한 정의와 분류의 필요성, 차등적 처벌 필요성
   - 친일파에 대한 정확한 정의와 분류를 하고, 이에 따른 차등적 처벌 방안을 모색하고자 한다.
2. 본론 1 : 친일파는 일제시대에 일제와 결탁해 일제의 식민통치에 도움을 주고 우리 민족에게 피해를 주었으며 개인적인 이득을 취한 사람들을 뜻한다.
   - 시대 - 행동 - 피해
3. 본론 2 : 친일파는 식민 정책에 대한 태도와 자발성 여부에 따라 세 부류로 나눌 수 있다.
   - 자발적 친일파 : 식민 정책에 대한 적극적 동조, 자발적 참여
   - 묵시적 친일파 : 식민 정책에 대한 소극적 동조, 수수방관 또는 소극적 참여
   - 강요된 친일파 : 식민 정책에 대한 소극적 반대, 강요에 의한 참여
4. 본론 3 : 친일파는 부류에 따라 차등적으로 처벌해야 한다.

- 자발적 친일파에 대한 처벌 - 재산 몰수, 지위 박탈, 사법 처리
- 묵시적 친일파에 대한 처벌 - 도의적 책임, 부분적·제한적 처리
- 강요된 친일파에 대한 처벌 - 반성의 기회 제공

5. 결론
   - 요약
   - 친일파 문제의 신속한 처리 촉구

위의 개요에서 굵은 글씨로 쓴 부분은 문장개요이고 나머지 부분은 화제개요이다. 개요에서 가장 중요한 부분은 주제, 서론에서의 문제제기, 본론의 화제문 등인데 이 부분은 완전한 문장으로 쓰고 나머지 부분은 간단하게 화제로 썼다. 이렇게 하면 글의 핵심적인 부분은 개요의 문장을 바로 옮겨 쓸 수 있고 나머지 부분은 각각의 화제를 보고 차례대로 전개해 나갈 수 있다.

- **복합개요는 화제개요와 문장개요의 장점만 취한 것으로서 주제, 문제제기, 화제문은 완전한 문장으로 쓰고 나머지는 화제만 쓰는 방식이다.**
- **복합개요는 시간을 절약하면서도 내용을 충실하게 전개할 수 있는 효과적인 방식이다.**

① 확인문제

1. 다음의 주제에 대해 글을 쓴다고 할 때 적절한 참주제를 설정하고 복합개요를 작성하시오.

(1) 동성애
(2) 호주제
(3) 안락사
(4) 사형제도
(5) 혼전동거

2. 다음의 논제에 대해 글을 쓴다고 할 때 복합개요를 작성하시오.

[문제] 다음은 자본주의 경제 체제의 기본 이념을 설명하고 있는 글이다. 이 글을 논의의 출발점으로 삼아, 자본주의 경제 체제의 운영에 따르는 중요한 문제점 몇 가지를 지적하고, 그 문제점들이 생기게 된 원인을 밝히는 글을 쓰라.

민주적 정치 제도의 기본 원리가 개인의 자치적 능력을 믿는 신념에 기초하고 있는 것과 마찬가지로, 자본주의 경제 체제의 기본 원리도 각 개인이 스스로의 행복을 추구하는 최선의 능력을 가지고 있다는 신념에 근거하고 있다. 그리하여 자본주의 경제 체제는 경제 활동의 자유를 최대한으로 보장해 주고자 한다.

자본주의 경제 체제의 원리들은 개인의 행복이 외부로부터 주어지는 것이 아니라, 그의 주관적인 판단과 노력에 의하여 결정된다는 믿음과, 또 개인은 바람직한 생활을 영위해 나가는 데에 필요한 정신적, 물질적인 수단을 획득할 수 있는 능력을 소유하고 있다는 믿음에 근거하고 있다. 따라서 자본주의 사회의 자유 경제 체제는 모든 개인에게 자유스러운 경제 활동을 최대한으로 보장하는 것을 기본 이념으로 하고 있다.

그러나 이와 같은 이념에 기반하는 순수한 자유 경제 체제는 하나의 이론적 모형에 불과하다. 현실적으로는 자본주의 경제 체제의 운영에 많은 문제점들이 따른다.

行人臨發又開封 – 개요의 재검토

글을 집필하기 직전에 글이 주어진 문제에 부합되도록 쓰일 것인지 아닌지를 판단하기 위해서는 개요를 면밀히 살펴볼 필요가 있다. 글을 다 쓰고 난 후에는 퇴고 과정을 거쳐 글을 다듬지만 이미 글을 다 써 놓은 상태이므로 글의 구성 전체를 바꾸거나 내용의 일부를 빼고 넣기에는 너무 늦어 버릴 수도 있다. 따라서 문장화하기 이전에 개요를 검토하면 여러 시행착오를 사전에 예방할 수 있다.

개요를 재검토 하는 것의 중요성을 이해하기 위해 다음의 시를 살펴보자.

秋思	가을의 고향 생각
張籍	장적
洛陽城裏見秋風	낙양성에 가을바람이 불어
欲作家書意萬重	집에 편지를 쓰려 하니 생각이 겹겹이 인다.
復恐悤悤說不盡	바삐 쓰다 보니 못 다한 말 있을까하여
行人臨發又開封	행인이 출발하기 전 다시 편지를 열어 본다.

위의 시에서 시인은 가족 생각이 간절하여 편지를 써서 인편에 부치려다가 혹시라도 빠뜨린 말이 있을까봐 다시 편지를 열어 보고 있다. 편지를 부치는 것이 극히 어려웠던 시절에 혹시라도 잘못 전한 것이 있을까 노심초사하는 마음을 드러내는 동시에 가족에 대한 애틋한 그리움을 잘 표현하고 있다.

글을 쓸 때도 이와 같은 과정이 반드시 필요하다. 글쓰기의 일반적 과정 중 마지막에 퇴고를 하기는 하지만 이 단계의 퇴고는 매우 제한적이다. 이 과정에서는 단어와 표현, 문장 정도만 바로잡을 수 있지 글 전체의 구조를 바꾼다든가 내용을 보태고 빼는 것을 불가능하다. 이렇게 글 전체를 대상으로 바꾸기에는 너무 늦어 버린 것이다. 따라서 글을 쓰기 직전에 글 전체에 대한 검토는 개요를 보고 할 수밖에 없다.

개요를 보고 글을 쓰기 위한 계획이 제대로 되었는지를 판단하기 위해서는 문제, 주제, 서론, 본론의 화제 등을 차례로 살펴보면 된다. 먼저 주어진 문제 상황, 또는 문제가 무엇인지를 다시 한 번 파악해야 한다. 다음으로 개요에 쓴 주제와 문제를 비교하여 주제가 문제에서 요구한 것을 완벽하게 반영하고 있는지를 살펴보아야 한다. 만약 문제가 요구한 것에 대한 답을 주제가 충실히 담아내지 못했다면 주제를 다시 써야 한다.

주제가 문제의 요구에 맞도록 쓰였다면 다음으로 주제에 따라 본론의 요소가 잘 결정되었는지 살펴보아야 한다. 서론과 결론은 본론에 따라 결정되므로 본론의 각 요소가 주어진 문제 및 설정된 주제에 부합되어야만 한다. 그 다음에는 주제 및 본론의 요소와 서론의 문제제기 부분을 비교해 보아야 한다. 서론의 문제제기 부분은 본론에서 논의할 내용을 예고하는 부분인데 이 문제제기는 결국 주제와 일치되고, 주제의 모든 내용을 다 담아내고 있어야 한다.

그 다음에는 본론 부분을 살펴보아야 한다. 문제제기가 정확히 이루어졌다면 본론의 각 부분의 화제와 문제제기를 비교해 보아야 한다. 본론은 서론에서 예고한 대로 전개가 되어야 하므로 본론의 화제는 서론의 문제제기에 대한 분명한 답이 되어야 한다. 여기까지 완벽하게 검토가 된다면 글의 통일성을 충실히 유지할 수 있다. 다음에는 본론의 각 부분과의 관계를 잘 살펴보아야 한다. 본론의 각 부분이 구성의 유형에 잘 부합되고, 유기적으로 결합되었는지 살펴서 순서를 바꾸거나 내용을 덧보태고 빼내는 작업을 해야 한다. 이러한 점이 모두 검토된다면 글의 긴밀성과 완결성이 잘 유지될 수 있다.

마지막으로 서론의 도입부의 전개 내용과 본론의 각 부분의 뒷받침 내용을 살펴보아야 한다. 서론에서 자연스럽게 문제제기 부분으로 연결될 수 있도록 도입부의 내용이 구성되었는지, 단락을 뒷받침하는 내용이 충분하고 유기적으로 잘 결합되었는지 점검해 보아야 한다. 이러한 점이 모두 검토된다면 단락의 긴밀성과 완결성이 잘 유지될 수 있다.

다음의 문제와 이에 대해 글을 쓰기 위한 개요를 예로 들어 보자.

[문제] 요즘에는 날씬한 여성이 미인 취급을 받지만 예전에는 이런 여성은 미인 축에도 끼지 못했다. 과거에는 피부가 구릿빛이고 울퉁불퉁한 근육을 가진 남성미를 추구했다면 요즘은 여자들에 견줄 만큼 뽀얀 피부를 가지고 가녀리다고 할 정도로 훌쭉한 남성미를 더 쳐주기도 한다. 이렇듯 미의식은 늘 변한다. 그렇다면 미의식은 어떻게 형성되며 어떻게 변화하는 것인가?

1. 서론 : 미의식은 어떻게 생성되며 어떻게 변화하는 것인가?
2. 본론 1 : 구체적 사례의 제시
   - 먹을 것이 부족했던 고대에는 비교적 통통한 체격이 아름다운 것으로 인식되었다.
   - 식생활이 바뀌어 자칫 비만해지기 쉬운 현대에 와서는 날씬한 체격이 아름다운 것으로 인식된다.
   - 아프리카의 어느 부족은 강인함의 상징으로 여겨지는 흉터가 많을수록 미인이라고 생각한다.
   - 세계 미인 대회 참가자의 외모는 인종과 민족의 구분 없이 비슷한 경향을 보이고 있다.
   - 전통적으로 동양에서는 자그마한 몸집과 둥글둥글한 이목구비가 미인의 요건이었으나 현대에 들어와서는 서구적 체격과 얼굴형이 미인의 요건이 되었다.
   - 우리나라가 농경 사회였을 때는 아이를 잘 낳을 수 있는 요건을 가진 여자가 미인이라고 생각되었으나 산업 사회가 된 지금에 있어서는 이러한 요건은 의미가 없어졌다.
3. 본론 2 : 사례의 일반화
   - 나라마다 다양했던 미의식은 현대로 올수록 획일화된 면모를 갖게 되었다.
   - 미의식은 시대와 사회의 경제 구조와 생활 구조를 반영하여 조정

되어 왔다.

- 현대로 올수록 미의식은 생존의 요건에서부터 자유로워져 자율적 면모를 갖게 되었다.
- 현대는 미의식에 있어서 동양과 서양이 모두 서구적 아름다움이라는 가치를 추구하게 되었다.

4. 결론 : 특정 시대와 사회를 지배하는 미의식에는 그 집단 성원의 무의식적 욕망이 투영되어 있으며, 욕망이 바뀌는 경우 미의식도 바뀌게 된다.

위의 개요는 문장개요로 자세하게 작성을 하기는 했으나 주어진 문제에 부합되는 글을 쓰기에는 많이 부족하다. 위 개요에 나타난 문제는 개요에만 한정된 것이 아니라 문제가 무엇인지를 파악해 주제를 정하고 간잡이그림을 그리는 과정까지 잘못되었기 때문에 누적되어 나타난 오류이다.

먼저 주제를 검토해 보자. 위의 개요에는 주제가 제시되어 있지 않다. 물론 주제는 머릿속에 있고 글을 쓸 때도 그 주제가 반영될 수도 있지만 주제를 명확하게 밝혀놓지 않으면 주제에서 벗어나는 글을 쓸 가능성이 크다. 위의 개요에서도 주제에서 벗어난 내용이 많이 발견되는데 이러한 오류는 주제를 명확하게 설정하지 않고 개요를 작성했기 때문에 발생했을 가능성이 있다. 써야 될 글의 주제는 주어진 문제의 말미에 정확하게 제시되었다. 즉 '미의식의 형성과 변화'가 글의 주제가 되므로 이를 개요의 첫머리에 쓰면 된다. 제목은 필요에 따라 선택적으로 쓸 수 있다.

다음으로 글의 구성을 살펴보자. 위의 개요에서는 본론의 앞부분에서 사례를 나열하고, 뒷부분에서 사례를 일반화하고 있다. 그리고 결론에서 미의식의 형성과 변화에 대해 쓰고 있다. 그러나 이러한 구성은 문제의 요구에 부합되지 않는다. 문제에서 요구한 것은 '미의식의 형성과 변화'이므로 본론에 가장 핵심적으로 포함되어야 할 요소는 '미의식의 형성'과 '미의식의 변화'이다. 따라서 위의 개요에 나타난 사례들은 어디까지나 미의식의 형성과 변화를 뒷받침하기 위한 예시로만 활용되어야 하는 것이지 그 예가 주가 되어서는 안 된다.

그리고 위의 개요를 보면 결론이라고 되어 있는 부분에 '미의식의 형성과 변화'에 대해 언급하고 있다. 이는 본론과 결론의 역할을 제대로 이해하지 못한 결과이다. 글에서 가장 핵심적인 부분은 본론이기 때문에 모든 중요한 내용은 본론에서 논의가 완료되어야 하고 결론은 보조적인 역할을 해야 한다. 그럼에도 불구하고 위의 개요에서는 결론에서 가장 핵심적인 내용을 언급하고 있다. 결국 결론의 내용이 본론으로 올라가고 본론 1, 2의 내용은 서론의 도입부에 쓰거나, 미의식의 형성과 변화를 뒷받침하는 것으로 바꾸어야 한다.

이러한 점을 감안하면 위의 문제에 대한 간잡이그림은 다음과 같이 바꾸는 것이 좋다.

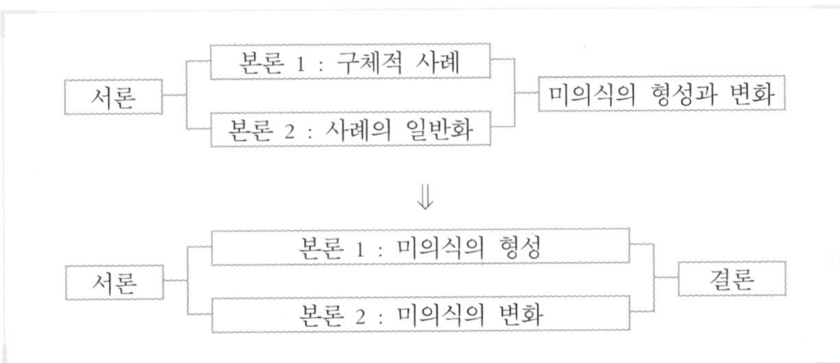

다음으로 글의 각 요소를 채울 내용을 검토해 보자. 위의 개요에서 서론은 문제제기만 있을 뿐 도입부가 없다. 따라서 본론2의 사례를 적절히 활용해 도입부를 쓸 수 있다. 본론2와 3, 그리고 결론은 본론으로 정리하되 적절한 화제문을 쓰고 이를 뒷받침할 수 있도록 내용을 정리해야 한다. 이상의 내용을 반영하고, 새로 잡은 간잡이그림에 맞도록 복합개요 형식으로 다시 쓰면 다음과 같다.

- **제목** : 미의식, 그 무의식적 욕망의 변증
- **주제** : 미의식의 형성과 변화
- **글의 구성**

1. 서론
   - 통통한 체격에 대한 고대의 선호와 날씬한 체격에 대한 현대의 선호
   - 흉터에 대한 일부 아프리카인의 선호
   - 시대와 장소에 따른 미의식의 차이
   - 미의식은 어떻게 생성되며 어떻게 변화하는 것인가?
2. 본론 1 : 미의식은 집단의 무의식적 욕망에 의해 형성된다.
   - 공동체와 집단의식
   - 집단의식의 형성
   - 집단의식과 무의식적 욕망
   - 미의식의 형성
3. 본론 2 : 환경의 변화, 시간의 흐름에 따라 무의식적 욕망이 변화함에 따라 미의식도 변화한다.
   - 환경의 차이와 집단 무의식의 차이
   - 시간의 흐름과 집단 무의식의 변화
   - 무의식적 욕망의 변화와 미의식의 변화
4. 결론
   - 요약
   - 절대불변의 미의식이 아닌 변화하는 존재로서의 미의식 파악 필요

• 글을 쓰기 전에 개요를 재검토하면 시행착오를 줄일 수 있으므로 개요를 보고 주제, 구성, 세부 내용 등을 적절히 수정 · 보완해야 한다.

ⓘ 확인문제

1. 다음의 개요를 보고 제목, 주제문, 구성, 내용 등 수정해야 할 모든 사항을 수정해 적절한 개요로 다시 작성하시오.

- 주제 : 반전(反戰)
- 제목 : 기도만으로는 꽃들에게 희망을 줄 수 없다
- 주제문 : 우리는 약자들에 대한 폭력행위인 전쟁을 적극적으로 반대해야 한다.
- 글의 구성

1. 서론
   - 전쟁광 부시가 일으킨 또 하나의 비극, 이라크 전쟁
   - 희생되고 있는 무고한 사회적 약자들
   - 약자들에 대한 무차별적인 살육행위에 적극적으로 저항해야 한다.
2. 모든 전쟁은 약자에 대한 전쟁이다.
   - 국제적 관점에서 : 약소국에 대한 강대국의 일방적 횡포인 경우가 많음
   - 국가적 관점에서 : 참전하지 못하는 사람들(여성, 어린이 등)에 대한 참전하는(또는 할 자격이 있는) 사람들의 횡포가 엄연히 존재함
3. 미국의 이라크 침공 역시 약자에 대한 전쟁이다.
   - 국제적 관점에서 : 거의 무장해제 되다시피 한 이라크를 명분도 없이 첨단무기로 초토화시키는 행위는 분명히 일방적 횡포임
   - 국가적 관점에서 : 현재 이라크 내에서 발생하는 희생자의 대부분이 여성과 아이들이며, 이들은 중층적인 횡포를 감당해내야 함 (이들에게 적군과 아군은 없음)
4. 머리와 가슴만으로 전쟁에 반대하는 것은 충분하지 않다.
   - 전쟁을 반대하는 여론과 시위 등을 지속시켜 나가야 함
   - 학살에 동조하는 파병에 대해 찬성・지지하는 사람들을 설득해야 함
   - 이라크 여성과 어린이들을 위한 구호 물품 보내기에 적극적으로 동참해야 함
5. 약자에 대한 일방적 횡포인 전쟁에 반대하기 위해 우리는 행동해야 한다.

2. 다음의 개요를 보고 제목, 주제문, 구성, 내용 등 수정해야 할 모든 사항을 수정해 적절한 개요로 다시 작성하시오.

- 주제 : 여가 활동
- 제목 : 현대인의 생활과 여가 활동
- 주제문 : 현대인의 생활에서 바람직한 여가 활동은 매우 중요하다.
- 글의 구성

1. 서론 : 사회가 점점 복잡해질수록 현대인에게 일상에서의 여가 활동은 날로 더 중요해지고 있다.
2. 여가 활동의 실태 및 바람직한 여가 활용 방안

2.1. 여가 활동의 실태

- 피로를 풀기 위해 수면 등의 휴식으로 여가 시간을 보내는 사람이 많다.
- 일부의 경우, 지나친 여가 활동으로 직장 생활에 지장을 받기도 한다.
- 일반적으로 여가활동을 하는 데는 많은 비용과 노력이 필요하다고 여긴다.

2.2. 바람직한 여가 활용 방안

- 일상의 반복에서 비롯되는 권태감의 해소를 위해, 직업과 관련이 적은 활동을 선택하는 편이 바람직하다.
- 여가 활동은 자신의 경제적 수준이나 여가 시간의 양을 고려하여 적절하게 선택해야 한다.
- 건강을 증진하거나 문화적 교양을 높이는 등, 생산적인 여가 활동이 바람직하다.

3. 결론 : 여가 활동은 일상생활의 피로를 씻고 삶의 활기를 되찾기 위한 것이므로 경제적 여건과 주어진 시간에 알맞으면서도 생산적인 활동을 선택하는 편이 바람직하다.

제 4장 경계 넘어 터다지기

1. 글목수와 글미장이
2. 단락 쓰기
3. 설명
4. 논증
5. 서론 쓰기
6. 본론 쓰기
7. 결론 쓰기

"사고(思考)의 뭉치, 이것만 이해하면 글쓰기를 방해하는 모든 사고뭉치를 극복할 수 있다."

1. 글목수와 글미장이

이제 본격적으로 글을 써 나갈 차례이다. 글을 써 나가기 위해서 필요한 기초적인 사항에 대해 꼼꼼하게 알아보자.

- ❑ 글목수와 글미장이 - 집필
- ❑ 재료와 연장 - 필력(筆力)
- ❑ 벽 - 집필의 단위
- ❑ 잎과 창 - 단락 간의 소통

글목수와 글미장이 - 집필

집을 지을 때 간잡이그림과 시방서가 완성되면 그 다음의 일은 목수와 미장이의 몫이다. 목수는 나무를 다루어 기둥, 들보, 서까래를 세우고 얹으며, 문과 창을 만든다. 미장이는 벽이나 천장을 쌓고 발라 집을 완성해 나간다. 이 과정에서 목수와 미장이는 계속해서 간잡이그림과 시방서를 참조하여 작업을 한다. 간잡이그림을 그리는 것이 집을 짓기 위한 대략적인 계획을 세우는 것이고, 시방서를 쓰는 것이 집을 짓기 위한 구체적인 사항을 알리는 것이라면 목수와 미장이는 이 간잡이그림과 시방서를 바탕으로 집을 완성해 나가는 것이다.

글을 쓸 때도 이와 마찬가지로 만들어진 간잡이그림과 개요를 바탕으로 문장으로 전개해 나가야 글을 완성할 수 있다. 글을 구성하는 각 요소의 핵심적인 문장을 쓰고 이 문장을 적절히 뒷받침하는 문장을 쓰면 비로소 필자의 생각이 문장을 통해서 드러나게 된다. 이제 필자는 목수와 미장이의 역할을 하면서 글을 완성해 나간다.

- **목수와 미장이가 간잡이그림과 시방서를 바탕으로 집을 지어나가듯이 필자도 글을 위한 간잡이그림과 개요를 바탕으로 문장으로써 글을 전개해 나간다.**

① 확인문제

다음은 2장에서 살펴본 '검정 고무신'의 개요와 글의 일부이다. 개요와 글의 일부를 보고 □ 안에 어떤 내용이 들어가야 할까 생각해 보시오.

[개요]

1. 도입 : 헐렁한 검정 고무신의 추억
2. 헐렁한 검정 고무신의 슬픔

3. 진정한 슬픔과 깨달음
4. 교양교육과 신발
5. 큰 신발을 준비하는 마음
6. 마무리

검정 고무신

한 번도 발에 딱 맞는 고무신을 신어본 적이 없다. 타이어를 녹여 만들었다는, 그래서 값이 헐할 수밖에 없는, 그래서 잘 뚫어지고 잘 갈라지는 그 검정 고무신에 대한 추억은 늘 헐렁하기만 하다. 검정 고무신에도 어김없이 문수(文數)가 있어 그 문수만 정확히 기억한다면 그렇게 헐렁한 신발을 신어야 할 이유가 없었다. 게다가 어머니는 문수가 들쭉날쭉하다며 지푸라기를 내 발에 딱 맞게 끊어 장에 가서 검정 고무신을 사오셨는데 늘 헐렁한 이유를 알 수가 없었다.

어린 깜냥에 잘 이해가 되지 않았다. 내 발이 그리 빨리 자라는 것도 아닌데, 발이 그 신발을 채울 만큼 될 때는 이미 뚫어지고 찢어져서 못 신게 되는데 늘 헐렁한 검정 고무신을 신어야 하는 이유를 알 수가 없었다. 찢어지게 가난한 형편도 아니면서 싸구려 고무신도 딱 맞춰 사 주지 않는 것이 슬프기도 했다.

새 학기에 새로운 학생들을 만날 때마다 어떤 신발을 준비해야 하나 늘 망설이게 된다. 표준화된 신발을 준비한다면 모두를 두루뭉술하게 만족시킬 수 있을 듯도 하다. 맞춤 신발을 준비한다면 하나하나를 꼭 집어 만족시킬 수 있을 듯도 하다. 그러나 모두에게 헐겁고 버거운 줄 알면서도 버릇처럼 큰 신발을 준비하게 된다. 소위 '교양교육'을 하면서부터는 더더욱 큰 신발을 준비하게 된다.

봄을 맞아 딸아이의 운동화를 한 켤레 샀다. 하루가 다르게 커가는 아이를 흐뭇하게 바라보며 두 치수나 큰 운동화를 샀다. 볼이 넓어 신기 편하고 앞코에 여유가 많아 발가락이 자유롭게 놀아 좋단다. 나를 키운 부모님이나 나를 가르친 선생님들의 마음을 조금이나마 느낄 수 있는 봄날이다.

재료와 연장 - 필력(筆力)

목수와 미장이가 작업을 할 때는 적절한 재료와 연장이 필요하다. 목수는 나무를 재료로 하여 톱, 도끼, 끌, 까뀌, 대패 등의 연장으로 다듬어 집을 지어 나간다. 미장이는 흙, 회, 시멘트 등을 재료로 하여 흙손으로 바르고 쌓아 나간다. 목수와 미장이는 이러한 재료와 연장을 능숙하게 다루어야 좋은 집을 지을 수 있다.

글을 쓸 때의 재료는 필자의 지식, 사고, 자료 등이다. 필자는 주어진 문제에 대한 충분한 지식과 사고를 바탕으로 문제해결을 시도한다. 이러한 지식과 사고가 충분하지 않다면 글을 쓸 재료가 준비되지 않은 것이므로 글을 써 나갈 수 없다. 그러나 필자가 모든 지식을 다 갖추고 있는 것은 아니기 때문에 필요에 따라서는 적절한 자료를 충분히 모아 잘 정리하면 글을 쓰기 위한 좋은 재료가 된다.

글을 쓸 때의 연장은 글을 각 구성요소를 전개할 필자의 능력이다. 글을 쓰기 위해서는 필기구나 키보드 등의 입력장치가 필요하지만 이는 글을 쓰기 위한 것이 아닌 글씨를 쓰기 위한 것이다. 따라서 글을 쓸 때 진정한 연장은, 단어와 표현을 자유자재로 구사하여 문장으로 만들고, 문장을 엮어 단락으로 만들며, 몇 개의 단락을 묶어 보다 큰 단위의 글의 구성요소로 전개해 나가는 능력이다. 이러한 연장은 눈에 보이는 연장은 아니지만 글로 전개해 나가는 가장 강력한 연장이다.

단어와 표현을 자유자재로 구사할 수 있는 능력은 어휘의 의미와 사용에 대한 지식을 의미한다. 풍부한 어휘를 가지고 있고 그 의미와 용법에 대해 정확히 알고 있어야만 적재적소에 단어와 표현을 사용해 의사소통이 분명하게 이루어질 수 있다. 이러한 능력은 사전을 암기한다고 해서 얻어지는 것이 아니라 주어진 문제에 대해 충분히 고민하고, 관련된 주요 개념을 정리하고, 평소에 많은 독서를 할 때 얻어진다.

문장을 자유자재로 구사할 수 있는 능력은 국어의 문장 구조를 정확하게 알아 적법한 문장으로 자신의 의사를 표현할 수 있는 능력을 뜻한다. 대부분의 국어화자는 국어의 문장구조에 대한 완벽한 지식을 가지고 있으며 이 구조에 맞게 문장을 구성해 내는 능력을 가지고 있다. 그럼에도 불구하고 글을 쓰는 과정에서 어법에 맞지 않는 문장이 나타난다면 이는 국어에 대한 지식의 문제가 아니라 주어진 문제에 대한 지식과 사고가 부족한 것이 문제이다. 따라서 주어진 문제에 대해 충분히 생각하고 자료를 모은 후 자신의 해결책을 적법한 문장으로 표현할 수 있도록 노력해야 한다.

이상의 두 가지 연장은 기초적인 연장일 뿐 글을 전개해 나가는 데 필요한 주요한 연장은 아니다. 단어와 표현, 문장에 대한 지식은 모국어 화자라면 대개 가지고 있다고 믿으며 실제로 그러하다. 따라서 이런 능력은 말을 배우기 시작할 때부터 형성된 능력이며 글을 쓰는 데도 자연스럽게 발휘될 수 있는 능력이다.

글을 전개해 나갈 때 가장 중요한 연장은 단락을 전개하고 단락을 엮어 보다 큰 단위로 전개해 나가는 능력이다. 단락은 문장의 집합이기도 하지만 글을 이루는 직접적인 구성요소이기도 하다. 따라서 작성한 간잡이그림과 개요를 바탕으로 하여 단락으로 전개해 나가는 능력이 필요하다. 이를 위해서는 단락의 요건, 구조, 전개 방법 등을 정확히 알고 있어야 한다. 단락에 대한 충분한 지식을 가지고 단락을 자유자재로 써 나갈 수 있다면 글을 쓰기 위한 연장을 완벽하게 갖추고 어떤 글이든 써 나갈 수 있는 준비가 된 것이다.

- **글을 전개해 나가는 데는 단어와 표현을 자유자재로 구사할 수 있는 능력, 문장을 적법하게 쓸 수 있는 능력, 단락을 완벽하게 전개할 수 있는 능력이 필요하다.**

ⓘ 확인문제

다음은 방송언어에 대한 다소 색다른 견해를 피력하는 글이다. 이 글 속에 나타난 단어와 표현 능력, 문장 능력, 단락 전개 능력을 평가하시오.

위험한, 그러나 찬란한 어름사니의 줄타기

외줄 위의 두 재주꾼

팽팽한 외줄, 온갖 재주를 보이며 파르르 떨리는 버선발, 중심을 잡기엔 턱없어 보이는 쥘부채 하나, 그리고 불안과 경탄이 겹치는 수없이 많은 눈. 남사당패의 줄타기 광대인 어름사니의 놀음은 이렇게 아슬아슬하지만 마당에 모인 사람들에게 즐거움을 주기에 충분하다. 사람들은, 두려움을 느낄 수밖에 없는 외줄 위의 어름사니를 보며 그의 용기와 재주를 칭송한다. 사이사이에 부러 발을 헛디디고 다시 오뚝이처럼 일어서며 탄성을 자아내지만 사람들은 그 모습에 더 큰 재미를 느낀다. 남사당패가 사라지면서 어름사니는 실낱같은 명맥을 이어가고 있지만 간혹 있는 줄타기 놀음에서 느끼는 불안감 속 경탄은 여전하다.

그런데 요즘은 어름사니의 줄타기를 매일같이 보게 된다. 팽팽한 외줄이, 공중을 가로지르거나 구리선을 타고 흐르는 전파로 바뀌었지만 그 외줄 전파 위에서 온갖 능력을 발휘하는 어름사니를 하루도 거르지 않고 보게 된다. 그리고 이 전파 위의 어름사니를 보지 않고는 하루도 견디지 못하는 수많은 사람들을 보게 된다. 오늘의 어름사니들은 더 큰 놀이마당에서 더 다양한 재주를 선보이고 있고, 사람들은 더 넋을 놓고 그 놀음에 몰입하고 있다. 전파 위의 어름사니들은 끊임없이 새로운 재주를 선보이고 사람들은 그들에게 선망과 애정의 눈빛을 동시에 보내고 있다. 줄타기 마당은 바뀌었지만 오늘의 어름사니들이 우리에게 주는 즐거움은 여전하다.

훈장님의 호통

그러나 줄타기는 늘 불안할 수밖에 없고 그 불안함을 견디지 못하는 사람들이 있을 수밖에 없다. 어름사니의 몸동작 하나하나를 눈엣가시로 바라보는 사람들이 있고, 말실수 하나하나를 촘촘한 그물코로 잡아내는 사람들이 있다. 비록 이들도 어름사니의 줄타기를 즐기지만 놀음 전체의 재미보다는 놀음 속에 섞여 있는 티가 이들에겐 더 커 보이는 것이다. 어름사니의 재주와 놀음 전체의 재미에 이러한 티는 대부분 감춰지지만 이 티가 쌓이고 사람들 사이에서 증폭되어 나타날 문제가 이들에게는 걱정일 따름이다.

이들의 불안감과 불만이 때로는 과장되기도 하지만 그것이 어름사니의 말에 관한 것이라면 어름사니로 하여금 자신을 되돌아보게 하기도 한다. 전파로 이어진 마당은 너무나 넓고 어름사니의 말재주가 사람들에게 끼치는 영향은 막대하기 때문에 어름사니의 잘못된 말재주는 종종 문제가 된다. 특히 그 말재주가 외줄타기 어름사니의 재주처럼 계획된 것이 아니고 무지, 무관심에서 기인하는 것이라면 근본적인 문제가 된다.

현실과 규범 사이의 줄타기

"빼쓰나 지하철 같은 데중교통을 이용할 때 큰 소리로 전화하는 건 삼가해야 하는데 이상황게두 시끄럽게 떠들구 그러는 사람이 많어요. 이룋게 이상한 짓을 하는 사람을 효꽈적으로 막었으면 좋겠어여."

밑줄 친 부분은 우리말 규정에 맞지 않지만 일상에서 흔히 들을 수 있는 것이기에 별로 이상하게 느껴지지 않는다. 대부분의 사람들이 '버스'라고 써 놓고 [빼쓰]라고 발음하며, '효과적'이라고 쓰고 [효꽈적]이라고 발음한다. 또한 대부분의 사람이 [삼가해야, 떠들구, 마너여, 머거쓰면 조케써여]라고 발음하고 있다. 그러나 규정에 따르면 위의 예들은 각각 [버스, 효과적, 삼가야, 떠들고, 마나요, 마가쓰면 조케써요]로 발음해야 한다.

여기에서 현실과 규정 사이의 문제가 발생한다. 비록 규정에 맞게 발음하는 것이 옳다는 것은 알지만 그 규정이 현실과 너무 달라서 어색하게 느껴지기 때문이다. 더욱이 뉴스를 맡은 앵커라면 모를까 아무리 방송이라도 일반 출연자가 규정대로 발음하는 것은 왠지 어색하고 그 규정이 잘못됐다고 느껴지기도 한다.

그러나 '데중교통, 이상황게도, 이룋게'를 살펴보면 상황이 달라진다. 많은 사람들이 '에'와 '애'를 구별하지 못하기 때문에 실제로는 [데중교통]이라고 발음해 놓고는 '대중교통'이라고 써야 한다고 믿는다. 많은 사람들이 [이상하게두]라고 발음하면서도 '이상황게도'라고 쓰면 안 된다고 믿고 있고, 많은 사람들이 [이르케]라고 발음하면서도 '이룽게'로 쓰면 안 된다고 믿고 있다. 또한 전 국민이 '혜은이'를 [헤은이]로, '희망'을 [히망]이라고 발음하면서도 이를 각각 '헤은이, 히망'이라고 쓰면 안 된다고 믿고 있다.

많은 사람들이 쓰고 있는 상황, 즉 현실만을 고려한다면 위의 두 부류는 서로 같은데도 사람들의 인식은 다르다. 이렇게 같은 경우를 두고 상반된 인식이 나타나는 것은 그 기준이 명확하지 않다는 것을 의미한다. 규범이 규범으로서 가치를 가지려면 현실을 잘 반영하면서도 안정성이 있어야 하므로 어문규범은 현실성과 안정성 사이에서 줄타기를 하며 균형을 잡으려고 노력한다. 이와 마찬가지로 방송 언어도 현실과 규범 사이에서 균형을 잡을 수 있도록 노력해야 하며 그렇게 하기 위해서는 규정을 알려고 노력해야 한다.

재미와 품위 사이의 줄타기

"퀸카를 보면 삘이 딱 꽂혀서 바루 작업 들어가야 하는데 얼짱두, 몸짱두 아닌 지가 뭘 하겠어요. 걍 쌩쑈로 때우는 수밖에……."

"미모와 지성을 겸비한 재원을 보면 제 마음에 쏙 들어 곧바로 서로의 관계를 발전시키기 위한 단계로 들어가야 하는데 얼굴이 잘난 것도 아니고, 체격이 좋지도 않은 제가 할 수 있는 것은 없겠죠. 그래서 모든 재주를 다 동원했죠."

첫 번째 문장은 시쳇말에 익숙한 시청자들에게는 말 그대로 빠르게 '꽂히는' 반면에 두 번째 문장은 채널을 돌릴까 말까 고민하게 만든다. 특히 오락 프로그램에 나온 개그맨이 후자처럼 말한다면 그 개그맨은 개그맨이기를 포기한 것으로 보일지도 모른다.

그러나 첫 번째 문장과 같은 말하기 방식은 자신의 품위와 잠재적 팬을 잃는 길이기도 하다. 시청자를 재미있게 하는 주요 수단의 하나가 말이지만, 재치와 풍자가 넘치는 말이 아닌 천박한 유행어나 저속한 표현으로 재미를 추구한다면 그 말을 하는 사람의 품위가 떨어진다. 또한 말하는 사람이 인기가 있을 때는 이러한 말이 용납되더라도 시간이 지나고 나이가 들어서도 이러한 말을 계속한다면 그것은 반짝 인기가 될 수밖에 없다. '국민○○'이라는 칭호를 받으며 오래오래 시청자와 함께하기 위해서는 폭넓은 팬을 확보해야 하고, 그러려면 모든 사람들이 편안하게 느끼는 말을 해야 할 것이다. 재미와 품위 사이의 팽팽한 줄 위에서 적절한 균형을 잡아야만 하는 것이다.

이율배반의 양립

현실과 규범, 재미와 품위를 동시에 추구하는 것은 이율배반일 수밖에 없다. 완전한 규범, 완전한 품위를 추구하는 원리주의자처럼 말하며 현실 속에서 재미를 드러낼 수 있는 말을 하라는 것은 쉽지 않다. 그렇다고 양자 간에 적절하게 균형을 잡으라는 것도 말은 쉽지만 구현하기는 어렵다. 결국 이율배반 사이에서 머뭇거리거나 편안한 어느 한쪽에 치우칠 수밖에 없다.

줄타기는 언제나 위험할 수밖에 없지만 위험하기 때문에 그 줄타기가 찬란할 수 있다. 방송에서 재치 있는 말과 감동적인 말로 웃고 울리는 능력은 뛰어난 능력이다. 이들이 현실과 규범, 재미와 품위 사이에서 아슬아슬한 말재주를 보이는 것이 불안해 보일 수도 있지만 이들을 통해서 얻는 기쁨과 감동 때문에 이들의 줄타기가 찬란하게 보인다.

문제는 이율배반 사이에서 얼마나 균형을 잡느냐 하는 것이다. 어름사니가 줄을 탈 때 기둥은 튼튼해야 하고 줄은 팽팽해야 한다. 어름사니는 두 기둥 사이의 거리를 정확히 가늠해야 하고 팽팽한 줄 위에서 완벽한 균형을 잡아야 한다. 전파 위의 어름사니 또한 규범과 현실을 명확하게 인식하고 품위 있는 재미를 추구하며 완벽한 균형을 잡아야 한다. 전파 위 어름사니의 말이 우리말의 미래를 좌지우지할 정도로 강력한 힘을 가지고 있는 만큼 균형 속 찬란한 줄타기가 지속돼야 우리말의 미래도 밝아지며 어름사니의 미래도 밝아질 것이다.

벽 – 집필의 단위

건물에서 다른 공간과 분리된 공간을 만들기 위해서는 사방이 무엇인가로 막혀 있어야 한다. 건물에서 기둥과 기둥 사이를 쌓아올리고 발라서 만든 것을 벽이라고 한다. 이 벽은 바닥에서 시작하여 천장까지 맞닿아 있어 다른 공간이나 외부와 분리가 된다. 즉 벽을 쌓음으로써 집안 내부의 여러 공간이 비로소 독립된 공간으로 만들어지는 것이다.

벽으로 막힌 공간이더라도 다 같은 것은 아니다. 주요 생활공간이 거실이나 침실이 있고, 부속공간인 주방, 욕실 등이 있고, 특별한 용도에 따라 서재 등이 있을 수 있다. 이러한 용도에 맞게 벽을 쌓음으로써 커다란 집 안에 각각의 용도를 가진 공간을 만들어 내는 것이다. 글에서 이러한 벽에 해당하는 것이 단락이나 단락의 묶음이다. 단락은 내용에 따라 토막 낸 글의 단위인데 이렇게 토막 내는 것이 벽을 쌓는 일에 해당되고 그렇게 만들어진 단락이 용도에 따른 공간에 해당된다.

집필을 해 나가는 단위를 보다 잘 이해하기 위해 경복궁의 한 유역을 찍은 다른 사진을 살펴보자.

[경복궁 흥례문 유역 야경]

위의 사진은 밤에 찍었기 때문에 주변에 잡스러운 것이 담겨 있지 않아 주제에 집중할 수 있는 좋은 사진이다. 이 사진은, 시원한 여백의 하늘, 좁지만 단단하게 건물을 받치고 있는 바닥, 원근감이 뛰어난 건물 세 부분으로 구성되어 있다. 그리고 건물은 다시 오른쪽의 홍례문, 왼쪽의 다른 문, 그 사이의 줄행랑으로 구성되어 있다. 이 사진에서 하늘과 바닥이 없다면 매우 답답하거나 불안한 사진이 되었을 것이다. 그리고 문이나 행랑만 덩그러니 찍었다면 무척 심심한 사진이 되었을 것이다. 하늘과 바닥이 화면상에 적절하게 배분이 되고, 건물이 적절한 위치에 적절한 크기로 자리를 잡아 안정적인 구도의 좋은 사진이 만들어졌다.

이 사진을 글에 비유한다면 하늘과 바닥은 글의 서론과 결론에 해당될 것이다. 즉 하늘과 바닥이 건물의 위아래에서 건물을 둘러싸 안정감과 시원함을 주는 동시에 건물을 돋보이게 하는 것처럼 서론과 결론도 본론을 앞뒤에서 감싸 본론을 도드라지게 한다. 그리고 건물은 크게는 한 덩어리이지만 작게는 몇 덩어리로 나누어져 있는데 이는 본론을 구성하는 세부 요소에 해당된다. 이렇게 각 요소가 적절히 결합되어 큰 단위의 본론을 이룸으로써 주제가 완벽하게 부각되고 있듯이 글에서도 본론의 각 부분이 유기적으로 결합되어 주제에 대해 집중적으로 서술해 나가야 한다.

글을 집필할 때는 이와 같이 글을 이루는 각 요소가 독립적이되 유기적인 관계를 맺도록 집필해 나가야 한다. 각 요소의 최소 단위는 단락이기도 하고 몇 개의 단락이 묶인 단락군이기도 하다. 단락은 단락군 내에서 독립적이되 유기적인 관계가 맺어져야 하고, 이 단락과 단락군은 보다 큰 단위에서 다시 유기적인 관계가 맺어져야 한다.

단락도 여러 종류가 있어 주된 내용을 서술하는 단락이 있는가 하면 다른 단락을 보조하는 단락도 있다. 또한 서론과 결론처럼 글의 구성상 필요한 단락도 있다. 아래의 예문은 3장에서 살펴본 글인데 이 글을 통해 여러 종류의 단락과 단락군에 대해 알아보자.

세 여인의 향기

본격적인 연구자의 길로 들어선 이후 나는 수없이 많은 방언조사를 다녀야 했고 그 과정에서 수없이 많은 할머니 할아버지들을 만나야 했다. 어찌 보면 고역일 수 있는 그 만남이 즐거웠던 것은 그분들이 내게 연구 거리만 준 것이 아니라 연구의 의미와 자세까지 주었기 때문이다. 특히 고창 해리에서 만난 나씨 할머니, 서산 지나 태안 가는 길에서 만나 뵌 운산댁, 두만강 건너편 중국 땅 삼합진에서 보름을 함께 지낸 진씨 아매의 향기는 잊을 수가 없다.

"개땅쇠 아요? 개땅쇠!"

나는 그 말의 뜻에 관심을 가질 틈이 없었다. '세상에 입술이 저렇게 똥그래지다니, 저렇게 정확하게 '외'가 단모음으로 발음되다니…….' 온통 내 관심은 '쇠'를 통해 처음 들어보는 정확한 '외' 발음에 집중되어 있었다. 음성학 테이프에서만 들어보았던 발음이 저렇게 발음되는구나 하고 감탄하고 있을 무렵 다시 짜증 섞인 목소리가 들려왔다.

"개땅쇠 아냥께 왜 딴전이랴? 쩌그 봐요. 맨 개펄 아뇨. 우린 저걸 개펄이라 하들 않고 개땅이라고 햐. 전라도에 개땅이 원체 많애 싸니까 여그 사는 사람을 개땅쇠라고 햐. 개똥새가 아뇨. 개똥은 무신 얼어 죽을 개똥. 알라믄 똑띠기 알고 똑띠기 갤차."

순간 뒤통수를 맞은 느낌이었다. 어느새 뜻은 다 잊고 오로지 소리만 듣고 있었다니, 욕심껏 논문을 쓸 생각만 하고 이분들이 하고자 하는 말은 듣지 않고 있었다니, 잘못 알려진, 그래서 이 사람들을 비하하는 말을 바로잡을 생각도 안하고 있었다니……. 부끄러울 따름이었다. 지금도 누군가가 전라도 사람을 비하해 '개똥새'라고 말하면 순간 나씨 할머니의 동그란 입술과 호통이 동시에 떠오른다.

"할머니, 이장님 댁이 어디유?"

"저길루 쫌만 가문 되야. 시 번채 집이여"

마을 어귀 정류장에서 만난 할머니에게 이장 댁을 여쭀고 할머니는 대답을 해 주셨지만 시골 사람들 거리 개념이 늘 그렇듯이 '쫌만'이 얼마만큼인지 알 수 없었고 세 번째는 무엇을 기준으로 세 번째인지 알 수 없었다. 하릴없이 차를 돌려 나오는데 할머니는 아직도 느린 걸음으로 정류장에서 2Km는 됨직한 마을로 들어오고 계셨다. 허탕을 친 게 억울해 할머니께 따져 물었다.

"쪼끔이 워디래유? 어디서부텀 시 번채 집이래유?"

"사람이 왜 그랴? 늙은이 다리 절룩대는 거 안 뵈야? 나 좀 태워줄 중 알았두만 기냥 가버리는 게 워딨댜? 태워 줬이믄 오죽 잘 일러줬을까"

'아뿔싸! 사람이 왜 이 모양이 됐을까? 조사 조금 빨리 시작한다고 해서 뭐가 달라질 게 있다고. 할머니 모시고 들어간들 시간이 얼마나 지체된다고…….' 지금이야 조사 다닐 때 어르신들이 바쁘면 낡은 차이지만 막걸리에 새참까지 실어다 드리곤 하지만 그 때 생각을 하면 아찔하기만 하다.

"어이 왔음둥? 그 먼 길을 어째 왔음둥? 이 누추한 동네에 보름씩이나 어찌 있겠음둥?"

내내 '둥둥'타령이었다. '둥'인지 '두~ㅇ'인지 애매한 말꼬리로 진씨 아매는 연신 두 손을 무릎께까지 내리며 허리를 굽히는 인사와 동시에 끊임없이 물어왔다. '심양까지 비행기 타고, 연길까지 또 비행기 타고, 용정 거처 여기까지 차타고 왔지요. 왜 오긴요, 방언조사 하러 왔죠. 어쩌겠어요. 보름 동안 잘 참아봐야죠.' 그런데 며칠 지내고 보니 손을 무릎 아래까지 내리며 하는 '어이, 어째, 어찌 ~둥'의 인사는 반가운 사람이 오면 그 사람을 최고로 높게 대우하며 하는 인사였다. '왜, 어떻게'가 궁금한 것이 아니라 그 먼 길을, 이 하찮은 사람들을 만나러, 이 누추한 곳까지 오시다니 고맙고 미안해서 어쩌지 못하겠다는 마음의 표현이었던 것이다.

"어이 가겠음둥? 어찌 가겠음둥? 언제 또 오겠음둥?"

보름을 지내고 떠날 때 진씨 아매는 또 연신 두 손을 모아 허리를 90도로 굽히고는 인사를 해댔다. '그러게요? 이렇게 곱디고운 할머니를 두고 어떻게 가지요? 두만강 건너 기차 타면 한나절인데 다시 이틀을 빙 둘러 가야하네요. 언제요? 두만강 건너편에 다니는 기차가 서울까지 마음대로 오간다면 그때 다시 올 수 있으려나요?' 두만강을 건너자마자 닿을 수 있는 동네에 이렇게 마음씨 좋은 할머니가 계신데 언제 다시 볼지 기약을 할 수

> 없다니, 걸어서 건너도 될 땅을 비행기 타고 돌아돌아 가야 한다니……. 아직도 그곳에 다시 가보지 못했다. 그 때의 다짐대로 통일이 되고 기차가 이어지면 기차 타고 갈 수 있으려나?
>
> 배우고 알아야 할 것은 소리가 아닌 뜻임을 깨우쳐 준 나씨 할머니, 사람의 소리만 듣지 말고 마음의 소리까지 들어야 함을 알려 주신 운산댁, 안타까운 마음으로 통일을 다시금 생각하게 해 주셨던 진씨 아매. 내가 그 동안 숱한 방언조사에서 얻은 가장 큰 만남이자 배움이었다. 조사하는 데도 철이 들어 말의 참뜻까지 배우고자 하는 자세가 내게도 있다면, 만나 뵐 모든 분이 언어의 보고이니 마음을 다해 섬겨야 함을 알게 됐다면, 통일을 앞당기기 위해 연구자로서 해야 할 일이 무엇인지 깨닫고 실천할 수 있게 되었다면 이는 순전히 이 세 여인의 향기 덕이리라.

위의 글에서 맨 처음의 단락과 맨 나중의 단락은 각각 서론과 결론으로서 글을 이끌고 맺는 역할을 한다. 여기에도 물론 어느 정도의 내용이 들어가 있지만 주된 역할은 본론을 이끌고 마무리하는 것이다. 서론에서 세 사람과의 만남에 대해 서술하겠다고 했고, 본론에서 그 약속대로 세 사람과의 만남과 그를 통한 교훈을 쓰고 있다. 마지막으로 결론은 다시 세 사람에게 얻은 교훈을 정리하고 있다. 이처럼 서론과 본론이 독립적이되 다른 요소와 유기적으로 결합되도록 집필해 나가야 한다.

나아가 몇 개의 단락이 묶여 보다 큰 단락의 묶음을 만들기도 하는데 이는 위의 글 본론의 각 부분에서 확인할 수 있다. 이때는 묶음의 내용을 포괄하는 소주제 등이 벽의 역할을 한다. 본론의 각 단락을 보면 세 할머니를 만난 사건을 먼저 서술한 후 뒤에 그로부터 얻은 교훈을 덧붙이고 있다. 결국 두 단락이 모여 '~로부터의 교훈'이란 보다 큰 덩어리를 이루고 있는 것이다.

- **집필을 해 나갈 때는 서론, 본론, 결론 각 요소가 독립적이되 유기적으로 결합되도록 집필해 나가야 한다.**

잎과 창 - 단락 간의 소통

건물 내의 모든 공간에는 문이 있다. 건물 내의 어떤 공간이 완전히 벽으로 막혀 있다면 그 공간은 전혀 의미가 없는 공간이 된다. 즉 그 공간은 외부나 다른 공간과 연결이 되어 있어야지 그렇지 않다면 죽은 공간이 될 수밖에 없다. 따라서 울타리에는 대문을 달아 외부 환경과 소통을 할 수 있게 하고 건물에는 현관을 달아 건물 내외부의 소통이 가능하게 한다. 또한 집안 내의 각 공간에는 잎[門]을 달아 다른 공간과 소통이 가능하도록 한다.

[잎[門]]

[창(窓)]

그리고 각 공간의 벽에는 적당한 크기의 창문이 있다. 이 창문을 통해 외부의 빛을 받아들여 자연 채광을 하기도 하고 안에서 밖을 내다보기도 한다. 바깥의 신선한 공기를 받아들이고 안의 나쁜 공기를 내보내기도 한다. 창문을 통해서 사람들이 직접 드나들지는 않더라도 창문 역시 외부의 환경과 소통하기 위해 꼭 필요하다.

글에도 이러한 잎과 창처럼 다른 공간과 소통을 할 수 있는 부분이 반드시 있어야 한다. 글을 구성하는 모든 단위는 같은 층위의 단위와 밀접한 관련을 맺어야 할 뿐만 아니라 상위의 층위와도 관련을 맺어야 한다. 글 속의 모든 구성단위는 이렇게 밀접한 관련을 맺으며 유기적으로 결합되어야 하며 글을 쓸 때에는 각 요소끼리의 소통이 가능한 부분이 있어야 한다. 이러한 소통이 가능해야만 각 요소의 집합이 단순한 문장이나 단락의 나열이 아닌 한 편의 완성된 글로 인정을 받을 수가 있다.

글을 구성하는 각 요소끼리 소통할 수 있는 가장 중요한 연결통로는 글 전체의 주제이다. 주제는 어떤 글 속에 있는 모든 문장과 단락, 그리고 상위의 요소들이 한 편의 글의 일부임을 보여줄 수 있는 가장 중요한 요소이다. 따라서 이 주제가 글 전체를 관통하며 각 부분끼리의 소통이 가능하도록 한다. 글 전체의 주제는 다시 몇 개의 소주제로 나뉘고 이 소주제가 이하의 단위를 관통하여 최종적으로 문장끼리 상호 관련성을 갖게 된다.

짧은 글에서 주제는 서론의 문제제기에서 분명히 제시되며 본론의 각 단락은 주제를 세분화한 화제로서 각 단락에 나타난다. 따라서 글 전체의 주제는 각 단락에서 화제로 나타나며 이 화제는 서론의 문제제기와 연결되어 한 편의 완성된 글을 이룬다. 이렇게 글 전체의 주제와 각 요소의 소주제가 유기적인 관계를 맺으며 소통이 완벽하게 이루어질 때 글의 통일성, 긴밀성이 보장된다.

이러한 관계를 보다 명확하게 파악하기 위해 다음에 제시되는 문제에 따라 간잡이그림을 그리고 이에 따라 글을 전개한다고 할 때 요소끼리 소통하는 방법에 대해 알아보자.

[문제] 조선시대에 임꺽정이라는 의적은 탐관오리의 재물을 빼앗아 헐벗은 백성들에게 나누어 주었다. 임꺽정의 이러한 행위에 대한 판단은 다양하게 내려질 수 있다. 임꺽정의 행위를 판단할 적절한 기준을 세운 후 임꺽정의 행위에 대한 자신의 견해를 쓰시오.

서론
본론 1 : 동기에 따른 임꺽정의 행위 판단
본론 2 : 수단에 따른 임꺽정의 행위 판단
본론 3 : 결과에 따른 임꺽정의 행위 판단
결론

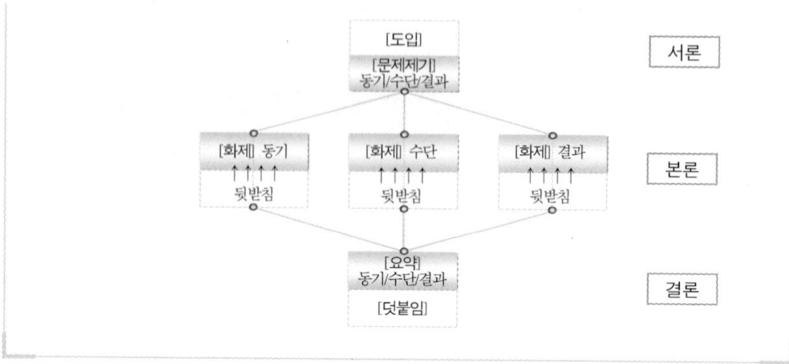

위의 문제에서는 임꺽정의 행위를 판단하기 위한 기준을 세우고 그 기준에 따라 임꺽정의 행위를 평가할 것을 요구하고 있다. 이에 답하기 위해서 간잡이그림에서는 평가의 기준을 '동기, 수단, 결과'로 나누어 본론의 세 부분을 구성했다. 이 세 기준은 문제제기 부분에 명확히 제시되어 본론의 각 부분에서 각각 동기, 수단, 결과를 기준으로 평가해 보겠다고 예고하고 있다.

서론의 예고에 따라 본론 1에서는 동기에 따른 평가를, 본론 2에서는 수단에 따른 평가를, 본론 3에서는 결과에 따른 평가를 내리고 있다. 본론의 각 부분의 화제 또는 소주제는 글 전체의 주제와 밀접한 관련을 맺고 있으며 그것이 서론에서 예고가 되었으므로 각 부분 원활한 소통이 가능하다. 마지막으로 결론에서 다시 동기, 수단, 결과를 중심으로 임꺽정의 행위에 대한 판단을 요약하고 있다. 이렇게 글을 이루는 각 부분의 상호관련성을 주제와 화제의 관계, 그리고 서론, 본론, 결론의 관계 속에서 드러내면 글의 통일성이 잘 갖추어질 수 있다.

글을 구성하는 각 요소 간에 소통이 가능하도록 연결하는 또 다른 방법 중의 하나는 적절한 접속어나 지시어를 쓰는 것이다. 즉 단락과 단락을 연결할 때 적절한 접속부사를 쓰면 연결되는 단락 간의 관계가 무엇인지를 파악할 수 있다. 물론 문장과 문장끼리도 접속부사로 연결하면 문장 간의 관계를 파악할 수 있다. 여기에 문장의 각 부분에서 적절한 지시어를 쓰면 글을 이루는 각 요소가 밀접한 관련성을 갖고 있음을 잘 드러낼 수 있고 글의 통일성도 잘 유지할 수 있다.

- **글을 구성하는 각 요소끼리는 밀접한 관련성을 가져야 한다.**
- **글을 구성하는 요소끼리의 관련성은 서론, 본론, 결론의 역할 및 주제와 소주제와의 관련성을 통해 잘 드러낼 수 있다.**

① 확인문제

1. 다음과 같은 개요를 바탕으로 글을 쓴다고 할 때 글 전체의 다른 요소와의 관련성이 잘 드러나도록 서론과 결론을 쓰시오.

▪ 주제 : 예술지상주의
▪ 주제문 : 예술과 도덕과의 관계
▪ 글의 구성

1. 서론
   - 절대적 도덕주의와 예술지상주의의 대립
   - 절대적 도덕주의와 예술지상주의가 대립한 사례
   - 어린 아이가 독수리에게 먹히기 직전의 모습을 포착한 사진
   - 이 사진으로 퓰리처상을 수상했지만 자살하고만 사진기자
   - 이 사건과 관련하여 절대적 도덕주의의 입장과 예술 지상주의의 입장에 대해 알아보고 이에 대한 나의 견해를 말하겠다.
2. 절대적 도덕주의의 입장에서 이 사건을 바라보겠다.
   - 도덕적으로 선한 것만이 미
   - 이 사진기자는 아이가 목숨을 잃는 순간에 사진을 찍고 있었음
   - 이 사진은 예술이라고 볼 수 없음
3. 예술지상주의의 입장에서 이 사건을 바라보겠다.
   - 예술의 유일한 목적은 예술 자체 및 미에 있음
   - 예술적인 측면에서 퓰리처 상을 수상

- 도덕적, 사회적 또는 그 밖의 모든 효용성을 배제하므로 이 사진은 예술사진

4. 두 가지 입장과 관련하여 예술의 발전에 걸림돌이 되지 않고 도덕적 측면도 너무 배제시키지 않는 선에서 두 입장간의 중용이 필요하다고 생각한다.

2. 다음과 같은 서론에 따라 본론을 전개한다고 할 때 본론의 개요를 작성하고 상호간의 관계가 잘 드러나도록 본론을 쓰시오.

전통사회에서 개인은 자신이 속한 집단의 구성원으로 태어나 죽었으며 굳건한 소속감을 느끼게 하는 일정한 체계 내의 일원으로 생활했다. 현대 이전의 사회에 있어서 정체성이란 문제시될 수도 없었던 문제로서, 반성이나 토론의 대상이 될 수 없었다. 개인들은 정체성의 위기를 겪지 않아도 되었으며 자신의 정체성을 급격하게 변형시킬 위험을 겪지도 않았다. 개인은 사냥꾼으로서, 자신의 부족에 속하는 한 구성원이었으며 그것으로 충분했다. 그러나 전통사회와는 달리 현대사회의 개인들은 심각한 정체성 위기를 겪고 있다. 이러한 위기를 극복하고 개인의 존재 이유를 찾는 것이 너무도 중요한 일이 되었다.

2. 단락 쓰기

단락은 하나의 화제에 집중된 문장의 집합이자 글을 구성하는 핵심 단위이다. 따라서 단락을 이해하고 제대로 쓸 줄 알면 글쓰기의 반은 완성된 것이나 다름없다. 단락의 개념, 구성, 요건 등에 대해 자세히 알아보자.

- ❑ 생각의 덩어리와 문장의 묶음 – 단락의 개념
- ❑ 덩어리의 크기와 무게 – 단락의 길이
- ❑ 피라미드 – 단락의 구조
- ❑ 피라미드의 정점 – 화제문
- ❑ 피라미드의 밑변 – 뒷받침문
- ❑ "난 한 놈만 패" – 1단락 1화제
- ❑ 오로지 – 통일성
- ❑ 오밀조밀 – 긴밀성
- ❑ 온 – 완결성

생각의 덩어리와 문장의 묶음 – 단락의 개념

인간의 언어는 연속된 세계를 불연속적인 언어로 표현한다. 실제로 무지개를 보면 수없이 많은 색이 연달아 있음에도 불구하고 우리는 무지개의 색깔을 일곱 가지 색깔로 말한다. 하루 24시간에서 낮과 밤의 경계를 어디로 정해야 할지 애매하지만 우리는 하루를 낮과 밤으로 나누어 말한다. 강은 산꼭대기의 작은 샘에서부터 바다까지 연속적으로 흐르지만 우리는 강을 상류와 하류로 나누어 말한다. 시간, 공간, 개념 등의 경계가 불분명하지만 인간의 언어는 이런 것들에 경계가 있는 것처럼 표현한다.

인간의 언어에 이러한 특징이 나타나는 것은 인간 사고의 양상과 밀접한 관련을 맺고 있다. 언어가 사고를 지배한다는 주장이 있기는 하지만 인간의 언어에 이러한 불연속성이 나타나는 것은 인간의 사고 자체가 불연속적인 단위로 끊어서 하려는 속성이 있음을 보여주는 것일 가능성이 높다. 즉 인간의 사고는 무한히 큰 것까지 사고할 수 있고, 반대로 무한히 작은 것까지 사고할 수 있지만 일정한 단위를 넘게 되면 사고에 무리가 따르게 되어 보다 작은 단위로 나눠서 사고를 한다. 또한 연속적인 것도 적당한 지점에서 나누어 사고를 한다.

결국 인간의 사고는 늘 적절한 덩어리를 지으며 이루어진다. 커다란 것은 몇 개의 덩어리로 나눠 나가고, 너무 작은 것들이 나열되어 있으면 몇 개의 묶음으로 엮어 나간다. 이렇게 나누고 묶어 사고를 하면 너무 큰 덩어리나 너무 자잘한 알갱이까지 모두 적절한 차원에서 다룰 수 있다.

이러한 사고의 양상은 글을 쓸 때도 그대로 적용될 수 있다. 어떤 문제에 대한 해답을 제시하려고 할 때 커다란 한 덩어리로 제시할 수도 있다. 그러나 그 덩어리가 너무 크면 의사소통에 장애가 있을 수 있다. 반면에 그 해답을 자잘한 알갱이로 끝없이 나열하면 이 역시 의사소통에 장애를 초래한다. 따라서 문제의 해결책을 제시할 때도 생각의 덩어리에 맞게 몇 개의 덩어리로 나누어서 제시하는 것이 효과적이다.

생각의 덩어리에 따라 나눈 단위를 글에서는 단락이라고 한다. 한 편의 글이 주제에 의해 커다란 덩어리를 이루고 있지만 이 주제는 다시 몇 개의 소주제로 나눌 수 있고 이 소주제는 다시 더 작은 소주제로 나눌 수 있다. 이렇게 나눈 작은 주제에 따라 통일된 이야기를 쓰면 이것이 글에서의 단락이 된다.

다음은 어떤 글에서 두 단락만 따로 떼어 온 것이다.

> 그러나 줄타기는 늘 불안할 수밖에 없고 그 불안함을 견디지 못하는 사람들이 있을 수밖에 없다. 어름사니의 몸동작 하나하나를 눈엣가시로 바라보는 사람들이 있고, 말실수 하나하나를 촘촘한 그물코로 잡아내는 사람들이 있다. 비록 이들도 어름사니의 줄타기를 즐기지만 놀음 전체의 재미보다는 놀음 속에 섞여 있는 티가 이들에겐 더 커 보이는 것이다. 어름사니의 재주와 놀음 전체의 재미에 이러한 티는 대부분 감춰지지만 이 티가 쌓이고 사람들 사이에서 증폭되어 나타날 문제가 이들에게는 걱정일 따름이다.
>
> 이들의 불안감과 불만이 때로는 과장되기도 하지만 그것이 어름사니의 말에 관한 것이라면 어름사니로 하여금 자신을 되돌아보게 하기도 한다. 전파로 이어진 마당은 너무나 넓고 어름사니의 말재주가 사람들에게 끼치는 영향은 막대하기 때문에 어름사니의 잘못된 말재주는 종종 문제가 된다. 특히 그 말재주가 외줄타기 어름사니의 재주처럼 계획된 것이 아니고 무지, 무관심에서 기인하는 것이라면 근본적인 문제가 된다.

위의 예에서 외형상으로 줄을 바꿔 들여 쓴 단위가 단락이다. 앞의 단락은 '줄타기의 불안함과 그것에 불만을 느끼는 사람들'이란 소주제에 대한 내용으로 구성되어 있고, 뒤의 단락은 '불안감과 불만의 의의'에 대한 내용으로 구성되어 있다. 이렇듯 글 속에서 단락은, 외형적으로는 들여 쓴 한 단위로 나타나지만 내적으로는 생각의 덩어리를 이룬다.

그러나 들여 쓴 단위 내에 몇 개의 문장이 모여 있다고 해서 그것이 단락이 되는 것은 아니다. 단락은 생각의 덩어리에 따라 만들어지는 것이므로 단락 내에 있는 모든 문장은 특정한 소주제에 집중이 되어야 하고 각 문장끼리는 적절한 연결 관계를 가져야 한다. 따라서 단락은, 겉으로 보기에는 문장의 집합이라는 물리적 단위로 나타나지만 실제로는 생각의 덩어리에 따른 논리적 단위이다.

- **생각의 덩어리, 즉 적절하게 나눈 소주제를 몇 개의 문장으로 써서 묶어 놓은 것을 단락이라고 한다.**

ⓘ 확인문제

1. 다음의 문장을 적절히 연결해 한 단락으로 쓰시오.

- 단락은 그 자체로 일정한 맥락을 유지해야 한다.
- 이는 문장과 문장에 못지않게 단락과 단락도 치밀한 논리적인 연계성 위에서 있어야 함을 의미한다.
- 문장과 문장의 경우이든 단락과 단락의 경우이든 논리적 연계성을 유지하기 위해서는 지시어나 접속어를 적절하게 활용해야 한다.
- 이는 한 단락을 이루는 문장과 문장이 긴밀하게 연결되어 한 단락의 내용이 논리적으로 전개되어야 함을 의미한다.

2. 다음의 문장을 적절히 연결해 한 단락으로 쓰시오.

- 곳곳에 먹자골목이 들어서 있는 서울의 음식점들은 수적으로 가히 세계 최고가 아닐까 싶다.
- 하지만 서울의 음식은 종류가 다양하지 않을 뿐만 아니라 비슷비슷한 양념 때문에 맛도 차이가 별로 없는 것 같다.
- 그나마 내세울 수 있는 우리나라 음식으로 지방에나 남아 있는 향토음식이 있지만, 이것도 솜씨를 보유한 연로한 분들이 타계하면 대가 끊어질 우려가 크다.

- 이는 음식의 다양화를 꾀한다는 점에서 환영할 만한 일이지만 고급스럽고 분위기 있는 외양에 비해 들어가서 음식을 먹어보면 대체적으로 실망스럽다.
- 퓨전이라는 것은 오랜 시간에 걸쳐 서서히 이루어져야 하고 그 이전에 정통에 대한 완성이 있어야 한다.
- 이처럼 우리만의 고유한 음식이 부족한 상황에서 요즈음 서울 청담동을 중심으로 서양 음식과 우리 음식을 뒤섞은 퓨전 음식점들이 생겨나고 있다.

덩어리의 크기와 무게 – 단락의 길이

인간이 사고의 편의를 위해 적절한 크기의 덩어리로 나누어 사고를 한다면 이러한 사고의 덩어리인 단락도 적절한 크기를 가질 필요가 있다. 단락의 길이가 길다는 것은 사고의 덩어리가 크다는 것인데 이 경우에는 독자가 그 내용을 정확하게 파악하지 못할 가능성이 있다. 반대로 단락의 길이가 지나치게 짧다면 그것은 사고의 덩어리가 지나치게 작은 것일 수도 있다. 어느 쪽이든 독자의 입장에서는 그 내용을 분명하게 파악하기가 쉽지 않다.

단락은 일정한 길이로 나타나는 것이 보통이다. 글을 계획하는 단계인 간잡이그림을 그릴 때나, 개요를 짤 때 적절한 생각의 덩어리로 나누었다면 그 덩어리들은 대개 비슷한 가치를 가진다. 따라서 이것이 문장으로 표현될 때도 비슷한 길이로 나타나게 된다. 또한 어떤 생각을 문장으로 표현해 전달하고자 한다면 최소한도로 필요한 문장의 수가 있게 마련이므로 적절한 수준에서 단락의 길이가 정해질 수 있다. 이러한 분명한 계획과 방법에 따라 단락이 전개된다면 그 길이는 일정하게 나타날 수밖에 없다.

그러나 단락의 길이는 단순히 물리적인 크기의 문제가 아니라 논리적인 무게의 문제일 수도 있다. 유사한 내용이 반복적인 구조의 문장으로 쓰여 단락의 길이가 길어진다면 이러한 단락은 아무리 길어도 이해하는 데 어려움이 없다. 즉 대등적으로 이어진 문장이 계속해서 나타난다면 사고의 과정이 그리 복잡해지지 않기 때문에 길어도 별 문제는 없다.

반면에 논리적 관계가 복잡한 내용으로 단락의 길이가 길어진다면 그 단락은 이해하기가 쉽지 않다. 특히 종속적으로 이어진 문장이나 안은문장으로 단락이 길어지다 보면 그 내용을 파악하기가 쉽지 않다. 이러한 점을 감안한다면 단락의 길이는 논리적 무게와 관련이 있음을 알 수 있다. 따라서 논리적인 무게가 지나치게 무거워지지 않는 범위 내에서 적절한 길이로 쓰는 것이 좋다. 다음에 제시되는 글을 통해 단락의 길이 문제에 대해 생각해 보자.

많은 전문가들은 건강 보험 재정의 고갈 문제를 단기적 처방보다는 의료 체계의 구조 개혁이라는 장기적 처방으로 해결할 것을 권하고 있다.

여기에는 고비용 저효율의 의료 체계를 개선하기 위해 공공(公共) 의료를 강화하는 방안도 포함된다.

적어도 의료 분야에서만큼은 민간 부문이 공공 부문보다 경제적으로 비효율적인 경우가 많다. 가령, 우리나라에서 치질 수술은 1990년대 후반에 들어서면서 수술 건수 순위에서 10위권 밖에서 3위로 올라섰다. 그런데 이것은 치질 환자가 그만큼 늘어서가 아니라, 민간 의료 기관이 '항문 전문 클리닉' 등의 간판을 걸고 수요를 창출하였기 때문이다. 또, 의료 기관들은 너도나도 첨단 장비를 구비하는 데 매달린다. 우리나라에서는 첨단 장비가 환자들을 불러 모으고, 높은 수익을 보장하는 매우 효과적인 마케팅 수단이기 때문이다.

물론, 여기에 드는 돈은 건강 보험 재정과 환자 개인의 호주머니에서 빠져나간다. 이런 현실을 고려해 볼 때, 공공 의료가 확대되면 민간 의료 기관의 의도적인 수요 창출이나 비싼 의료 장비를 이용한 검사 등에 지출되는 비용을 줄일 수 있으므로, 건강 보험의 재정 문제도 해소될 수 있다.

우리나라 민간 의료 기관과 공공 의료 기관의 병상 수 비율은 대략 9대 1 정도라고 한다. 그나마 해마다 민간 비율이 높아지고 있다. 이에 비해 프랑스는 65%, 영국은 96%, 노르웨이는 거의 100%가 공공 의료 기관이고, 의료 분야 역시 시장 경제의 원리를 따른다는 미국도 전체 병원의 25.1%, 병상 수의 21.7%가 지방 또는 연방 정부의 소유라고 한다.

전문가들은 보건 의료 분야에 대한 정부의 재정 부담이 커질수록 국가 전체의 의료비는 줄어든다고 지적한다.

위의 글은 단락의 길이가 매우 들쭉날쭉하다. 첫 번째 단락과 마지막 단락은 한 문장이 한 단락을 이루고 있다. 또한 세 번째 단락은 다른 단락에 비해 지나치게 길다. 이렇게 단락의 길이가 일정하지 않은 것은, 사고의 크기나 깊이가 다르기 때문일 수도 있고, 단락을 전개하는 훈련이 되어 있지 않기 때문일 수도 있다. 어느 쪽이든 글 전체의 내용을 파악하는 데 지장을 초래하므로 단락을 들쭉날쭉하게 쓰지 않는 것이 좋다. 따라서 위의 글은 첫 단락은 둘째 단락과 합치고, 마지막 단락은 바로 앞의 단락과 합쳐야 한다. 그리고 단락 전체의 길이도 조정해야 한다.

단락의 길이가 적절해야 하는 이유는 이후에 설명될 긴밀성 및 완결성과도 밀접한 관련이 있다. 설정된 화제에 대해 충분히 서술을 하기 위해서는 그에 합당한 문장의 수와 길이가 필요하다. 화제에 대해 충분히 뒷받침하지 않으면 단락의 완결성이 부족하게 된다. 또한 문장과 문장의 논리적 연결이 원활하게 되기 위해서는 사고의 흐름에 따라 적절한 문장이 쓰여야 한다. 그런데 문장이 지나치게 생략되면 문장과 문장 간의 긴밀성이 깨어질 수 있다.

- **단락의 길이에는 엄격한 제한이 없지만 적당한 사고의 크기와 무게에 맞도록 적절한 길이로 균일하게 쓰는 것이 좋다.**

ⓘ 확인문제

1. 다음은 형식상 한 단락이지만 내용상 세 단락으로 쓰는 것이 좋다. 적절하게 세 단락으로 나눈 후 단락의 요건을 갖춰 다시 쓰시오.

> 영어 열풍이 갈수록 거세어지고 있다. 자식들을 미국에 유학 보내려고 안달인 부모들의 열기가 대단하고, 신문 광고 면에는 영어를 더 빨리 손쉽게 배우는 방법들이 연일 소개되고 있다. 이러다가는 영어 못하는 인간은 인간 축에 끼기도 힘들 때가 머지않아 올 것만 같은 느낌마저 든다. 누구나 중학교에서 대학까지 10년이 넘게 영어를 배우기는 했다. 그런데도 외국인 앞에서 제대로 말을 하거나, 영어 잡지나 영어 신문을 능숙하게 읽는 사람은 별로 없어 보인다. 그렇다면 학교에서의 영어 교수 방법에 어떤 문제가 있는 게 아닐까? 교과 과정에 나오는 영어 교육의 목적이 빈말이 된 것만 같은데도, 이에 대한 반성이나 개선 방안 같은 것은 거의 눈에 띄지도 않는다. 이러한 실정에도 불구하고 영어를 꼭 써야 할 자리에 있는 사람은 아무래도 영어를 배우기 마련이다.

학자나 번역가, 무역업자, 통역가 등은 똑같은 학교 교육을 받았어도 잘하고들 있으니, 그들에게는 무슨 다른 방도가 있는 모양이다. 그런 사람들은 학교 영어 시간 이외의 다른 시간에, 다른 방법으로 영어를 공부하는 수고를 하는 셈이다. 그렇다면 이 얼마나 놀라운 시간과 노력의 낭비인가?

2. 다음은 형식상 한 단락이지만 내용상 두 단락으로 쓰는 것이 좋다. 적절하게 두 단락으로 나눈 후 단락의 요건을 갖춰 다시 쓰시오.

뇌사를 사회적으로 인정하는 데 있어서 가장 크게 논란이 되는 것은 뇌사 판정의 신뢰성이다. 뇌사 판정이 혹시라도 틀린 것이라면, 인공호흡기를 떼어 버렸을 때 의사는 어떤 의미에서 '살인'을 하게 되는 셈이다. 또 심장이 정지하기 전에 이루어지는 사망 판정은 생명의 존엄성에 관한 윤리적·도덕적 시비를 불러일으킬 여지가 많다. 하지만 뇌사에 빠진 사람은 식물인간 상태와는 달리 소생이 거의 불가능하다. 뇌사로 판정된 후에 심장사로 이어지는 데 걸리는 시간도 길어야 2주 정도에 불과하다. 또 뇌사 환자를 계속 치료할 경우 환자 가족의 정신적 고통과 경제적 부담이 너무나 크다는 점도 함께 고려해야 한다.

피라미드 – 단락의 구조

모든 피라미드는 외형상 공통점을 가지고 있다. 피라미드는 넓은 기단으로부터 점차 좁아져 정점으로 모이는 사각뿔 형태로 되어 있다. 어떤 피라미드이든 정점이 없다면 피라미드라 불릴 수 없다. 그리고 피라미드의 정점이 존재하려면 기단부터 차례차례 쌓아올려야 한다. 어떤 구조물이 피라미드라 불리려면 기단과 정점 모두가 있어야 한다. 흙으로 쌓든, 돌로 쌓든 피라미드는 바닥부터 차례차례 적절한 짜임을 가지고 정점까지 만들어져야 한다.

이와 마찬가지로 단락이 효과적으로 제 역할을 다하기 위해서는 적절한 짜임을 갖춰야 한다. 단락이 짜임에서 가장 핵심이 되는 요소는 역시 소주제, 즉 화제이다. 소주제는 글 전체의 주제보다 상대적으로 작은 여러 층위의 주제를 뜻할 수도 있으므로 단락에서는 화제라는 용어를 주로 쓴다. 단락은 화제를 기준으로 토막 낸 글의 단위이므로 모든 단락에는 화제가 있다.

단락은 화제문과 몇 개의 뒷받침문으로 구성된다. 단락은 적절한 몇 개의 문장으로 설정된 화제에 대해 서술해 나가는데 이 문장에는 크게 두 종류가 있다. 하나는 화제문으로서 그 단락의 화제와 관련하여 단락 내에서 서술하고자 하는 핵심 내용을 하나의 문장으로 쓴 것이다. 다른 종류의 문장은 뒷받침문으로 화제 및 화제문을 보다 구체적으로 서술해 나가는 문장이다.

단락의 짜임을 그림으로 나타내면 다음과 같다.

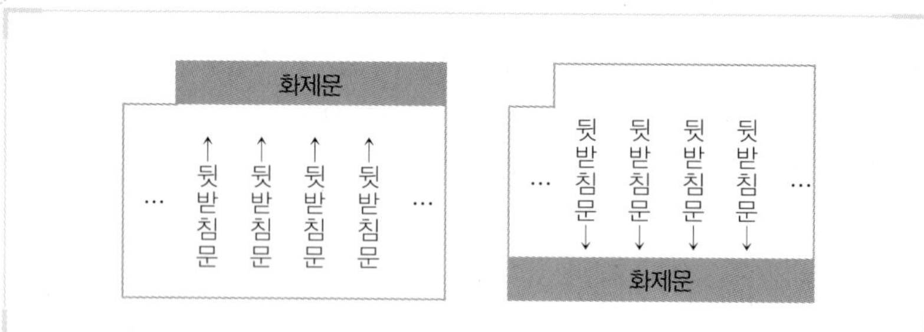

단락을 쓸 때 화제문을 앞에 쓰고 차례차례 뒷받침하면 두괄식 단락이 되고, 뒷받침문을 먼저 쓰고 이를 종합해 화제문을 쓰면 미괄식 단락이 된다. 두괄식 단락은 연역적으로 전개되는 단락으로서 일반적, 보편적, 추상적인 문장을 먼저 쓰고, 구체적인 문장으로 뒷받침해 나간다. 미괄식 단락은 귀납적으로 전개되는 단락으로서 개별적, 구체적인 문장으로 먼저 서술한 후 이를 일반화해 화제문을 쓴다. 특별한 이유가 없으면 대부분의 단락은 화제문을 맨 앞이나 맨 뒤에 둔다. 경우에 따라서는 강조를 위해 단락의 맨 앞과 맨 뒤에 화제문을 두는 양괄식을 쓰기도 한다. 그러나 화제문을 단락의 중간에 두는 것은 바람직하지 않다.

다음은 화제문을 앞에 쓴 두괄식의 단락이다.

> **우리가 흔히 쓰고 있는 재미있는 표현 중에는 지명에서 유래한 것이 많이 있다.** '벽창호'는 고집이 세고 무뚝뚝한 사람을 비유해서 쓰이는 말이다. 원래는 평안북도 벽동과 창성의 소가 크고 억센 동시에 고집도 세기 때문에 이와 유사한 성격을 가진 사람을 '벽창우'라고 부르다가 발음이 바뀌어 '벽창호'가 된 것이다. '삼천포로 빠진다'는 말은 말을 하는 도중에 엉뚱한 곁가지의 내용으로 빠지는 것을 비유해 하는 말이다. 이는 부산에서 여수로 뱃길을 통해 가려고 할 때 삼천포로 들어가면 오도가도 못 한다는 것에서 유래했다고 한다. 어떤 일이나 물건이 아귀가 잘 맞아떨어질 때 '안성맞춤'이란 표현을 쓰는데, 이는 안성에서 만든 놋그릇이 너무나 정교하기 때문에 생겨났다고 한다.

위의 예문에서 첫 번째 문장이 화제문이다. 이 단락은 '벽창호, 삼천포로 빠진다, 안성맞춤'의 세 가지 예를 들어 '지명에서 유래한 재미있는 표현'에 대해 서술하고 있는데 이 단락의 화제문은 이 내용을 압축적으로 제시하고 있다. 특히 단락의 맨 앞에 화제문을 써 뒤에서 상세화될 내용을 종합적으로 제시해 단락의 내용을 쉽게 이해할 수 있도록 쓰고 있다.

다음은 화제문을 뒤에 쓴 미괄식의 단락이다.

> 어떤 정책에 대하여 사람들이 보이는 태도는 매우 다양하다. 정책에 대해 반대할 수도 있고 찬성할 수도 있으며 반대나 찬성을 하더라도 그 정도에는 많은 차이가 있을 수 있다. 일제의 식민 정책에 대해서도 이에 적극적으로 저항한 사람이 있는가 하면 그에 대해 동조한 사람도 있다. 일제의 식민 정책에 동조한 사람들 중에는 자발적으로 나서서 일본인보다 더 적극적으로 우리나라의 식민지화를 위해 광분하던 사람도 있었다. 또한 일제의 식민정책에 저항할 수 있는 위치에 있지만 침묵으로 일관해 일제의 식민정책에 묵시적으로 동조한 사람도 있었고 일제에 저항할 아무런 힘도 없는 상태에서 어쩔 수 없이 일제가 강요하는 행위를 하여 결과적으로 친일 행위를 한 사람도 있었다. **이러한 경우를 종합하면 친일파는 친일 정책에 대한 자발성 여부에 따라 '자발적 친일파, 묵시적 친일파, 강압에 의한 친일파'로 분류할 수 있다.**

위 예문의 화제문은 마지막 문장이다. 이 단락은 '정책에 대한 사람들의 태도'라는 일반론으로부터 시작해 '식민정책에 대한 태도'를 거쳐 '식민 정책에 대한 자발성' 여부에 대해 서술하며 친일파의 분류를 시도하고 있다. 일반론에서 시작해 점점 구체화해 나가고 최종적으로 이 단락의 내용 전체를 포괄하는 화제문을 단락의 맨 마지막에 배치하여 이 단락에서 전하고자 하는 내용의 이해를 높이고 있다

그런데 위의 두 단락을 비교해 보면 화제문을 앞에 쓴 단락이 훨씬 읽기 쉽고, 또 정확하게 내용을 파악할 수 있다는 것을 알 수 있다. 즉 단락의 맨 앞에서 이 단락에서 서술하고자 하는 핵심적인 내용을 파악하고 이를 점차 구체화하면서 읽어 가는 첫 번째 방식은 매우 편리하면서도 단락의 내용을 정확하게 파악할 수 있다. 그런데 두 번째 방식은 일반론에서 시작하여 점차 구체론으로 좁혀 마지막에 핵심적인 내용을 쓰고 있으므로 그 흐름을 따라가기가 쉽지 않다. 즉 문장을 읽을 때마다 다른 내용으로 바뀌어 간다면 그 흐

름을 따라가기도 쉽지 않고 정확하게 읽어내기도 쉽지 않다.

글을 쓸 때도 화제문을 앞에 쓰는 방식이 훨씬 편리하다. 즉 주어진 화제에 대하여 서술하고자 하는 내용을 모두 포괄할 수 있는 한 문장을 맨 앞에 쓰고 이를 차근차근히 풀어 나가는 방식이 훨씬 더 쉽다. 반면에 개별적이고, 구체적인 내용을 종합해 마지막에 화제문을 쓰기는 쉽지 않다. 더욱이 위의 두 번째 예문처럼 각 문장이 꼬리에 꼬리를 물고 진행되면 처음에 쓴 내용과 마지막에 쓴 내용이 많이 달라져 통일성이 깨어질 우려가 있다.

- **단락은 화제문과 뒷받침문으로 구성된다.**
- **화제문을 단락의 맨 앞에 쓰는 방식이 쓰는 데나 읽는 데 모두 편리하다.**

확인문제

1. 다음 단락에서 화제와 화제문을 찾은 후 이 화제와 화제문을 뒷받침하는 데 꼭 필요한 뒷받침문장만 따로 추려 한 단락으로 다시 쓰시오.

세상이 말세라는 말과 요즘 젊은것들은 버르장머리가 없다는 말은 수천 년 전 그리스 시대 유물에도 적혀 있다고 한다. 기성 세대들은 자신들의 텃세 구역에 젊은것들이 들어오면 본때를 보여 줘야겠다고 벼른다. 그래서 동서고금을 막론하고 신참 길들이는 풍속이 끊임없이 이어져 왔다. 신참 다루기는 특히 규율을 중시하는 집단에서 나타나는데, 그 중에서도 엘리트 집단에서 심하다. 똑똑한 젊은이가 저 잘난 줄 알고 설쳐대면 조직의 기강이 서지 않기 때문이다. 가장 흔히 볼 수 있는 신고식으로는 대학의 신입생 환영회가 있다. 신입생 환영회에서 술 때문에 신입생이 목숨을 잃는 사건이 여러 번 보도된 적도 있다. 학교에서의 신고식으로 유명한 것은 프랑스의 비쥐타주(bizutage)가 있다. 프랑스의 엘리트들이 모이는 그랑제콜에서는 신입생들을, 진흙탕에 굴리거나 동냥으로 할당금을 채우게 하는 방법으로 골려 먹는다. 이를 거부할 경우 학교생활 내내 따돌림을 당하기 때문에, 신입생들은 선배들의 주문에 따를 수밖에 없다.

2. 다음 단락에서 화제와 화제문을 찾은 후 이 화제와 화제문을 뒷받침하는 데 꼭 필요한 뒷받침문장만 따로 추려 한 단락으로 다시 쓰시오.

네티즌 펀드가 일반인에게 알려진 것은 지난해 인터넷 투자 공모를 받아 제작한 '반칙왕'이 흥행에 성공해 네티즌 펀드 투자자들에게 97%의 수익을 돌려주면서부터이다. 이후 네티즌 펀드를 공모하는 사이트가 우후죽순처럼 생긴 것이다. 일단 네티즌 공모를 하면 적게는 수백 명, 많게는 수천 명의 네티즌이 몰린다. 네티즌들은 자신들이 투자한 영화가 잘 돼야 수익이 더 많아지기 때문에 자진해서 영화 홍보 전도사로 나선다. 아직까지 네티즌 펀드의 성적은 양호한 편이다. 영화 '친구'의 경우 200%, '공동경비구역 JSA'는 110%, '죽거나 혹은 나쁘거나'는 30% 등의 수익률을 올렸다. 그러나 원금 보장이 어려울 정도로 실패한 영화도 많다. 최악의 경우 원금을 한 푼도 건지지 못할 수도 있다. 최근에는 한 사람이 최고 수천만 원대까지 투자하는 등 네티즌 펀드가 점점 투기성으로 흐르고 있어 검찰에서는 네티즌 펀드 업체들의 법률 위반 여부에 대해 조사 중이다.

피라미드의 정점 - 화제문

화제문은 단락 내에서 중심적으로 논의하고자 하는 내용을 완결된 문장으로 표현한 것이다. 모든 단락에는 하나의 화제가 설정되는데 이 화제가 가장 명료하고도 구체적으로 드러나도록 주어와 서술어를 갖춘 완결된 문장으로 화제문을 써야 한다. 단락에서 논의할 화제에 대해 화제문을 적절히 작성하면 그 단락의 전개는 반쯤 성공한 것이나 다름없다. 단락 전체의 내용을 잘 포괄할 수 있는 화제문이 작성되면 뒷받침문은 이 화제문을 적절히 구체화하기만 하면 된다.

화제문을 이해하기 위해 다음과 같은 원추형 피라미드를 살펴보자.

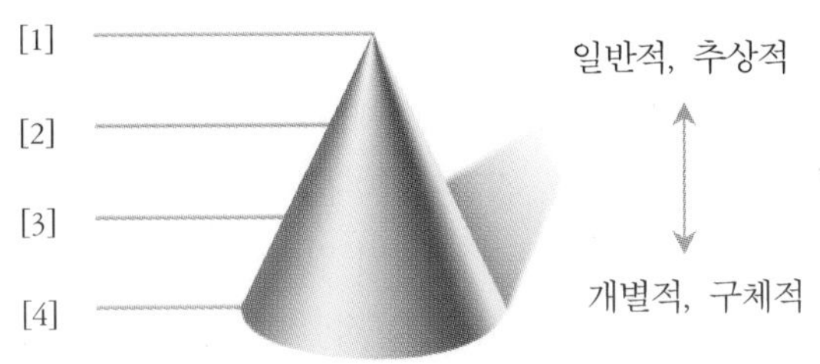

신체의 크기는 보통 사람과 같지만 힘은 무한정 센 천하장사가 위와 같은 피라미드를 한 손으로 들어 올린다고 가정할 때 어디를 잡고 들어 올려야 할 것인가? 피라미드의 크기가 작다면 아무 데나 잡고 들어 올릴 수 있을 테지만 이집트에 있는 실제 피라미드라면 [1] 지점 이외에는 대안이 없을 것이다. 즉 [1] 지점을 제어할 수 있으면 피라미드의 나머지 모든 지점을 마음대로 제어할 수 있다. 또한 이 지점은 피라미드에서 가장 중요한 지점이기도 하고, 이 구조체가 피라미드라고 불리는 이유도 뾰족한 정점인 [1]지점이 있기 때문이다.

위의 피라미드를 한 단락이라고 할 때 화제문은 [1] 지점, 즉 정점에 해당된다. 화제문은 한 단락의 모든 내용을 집약해야 하고, 단락 내의 모든 문장을 통제할 수 있어야 하는데 이 문장의 역할이 피라미드의 정점과 유사하다. 피라미드를 옮기고자 할 때 정점 부분을 들듯이 한 단락을 읽는 사람이 그 화제문만 읽어도 단락 전체의 내용을 대략적으로 파악할 수 있어야 한다. 또한 시간이 없어 특정 문장만 읽을 때도 화제문만 읽어도 될 정도로 단락의 화제를 압축적으로 제시해야 한다.

화제문은 추상성과 구체성이 적절히 조화되도록 써야 한다. 화제문을 지나치게 추상적으로 쓰게 되면 그 단락에서 논의할 내용이 분명하게 드러나지 않는다. 또한 추상적인 화제문을 구체화하기 위해 뒷받침문에 지나치게 많은 부담이 걸리기 때문에 단락의 완결성을 유지하기 어렵다. 반대로 화제문을 지나치게 구체적으로 쓰게 되면 뒷받침문에서 뒷받침할 내용이 없어진다. 이런 경우에는 뒷받침문이 화제문의 반복밖에 되지 않기 때문에 효율적으로 단락을 전개할 수 없다.

이것을 앞의 피라미드에 빗대어 보면 화제문은 [2]와 [3] 지점 정도에 놓이도록 쓰는 것이 좋다. [1] 지점은 정점이기 때문에 극단적으로 일반적이거나 추상적이어서 단락의 화제문으로는 적절하지 않다. [4] 지점은 극단적으로 개별적이거나 구체적이어서 역시 화제문으로 적절하지 않다. 결국 [2]와 [3] 지점 정도에서 화제문을 쓰는 것이 적당하다.

화제문을 쓰는 방법을 실제 화제와 이에 따른 다양한 화제문을 예로 들어 살펴보자.

화제 : 여성의 역할

[1] 여성의 역할은 중요하다.
[2] 여성은 사회 구성원을 재생산하는 역할은 한다.
[3] 여성만이 아이를 낳을 수 있고 수유를 할 수 있기 때문에 사회 구성원의 재생산은 여성의 가장 중요한 역할이다.

[4] 남성은 아이를 낳지 못하는 데 반해 여성은 아이를 낳을 수 있고, 수유도 여성만이 할 수 있으므로 사회 구성원을 낳고 기르는 역할은 남성이 아닌 여성만이 할 수 있는 중요한 역할이다.

---

[1] 여성의 역할은 변한다.
[2] 사회가 변함에 따라 여성의 역할도 변한다.
[3] 사회가 여성의 노동력까지 원하게 됨에 따라 여성의 사회적 역할이 매우 커졌다.
[4] 대량생산체제가 가동되면서부터 남성 노동자만으로는 인력수요를 감당할 수 없게 되자 여성들의 노동력을 필요로 하게 되었고 이에 따라 여성들은 활발히 사회에 진출하여 여성의 사회적 역할이 커졌다.

---

[1] 여성은 역할을 다해야 한다.
[2] 지구의 반을 차지하고 있는 여성은 그만큼의 역할을 다해야 한다.
[3] 여성이 남성과 동등한 대접을 받기 위해서는 남성들과 동등한 역할을 해야 한다.
[4] 여성들 중에는 자신의 의무는 다하지 않고 권리만 주장하는 이가 많은데 이는 앞뒤가 맞지 않는 주장이므로 동등한 대접을 받기 위해서는 남성과 대등한 의무를 수행해야 한다.

위의 화제문들은 모두 원칙적으로는 한 단락의 화제문이 될 수 있다. 그러나 [1]은 지나치게 추상적이어서 뒷받침해야 할 것이 너무 많다. 이 경우 뒷받침문이 지나치게 길어질 수도 있고, 뒷받침을 충분히 할 수 없어 완결성이 떨어질 수 있다. 반면에 [4]는 너무 장황할 뿐만 아니라 이미 할 말을 다 해 놓은 상태여서 뒷받침할 것이 없다. 따라서 [2]와 [3] 정도로 화제문을 써야 단락의 요건에 맞춰 단락을 전개할 수 있다.

화제문은 화제에 부합되어야 할 뿐만 아니라 뒷받침문의 내용과도 일치되어야 한다. 화제문과 뒷받침문은 문장 수에 차이가 있기 때문에 뒷받침문이 보다 자세하기는 하지만 논리적인 내용은 동등해야 한다. 이러한 점을 이해하기 위해 실제 단락에서 화제문과 뒷받침문을 비교해 보자.

지방 사람들은 발음을 잘 구별하지 못한다. 경상도 사람들은 'ㅓ'와 'ㅡ'를 구별하지 못한다. 이들에게는 '공필성'이란 이름이나 '공필승'이란 이름이 같은 이름으로 들린다. 전라도와 경상도의 일부에서는 'ㅗ'와 'ㅓ'를 제대로 구별해서 발음하지 않는 경우도 종종 있다. 또 경상도 사람들은 'ㅅ'과 'ㅆ'을 구별하지 못한다. 따라서 이들은 '살밥을 많이 먹어서 쌀이 많이 쪘다'고 말하든 '쌀밥을 많이 먹어서 살이 많이 쪘다'고 말하든 구별이 되지 않는다. 평안도 사람들의 'ㅈ'발음은 다른 지역의 'ㄷ'발음과 매우 비슷하다. 그래서 평안도 말을 흉내 낼 때 농담 삼아 '덩거당에 던기불이 번떡번떡 한다'라는 말을 자주 한다.

위의 단락은, 지역에 따라 구별되지 않거나 달리 발음되는 음운이 있음을 밝히고 있는 단락이다. 그런데 화제문은 '지방 사람들은 발음을 잘 구별하지 못한다.'라고 쓰여 있다. 뒷받침문의 내용은 지방 사람들에 대한 부정적인 인식과는 관련이 없는데 이 화제문은 부정적인 인식을 담고 있어 뒷받침문의 내용과 화제문의 내용이 일치되지 않는다. 만약 현재의 화제문대로라면 뒷받침문의 내용은 전국을 포괄해 서울 사람들과 대조해야 완결성을 갖출 수 있다. 따라서 뒷받침문의 내용을 고려한다면 화제문은 '지역에 따라 구별이 되지 않거나 다르게 발음되는 음운이 있다'가 되어야 한다.

그리고 다음 단락의 화제문을 살펴보자.

자료를 이용할 때는 효과적인 자료를 이용해야 한다. 한 인물의 일대기를 알고자 하는 사람이 얄팍한 단어사전을 뒤져 본다면 생몰(生沒) 연대 이외의 사항은 전혀 얻지 못할 것이다. 과학의 특정한 분야를 연구하는 공학자가 일반적인 지식을 주로 다루는 백과사전을 찾아 보는 것 또한 별반 소득이 없을 것이다. 아이들이 우연히 들은 단어의 뜻을 알고 싶어 아버지가 보시는 10권으로 된 사전을 찾아보는 것 또한 궁금증을 해소하기보다는 더 많은 궁금증을 불러일으킬 소지가 있다.

위의 단락은, '사전을 이용하는 효과적인 방법'에 대해 서술하고 있다. 그런데 화제문은 '효과적인 자료'에 대해 언급하고 있다. '자료'는 인쇄물, 사진, 영화, 음악, 작품 등을 포괄할 수 있는 매우 넓은 개념이다. '사전'은 '자료' 중 극히 일부이므로 화제문에 '자료'라는 단어를 쓰는 것은 적절하지 않다. 또한 뒷받침문의 내용을 보면 사전을 이용할 때는 '목적'과 '수준'을 고려해야 함을 밝히고 있다. 따라서 위에서 제시된 예문의 올바른 화제문은 '사전은 목적과 수준에 맞게 이용해야 한다.'가 되어야 한다.

- **화제문은 단락에서 논의하고자 하는 핵심적인 내용을 한 문장으로 쓴 것이다.**
- **화제문은 추상성과 구체성이 조화를 이루도록 써야 한다.**
- **화제문은 주어진 화제에 부합되고 뒷받침문을 포괄할 수 있어야 한다.**

ⓘ 확인문제

1. 다음의 화제에 적합한 화제문을 3문장씩 쓰시오.

(1) 지도자의 역할
(2) 현대사회에서의 종교
(3) 컴퓨터 바이러스
(4) 고전음악과 대중음악
(5) 통일

2. 다음에 제시되는 뒷받침문을 읽고 빈 줄에 적절한 화제문을 써 넣으시오.

(1) ______________________________. 사람의 몸에 병을 일으키는 바이러스는 살아 있는 생명체로서 사람의 몸에 침입해 여러 가지 이상을 일으키고, 컴퓨터 바이러스는 컴퓨터의 메모리 영역이나 프로그램에 침입해 시스템이 제대로 작동되지 않도록 하거나 자료를 파괴시

킨다. 바이러스가 사람의 몸에 침입하면 증식을 하듯이 컴퓨터 바이러스도 자기 스스로 복제를 통해 증식을 한다. 그러나 바이러스는 살아 있는 생명체인 반면에 컴퓨터 바이러스는 생명체가 아니다(물론 컴퓨터의 입장에서 보면 살아 있는 생명체로 볼 수도 있다). 또한 컴퓨터 바이러스는 컴퓨터 자체를 망가뜨리지 않지만 바이러스는 사람의 몸 자체를 상하게 해 심지어 죽음에까지 이르게 한다.

(2) ____. 컴퓨터로 글을 쓰다가 단어를 잘못 썼으면 back-space키를 누르거나 delete키를 눌러 지우면 된다. 그러나 타자기를 사용한다면 타자용 지우개로 지우거나 수정액으로 지운 후 다시 타자해야 할 것이다. 만약 한 문장 전체를 끼워 넣어야 할 경우가 생기면 컴퓨터를 사용할 경우에는 insert키를 누른 후 기분 좋게 자판을 두드리면 된다. 그러나 타자기를 사용한다면 종이가 찢어질 정도로 지우거나 페인트를 칠하듯 수정액을 바르고 한참 동안 마르기를 기다린 후 다시 타자를 해야 할 것이다.

(3) ____. 적어도 고구려 건국 지역이나 영토의 대부분은 만주에 있었다. 그리고 그 후계국인 발해가 만주와 반도 북부 및 연해주에 걸친 대제국이었음도 기록이나 유적의 발굴로써 분명하여졌다. 또 고구려의 원발원지였던 부여의 땅이 송화강 유역이었다는 것도 널리 인정되어 있는 바와 같다. 그리고 고조선의 초기에 대해서는 주장이 엇갈리고 있기는 하지만, 후기에 연과 대항하여 싸울 즈음에는 그 영토가 분명히 만주에 뻗어 있었다.

피라미드의 밑변 - 뒷받침문

뒷받침문은 화제문과 관련하여 그 단락 내에서 논의하고자 하는 내용에 대해 구체적으로 서술해 나가는 문장이다. 뒷받침문은 모두 화제에 수렴되는 문장이어야 한다. 화제에 수렴되지 않는 문장이 있을 경우 그 단락의 통일성이 깨어진다. 또한 뒷받침문들은 긴밀하게 관련을 맺어야 한다. 뒷받침문들 간에 적절한 순서가 있어야 할 뿐만 아니라 이들이 유기적으로 결합되어야 한다. 그리고 뒷받침문은 주어진 화제를 충분히 전개해야 한다.

앞의 피라미드 그림에서 뒷받침문은 정점을 떠받치고 있는 밑변이 된다. 피라미드의 밑변은 나름대로의 가치가 있겠지만 궁극적으로는 맨 위의 정점을 만들어가기 위해 있는 것이다. 마찬가지로 단락에서도 일반적이고 추상적인 화제문을 보다 자세하게 서술해 정확하고도 구체적으로 전달될 수 있도록 도와주는 부분이 뒷받침문이다. 따라서 화제문이 화제에 맞도록 완벽하게 쓰였다면 뒷받침문은 화제문의 중요한 내용을 하나하나 풀어나가는 방식으로 쓰면 된다.

결국 한 단락의 화제문과 뒷받침문을 피라미드에 빗대 보면 다음과 같은 관계를 이루게 된다.

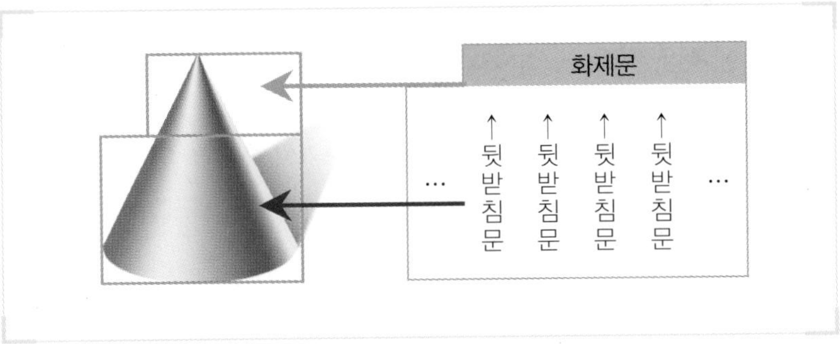

뒷받침문을 쓰는 요령은 단락의 전개 방법과 밀접한 관련이 있다. 즉 화제가 설정되면 이 화제를 드러내기에 가장 적합한 화제문을 쓰고 이를 뒷받침

해야 하는데 이 화제와 화제문에 따라 뒷받침의 유형이 결정된다. 실용문을 쓸 때 단락의 전개 유형은 크게 설명과 논증으로 나뉜다. 설명은 지식을 전달하여 이해를 꾀하는 목적의 전개 유형으로서 정의, 예시, 분류와 구분, 비교와 대조, 분석, 과정, 인과 등이 이 유형에 속한다. 논증은 주장을 하고 이에 대한 논거로써 뒷받침하는 전개 유형이다.

- **뒷받침문은 단락 내에서 논의하고자 하는 내용을 구체화시켜 나가는 문장이다.**
- **뒷받침문은 화제문의 내용 하나하나를 충실하게 뒷받침하는 방식으로 쓴다.**

① 확인문제

1. 다음의 화제에 적합한 화제문을 쓰고 이 화제문을 뒷받침하기에 적절한 문장을 5개씩 쓰시오.

(1) 일본의 역사 왜곡
(2) 대북 경제지원
(3) 청소년의 여가 활용
(4) 부동산 투기
(5) 문화상대주의

2. 다음의 화제문을 뒷받침하기에 적절한 문장을 5개씩 쓰시오.

(1) 직원 채용 때 외모를 따지는 것은 회사에게도 손해가 되므로 근절시켜야 한다.
(2) 경제는 어려워지는데 은행의 문턱이 높아져 고리의 사채를 쓰는 사람들이 늘어 가고 있다.
(3) 한국의 컴퓨터 게임 산업은 폭발적인 성장세를 지속하고 있다.
(4) 최근 들어 과학자의 윤리성이 중요하다는 의식이 점차 확산되고 있다.
(5) 여러 문화가 잡종을 이루어 훌륭한 문화로 발달된 사례가 많다.

"난 한 놈만 패" – 1단락 1화제

3장에서 글을 쓰기 위한 계획을 세울 때 통일성, 긴밀성, 완결성의 중요함에 대해 이미 언급했다. 이 원칙은 글의 가장 작은 단위부터 글의 가장 큰 단위까지 반드시 지켜져야 하는 원칙이다. 즉 단어를 모아 문장을 구성하고, 문장을 모아 단락을 구성하고, 단락을 모아 글을 구성할 때 언제나 지켜져야 하는 원칙이다. 나아가 한 권의 책을 집필하든 이러한 책을 시리즈로 만들든 더 큰 단위에서도 반드시 지켜져야 한다.

이 세 원칙은 단락을 전개할 때 특히 강조된다. 단락은 사고의 덩어리에 따라 전개가 되기 때문에 일정 크기의 사고의 덩어리가 드러나기 시작하는 단락에서 비로소 이 원칙의 준수 여부가 바로 확인되기 때문이다. 그리고 그리 길지 않은 글에서 단락은 글 전체와 개별 문장의 중간 단계이기 때문에 단락 단위에서 이러한 원칙이 잘 지켜지면 개별 문장은 물론 글 전체에서도 이 원칙이 잘 지켜질 수 있기 때문이다. 따라서 단락 단위에서 통일성, 긴밀성, 완결성을 잘 지켜나가는 능력은 글쓰기의 핵심적 능력 중 하나라고 할 수 있다.

그런데 단락에서의 통일성, 긴밀성, 완결성을 포괄하는 단락의 원천적인 요건은 '1단락 1화제'라는 요건이다. 글 전체에서도 하나의 주제에 대해 서술해야 하지만 하나의 사고의 덩어리를 기준으로 토막 낸 글의 구성단위인 단락에서 이 요건은 가장 핵심적인 요건이다. 즉 단락이 나누어지고 구성되는 이유 자체가 '하나의 화제'이기 때문에 한 단락에는 하나의 화제만 있어야 한다.

이 원칙을 이해하기 위해 다음과 같은 영화의 한 장면을 살펴보자.

양아치1 야, 털! 털!
양아치3 왜 불러..이..씨.
양아치1 야, 저 새끼 혼잔데 우리 한꺼번에 덮쳐 버리자.
건 빵 저 형님 궁금한 게 있는데요.

무대포 뭐?

건 빵 저기요, 필드에서 다구 붙을 때요. 여럿이서 한꺼번에 덤비면 어떻게 하세요?

무대포 전부 기상!

무대포 백 명이든 천 명이든 난 한 놈만 패. 며칠 전에도 내, 다섯 놈이랑 맞장을 떴어. 근데, 난 그중에 한 놈만 붙잡고 팼어. 옆에 놈들이 대가리 깨고 옆구리 쑤시고, 똥침 놓고... 그러나 난 그중에 한 놈만 붙잡고 그 새끼만 죽을 때까지 팼어. 한 놈만 빽! 한 놈만 빽! 한 놈만 빽!

건 빵 그래서 어떻게 됐어요?

무대포 아, 이.. 이 자식들이 말이야. 잘못했다고 빌면서 놔달라기에 그냥 놔 줄 수가 있나? 나도 들인 공이 있는데. 대가리로 이마빡을 씨.. 빡, 빡, 빡.. 자식들 병원 갔어.

건 빵 형은요?

무대포 난 파스만 발랐지.

– 영화 <주유소 습격사건, S#66>

욕설과 비속어가 난무하는 속에서 등장인물 '무대포'는 단락의 요건과 관련하여 가장 핵심적인 말을 하고 있다. 즉 아무리 큰 싸움이 벌어지고 상대가 아무리 많더라도 오로지 하나만 골라서 끝까지 싸운다는 점을 강조하고 있다. 이것은 단락에서도 그대로 지켜져야 한다. 글 전체를 놓고 보면 할 이야기가 많아도 한 단락 내에서는 한 가지 화제만 붙잡고 끝까지 그 화제에 대해서만 논해야 한다. 한 단락을 전개하면서 아무리 좋은 내용을 많이 가지고 있고, 또 떠오르더라도 오로지 그 화제에 대해서만 이야기해야 한다.

1단락 1화제라는 원칙에서 단락의 나머지 요건인 통일성, 긴밀성, 완결성이 도출된다. 즉 한 단락에서는 하나의 화제만 다루어야 하므로 1단락 1화제는 바로 통일성으로 이어진다. 그리고 하나의 화제에 대해서 서술하면서 모든 문장은 상호 밀접한 관련성을 가져야 하므로 이 원칙은 긴밀성으로 이어진다. 그리고 주어진 화제에 대해서는 '끝을 봐야' 하므로 이 원칙은 완결성으로 이어진다.

- **1단락 1화제 : 한 단락에는 하나의 화제만 있어야 한다.**

① 확인문제

다음 단락에는 핵심적인 화제가 몇 개가 있는가 찾고, 단락의 흐름을 고려할 때 제외해야 하는 화제는 어떤 것인가를 밝히시오.

상품을 구매하기로 마음을 먹은 고객이 매장을 방문하여 상품을 살펴보고 최종적으로 구매할 때까지 걸리는 시간은 얼마나 될까? 한 벌 가격이 수천만 원까지 하는 모피 코트의 경우에는 고객 1명당 평균 구매시간이 3~5일로 꽤 긴 편이다. 한 벌을 구매하기 위해 평균 3~4회 정도 매장을 방문하며, 한 번 방문하여 매장을 둘러보는 데에는 평균 30분에서 두세 시간까지 걸린다. 대형 가전제품을 구매하는 데에도 시간이 많이 걸린다. 대당 300만원 하는 대형 냉장고의 경우 평균 방문시간은 30분 안팎이며, 2~3회 정도 방문한 뒤에 구매한다. 남성 양복은 매장을 방문한 뒤 실제로 구매할 때까지 걸리는 시간이 40분 정도이며, 여성 정장은 30분에서 1시간, 란제리는 15~30분, 침구는 30분 정도이다. 이들 상품을 구매하기 위하여 고객은 평균 1회만 매장을 들른다. 여성들이 자주 찾는 머리핀은 길어야 2분 정도이고, 지갑과 벨트도 3분을 넘기지 않는다. 머리핀, 지갑, 벨트를 구매하는 경우에도 고객은 매장을 1회만 방문한다. 구매를 결정하기까지 걸리는 시간은 여성이 남성보다 많은 것이 보통이지만, 수영복의 경우에는 그렇지 않다. 여성은 15분 정도 걸리지만 남성은 평균 30분 정도 걸린다. 여성들은 원하는 스타일을 미리 생각하고 오지만 남성들은 무턱대고 오기 때문이다.

오로지 – 통일성

단락에서의 통일성은 단락 내의 모든 문장이 정해진 화제에 집중되어야 한다는 것을 의미한다. 화제문은 그 단락의 화제를 가장 명시적으로 나타낼 수 있어야 하며 뒷받침문은 화제문의 내용을 구체화시키는 동시에 화제와 직접적인 관련이 있어야 한다. 화제와 관련이 없는 문장이 들어 있다면 그 단락은 통일성이 없는 단락이 된다. 화제와 관련이 없는 문장이 있을 경우에는 과감히 삭제해야 하며 중요한 내용일 경우에는 별도의 단락을 잡아 써야 한다.

단락의 통일성을 이해하기 위해 다음에 제시되는 단락을 살펴보자.

> **한국의 가을 날씨는 가히 계절의 세계 명품이라고 해도 지나치지 않을 정도로 아름답다.** 가을날의 하늘을 보면 한없이 맑고 투명해서 금세 빨려 들 것 같은 느낌이 든다. 공기는 어찌 그리 청명한지 피부에 땀이 맺힐 사이도 없이 땀을 모두 공기 속으로 날려 보낸다. 이런 하늘과 공기 속에서 사람들의 마음이 부풀어 오르는 것은 당연하다. 그래서 도시 사람들은 주말만 되면 이 계절의 명품을 즐기기 위해 들로 산으로 나들이를 떠난다. 시골로 나들이를 떠나다 보면 눈에 뜨이는 것이 들판에서 땀을 흘리고 있는 농부들인데 이들의 일하는 모습 또한 가을날의 풍경과 조화를 이룬다. 그런데 한가하게 노니는 도시인들이 농부들의 눈에 곱게 보일 리가 없다. 그래서 이들 간에는 약간의 다툼이 있게 마련이다. 이렇게 볼썽사나운 모습을 보면 계절의 명품이란 말이 무색해진다. 이런 모습을 볼 때마다 차라리 가을날이 명품이 아니었으면 좋겠다는 마음이 들기도 한다.

위의 단락은 '한국의 가을 날씨의 아름다움'을 화제로 하여 전개하려 했던 것으로 보인다. 그러나 어느 순간부터 가을 날씨의 아름다움과는 거리가 먼 내용으로 전개되고 있다. 이 단락을 자세히 살펴보면 '계절의 세계 명품, 투명한 하늘, 청명한 공기, 부풀어 오르는 마음, 나들이, 농부들의 일하는 풍경,

다툼, 볼썽사나운 모습과 이에 따른 실망' 등이 서술되고 있다. 이렇게 문장과 문장은 꼬리에 꼬리를 물고 매끄럽게 전개되고 있으나 처음에 쓰려고 했던 내용에서 매우 멀어져 버렸다. 이렇듯 하나의 단락에서 여러 가지 내용이 서술되면 그 단락은 통일성을 유지할 수 없다.

다음과 같은 단락도 통일성이 깨어진 단락이다.

> **한국의 가을 날씨는 가히 계절의 세계 명품이라고 해도 지나치지 않을 정도로 아름답다.** 가을날의 하늘은 너무나 파래서 쳐다보는 사람의 눈까지 파랗게 물들 것 같은 착각을 불러일으킨다. 이런 날에 하늘을 너무 많이 보면 시력에 이상이 올 수도 있다고 안과 의사들은 경고한다. 공기는 어찌 그리 청명한지 피부에 땀이 맺힐 사이도 없다. 따라서 건성 피부를 가진 사람들은 보습제를 잘 발라주어야 피부를 보호할 수 있다. 온도는 높지도 낮지도 않아 활동하기에 더없이 좋다. 그런데 밤에는 기온이 많이 떨어져 일교차가 심하므로 긴 옷을 항상 준비하고 다녀야 감기에 걸리지 않을 수 있다. 이러한 긴 옷은 봄에도 역시 준비하는 것이 건강에 좋다. 이런 가을날에는 지나간 여름을 아쉬워하기보다는 다가올 겨울을 준비해야 한다.

위의 단락은 '한국의 가을 날씨의 아름다움'을 화제로 하여 전개된 단락이다. 따라서 '파란 하늘, 청명한 공기, 적당한 기온' 등은 모두 가을 날씨의 아름다움과 관계가 있으므로 화제를 적절히 뒷받침하고 있다. 그러나 '안과 의사의 경고, 피부 보호의 방법, 긴 옷 준비, 겨울 준비' 등은 설정된 화제와 관련이 없다. 이와 같이 부분적으로 통일성을 깨는 요소들은 삭제해야 한다.

위의 예에서 알 수 있듯이 통일성이 깨뜨려지는 유형에는 두 가지가 있다. 하나는 화제에 대한 명확한 인식 없이 글을 써서 각 문장과 문장이 꼬리에 꼬리를 물고 이어지다 보면 어느새 화제와는 동떨어지게 되는 경우이다. 다른 하나는 단락 전체로는 하나의 화제에 대해 서술하고 있지만 부분적으로 엉뚱한 내용이 끼어들어가는 경우이다. 어느 경우이든 그 단락의 화제가 무엇인가를 명확히 알고 여기에 집중하면서 단락을 전개하는 훈련을 하면 단락의 통일성을 깨는 이러한 문제를 극복할 수 있다.

위의 두 단락과는 달리 아래의 단락은 통일성이 잘 유지되었다.

> **자발적 친일파의 친일 행각은 일제시대의 각계각층에서 매우 광범위하게 자행되었다.** 우리나라 사람으로서 식민정부의 관료가 된 사람들은 일본인보다 더 악랄하게 각종 정책과 물리력으로 우리나라 사람들을 괴롭혔다. 일제와 결탁한 친일 경제인들은 우리의 부를 수탈해 일제에 바침으로써 전국을 도탄에 빠뜨렸다. 당대의 정신적 지주역할을 해야 했던 문인, 사상가 등은 친일 논리의 개발과 전파에 혈안이 되어 글과 연설로써 독립에 대한 우리의 의지를 꺾어 버렸다.

위의 예문은 '친일파의 친일 행각'에 대해 '관료, 경제인, 문인과 사상가' 등을 예로 들어 서술하고 있다. 첫 번째 문장은 화제문으로서 단락 전체의 내용을 압축하고 있고 각각의 뒷받침문은 그들의 행각을 상세화하고 있다. 이렇듯 하나의 화제를 설정하고 단락 내의 모든 문장이 그 화제로만 수렴되어 통일성이 잘 유지되었다.

• 단락의 통일성 : 한 단락내의 모든 문장은 화제에 집중되어야 한다.

ⓘ 확인문제

1. 단락의 통일성을 고려하여 필요 없는 문장을 삭제하고 단락의 요건에 맞게 다시 쓰시오.

우리나라에 도입된 초기의 기독교는 서구 문화 그 자체라고 할 수 있다. 서양의 의술과 음악 등이 기독교를 통해 들어왔기 때문이다. 이때 서양의 의술과 교육을 비롯하여 출판 사업과 국문 보급, 문명기기 등이 기독교 기관의 활동을 통해 도입되었다. 이것들은 주로 물질문명과 관련된 것이었으므로 별다른 마찰 없이 한국에 이식되고 정착될 수 있었다. 그러나 기독교 문화에 깃든 정신적 요소는 오랜 시간이 지나서야 자리 잡을 수 있었다.

2. 단락의 통일성을 고려하여 필요 없는 문장을 삭제하고 단락의 요건에 맞게 다시 쓰시오.

나는 인간의 본성이 선한지 악한지 모르겠다. 이기심과 욕망으로 가득 찬 나의 삶을 돌이켜 생각해 볼 때면 성악설(性惡說)이 맞는 게 아닌가 하는 생각이 들기도 하지만, 그건 이따금 품어 보는 감정적 차원의 판단일 뿐이다. 성선설(性善說)을 주장한 맹자는 민주주의적인 정치 이념을 제시했고, 성악설을 주장한 순자는 전체주의적 경향의 정치 이념을 제시했다. 또 인간의 본성을 선하게 본 루소가 민주주의 이념의 대표자였던 데 반해, 인간을 이기적인 존재로 규정한 홉스는 국가 권력의 절대적 우위를 주장하여 계몽주의의 전통과 갈라섰다. 이렇게 보면 성선설은 민주주의와, 성악설은 전체주의와 통하는 것 같다. 이런 점을 고려해 보면 전체주의는 사라져야 한다. 그래서 나는 인간의 본성이 선하다고 믿고 싶다.

오밀조밀 – 긴밀성

긴밀성은 한 단락 내에 있는 모든 문장은 상호간에 긴밀히 연결되어야 한다는 요건이다. 뒷받침문은 화제문을 구체화하면서 화제문과의 연결 관계를 분명히 드러내야 하며 뒷받침문 사이에도 연결 관계가 매끄러워야 한다. 단락 내의 화제문과 뒷받침문, 뒷받침문과 뒷받침문 간에 적절한 연결어와 지시어를 사용하고 논리적 관계를 분명히 밝혀 주면 긴밀성이 있는 단락을 쓸 수 있다. 이렇게 단락 내의 각 문장을 오밀조밀하게 연결해야 그것이 외형뿐만 아니라 내용적, 논리적으로도 한 단락이 될 수 있다.

단락의 긴밀성을 이해하기 위해 다음에 제시되는 단락을 살펴보자.

> **오늘날과 같은 환경파괴가 계속해서 자행된다면 우리는 후손에게 만신창이가 된 지구를 물려줄 수밖에 없을 것이다.** 환경파괴는 어제 오늘의 일이 아니다. 지구가 신음하는 소리를 우리는 도처에서 들을 수 있다. 사람들은 공해로 뒤덮인 공기 때문에 각종 호흡기 질환에 시달리고 있다. 두 손을 놓고 하늘을 쳐다본다고 해서 환경파괴 문제가 해결될 리 만무하다. 하나밖에 없는 지구이다. 지구는 우리 후손에게서 잠시 빌려 쓰고 돌려줘야 한다. 만신창이가 된 지구에서 후손들이 어떤 삶을 살아갈지는 자명하다.

위의 단락은 '계속적인 환경파괴에 대한 경고'를 화제로 하고 있으며 첫 번째 문장인 화제문에 이 내용이 집약되어 나타나 있다. 그러나 뒷받침문들은 이 화제문을 적절히 뒷받침하지 못하고 있다. 각각의 뒷받침문은 화제와 관련이 있기는 하지만 뒷받침문들과의 유기적 관계가 극히 부족하다. 즉 각 문장들이 제각기 한 마디씩 무엇인가 서술하고 있기는 한데 각 문장이 앞과 뒤의 문장과 어떤 관련이 있는지 전혀 드러나지 않고 있다. 이러한 문제는 단락의 긴밀성에 대한 이해가 부족하기 때문에 나타난 것이다. 따라서 문장과 문장을 적절히 접속시키든가 접속부사를 적절하게 넣어 논리적 관계를 맺어 주어야만 뒷받침문 간의 긴밀성을 유지할 수 있다.

위의 예문과는 달리 아래의 단락은 긴밀성이 잘 유지되었다.

> **해방 이후에도 친일파가 여전히 득세함으로써 발생한 문제는 한두 가지가 아니다.** 친일파들은 일본과 결탁해 부를 축적하고 권력을 휘두르다가 해방이 되고 난 뒤에는 미군정 및 이승만 정권과 손잡고 그들의 부와 권력을 유지했다. 즉 일제시대의 고위관료들은 해방 이후에도 변함없이 고위직에 눌러 앉아 우리의 정치를 퇴보시켰고 일제시대의 재력가들은 미군정과 이승만 정권에 유착되어 그들의 부를 더욱더 늘리고 경제 발전을 저해했다. 더욱이 독립에 대한 우리의 의지마저 꺾어 놓았던 친일 지식인들은 어느새 새로운 사회의 정신적 지주인 양 행동하며 우리의 영혼을 좀먹어 갔다. 이렇듯 친일파는 친미파, 친독재정권파로 화려하게 변신하여 역사의 수레바퀴를 되돌려 버렸다.

위의 단락은 '친일파의 득세로 발생한 해방 이후의 문제'에 대해 쓰고 있다. 첫 번째 문장은 화제문으로서 일반적인 사실을 진술하고 있으며 뒷받침문은 정치, 경제, 사상 분야로 나누어 문제점을 구체화하고 있다. 정치, 경제, 사상의 세 분야로 나누어 친일파의 잔존 문제를 서술한 것은 일반적인 분류 기준에 맞기 때문에 각 분류들 간의 대등적 관계를 이해하기 쉽다. 뒷받침문은 '즉, 더욱이' 등으로 연결해 각 문장들 간의 관계를 파악하기 쉽도록 하였다. 또한 문장을 적절히 연결하여 대등적 관계 및 종속적 관계를 명확히 밝혀 논리적 관계를 분명히 밝혀 주었다.

- **단락의 긴밀성 : 단락 내의 모든 문장은 상호 간에 긴밀한 연관관계를 가져야 한다.**

확인문제

1. 다음 단락은 긴밀성이 부족하다. 문장과 문장을 적절히 연결하여 단락의 요건에 맞게 다시 쓰시오.

학생들은 교과서의 내용을 이해하기 위해 주의 깊게 몇 단계를 따라야 한다. 학생들은 책이 담고 있는 일반적인 내용을 알기 위해 각각의 책을 대강 개괄해 보아야 한다. 학생들은 그 내용을 이해하기 위해 읽어 보기도 하고 질문점도 기록한다. 학생들은 각각의 주안점을 요약 정리해야 한다. 학생들은 수업 시간의 질문 또는 시험 문제에 대비해 스스로 자기 진단을 해 봐야 한다. 노트를 재검토해 보고 불확실한 부분은 다시 읽어 봐야 한다.

2. 단락의 긴밀성을 고려해 괄호 안에 적절한 접속어를 써넣으시오.

풍속화는 인간의 생활상을 적나라하게 표현해야 하므로 무엇보다도 먼저 사실성을 중시하지 않을 수 없다. (　　　) 풍속화는 인간 생활의 여러 단면들을 사실적으로 다루어야 하므로 자연히 어느 정도 기록적 성격을 지니게 된다. (　　　) 사실성과 넓은 의미에 있어서의 기록성은 풍속화의 일차적인 요건이며 생명이라고 할 수 있다. (　　　) 이 두 가지 중에서 어느 한 가지만 결여되어도 진정한 풍속화라고 보기 어렵다는 것이다. (　　　) 화가가 당대의 실제 풍속을 외면하고 자신의 상상에 기초해서 그린다면 그러한 그림들도 풍속화로서의 생명력을 지닐 수 없다. (　　　) 풍속화는 사실성, 기록성과 함께 시대성이 언제나 중요함을 알 수 있다.

온 – 완결성

완결성은 한 단락 내에서 설정된 화제에 대해 필요한 모든 내용을 충실히 전개해야 한다는 것을 의미한다. 하나의 화제가 설정됐으면 화제문과 뒷받침문으로 그 화제에 대해 충분히 서술해 해당 단락의 내용만으로 주어진 화제를 이해하기에 충분하도록 해야 한다. 글의 구상 단계에서 각 구성요소는 상호 독립적이되 유기적인 관계를 갖도록 구성했으므로 각 단락에서는 독립적으로 해당 화제에 대해 충분히 전개해야 한다. 특히 뒷받침문은 주어진 화제를 충실히 뒷받침할 수 있도록 써야 한다.

단락의 완결성을 이해하기 위해 아래에 제시되는 단락을 살펴보자.

> **마라톤 전 코스를 완주하는 것은 잘 짜인 인생 드라마를 보는 것과 같은 느낌을 준다.** 출발선상에서 대기하고 있을 때는 어머니 뱃속에서 세상으로 막 나오려는 아이의 설렘을 느낄 수가 있다. 출발 신호가 울리고 서서히 속도를 높여 가는 것은 아이들이 걸음마를 배워 가는 것과 같다. 가다보면 언덕을 만나기도 하고, 내리막길을 만나기도 하고, 뜨거운 태양 아래 놓이기도 하고, 맞바람을 만나기도 하는 것은 성인이 되어 겪는 인생의 굴곡과 유사하다. 골인 지점이 보일 때에 느끼는 환희는 생의 목표를 모두 이루었을 때에 맛보는 원숙경의 느낌과 다르지 않다. 이렇듯 42.195km의 코스에는 사람이 태어나서 죽을 때까지 겪는 생의 각 과정이 축소되어 있다.

위의 단락은 마라톤과 인생을 비교하고 있다. 따라서 마라톤의 각 과정과 인생의 각 단계를 모두 비교해야만 완결된 단락이 될 수 있다. 그런데 위의 예문에는 '탄생, 유아기, 성인기, 노년기'만 있을 뿐 성장기가 빠져 있다. 초, 중, 고 시절의 성장기가 추가되어야만 완결성을 갖춘 단락이 될 수 있다. 이렇듯 주어진 화제에 대해 부분적으로 빠진 내용이 있으면 단락의 완결성이 유지되기 어렵다.

이에 비해 다음에 제시되는 단락은 완결성이 잘 유지되었다.

> 친일파에 대한 처벌은 물리적 차원과 정신적 차원에서 모두 이루어져야 한다. 자발적 친일파들은 일제에 적극적으로 동조해 권력과 부를 누려온 사람들이므로 그들의 부와 권력을 박탈해야 하는 것은 당연하다. 또한 그들의 정신은 친일사상으로 완전히 오염되어 있으므로 사상적으로 단죄해야 한다. 묵시적 친일파들은 참회의 계기를 먼저 만들어 주고 각각의 분야에 백의종군해 자신들이 역사 발전에 미친 악영향을 극복해 내기 위한 봉사활동을 적극적으로 유도해야 한다. 강압에 의한 친일파들은 어쩔 수 없는 상황에서 친일을 한 것이므로 물리적 처벌 대신 일제에 대한 공포감을 씻고 자신의 행위에 대한 반성을 통해 사회발전을 위해 매진할 수 있도록 해야 한다.

위의 예문은 친일파에 대한 처벌을 '물리적 차원'과 '정신적 차원'에 대해 모두 이루어져야 함을 주장하면서 세 부류의 친일파에 대해 구체적 처벌 방법을 제시하고 있다. 즉 세 부류의 친일파에 대해 두 가지 차원의 처벌을 모두 적용함으로써 완결성을 유지하고 있다. 특히 '강압에 의한 친일파'에 대해서는 '물리적 처벌 대신'이란 표현을 써서 물리적 처벌을 적용할 수 없는 대상에 대해서도 물리적 처벌을 고려했음을 밝혀 완결성을 높이고 있다.

- **단락의 완결성 : 주어진 화제에 대해 필요한 모든 내용을 한 단락 내에서 충실히 전개해야 한다.**

ⓘ 확인문제

1. 다음 단락은 완결성이 부족하다. 적절한 내용을 보충하여 완결성을 갖춘 단락으로 다시 쓰시오.

> **누구를 위한 체육 센터인가 – 비싼 수강료에 학생들 원성**
>
> 지난달에 개관한 학내 체육 센터의 수강료가 비싸 문제가 되고 있다. 학내 체육 센터는 수영 강좌의 경우 주 3일에 하루 1시간씩 배우는 데 월 56,000원의 수강료를 받고 있으며, 헬스는 주 5일 이용에 월 59,000원을 받고 있는데, 이는 동일한 횟수로 운영되는 인근 지역 구민 체육 센터의 수강료(수영 32,000원, 헬스 47,000원)를 훨씬 웃도는 가격이다. 2년간 학내 체육 센터가 개관되기만을 바랐다는 이선우(화학공학과 4학년) 씨는 학생을 위한 복지시설로 건립된 체육 센터가 학교 밖의 체육 센터보다 비싸 제 구실을 못하고 있다고 불만을 토로했다. 이런 불만에 대해 체육 센터 관장은 일체의 보조금 없이 수강료만으로 체육관을 운영해야 하는 상황에서 수강료 하향 조정은 불가능하며, 그 대신 질 좋은 서비스로 보답하겠다는 뜻을 밝혔다. 그러나 수강료를 둘러싼 논란은 계속될 것으로 보인다.

2. 다음 단락은 완결성이 부족하다. 완결성을 갖추기 위해서는 어떤 내용이 보충되어야 할지 판단해 보시오.

> '뉴욕 타임즈'가 1970년대 경영 위기에 몰렸을 때 선택할 수 있는 길은 두 가지였다. 기자 수를 대폭 줄여 경비를 절감하거나, 아니면 지면을 더욱 충실히 꾸며 좀 더 많은 독자를 끌어들이는 일이 그것이었다. 당시 편집국장 에이브 로젠탈은 후자를 선택하기로 결심을 굳혔고, 사주도 이에 동의하였다.

3. 설명

실용문을 쓸 때 가장 많이 쓰는 방식이 설명이다. 설명의 개념 및 원리를 먼저 알아보자. 그리고 설명의 방법은 매우 다양한데 다양한 설명의 방법을 예를 통해 찬찬히 알아보자.

- ❑ 풀이와 깨우침 - 설명
- ❑ 뜻매김과 자리매김 - 정의
- ❑ 보기 보이기 - 예시
- ❑ 견주기 - 비교와 대조
- ❑ 빗대기 - 유추
- ❑ 묶기와 가르기 - 분류와 구분
- ❑ 뜯어보기 - 분석

풀이와 깨우침 - 설명

설명은 지식과 정보를 전달하여 읽는 이를 이해시키기 위한 서술 방법을 뜻한다. 주어진 문제에 대한 해결책을 제시할 때 글쓴이가 가지고 있는 지식이나 수집하고 정리한 정보 등을 효과적으로 전달할 필요가 있을 때 설명은 매우 유용한 방법이다. 설명을 통해 전달되는 정보는 주관적이든 객관적이든 사실로 검증되거나 사실이라고 믿고 있는 정보이다. 따라서 글쓴이의 주장을 표명하고 이를 뒷받침하는 논증과 구별된다.

앞의 2장에서 글의 종류 중 설명문에 대해 살펴보았는데 단락을 전개할 때 사용하는 설명은 설명문에서의 목적 및 방법과 유사하다. 즉 설명문은 글 전체의 성격이 지식과 정보를 전달하여 이해를 도모하는 것이고, 단락의 전개에서 설명은 단락 내에서 이러한 목적을 달성하고자 하는 것이다. 실용문 중에서 대표적인 것이 설명문이며, 실용문에서의 대표적인 단락의 전개 방법 또한 설명이다.

그리고 앞에서 살펴본 대로 논설문에서도 설명의 방법을 그대로 가져다 쓰는 경우가 많다. 주장을 제대로 펼치기 위해서는 그 주장을 적절한 논거로 뒷받침해야 하는데 이 때 설명의 방법이 사용된다. 따라서 설명은 실용문에서 매우 유용하고도 중요한 단락의 전개방법이다.

설명의 방법은 '정의, 예시, 비교와 대조, 유추, 분류와 구분, 분석' 등으로 하위분류 될 수 있다. 각각의 세부적인 방식은 한 단락을 전개할 때 사용될 수도 있고 글 전체를 전개할 때도 사용될 수 있다. 한 단락 내에서든 글 전체에서든 한 가지 설명 방법만을 쓸 수도 있지만 복합적으로 쓸 수도 있다.

- **설명은 지식과 정보를 전달하여 독자를 이해시키고자 하는 서술 방법이다.**
- **설명의 방법은 정의, 예시, 비교와 대조, 유추, 분류와 구분, 분석 등으로 세분할 수 있다.**

ⓘ 확인문제

다음의 화제를 한 단락으로 전개하고자 할 때 서로 다른 설명의 방식을 쓴 화제문 5개씩을 쓰시오.

(1) 텔레비전의 보급과 사투리
(2) 교복
(3) 소음공해
(4) 프랑스대혁명
(5) 교사와 학생

뜻매김과 자리매김 – 정의

정의란 어떤 사물이나 개념에 대하여 자신이 의도하고 있는 의미와 범위를 규정하는 설명 방식이다. 사전에서는 '정의(定義)'의 개념이 다음과 같이 '정의'된다.

> 정의(定義)
>
> ① 어떤 말이나 사물의 뜻과 범위를 명백히 밝혀 규정함. 또는 그 뜻.
>
> ② 개념이 속하는 가장 가까운 유(類)를 들어 그것이 체계 가운데 차지하는 위치를 밝히고 다시 종차(種差)를 들어 그 개념과 등위(等位)의 개념에서 구별하는 일. '사람은 이성적(理性的)인 동물이다'와 같이 판명하려는 개념을 주어로 하고 종차와 최근류(最近類)를 객어로 하는 판단으로써 성립한다.

첫 번째 정의는 일반적 의미의 정의이다. 즉 어떤 개념이나 사물의 뜻을 모르는 사람들이 정확히 알 수 있도록 정해진 방법으로 규정하는 방법이다. 어떤 개념이나 사물이 가진 본질적인 속성, 또는 가장 중요한 속성 등을 알기 쉽게 풀이하면 이것이 정의의 방법을 사용한 설명이 된다. 사전의 뜻풀이는 전형적인 정의의 방식이다.

두 번째는 논리학에서 쓰는 정의에 대한 풀이이다. 설명이 다소 어렵기는 하지만 정의의 방법으로 글쓰기를 할 때 지켜야 할 형식이기도 하다. 이를 쉽게 나타내면 다음과 같다.

학생은	학교에 다니면서 공부하는	사람이다
	종개념	유개념
피정의항	정의항	

정의되어야 할 대상 즉 '학생'은 피정의항이 되고 이에 대해 정의하는 부분은 '정의항'이 된다. 정의항은 다시 유개념과 종개념으로 구분된다. 유개념은 정의되어야 할 대상이 속한 바로 위의 개념(최근류, 最近類)이다. 그리고 종개념은 정의되어야 할 대상이 가진 고유의 속성으로서 유개념의 여러 원소 중에서 정의되어야 할 대상과 다른 대상이 구별되는 속성이다. 정의를 할 때는 반드시 이러한 형식으로 해야 한다.

정의는 개념과 사물의 뜻을 밝히는 방법이기도 하지만 범위를 정하는 방법이기도 하다. 정의를 할 때 유개념과 종개념을 모두 사용하는데 유개념은 피정의항의 바로 위의 개념이므로 피정의항은 이 개념이 포괄하는 범위를 넘어설 수 없다. 또한 종개념은 유개념 속에서 피정의항만이 갖는 속성에 대해 지정하고 있으므로 그 범위가 보다 분명하게 지정된다.

정의의 방법을 이해하기 위해 '노래방'에 대한 다양한 정의를 살펴보자.

노래방

① 노래방은 노래를 부르는 방이다.
② 노래방은 돈을 내고 노래를 부르는 곳이다.
③ 노래방은 스트레스를 해소할 수 있는 공간이다.
④ 방음이 된 방에서 가사가 화면에 나타나는 음악 반주기에 맞추어 노래를 부르도록 장치를 해 놓은 곳이다.
⑤ 노래방은 노래반주기에 맞추어 노래를 부를 수 있는 상업적인 공간이다.

위에서 앞의 세 문장은 노래방에 대한 올바른 정의라고 하기 어렵다. ①은 동어를 반복하여 하나마나한 풀이를 했으므로 의미를 파악하는 데는 아무런 도움이 되지 않는다. ②와 ③은 노래방의 일부의 속성에 대해 언급하기는 했지만 본질적인 속성에 대해 언급하지 않았으므로 역시 바람직한 정의는 아니다.

④와 ⑤는 노래방에 대한 비교적 정확한 정의이다. ④는 국어사전의 정의로서 중요한 속성 대부분을 포괄하고 있다. 그러나 '방음이 된 방'은 절대적인 요건이 아니다. 그리고 '가사가 화면에 나타나는 음악 반주기'는 '노래 반주기'라고 해도 대부분 뜻이 전달되기 때문에 굳이 자세히 풀어 쓸 필요는 없다. 결정적으로 '장치를 해 놓은 곳'이라고 함으로써 상업성을 부각시키지 못하고 있다. 따라서 간결하면서도 핵심적인 속성을 모두 포괄한 ⑤가 가장 바람직한 정의라고 할 수 있다.

글을 쓸 때 정의의 방식은 특정한 개념이나 사물의 뜻과 범위를 공유하기 위해서 사용한다. 글 속에 나타난 개념이나 사물에 대해 필자와 독자가 뜻과 범위를 공유하지 못한 경우 의사소통이 정확하게 이루어질 수 없다. 특히 글쓴이는 뜻과 범위가 명확하지만 글을 읽는 이는 그렇지 못한 경우가 많이 있다. 이 때 가장 유용한 설명의 방식이다. 정의를 할 때 사물과 개념의 뜻은 사전이나 일반적인 기준에 의거할 수도 있고 글쓴이가 스스로 기준을 세울 수도 있다.

정의는 서론이나 각 구성요소의 앞부분에 자주 사용된다. 서론에서 어떤 사물이나 개념에 대해 의미와 범위를 분명하게 규정하면 글쓴이와 읽는 이 모두 그 의미와 범위에 의거해 글을 쓰고 이해할 수 있다. 또한 각 구성요소의 앞부분에도 정의를 적절하게 사용하면 개념과 범위의 혼동이 없어져 글이 명료하게 된다.

한 단락을 정의의 방법으로 전개하고자 할 경우에는 화제문을 정의하는 문장으로 쓰면 된다. 뒷받침문은 정의항의 내용, 특히 종차에 대해 자세히 서술하면 된다. 정의의 방법으로 한 단락을 쓴 예는 다음과 같다.

> 자막은 영화나 텔레비전 따위에서 관객이나 시청자가 읽을 수 있도록 표제나 배역, 등장인물의 대화, 설명 따위를 화면에 비추는 글자이다. 자막은 중요한 두 영상매체인 영화나 텔레비전에서 주로 쓰여 영화를 보는 관객이나 텔레비전을 보는 시청자들의 이해를 돕는다. 영화나 텔레비전의

처음과 끝에서는 표제, 배역, 등장인물 등을 보여주는 데 많이 쓰인다. 그리고 외국영화나 텔레비전에서의 외국어 인터뷰 등에서는 등장인물의 대화를 보여주는 데 많이 쓰인다. 최근에 들어서 텔레비전에서는 전달하고자 하는 정보의 일부를 설명할 때도 많이 쓴다. 이러한 모든 자막은 화면상에 다양한 형태의 문자로 나타난다.

위의 예에서 굵은 글씨로 된 부분은 이 단락의 화제문으로서 정의문으로 되어 있다. 즉 '자막'이 피정의항이고 '영화나 텔레비전 따위에서 관객이나 시청자가 읽을 수 있도록 표제나 배역, 등장인물의 대화, 설명 따위를 화면에 비추는'이 종개념이며, '글자'가 유개념이다. 이 화제문은 정의문의 형식을 잘 지키고 본질적인 속성을 잘 드러내고 있으므로 바람직한 정의문이기도 하며 단락의 화제문으로서도 손색이 없다.

그리고 위 단락의 뒷받침문은 종개념을 자세하게 풀이하고 있다. 즉 종개념에서 주요한 속성은 '영화나 텔레비전', '관객이나 시청자가 읽을 수 있도록', '표제나 배역, 등장인물의 대화, 설명', '화면에 비추는' 등인데 이를 차례로 설명하여 이해를 돕고 있다. 한 단락을 정의의 방법으로 전개하고자 한다면 위의 예처럼 화제문을 정의문으로 쓰고 뒷받침문을 종개념의 세부 요소를 뒷받침하는 방식으로 쓰는 것이 좋다.

- **정의란 어떤 사물이나 개념에 대하여 자신이 의도하고 있는 의미와 범위를 규정하는 설명 방식이다.**
- **정의로 단락을 전개할 때는 화제문을 정의문으로 쓰고 뒷받침문은 정의문 속의 종개념을 상세하게 풀이한다.**

확인문제

1. 다음에 제시되는 화제에 대해 정의의 방식으로 전개하기에 적합한 화제문을 쓰시오.

(1) 스크린쿼터
(2) 국민가요
(3) 전공(專攻)

2. 다음에 제시되는 화제에 대해 정의의 방식을 써 한 단락으로 전개하시오.

(1) 새터민
(2) 양념
(3) 첨단산업

보기 보이기 - 예시

예시는 추상적 개념을 구체적으로 이해시키기 위해 예를 들어 설명하는 방식이다. 단락에서 화제문은 다소 추상적이기 때문에 추상적인 화제문을 보다 잘 이해시키기 위해서는 이에 대한 구체적인 설명이 필요하다. 따라서 주어진 화제와 관련해 가능한 친숙한 사례를 들어 화제를 구체화시키는 방식이 예시이다.

예시는 본론을 전개할 때 매우 유용하다. 글 전체의 구성에서 핵심 단락을 구체화시킬 필요가 있을 때 별도의 예시 단락을 쓸 수도 있다. 또한 본론의 한 단락을 전개할 때도 화제와 화제문의 내용을 구체화시키기 위해 예시를 쓸 수도 있다. 어떤 경우이든 화제에 부합되는 동시에 화제를 구체적으로 이해할 수 있는 예시를 들어야 한다. 예시로 한 단락을 전개한 예는 다음과 같다.

> **텔레비전의 뉴스에서는 여러 종류의 자막이 쓰인다.** 메인 앵커가 기사를 소개할 때에는 앵커의 왼쪽 위에 기사 전체의 내용을 요약하거나 핵심을 추려 제목 자막을 쓴다. 그리고 보도 중간에는 화면의 하단에 기사의 제목이나 소제목을 자막으로 보여준다. 그리고 보도 내용을 이해하는 데 꼭 필요한 핵심적인 내용이나 세부 자료도 자막으로 보여준다. 이뿐만 아니라 인터뷰가 삽입될 경우에는 그 내용을 문자로 보여주어 시청자의 이해를 돕는다. 이처럼 뉴스에서는 텔레비전에서 사용되는 거의 모든 자막을 볼 수 있다.

위의 예에서 굵은 글씨는 이 단락의 화제문이다. 이 화제문에는 '여러 종류의 자막'이라고만 되어 있어서 독자가 구체적인 정보를 얻기에는 부족하다. 따라서 여러 종류의 자막이 구체적으로 무엇인지를 자세하게 설명해야 하는데 뒷받침문에서 '제목, 소제목, 세부자료, 인터뷰' 등의 자막에 대해 상세하게 소개하고 있다. 이렇게 예시의 방법으로 설명을 하면 독자는 개별적이고 구체적인 정보를 하나하나 파악해 가면서 이것을 추상화한 화제문의 의미를 파악할 수 있게 된다.

예시를 할 때는 '선발'과 '분류' 두 가지 방법을 주로 사용한다. '선발'은 여러 예시 후보 중에서 가장 좋은 보기 몇 가지를 대표로 제시하는 방법이고, '분류'는 여러 예시 후보를 적당한 기준으로 묶은 후 각 묶음에서 하나씩 보기를 드는 방법이다.

먼저 주요한 보기를 선발하여 예를 든 사례를 보자.

> **우리 속담에는 사람의 신체와 관련된 속담이 많이 있다.** 왼손이 하는 일을 오른손이 모르게 하라는 속담이 있는가 하면, 목구멍이 포도청이라는 속담도 있다. 간에 붙었다 쓸개에 붙었다 한다는 속담도 흔하게 쓰이며 내 코가 석자라는 속담도 매우 흔하게 듣는다. 이뿐만 아니라 입술이 없으면 이가 시리다, 종로에서 뺨 맞고 한강에서 화풀이한다는 속담 등 사람의 신체와 관련된 속담은 매우 많다.

위의 단락에서 첫 번째 문장이 화제문이고 나머지는 이에 대한 구체적인 예를 들어 설명하는 뒷받침문이다. 뒷받침문의 모든 화제문이 사람의 신체와 관련이 있으므로 통일성에는 문제가 없다. 그러나 속담이 무질서하게 제시가 되어 있어서 긴밀성이나 완결성이 부족하다. 즉 각각의 속담이 어떤 순서로 제시가 되는지 파악하기 어렵고 생각이 나는 대로 든 것 같은 느낌이 들어 완결성을 갖추기도 어렵다. 이럴 경우에는 가장 잘 알려졌거나 가장 중요하다고 생각되는 속담 몇 개를 추려서 쓰는 것이 좋다.

다음은 적절한 분류를 하여 예를 든 사례이다.

> **우리 속담에는 사람의 신체와 관련된 속담이 많이 있다.** 무엇을 만들거나 움직일 때 가장 중요한 손발에 관련된 속담으로는 '열 손가락 깨물어

> 안 아픈 손가락 없다'나, '발등에 떨어진 불'이라는 속담이 있다. 사람을 구별하는 가장 중요한 부분인 얼굴과 머리에 관련된 속담으로는 '내 코가 석자'나, '중이 제 머리 못 깎는다'라는 속담이 있다. 겉으로 보이지는 않지만 내장기관과 관련된 속담으로는 '간에 붙었다 쓸개에 붙었다 한다'나 '염통 밑에 쉬스는 줄 모른다'라는 속담이 있다. 이렇게 잘 찾아보면 우리 몸의 구석구석과 관련하여 많은 속담이 있음을 알 수 있다.

위의 예는 앞의 단락과 마찬가지로 '신체와 관련된 속담'을 화제로 해서 쓰고 있지만 적절한 분류를 하고 예를 들어 훨씬 정돈된 느낌을 줄 뿐만 아니라 완결성도 어느 정도 갖추고 있다. 위의 예에서는 사람의 몸을 '팔다리, 얼굴과 머리, 내장기관' 등으로 나누었는데 과학적인 분류는 아닐지라도 상식적으로 이해할 수 있는 분류이다. 이렇게 분류하고 각 분류항마다 한 두 예씩 들면 사람의 신체 전반과 관련시켜 속담을 나열했기 때문에 완결성이 어느 정도 보장된다.

예시는 서론에서 종종 사용되기도 하는데 이때는 예시라기보다는 일화에 가깝다. 서론의 도입부를 쓸 때 주제와 관련된 다소 긴 일화를 제시하면 글을 읽는 이로 하여금 글의 주제에 쉽게 몰입하도록 할 수 있다. 일화로 서론의 도입부를 삼은 예는 다음과 같다.

> 작곡가 로시니는 천재는 아니었는지 그의 악보에는 오류가 꽤 있었다. 그러나 천성이 낙천적인 그는 이러한 오류에 대해서 매우 관대했다. "당신도 알다시피 나는 오페라 주문을 6주 전에 받습니다. 그 6주를 나는 이렇게 분배해요. 앞의 4주는 실컷 놀면서 구상하고, 다음 주는 아리아와 중창을 쓰면서 보내고, 마지막 주에 관현악으로 맞춘 다음 당장 리허설 현장으로 간답니다." 얄팍해 보이기는 하지만 그의 변명 속에서 글을 쓸 때 구상의 중요성을 다시금 발견하게 된다. 로시니는 주어진 시간의 2/3를 구상에 보냈던 것이다. 작곡을 오선지에 콩나물을 그려 넣는 것으로 아는 사람들이

많듯이 글쓰기를 원고지의 빈 칸을 메우는 것으로만 아는 사람들에게 구상이 얼마나 중요한지를 새삼 일깨워 준다. 로시니에게 구상은 2/3였을지 모르지만 좋은 글을 위해서는 구상이 거의 전부라는 사실을 되새겨 보자.

위의 예는 '글쓰기에서 구상의 중요성'에 대해 쓰기 위한 서론이다. 이 글의 필자는 마지막 부분의 문제제기를 이끌어내기 위해서 유명한 작곡가 로시니의 일화를 들고 있다. 이렇듯 특수한 형식의 예인 일화를 서론에 씀으로써 독자들의 흥미를 유발시키고 자연스럽게 글의 주제로 몰입하도록 할 수 있다.

- **예시는 추상적 개념을 구체적으로 이해시키기 위해 예를 들어 설명하는 방식이다.**
- **예시를 할 때는 중요한 것 몇 가지를 선발해 보기로 들거나 적절히 분류한 후 보기를 보이는 것이 좋다.**
- **서론을 쓸 때도 예시의 특수한 형태인 일화를 쓰면 매우 효과적이다.**

확인문제

1. 다음에 제시되는 화제에 대해 예시의 방식으로 전개하기에 적합한 화제문을 쓰시오.

(1) 웰빙 열풍
(2) 중독(中毒)
(3) 영웅

2. 다음에 제시되는 화제에 대해 예시의 방식을 써 한 단락으로 전개하시오.

(1) 인내(忍耐)의 중요성
(2) 퓨전요리
(3) 각본 없는 드라마

견주기 – 비교와 대조

비교는 둘 이상의 대상들 간에 존재하는 유사점을, 대조는 그 차이점을 드러내어 양자의 본질을 밝히고자 하는 설명 방식이다. 비교와 대조가 가능하기 위해서는 비교와 대조가 되는 두 대상이 공유하고 있는 공통점이 있어야 한다. 즉 아무런 공통성이 없는 것은 비교해 보았자 의미가 없고, 모든 것이 다른데 대조해 보았자 더더욱 의미가 없다. 따라서 비교와 대조는 확연히 구분되어 쓰이기보다는 같이 사용되는 경우가 많다.

비교와 대조를 하기 위해서는 분명한 기준이 있어야 한다. '영화 자막'과 '텔레비전 자막'을 예로 들어보자. 이 둘은 공통점과 차이점을 동시에 가지고 있으므로 비교와 대조 모두 가능하다. 그러나 무작정 공통점과 차이점을 나열하는 것은 의미가 없으므로 먼저 명확한 기준을 세워야 한다.

기 준	영화 자막	텔레비전 자막
표현 매체	문자	문자
목적	이해/감동	이해/감동
활용		
타이틀	○	○
엔딩 크레디트	○	○
번역 대사	○	○
기사제목	×	○
내용 요약	×	○
만화적 기법	×	○
세부 정보	×	○

위의 표를 보면 표현 매체나 목적은 같기 때문에 비교가 가능하다. 그리고 활용에서는 같은 면도 있고 다른 면도 있기 때문에 비교와 대조 모두가 가능하다. 이렇게 기준을 먼저 정해 놓고 공통점과 차이점을 밝혀야 종합적인 비교와 대조가 가능하다.

비교와 대조의 방법으로 단락을 전개할 때는 기준과 그 기준에 따른 핵심적 공통점과 차이점을 화제문으로 제시한 뒤 이를 뒷받침해 나가면 된다. 위의 표에서 앞의 두 기준은 공통점에 대한 기준이다. 영화 자막이든 텔레비전 자막이든 모두 자막이므로 자막이 갖는 공통적인 속성은 공유하고 있다. 따라서 이 기준에 따라 비교하는 단락을 쓰면 다음과 같다.

영화의 자막과 텔레비전의 자막은 매체와 사용 목적만 비교하면 매우 유사하다. 영화 자막이든 텔레비전 자막이든 모든 자막은 문자로 표현된다는 면에서 공통점이 있다. 이는 자막에 대한 정의의 가장 중요한 요소가 '문자'라는 것에 기인하는 당연한 공통점이다. 그리고 모든 자막이 관객이나 시청자에게 정보를 전달하여 이해나 감동을 유발하려 한다는 목적 면에서도 공통점이 있다. 영화의 타이틀이나 텔레비전 프로그램의 처음과 끝에서 자막으로 표현되는 정보를 보고 관객과 시청자는 기본적인 이해를 할 수 있다. 또한 외화의 경우에는 등장인물의 대사를 적은 자막을 통해 내용을 이해하고 감동을 얻을 수 있으며 텔레비전의 보도와 시사/교양 프로그램에서는 인터뷰 내용을 자막으로 보고 보다 정확한 정보를 얻을 수 있다. 이렇듯 영화의 자막이든 텔레비전의 자막이든 문자로 정보를 전달하여 이해와 감동을 유도한다는 면에서 공통성이 있다.

위의 단락에서 첫 문장이 화제문인데 '매체'와 '사용 목적'이란 기준을 앞세워 화제문을 쓰고 이에 따라 공통점을 적절하게 보이고 있다. 화제문에 기준을 분명히 제시하고 이 기준에 따라 공통점점을 기술해 나가면 통일성, 긴밀성, 완결성을 잘 갖추어 단락을 전개할 수 있다.

그리고 앞의 표에서 밑의 기준은 '활용'에 따른 차이점과 공통점에 대한 것이다. 영화 자막과 텔레비전 자막이 활용 부분에서 공유하고 있는 것도 있기 때문에 활용 부분의 공통성에 대해 비교하는 단락을 쓸 수도 있다. 그러나 텔레비전 자막이 영화 자막보다 훨씬 더 폭넓게 쓰인다는 것에 초점을 맞추면 활용을 기준으로 대조하는 단락을 쓸 수 있다.

영화의 자막과 텔레비전의 자막은 활용도에서는 큰 차이가 난다. 영화에서 쓰이는 자막은 소위 타이틀과 엔딩 크레디트 그리고 번역 대사가 전부이다. 타이틀이나 엔딩 크레디트는 모두 영화 제작과 관련된 정보를 알려주는 제한된 용도로만 사용된다. 번역 대사는 더빙하지 않은 외국영화의 대사를 보여주기 위한 수단으로 사용된다. 반면에 텔레비전에서는 타이틀과 엔딩 크레디트 및 번역 대사 등 영화에서 쓰는 모든 자막을 사용한다. 이에 덧붙여 보도와 시사/교양 프로그램에서는 각종 제목과 요약 내용을 자막으로 나타낸다. 또한 연예/오락 프로그램에서는 시청자의 흥미를 돋우기 위해 만화에서 많이 사용되는 기법으로 말과 감탄사를 표현하기도 하고 음성으로 전달할 수 없는 다양한 정보를 제작자의 의도에 따라 자막으로 전달한다.

위의 단락에서도 '활용도'라는 큰 기준을 먼저 제시해 화제문을 쓰고 활용도 기준을 세분해 뒷받침하고 있다. 이렇게 기준을 명확하게 세우고 기준에 따라 단락을 전개하면 효과적이다.

비교와 대조는 글의 본론을 전개할 때 매우 자주 쓰인다. 문제해결을 위한 글쓰기에서는 상반된 입장에 대해 면밀히 검토해야 경우가 많이 있는데 이 때 적절한 기준을 세워 비교와 대조를 할 수 있다.

- **비교는 둘 이상의 대상들 간에 존재하는 유사점을, 대조는 그 차이점을 드러내어 양자의 본질을 밝히고자 하는 설명 방식이다.**
- **비교와 대조를 하기 위해서는 기준을 적절히 세운 후 기준에 따른 차이점과 공통점을 화제문으로 내세우고 뒷받침한다.**

확인문제

1. 다음에 제시되는 화제에 대해 비교와 대조의 방식으로 전개하기에 적합한 화제문을 쓰시오.

(1) 단일민족
(2) 숙명(宿命)
(3) 충고(忠告)

2. 다음에 제시되는 화제에 대해 비교와 대조의 방식을 써 한 단락으로 전개하시오.

(1) 수채화와 유화
(2) 극우와 극좌
(3) 청백리와 탐관오리

빗대기 - 유추

유추는 비교의 특별한 한 형식으로서 알려져 있지 않은 사물을 이해시키기 위하여 잘 알려져 있지만 전혀 범주가 다른 사물에 빗대는 설명 방식이다. 일반적으로 비교나 대조는 같은 범주의 사물과 개념들에서 이루어지지만 유추는 전혀 다른 범주의 사물과 개념들에서 이루어진다. 그런데 유추되는 대상이 서로 다른 범주에 속하더라도 이 대상 간에는 어떠한 방식으로든 상호 관련성이 있어야 한다. 범주는 완전히 다를지라도 최소한의 공통성이 있기 때문에 양자 간의 비교를 통하여 잘 알려져 있지 않은 사물을 쉽게 설명할 수 있는 것이다.

유추는 글의 서론이나 본론에서 효율적으로 사용될 수 있다. 글의 서론에서는 도입부에 사용하면 효과적이다. 도입 부분은 독자의 관심을 끌어 독자가 주제에 몰입할 수 있도록 쓰여야 하는데 이 때 전혀 다른 범주에 속하지만 유사성이 있는 내용으로 글의 서두를 시작해 본론에서 서술할 주제에 접근할 수 있다. 본론에서는 특정한 사물과 개념을 보다 쉽게 설명하고자 할 때 사용될 수 있다. 이 경우에 화제문은 유추되는 대상 간에 비교 가능한 기준을 제시하여 써 주면 되고 뒷받침문은 두 대상 간의 유사성을 중심으로 구체화하면 된다.

유추의 방법으로 한 단락을 전개한 예는 다음과 같다.

> **요즘 텔레비전 자막을 보면서 새삼스레 '공해'라는 말에 대해 생각해 보게 된다.** 공해는 우리가 느끼지 못하는 사이에 우리 주변을 둘러싸는데 텔레비전 자막이 바로 그런 형국이다. 어느 때부터인가 모르게 연예/오락 프로그램을 중심으로 끊임없이 쏟아지는 자막을 보게 된다. 자막의 양과 빈도도 늘어났을 뿐만 아니라 글자 크기도 커져 어쩔 때는 영상과 소리에는 관심을 못 가지고 글자만 따라가게 된다. 맑은 공기를 마셔본 게 언제인지 모른 채 매연 속에 허덕이는 꼴이다. 그리고 이 자막 공해는 원치 않는 악

> 영향을 우리의 삶에 끼친다. '할말업슴'이라고 쓴 자막이 설마 틀렸을까 싶어 그대로 글에 썼다가 띄어쓰기와 맞춤법이 모두 틀렸다고 지적을 받기도 한다. 자막을 보고 은연중에 맞춤법에 헷갈리는 상황을 보며 자막공해란 말을 떠올리지 않을 수 없다.

위의 단락에서 '자막 오류'와 '공해'는 전혀 다른 범주이다. 하지만 자막 오류가 남발되는 것이 공해와 유사할 수 있다는 점에 착안해 화제문에서 바로 이 유사성을 밝히며 단락을 전개하고 있다. 보통 사람들이 자막에 큰 관심을 가지지 않기 때문에 자막의 심각성을 잘 모를 수 있다. 그러나 공해는 워낙 자주 얘기되고 있기 때문에 공해의 심각성은 다들 알고 있다. 따라서 다소 생소한 자막 오류 문제를 사람들이 익숙하게 알고 있는 공해와 관련시켜 효과적으로 설명하고 있는 것이다.

- **유추는 알려져 있지 않은 사물을 이해시키기 위하여 잘 알려져 있지만 전혀 범주가 다른 사물에 빗대는 설명 방식이다.**
- **유추의 방법을 사용하기 위해서는 다른 범주에 속해 있을지라도 공통성이 있어야 한다.**

확인문제

1. 다음에 제시되는 화제에 대해 유추의 방식으로 전개하기에 적합한 화제문을 쓰시오.

> (1) 초상화
> (2) 홍정
> (3) 학풍(學風)

2. 다음에 제시되는 화제에 대해 유추의 방식을 써 한 단락으로 전개하시오.

(1) 신뢰(信賴)

(2) 집중력

(3) 항렬(行列)

묶기와 가르기 - 분류와 구분

분류와 구분은 여러 대상들을 일정한 원리에 따라 나누어 대상들 상호간의 관계나 각 대상이 전체에서 차지하는 위치를 드러내는 설명 방식이다. 분류와 구분은 사전에서 다음과 같이 정의된다.

> 분류
> ① 종류에 따라서 가름.
> ② 유개념의 외연에 포함된 종개념을 명확히 구분하여 체계적으로 정리하는 것.
>
> 구분
> 일정한 기준에 따라 전체를 몇 개로 갈라 나눔.

위의 사전적 의미를 보면 '분류'와 '구분' 간의 의미가 잘 구별되지 않음을 알 수 있다. 분류의 첫 번째 설명이나 구분에 관한 설명은 두 단어의 일반적인 의미에 대한 설명으로서 뭔가 가르거나 나누는 행위를 뜻하기는 하지만 둘 간의 차이가 무엇인지는 잘 안 드러난다. 이처럼 분류와 구분은 이론적으로는 그 의미가 명확히 구별되지만 글을 쓸 때에는 양자 간의 구별을 두지 않는 경우가 많다.

그러나 분류의 두 번째 뜻풀이를 보면 논리학에서 쓰는 개념이긴 하지만 분류의 의미가 어느 정도 드러나 있다. 분류는 어떤 집합 내에 있는 원소들을 일정한 기준에 따라 체계적으로 정리하는 것을 의미한다. 다시 말하면 개별 원소들의 공통성을 중심으로 몇 개의 부분집합으로 묶어 결과적으로 원래의 집합을 몇 개로 나눈 것을 의미한다. 따라서 상위의 집합을 하위의 집합으로 나누어 나가는 방식을 구분이라 하고 하위의 원소나 집합을 상위의 집합으로 묶어 나가는 방식을 분류라고 한다. 구분은 유개념에서 종개념으로 확산하여 설명하는 방식이며, 분류는 종개념에서 유개념으로 집합하여 설명해 나가는 방식이다.

분류와 구분을 적절히 하기 위해서는 그 기준이 분명하게 제시되어야 한다. 분류나 구분의 대상이 전체를 위하여 기능하는 유기체인 경우에는 각각의 구성 부분으로 나누거나 묶어야 한다. 또한 분류나 구분의 대상이 특정한 구조를 갖지 않는 혼합체일 경우에는 각각의 공통성을 중심으로 나누거나 묶어 나가야 한다. 이 때 분류나 구분의 기준은 상호 배타적이어서 나누어진 요소들이 겹치지 않게 해야 하며, 고갈적이어서 모든 대상이 나뉠 수 있어야 한다.

분류와 구분을 잘 이해하기 위해 '농작물'을 예로 들어 보자. 엄밀하게 따진다면 농작물이라는 커다란 개념을 몇 개의 작은 부분으로 나누어 나가는 작업이 구분이고, 여러 농작물이 쌓여 있거나 이름이 나열되어 있을 때 이를 몇 개의 묶음으로 묶어 나가는 것이 분류이다. 그러나 분류와 구분을 따로 구별하지 않고 기준을 세워 나누면 다음과 같다.

용도에 따른 분류와 구분
- 식용 : 주식용, 음료용, 사료용 각종 작물
- 관상용 : 화훼, 수목 등
- 공업용 : 면화, 삼, 마 등

주된 이용 부위에 따른 식용 농작물의 분류와 구분
- 뿌리
- 줄기
- 잎
- 꽃
- 열매

위에 제시된 기준은 대상과 관련된 핵심적인 기준이고 상호간에 배타적이고 고갈적이어서 적절한 분류와 구분을 할 수 있다. 이렇게 분류와 구분이 적절히 이루어지면 단락의 긴밀성과 완결성을 잘 지키면서 전개할 수 있다. 만일 분류가 적절하지 않다면 나누어진 각 요소 간에 유기적인 관계가 성립될 수 없어 단락의 긴밀성이 깨어진다. 그리고 기준이 잘못 설정되어 나누어지지 않거나 누락된 요소가 있다면 완결성이 깨어진다.

단락을 전개할 때는 분류와 구분의 기준과 그에 따라 나누어진 항목을 중심으로 화제문을 쓰고 이 기준에 따라 나누어지거나 묶인 내용을 차례로 서술해 주면 된다.

분류와 구분의 방법으로 한 단락을 전개한 예는 다음과 같다.

> **텔레비전에서 사용되는 자막은 그 목적에 따라 다섯 가지로 나눌 수 있다.** 첫째는 정보의 함축적 전달을 위한 것으로서 뉴스의 제목이나 기사를 요약해서 제시할 때 사용된다. 둘째는 음성언어 보완을 위한 자막으로서 인터뷰 한 내용이 방언, 외국어, 음성 변조, 부정확한 발음 등으로 알아듣기 어려울 때 보조적으로 사용된다. 셋째는 의도적 표현을 위한 자막으로서 연예/오락 분야에서 감정 표현, 연출자의 의도 표현, 흥미와 관심의 유지 및 증폭을 위해 사용된다. 넷째는 부가 정보 및 세부 자료를 제공하는 자막으로서 스포츠 중계, 각종 자료, 노래 가사 등을 보여줄 때 사용된다. 마지막으로 프로그램 진행을 위한 자막으로서 방송사 로고, 프로그램 이름, 섹션 이름, 장면 전환, 다음 프로그램 예고, 프로그램 소개 등을 위해 사용된다.

위의 단락을 보면 화제문은 '목적'을 기준으로 삼아 다섯 가지로 나눌 수 있다는 내용으로 썼다. 그리고 그 다섯 가지를 차례대로 뒷받침하고 있다. 그런데 뒷받침문을 보면 모두 예시가 나와 있다. 앞에서 설명했듯이 예시를 할 때는 분류를 적절히 하는 것이 좋은데, 분류를 할 때는 적합한 예시를 보이는 것이 좋다. 따라서 분류와 예시는 상호보완적인 관계를 갖는다.

- **분류와 구분은 여러 대상들을 일정한 원리에 따라 나누어 설명하는 방식이다.**
- **분류와 구분의 방법으로 단락을 전개할 때는 기준과 그에 따라 나누어진 요소를 화제문으로 쓰고 각 요소를 차례로 뒷받침한다.**

ⓘ 확인문제

1. 다음에 제시되는 화제에 대해 분류와 구분의 방식으로 전개하기에 적합한 화제문을 쓰시오.

(1) 휴대폰 이용 패턴
(2) 혈액형
(3) 안경

2. 다음에 제시되는 화제에 대해 분류와 구분의 방식을 써 한 단락으로 전개하시오.

(1) 노동자
(2) 세대 간의 갈등
(3) 공포

뜯어보기 - 분석

분석은 하나의 개체 또는 통일체를 어떤 특정한 관점에 따라 나누어 그 내용을 드러내어 밝히는 설명 방식이다. 분석은 본질적으로 분류와 구분에 내포되지만 그 대상 자체에 어떤 객관적 기준을 갖고 있지 않은 경우라도 필자의 자의에 따라 분절할 수 있다는 점에서 구별된다. 또한 분류와 구분에 의한 각 항목은 상위항목과 집단 및 개념의 크기에만 차이가 있을 뿐 독립적인 지위를 가질 수 있으나 분석에 의한 각 항목은 상위 항목의 일부로서의 지위만 갖는다.

분석을 분류 및 구분과 구별하기 위해 '시계'를 예로 들어보자.

용도에 따른 분류와 구분
벽걸이 시계
탁상 시계
손목 시계

표시 방식에 따른 용도와 구분
아날로그 시계
디지털 시계

기능에 따른 분석
동력부
전달부
표시부

부분에 따른 분석
외부
내부

위의 예에서는 시계를 용도에 따라 손목용, 탁상용, 벽걸이용 등으로 구분할 수 있는데 세 항목은 모두 시계로서 작동할 수 있지만, 기능에 따라 동력부, 전달부, 표시부로 분석했을 때 각 항목은 시계로서의 지위가 아닌 시계의 일부로서의 지위만 갖는다. 따라서 분류와 구분, 그리고 분석은 모두 무엇인가를 나누는 지적 작용이기는 하지만 그 방법과 결과가 조금씩 다름을 알 수 있다.

각 단락을 분석의 방법으로 전개하고자 할 때에는 시간, 개념, 물리적 구조, 기능, 인과관계 등을 명확히 제시하는 내용으로 화제문을 작성하고 이 기준에 따라 차례로 서술하면 된다.

분석의 방법으로 한 단락을 전개한 예는 다음과 같다.

> **연예/오락 분야의 자막에 수없이 나타나는 문제의 원인은 출연자, 제작자, 관리자, 시청자 모두에게 있다.** 출연자들은 가능하면 많이 움직이고 많이 떠들어 자신의 행동과 말이 텔레비전을 통해 표현되기를 원하는데 그 행동과 말이 기이해 글로 표현하지 않고는 이해하기 어려운 경우가 많이 있어 '불량 자막'을 양산한다. 제작자들은 이러한 내용을 거르기보다는 오히려 자막으로 표현해 흥미를 유도하고 시청자의 채널을 고정시키려 애쓴다. 이를 관리해야 할 관리자들은 오로지 광고수입과 직결된 시청률에만 매달려 전혀 제제를 가하지 못하고 있는 실정이다. 시청자들은 이러한 불량자막을 비판적으로 보기 이전에 프로그램의 말초적 흥미에만 몰입돼 무작정 수용하며 오염되어 가고 있다.

위의 단락에서는 특정 사안에 관련된 당사자들을 기능에 따라 분석하여 화제문으로 쓰고 각 분석요소를 차례로 뒷받침하고 있다. 기능에 따른 관련 당사자들은 제작, 송출, 수용에 이르기까지 단계적으로 되어 있어 유기적인 관계가 잘 나타나므로 긴밀성을 유지할 수 있다. 또한 모든 관련 당사자들을 망라해 기능적으로 분석하고 있기 때문에 완결성도 유지할 수 있다.

- **분석은 하나의 개체 또는 통일체를 어떤 특정한 관점에 따라 나누어 그 내용을 드러내어 밝히는 설명 방식이다.**
- **분석의 방법으로 단락을 전개할 때는 분석 기준을 명확하게 제시하여 화제문으로 쓰고 이를 차례대로 뒷받침해 나가면 된다.**

① 확인문제

1. 다음에 제시되는 화제에 대해 분석의 방식으로 전개하기에 적합한 화제문을 쓰시오.

(1) 노사 갈등
(2) 레임덕(lame duck)
(3) 다수결

2. 다음에 제시되는 화제에 대해 분석의 방식을 써 한 단락으로 전개하시오.

(1) 성적부진
(2) 남북관계
(3) 왕따

4. 논증

독자를 설득하기 위해서는 주장을 내세우고 이를 논거로 뒷받침해야 한다. 이러한 방법을 논증이라 하는데 논설문에서 흔히 쓰이는 방법이다. 논증의 개념 및 원리에 대해 알아보고 이를 이용하여 단락을 전개하는 방법도 알아보자.

- ❑ 주장과 설득 – 논증
- ❑ 내세우기 – 명제
- ❑ 부빌 언덕 – 논거
- ❑ 이끌어내기 – 추론
- ❑ 내세우기와 이끌기 – 논증을 통한 단락의 전개

주장과 설득 – 논증

논증이란 어떤 주장을 내세우고 그 주장을 뒷받침할 논거를 적절히 대어 주장의 옳음을 증명하는 서술방법이다. 글쓴이는 자신의 주장과 대립되는 주장을 가진 독자를 논증을 통하여 자신의 주장에 동조하도록 변화시키고자 할 때 확실한 논거를 바탕으로 타당한 추론을 전개하여 자신의 목적을 달성할 수 있다.

앞의 2장에서 논설문에 대해 설명했는데 논증을 통해 단락을 전개할 때 사용하는 논증은 논설문에서의 목적 및 방법과 유사하다. 논설문은 글 전체가 적절한 논거와 함께 주장을 내세워 옳음을 증명하는 것이고, 단락의 전개에서 논증은 단락 안에서 이러한 목적을 이루고자 하는 것이다. 논증을 통하여 자신의 주장을 관철시키려면 타당한 논거가 매우 중요한데 이 논거의 제시는 주로 설명의 방법으로 서술된다. 따라서 논증을 효과적으로 하기 위해서는 설명과 적절히 결합되어야 한다.

논증에서 중요한 개념은 '명제, 논거, 추론' 등이다. 명제란 주장을 하나의 완결된 문장으로 나타낸 것이며, 논거는 주장을 뒷받침하기 위한 근거이며, 추론은 이미 알고 있는 명제에서 새로운 명제를 이끌어내는 과정이다.

- **논증은 적절한 논거로 자신의 옳음을 주장하여 상대를 설득시키고자 하는 서술 방법이다.**
- **논증에서의 주요 개념으로는 명제, 논거, 추론 등이 있다.**

ⓘ 확인문제

다음은 앞에서 설명의 방식으로 화제문을 써 본 화제이다. 이 화제를 논증의 방법으로 전개하고자 할 때 적절한 화제문을 3개씩 쓰고 앞에서 설명의 방식으로 쓴 화제문과 비교해 보시오.

(1) 텔레비전의 보급과 사투리
(2) 교복
(3) 소음공해
(4) 프랑스대혁명
(5) 교사와 학생

내세우기 - 명제

논증의 방법으로 단락을 전개하기 위해서는 주장을 명백하게 제시해야 하는데 주장은 명제(命題)의 형식으로 제시된다. 즉 주어진 문제에 대해 논리적인 판단 내용이나 생각을 완결된 문장으로 제시해야 하는데 이것이 명제이다. 명제는 참과 거짓을 판단할 수 있는 내용이어야 한다.

다음은 대표적인 유형의 명제이다.

- 90년대 후반 이후 텔레비전에서 자막의 사용량이 급증하였다.
- 텔레비전에서 맞춤법에 맞지 않는 자막을 남발하는 것은 심각한 문제이다.
- 텔레비전 자막은 어문규범을 반드시 지켜야 한다.

위의 문장은 판단과 주장을 담고 있으며 참과 거짓을 알 수 있으므로 모두 명제이다. 그런데 자세히 살펴보면 주장과 판단이 다소 다른 형태로 제시되고 있다. 첫 번째 명제는 있는 그대로의 사실에 대해서 말하고 있고, 두 번째 명제는 필자의 판단에 대해서 말하고 있으며, 세 번째 명제는 어떠한 사안에 대한 당위성을 말하고 있다. 이처럼 명제에는 다양한 종류가 있다.

첫 번째 명제와 같이 사실에 대해서 있는 그대로를 말하는 명제를 '사실명제'라고 한다. 이는 어떠한 사안이 진실이라고 알려져 있거나 필자가 진실이라고 믿는 것 자체에 대해 있는 그대로 쓰는 명제이다. 이 명제가 사실인지 아닌지는 실제로 텔레비전을 보며 자막의 숫자를 헤아려보고 과거의 것과 비교해 보면 된다. 이렇게 객관적인 증거로써 참과 거짓을 밝힐 수 있는 사안에 대한 진술을 사실명제라고 한다. 동일한 대상이지만 위의 명제와 다른 내용을 언급하는 '~자막의 사용량이 급감하였다', '~자막의 사용량은 변화가 없었다', '~자막의 사용량은 들쭉날쭉했다' 등 모두가 사실명제가 될 수 있다.

두 번째 명제와 같이 어떤 사실에 대해 가치 판단을 내리는 명제를 '가치명제'라고 한다. 이는 어떠한 사안에 대해 필자가 나름대로의 기준을 가지고 판단을 내린 후 그 판단을 그대로 쓰는 명제이다. 그 사안의 의의를 말하든, 옳고 그름을 말하든 가치에 대한 판단이 들어간 경우는 모두 가치명제가 된다. 이 명제의 옳고 그름을 밝히기 위해서도 여러 사실들을 나열할 수 있다. 즉 맞춤법에 맞지 않는 자막 때문에 나타난 폐해를 나열한다면 이 명제는 옳다고 인정될 수 있다.

세 번째 명제와 같이 어떤 사실에 대해 강하게 의견을 피력해 동의나 동참을 요구하는 명제를 '정책명제'라고 한다. 어떤 사안에 대한 판단이 내려지면 필자는 판단을 내리는 것에 그치는 것이 아니라 다른 사람에게 알려 같이 문제를 해결하는 것을 시도할 수 있다. 이렇듯 적극적으로 행동을 유발하고자 하는 명제가 정책명제이다. 이 명제가 옳다는 것을 밝히기 위해서는 이러한 행동을 해야 하는 당위성들을 적절히 선택해 나열해야 한다.

- **명제는 주어진 문제에 대한 판단이나 생각을 완결된 문장으로 표현하는 것이다.**
- **사실명제는 사실에 대해 있는 그대로를 말하는 명제이고, 가치명제는 사실에 대한 가치판단을 내리는 명제이며, 정책명제는 동의나 동참을 요구하는 명제이다.**

ⓘ 확인문제

1. 다음에 제시되는 화제에 대해 사실명제를 3개씩 쓰시오.

(1) 스크린쿼터
(2) 새터민
(3) 첨단산업
(4) 웰빙 열풍
(5) 퓨전요리

2. 다음에 제시되는 화제에 대해 가치명제를 3개씩 쓰시오.

(1) 인내(忍耐)의 중요성
(2) 각본 없는 드라마
(3) 단일민족
(4) 숙명
(5) 충고

3. 다음에 제시되는 화제에 대해 정책명제를 3개씩 쓰시오.

(1) 극우와 극좌
(2) 홍정
(3) 학풍(學風)
(4) 신뢰(信賴)
(5) 집중력

부빌 언덕 - 논거

논증으로 단락을 전개하기 위해서는 주장이 옳다는 것을 증명해야 하는데 주장이 옳다는 것을 증명할 수 있는 타당한 근거를 논거(論據)라고 한다. 즉 사실에 대해 말한 것이든, 가치판단을 내린 것이든, 당위성에 대해 말한 것이든 읽는 사람이 이 명제에 동의하게 하는 타당한 여러 사실이 논거가 된다.

앞에서 제시된 각각의 명제에 대해 논거를 다음과 같이 들 수 있다.

- 90년대 후반 이후 텔레비전에서 자막의 사용량이 급증하였다.
  - 1분당 자막 면 수 변화 : 2(1995년) → 3.5(2000년) → 7.4(2005년)
  - 자막 1면당 글자 수 변화 : 10.3(1995년) → 15(2000년) → 18(2005년)
  - 90년대 중반에는 보도 분야에서만 자막이 사용되다가 2000년부터는 연예, 오락 프로그램으로 확대되었다.

- 텔레비전에서 맞춤법에 맞지 않는 자막을 남발하는 것은 심각한 문제이다.
  - 잘못된 텔레비전 자막을 보고 받아쓰기를 틀리는 학생이 있다.
  - 띄어쓰기가 제대로 되지 않아 기사가 엉뚱하게 전달되는 일이 있다.
  - 비속어를 그대로 받아 적어 청소년의 언어생활에 악영향을 끼쳤다.

- 텔레비전 자막은 어문규범을 반드시 지켜야 한다.
  - 텔레비전의 주요 특성 중 하나가 공영성이다.
  - 텔레비전의 영향력은 막대하다.
  - 텔레비전의 영향력을 활용해 바른 어문규범 사용을 유도할 수 있다.

첫 번째의 사실명제에 대해 든 논거는 기존의 수치자료를 제시한 것이거나 실제로 조사해서 나열한 것들이다. 즉 있는 그대로의 사실을 진술한 사실명제의 옳고 그름을 입증하기 위해서는 그에 부합되는 사실들을 나열하면 되는 것이다. 제시된 수치자료나 경험적인 자료는 조사의 신뢰성만 확보된다면 주장에 대한 움직일 수 없는 증거가 된다.

두 번째의 가치명제에 대해 든 논거들을 살펴보면 객관적인 수집이나 관찰 가능한 사례들로서 명제에서의 판단이 옳은지를 판정할 수 있는 것들이다. 이 근거 역시 객관적인 사례들이다. 이러한 사례들이 편중되지 않고 적절하게 제시되었다면 이 명제에서의 가치판단이 옳다는 것이 입증될 수 있다.

세 번째의 당위명제에 대한 논거를 살펴보면 주장하는 대상이 가지고 있는 주요 속성이나 현상들에 대해 나열하고 있다. 이러한 속성이나 현상이 독자의 판단에 도움을 주어 행위에 동참할 수 있다면 이 또한 좋은 논거가 될 수 있다.

논거에는 사실논거와 소견논거가 있다. 사실논거는 쉽게 입증될 수 있는 사실 그 자체로서 상식적으로 알고 있거나 경험적으로 알 수 있는 것들이다. 앞에서 제시된 논거 대부분은 사실논거에 속한다. 소견논거는 권위나 신뢰에 의지해 옳다고 믿을 수 있는 논거이다. 여러 사람의 의견을 집약한 여론, 전문가나 권위 있는 사람이 제시한 의견 등이 여기에 해당한다.

- **논거는 주장이 옳다고 증명할 수 있는 타당한 근거이다.**
- **상식적, 경험적으로 알고 있는 논거는 사실논거라 하고, 권위나 신뢰에 의지해 옳다고 인정되는 논거는 소견논거라고 한다.**

① 확인문제

1. 다음에 제시되는 화제에 대해 사실명제를 쓰고 이를 뒷받침하기에 적절한 논거를 3~5문장으로 쓰시오.

(1) 항렬(行列)
(2) 국민가요
(3) 전공
(4) 양념
(5) 중독

2. 다음에 제시되는 화제에 대해 가치명제를 쓰고 이를 뒷받침하기에 적절한 논거를 3~5문장으로 쓰시오.

(1) 영웅
(2) 수채화와 유화
(3) 청백리와 탐관오리
(4) 노동자
(5) 세대 간의 갈등

3. 다음에 제시되는 화제에 대해 정책명제를 쓰고 이를 뒷받침하기에 적절한 논거를 3~5문장으로 쓰시오.

(1) 공포
(2) 노사 갈등
(3) 레임덕(lame duck)
(4) 다수결
(5) 왕따

이끌어 내기 – 추론

주장을 제시하고 적절한 논거로써 이 주장이 옳다는 결론을 내리기까지는 몇 단계의 과정을 거쳐야 하는데 이 과정을 추론(推論)이라고 한다. 논증을 할 때 주장을 앞서 펼친 후 논거를 뒤에 대서 증명을 할 수도 있고, 반대로 논거를 먼저 댄 후 이를 종합해 결론으로써 주장을 펼칠 수 있다. 또한 논거를 댈 때도 일정한 논리적 순서를 따를 수 있는데 이러한 일련의 과정을 추론이라고 한다.

논증으로 단락을 전개할 때 추론의 방법으로 연역법, 귀납법, 변증법 등이 주로 쓰인다. 연역법은 일반적인 법칙을 먼저 제시한 후 이를 구체적인 문제에 제시하여 결론을 내리는 추론 방식이다. 귀납법은 구체적인 사실을 나열한 후 이를 종합해 결론을 유도해 내는 추론 방식이다. 변증법은 모순되는 원리들을 제시한 후 양자를 초월하여 결론을 내리는 방식이다.

다음과 같은 추론의 과정을 살펴보자.

(1) 연역적 추론

- 텔레비전은 현대사회의 주요 매체이기 때문에 많은 사람들에게 영향을 끼친다.
- 텔레비전은 사람들의 언어에도 많은 영향을 끼친다.
- 규범에 맞지 않는 자막도 악영향을 끼쳐 언어상의 혼란이 초래된다.

⇓

- 텔레비전 자막은 어문규범을 반드시 지켜야 한다.

(2) 귀납적 추론

- 1분당 자막 면 수 변화 : 2(1995년) → 3.5(2000년) → 7.4(2005년)
- 자막 1면당 글자 수 변화 : 10.3(1995년) → 15(2000년) → 18(2005년)
- 90년대 중반에는 보도 분야에서만 자막이 사용되다가 2000년부터는 연예, 오락 프로그램으로 확대되었다.

⇓

- 90년대 후반 이후 텔레비전에서 자막의 사용량이 급증하였다.

(3) 변증법적 추론

- 텔레비전이 국어 파괴의 주범이라는 목소리가 높다.
- 출연자들의 비속어, 무분별한 자막 등을 보면 이러한 혐의는 사실이다.
- 이렇듯 부정적인 영향이 많이 나타나는 것은 텔레비전의 영향력이 크다는 것을 의미한다.

⇓

- 국내의 한 방송사에서는 세대 간의 언어차이를 극복할 수 있는 프로그램을 만들어 많은 호응을 얻고 있다.
- 이 프로그램은 국어 발전에 많은 도움을 준다고 평가된다.

⇓⇓

- 텔레비전의 영향력을 긍정적으로 활용하여 국어 발전에 도움이 될 방안을 적극적으로 모색해야 한다.

첫 번째 추론은 일반적인 사실에서 출발하여 개별적 사실에 대한 결론을 내렸으므로 연역적 추론에 해당된다. 즉 '텔레비전의 영향력 → 언어에의 영향력 → 규범에 맞지 않는 자막의 악영향'과 같은 차례로 일반론에서 점점 구체론으로 접근하고 있다. 그리고 이러한 영향력의 인과관계를 종합하여 '텔레비전 자막은 어문규범을 지켜야 한다'는 주장을 펼치고 있다. 이처럼 일반론에서 구체적 결론에 이르기까지 추론의 과정이 잘 지켜지면 논증의 설득력이 높아진다.

두 번째 추론은 개별적인 사실들을 종합하여 결론을 내리고 있으므로 귀납적인 추론에 해당된다. 즉 1분당 자막 면수 증가, 자막 1면당 글자 수 변화, 자막 사용 분야의 확대 등은 모두 자막 사용량이 늘었다는 증거가 될 수 있는데 이 증거를 모은 후 일반화하여 자막 사용량 전체가 늘었다는 결론을 내리고 있다. 객관적인 증거가 적절한 기준에 의해서 충분히 제시된다면 이러한 귀납적 추론의 설득력이 더 높아진다.

세 번째 추론은 상반된 두 가지 사실을 차례로 제시한 후 양자를 종합하여 발전적인 견해를 제시하고 있으므로 변증법적 추론에 해당된다. 추론의 앞부분에서는 텔레비전의 부정적 속성을 쓰고 영향력이 매우 큼을 지적하고 있다. 그리고 뒷부분에서는 텔레비전을 긍정적으로 활용한 예를 쓰고 이에 대한 평가를 쓰고 있다.

이러한 상반된 사실 중 앞부분에서는 '막대한 영향력'을 뒷부분에서는 '긍정적 활용'을 추출하여 '텔레비전의 영향력을 긍정적으로 활용하여 국어 발전 방안을 모색해야 한다'는 주장을 펼치고 있다. 상반되는 듯이 보이는 두 가지 사실에서 중요한 요소를 뽑아내어 자신의 주장을 강화함으로써 설득력이 매우 높아졌다. 이때 결론은 상반된 사실을 절충하거나 나열하는 것만으로는 부족하다. 양자를 포괄하되 그것을 초월한 결론을 내릴 때 비로소 변증법적 추론이라고 할 수 있다.

이상의 세 가지 추론 방법을 이용하여 단락을 전개할 때 화제문의 위치는 크게 문제가 되지는 않는다. 추론 과정은 논리적 과정이다. 즉 결론이 어디에 있든 어떠한 방식으로 논증했느냐가 중요하기 때문에 논거와 주장의 순서는 크게 문제되지 않는다. 위의 예에서는 논리적 순서를 보이기 위해서 주장을 맨 뒤에 배치하고 있으나 실제로 단락을 전개할 때는 주장을 나타내는 화제문을 단락의 맨 앞이나 맨 뒤 어느 쪽에나 쓸 수 있다.

- **주장을 제시하고 적절한 논거로써 이 주장이 옳다는 결론을 내리는 과정을 추론이라고 한다.**
- **연역적 추론은 일반적인 사실로부터 출발하여 개별적인 사실에 대한 결론을 내리는 방식이고, 귀납적 추론은 개별적인 사실들을 종합하여 일반적인 결론을 내리는 방식이며, 변증법적 추론은 상반된 사실들을 종합하여 양자를 초월한 결론을 내리는 방식이다.**

ⓘ 확인문제

1. 다음에 제시되는 화제에 대해 주장을 쓰고 연역적 추론 과정을 단계별 문장으로 쓰시오.

(1) 남북관계
(2) 젊은이의 반항
(3) 청년실업
(4) 여성 차별
(5) 외국인노동자

2. 다음에 제시되는 화제에 대해 주장을 쓰고 귀납적 추론이 가능하도록 3~5문장으로 쓰시오.

(1) 3D산업
(2) 정당정치의 한계
(3) 평생교육
(4) 대학서열화
(5) 배째라주의

3. 다음에 제시되는 화제에 대해 주장을 쓰고 변증법적 추론 과정을 단계별 문장으로 쓰시오.

(1) 생명공학과 양날의 칼
(2) 성장과 분배
(3) 규범의 안정성과 현실성
(4) 국민의 알 권리와 국가의 이익
(5) 적으로서의 북한과 이웃으로서의 북한

내세우기와 이끌기 – 논증을 통한 단락의 전개

논증은 주장을 펼치는 글 전체를 구성할 때 매우 유용하다. 논증의 방법으로 글 전체를 구성할 때는 핵심 주장을 담은 단락을 앞에 배치한 후 논거 단락을 뒤에 배치하여 주장을 뒷받침한다. 또한 제기될 반론에 대한 논박을 이어서 배치하여 주장의 정당성을 강화한다.

한 단락을 논증의 방법으로 전개하고자 할 경우에는 주장과 핵심논거를 결합하여 화제문을 쓰고 뒷받침문에서 논거를 들어 주장을 입증한다. 화제문은 주장이 분명히 드러나게 써야 하고 여기에 핵심논거나 세부 논거를 일반화하여 결합시키면 좋다. 뒷받침문장은 화제문에 드러난 주장을 입증하기에 적절한 논거들을 중심으로 쓰면 되는데 이때 귀납적 추론, 연역적 추론, 변증법적 추론 방식을 활용할 수 있다. 주장을 뒷받침하는 논거는 대개 설명의 방식으로 전개되므로 여러 가지 설명의 방식을 적절히 원용할 수 있다.

논증의 방법으로 한 단락을 전개한 예는 다음과 같다.

> 자막의 문제점을 지적하는 목소리가 높더라도 자막의 효율적 활용이라는 측면에서 개선안은 현실에 바탕을 두고 마련해야 한다. 국어학자들은 각종 어문규범을 어기고 있는 자막에 대해 국어 오염의 주범이 자막인 양 목소리를 높이고 있다. 또한 나이가 많은 세대들은 사용빈도가 높아진 자막을 두고 '공해' 운운하며 거부감을 보이고 있다. 그러나 텔레비전은 국어학자들만 보는 것이 아니고 반드시 국어교과서가 되어야 할 이유도 없다. 또한 텔레비전의 주시청자는 젊은 연령대에 몰려 있고 이들의 관심을 끌어야만 시청률을 유지할 수 있다. 이미 젊은이들은 자막에 익숙해져 있고 자막을 통해 많은 흥미를 느끼고 있다. 이러한 상황을 감안한다면 자막을 무조건 없앤다든지 줄인다든지 하는 것만이 능사가 아니다. 규범에 잘 맞으면서도 재미와 흥미를 유발해 공해라고 느끼지 못할 자막을 적절히 활용하는 것이 올바른 개선 방향일 것이다.

위의 단락에서 핵심적인 주장은 '자막의 개선안은 현실에 바탕을 두고 마련해야 한다'는 것이며, 핵심적인 논거는 '자막의 효율적 활용이라는 측면을 고려해야 한다'는 것이다. 이 단락의 화제문은 이러한 핵심주장과 핵심논거를 결합하여 썼기 때문이 이 문장만으로도 단락 전체에서 쓰고자 하는 내용을 대략적으로 파악할 수 있다. 그리고 뒷받침문에서는 논거를 치밀하게 제시하여 주장의 설득력을 높이고 있다.

이제 앞에서 서술한 명제, 논거, 추론을 결합하여 논증의 방법으로 단락을 전개하는 예를 살펴보자. 개별적인 사실논거를 제시하는 귀납적 추론 방식으로 사실명제 형식의 주장을 뒷받침하는 예는 다음과 같다.

- 사실명제

  90년대 후반 이후 텔레비전에서 자막의 사용량이 급증하였다.

- 사실논거
  - 1분당 자막 면 수 변화 : 2(1995년) → 3.5(2000년) → 7.4(2005년)
  - 자막 1면당 글자 수 변화 : 10.3(1995년) → 15(2000년) → 18(2005년)
  - 90년대 중반에는 보도 분야에서만 자막이 사용되다가 2000년부터는 연예, 오락 프로그램으로 확대되었다.

- 귀납적 추론을 통한 단락 전개

  자막 사용량과 양상에 대한 객관적인 지표를 보면 90년대 후반 이후 텔레비전의 자막 사용량이 급증하였음을 알 수 있다. 1995년에 1분당 자막은 2면밖에 쓰이지 않았으나 2000년의 3.5면을 거쳐 2005년에는 7.4면에 이르렀다. 자막 1면당 글자 수도 1995년의 10.3자에서 2005년에는 18자로 급격히 증가하였다. 양뿐만 아니라 사용되는 영역도 넓어져서 애초에는 보도 분야에서만 조금씩 사용되던 자막이 2000년부터는 연예, 오락 프로그램으로 확대되었다. 이처럼 예전에 비해 요즘은 텔레비전을 켜기만 하면 수없이 많은 자막을 어떤 프로그램에서건 늘 볼 수 있게 되었다.

다음은 사실논거를 이용해 연역적 추론 방식으로 정책명제 형식의 주장을 논증하는 단락이다.

- 정책명제

  텔레비전 자막은 어문규범을 반드시 지켜야 한다.

- 사실논거

  - 텔레비전은 현대사회의 주요 매체이기 때문에 많은 사람들에게 영향을 끼친다.
  - 텔레비전은 사람들의 언어에도 많은 영향을 끼친다.
  - 규범에 맞지 않는 자막도 악영향을 끼쳐 언어상의 혼란이 초래된다.

- 연역적 추론을 통한 단락 전개

  텔레비전의 막대한 영향력을 감안하면 텔레비전 자막은 반드시 어문규범을 지켜야 한다. 텔레비전은 현대사회의 주요 매체이기 때문에 많은 사람들에게 영향을 끼친다. 이러한 영향력은 언어 분야에서도 마찬가지여서 사람들은 텔레비전의 말과 글을 그대로 따라하는 경우가 많다. 특히 규범에 맞지 않는 자막은 심각한 영향을 끼치기도 한다. 텔레비전의 막대한 영향력이 부정적으로 작용하지 않도록 하는 노력이 절대적으로 필요한 것이다.

다음은 상반된 사실명제를 바탕으로 변증법적 추론의 방법으로 정책명제를 증명하는 단락이다.

- 정책명제

  텔레비전의 영향력을 긍정적으로 활용하여 국어 발전에 도움이 될 방안을 모색해야 한다.

- 사실논거

  - 텔레비전이 국어 파괴의 주범이라는 목소리가 높다.

- 출연자들의 비속어, 무분별한 자막 등을 보면 이러한 혐의는 사실이다.
- 이렇듯 부정적인 영향이 많이 나타나는 것은 텔레비전의 영향력이 크다는 것을 의미한다.

⇓

- 국내의 한 방송사에서는 세대 간의 언어차이를 극복할 수 있는 프로그램을 만들어 많은 호응을 얻고 있다.
- 이 프로그램은 국어 발전에 많은 도움을 준다고 평가된다.

• 변증법적 추론을 통한 단락 전개

텔레비전의 영향력에 대한 상반된 지적을 고려한다면 긍정적 영향력을 극대화하여 국어 발전을 위해 적극적으로 활용할 방안을 모색해야 한다. 출연자들의 무분별한 비속어와 오류투성이의 자막을 보면 텔레비전이 국어 파괴의 주범이라는 혐의를 벗기 어려워 보인다. 그러나 국내의 한 방송사에서는 세대 간의 언어차이를 극복하기 위한 오락 프로그램을 개발하여 많은 호응을 얻고 있다. 그리고 이 프로그램에 국어 발전에 많은 도움을 준다는 평가도 받고 있다. 이렇듯 텔레비전이라는 양날의 칼은 국어발전에도 유용하게 쓰일 수 있다는 점을 고려해 긍정적으로 활용할 방안을 적극적으로 모색해야 한다.

이상의 단락들은 논증의 방법을 이용하여 효과적으로 단락을 전개하고 있으나 실제로 단락을 쓸 때는 명제, 논거, 추론 등의 용어에 크게 얽매일 필요가 없다. 이러한 개념과 활용 방안은 매우 유용하기는 하지만 절대적인 것은 아니다. 어떠한 추론 방법으로 논거를 들어 어떠한 명제를 증명했는가가 중요한 것이 아니라 어떻게 효과적으로 주장을 뒷받침하고 있는가가 중요하다.

따라서 논증의 방법으로 단락을 전개할 때는 핵심주장과 핵심논거를 적절히 결합해 명료한 화제문을 먼저 쓰고 이를 차분히 뒷받침하면 된다. 명제에 대한 이해는 주장을 명확하게 하는 데 필요할 뿐이고, 논거와 추론에 대한 이해는 뒷받침을 철저하게 하는 데 필요할 뿐이다. 그리고 경우에 따라서는 다양한 설명 방식을 쓸 수도 있고 여러 추론 방법을 섞어 쓸 수도 있다.

• **단락을 논증의 방법으로 전개하고자 할 경우에는 주장과 핵심논거를 결합하여 화제문을 쓰고 뒷받침문에서 논거를 들어 주장을 입증한다.**

확인문제

다음에 제시되는 화제에 대해 적절한 추론 방식을 선택해 한 단락으로 전개하시오.

(1) 대학수학능력시험 폐지
(2) 실버산업
(3) 원자력 발전소 건립
(4) 스트레스
(5) 흡연권과 혐연권

5. 서론 쓰기

글의 맨 앞에 놓이는 서론은 글의 얼굴과 같은 역할을 한다. 서론의 역할은 물론 구조, 서술 방법 등을 자세히 알아보자.

- ❑ 깔때기와 이정표 - 서론의 역할과 구조
- ❑ 좁히기 - 구체화를 통한 도입
- ❑ 넓히기 - 일반화를 통한 도입
- ❑ 빗대기 - 유추를 통한 도입
- ❑ 알리기 - 문제제기

깔때기와 이정표 – 서론의 역할과 구조

실용문의 맨 앞에는 반드시 서론이 놓인다. 서론이 글의 맨 앞에 놓이는 것은 글의 맨 앞에서 서론이 해야 할 역할이 분명히 있기 때문이다. 그 역할은 서론의 앞부분인 도입부를 통해 주어진 문제에 자연스럽게 접근하도록 하고, 뒷부분인 문제제기부를 통해 본론에서 논할 내용과 방향을 분명하게 제시하는 것이다. 이러한 역할은 깔때기와 이정표에 비유될 수 있다.

깔때기는 나팔 모양의 윗부분에 대롱을 붙여 손쉽게 액체를 부은 후 정확하게 병속으로 들어가게 할 수 있도록 만든 도구이다. 병의 좁은 구멍으로 액체를 넣기란 쉽지 않다. 이때 나팔 모양으로 된 깔때기를 쓰면 넓은 면적에 액체를 부으므로 어렵지 않게 부을 수 있다. 그리고 나팔의 아랫부분은 굵지 않은 대롱으로 되어 있어 병의 입구 깊숙이 넣을 수 있으므로 전혀 흘리지 않을 수 있다. 이처럼 깔때기를 쓰면 깔때기 윗면의 어디에 액체를 부어도 반드시 병 안으로 들어가게 할 수 있다.

서론의 앞부분은 깔때기처럼 주제에 쉽게, 그러고 정확하게 몰입할 수 있도록 해 주는 부분이다. 글쓰기가 주어진 문제에 대한 해결책을 제시하는 것을 목적으로 하지만 주어진 문제가 무엇인지 읽는 이는 모르는 경우가 많다. 또한 독자가 주어진 문제에 별로 관심을 가지지 않을 수 있다. 따라서 필자는 독자로 하여금 주제에 관심을 가지고 글로 자연스럽게 몰입할 수 있도록 도움을 줄 의무가 있는데 그 의무를 서론의 앞부분을 통해 다할 수 있다.

글의 첫머리에서 문제에 자연스럽게 접근하도록 유도하는 이 부분을 도입부라고 한다. 도입부에서는 글을 쓰게 된 동기, 글을 쓰는 목적, 논제의 중요성과 필요성 등을 서술하여 읽는 이로 하여금 자연스럽게 문제에 몰입할 수 있도록 유도한다. 또한 이 부분에는 글을 읽는 이가 흥미를 가질 수 있는 내용을 배치하여 문제에 관심을 가지도록 유도한다.

도입부가 효과적으로 쓰여야만 독자들은 글에 흥미를 가지고 글 속에서 다루고자 하는 문제에 쉽게 접근할 수 있다. 그러므로 도입부는 글에서 다룰 주제에 쉽고도 정확하게 접근할 수 있도록 사고의 일반적인 흐름을 따라 쓰는 것이 좋다. 도입부를 쓰는 방법으로는 일반론에서 구체론으로 쓰는 방법과 반대로 구체론에서 일반론으로 써 나가는 방법이 있다. 또한 주어진 문제에 유추적으로 접근할 수 있도록 써 나가는 방법이 있다.

이정표는 길의 방향, 거리 등을 적어놓은 푯말을 뜻한다. 여행자들은 이 이정표를 보고 방향과 거리를 가늠한다. 그리고 요즘의 도로 이정표에는 최종 목적지뿐만 아니라 중간에 경유하는 지점도 표시되어 있는데 이 경유지에 대한 정보를 보고 여행자들은 여정을 계획할 수 있다. 이처럼 이정표는 어떤 목표를 향해 가고자 할 때 방향, 소요시간, 과정 등을 알 수 있게 하는 역할을 한다.

서론의 뒷부분은 이정표처럼 글에서 서술하고자 하는 주제가 무엇이며, 그 주제가 어떤 구조의 어떤 순서로 서술될 것인가를 밝혀주는 부분이다. 서론의 앞부분이 글의 주제에 자연스럽게 몰입하도록 도와주는 부분이라면 뒷부분은 주제가 무엇인지를 명확하게 제시해 주는 부분이다. 또한 그 주제가 몇 부분으로 나뉘어서 서술될 것이며, 각 부분은 어떤 순서로 나열될 것인지를 제시해 주는 부분이기도 하다. 독자는 이 부분을 통해 글의 주제와 구조를 대략적으로 파악하고 편안하게 본론의 논의로 접근할 수 있다.

서론의 말미에 본론에서 논할 내용을 명시적으로 제시하는 부분을 문제제기부라고 한다. 어떤 글을 새로이 접한 독자는 미지의 세계에 들어온 것이나 다름없다. 따라서 이들이 앞으로 밟게 될 미지의 세계가 어떻게 이루어져 있으며 어떤 길을 밟고 가게 될 것인가를 알려줄 필요가 있다. 더욱이 글은 평면적, 단선적으로 전개되기 때문에 본론의 각 구성요소들 간의 위계질서를 파악하기가 쉽지 않다. 이때에 문제제기부에서 각 구성요소들 간의 위계와 순서를 명확하게 밝혀주면 읽는 이가 글을 효과적으로 이해할 수 있다. 이 외에 학술적인 글에서는 서론에서 핵심용어를 정의하거나 글의 내용을 이해하는 데 필요한 배경지식을 제시할 수도 있다. 또한 본론에서 등장할 낯선 용어나 특수한 용어의 정의도 미리 내려줄 수 있다.

서론의 구조와 역할을 이해하기 위해 2장에서 다루었던 친일파 청산 문제에 대한 서론을 먼저 살펴보자.

> [문제] 최근 과거사 청산 문제가 중요한 화두로 대두되고 있다. 그 중에서 집중적으로 거론되고 있는 것이 친일파 처리 문제이다. 그런데 친일파 처리에 대한 현재의 논란은 감정에 치우친 면이 적지 않다. 이러한 친일파 문제를 합리적으로 해결할 수 있는 방안에 대해 논하라.
>
> 최근 몇몇 국회의원들이 면밀한 조사와 검토 끝에 친일파 명단을 새로이 발표한 일이 있었다. 일제의 식민통치에서 벗어난 지 반세기가 넘었음에도 불구하고 아직도 친일파 명단을 발표하고 그들의 처벌을 놓고 논쟁을 벌이는 것이 시대에 뒤떨어진 듯한 느낌을 지울 수가 없다. 그런데 이러한 논쟁의 근원에는 친일파에 대한 명확한 개념규정을 하지 못하고 그 개념규정에 따른 분류와 처벌을 제대로 하지 못한 것이 자리 잡고 있다. 이런 점에서 친일파 문제에 대한 감정적 대응을 자제하고 이들에 대한 올바른 처리를 통해 소모적 논쟁을 불식시키는 일은 여전히 중요한 일로 남아 있다. **따라서 이 글에서는 친일파에 대한 분명한 정의를 바탕으로 친일파를 분류하고 이 분류에 따라 이들을 차등적으로 처벌할 구체적 방안에 대해서 알아보고자 한다.**

위의 예문과 같은 서론은 가장 흔히 볼 수 있는 방식이다. 주어진 문제는 '친일파에 대한 올바른 처리 방안'을 요구하고 있다. 이 방안을 강구하기 위한 글의 서론인 위의 예문은 최근의 논쟁으로부터 시작해 친일파에 관련된 기존 논쟁의 문제점을 지적하고 이를 해결할 수 있는 방안이 필요함을 역설하는 내용으로 글을 도입하고 있다. 이는 도입부에 가장 일반적으로 사용되는 방식이다. 굵은 글씨로 된 문제제기부에서는 '정의, 분류, 차등적 처리 방안'을 논하겠다는 분명한 계획을 표명하고 있다. 이러한 방식으로 서론이 작성되어야만 읽는 이는 자연스럽게 주제에 접근하여 논의에 몰입할 수 있다.

- 서론은 주어진 문제에 자연스럽게 접근하도록 하고 본론에서 논할 내용과 방향을 분명하게 제시하는 역할을 한다.
- 주어진 문제에 접근하도록 하는 서론의 앞부분을 도입부라고 하고 본론에서 논할 내용과 방향을 제시하는 뒷부분을 문제제기부라고 한다.

확인문제

1. 다음의 서론을 읽고 부족한 면을 보충해 다시 쓰시오.

> 현대 사회에서 과학 기술이 차지하는 비중은 굳이 설명할 필요가 없을 정도이다. 과학 기술이 종교를 대신했다고 할 만큼 과학 기술에 대한 우리의 신뢰는 전폭적이다. 과학 기술에 대한 우리의 신뢰는 과학이 절대적으로 확실한 객관적 지식을 제공한다는 믿음과 과학 기술이 가져다준 현실적 이익에서 비롯되었다. 또한 우리는 과학 연구가 몰가치적 활동이라는 관념도 가지고 있다. 그러나 과연 과학적 지식은 절대적으로 신뢰할 만한 객관적 지식인가? 그리고 과학 연구 활동은 정치적 · 사회적 가치와 무관한 영역인가?

2. 다음은 어떤 글의 본론을 순서 없이 나열한 것이다. 이러한 본론을 끌어낼 수 있는 적절한 서론을 쓰시오.

> 지식의 원천으로서 인터넷의 비중이 높아지면서, 지식은 점차 계산에 의해 산출된 결과로 인식되고 있다. 그러나 지식을 추구하는 과정의 중요성이 간과된다면 지식에 대한 깊이 있는 성찰을 기대하기는 어려울 것이다.
>
> 한 사이트에서 불과 몇 초를 머물지 못하는 인터넷 서핑 방식의 지식 찾기는 본질적으로 깊이 있는 사유와는 거리가 멀다. 인터넷이 지식의 성격과 사유 양식에 큰 영향을 미치고 있는 것은 사실이지만, 인터넷 역시 단순한 수단에 지나지 않는다는 사실을 잊지 말아야 한다.
>
> 인터넷에 올려진 정보는 패스트푸드처럼 손쉽게 취할 수 있지만, 그 정보는 지식적 배경이나 사회 · 문화적 토대에서 분리된 단편적인 정보에 불과하다. 정

보가 그것이 위치해 있던 풍부한 맥락으로부터 분리돼 정형화된 토막 정보가 된다는 점에서 이는 정보의 소외에 해당한다고 할 수 있다.

성찰은 해당 분야의 지식뿐 아니라 연관 주제들에 대한 폭넓은 고려와 깊이 있는 사유를 전제로 한다. 학생들이 이러한 성찰적 사고방식을 멀리하고 인터넷의 단편적 지식만을 섭취한다면 교육의 궁극적 목표인 전인적 인격 형성은 달성되기 어려울 것이다. 인간관계는 편협해질 것이며 사회는 비인간적인 방향으로 흐를 가능성이 높다.

3. 다음은 어떤 글의 결론이다. 결론과의 상관성을 고려해 적절한 서론을 쓰시오.

남을 돕는 행동이나 남에게 도움을 줄 수 있다는 사실에서 정신적인 보상을 찾을 수 있을 때, 우리 사회는 정신적으로 좀 더 성숙되리라 기대할 수 있다. 이를 위해서는 청소년에게 주는 보상을 물질적인 것보다는 정신적인 것으로 전환시키는 일이 무엇보다 필요하다. 어린 시절부터 정신적인 가치를 인식하고 그것을 소중하게 받아들이는 자세를 가질 수 있는 환경을 청소년에게 만들어 주어야 한다.

좁히기 – 구체화를 통한 도입

구체화에 의한 도입부는 주어진 주제보다 포괄적인 문제나 내용에서 출발하여 주어진 문제로 접근하도록 유도하는 방법으로 쓴 도입부이다. 즉 어떠한 문제가 있다면 그 문제를 둘러싼 보다 상위의 개념, 포괄적인 문제, 원론적인 내용을 먼저 제시하고 그 문제 중에서 특히 중요하다고 생각되는 주제로 접근하는 방식이다. 이러한 방식으로 도입부를 쓸 때는 가까운 상위의 개념, 문제, 내용에서 출발하는 것이 좋다. 너무 먼 것에서부터 출발하면 도입부가 지나치게 길어지고 주어진 문제에 집중하기가 어렵다.

앞에서 제시된 친일파 문제에 대한 다음의 서론을 살펴보자.

> 개인이든 국가든 불행했던 과거는 빨리 청산하는 것이 바람직하다. 우리 근현대사에서 가장 불행했던 시기인 일제치하 35년의 잔재도 가능하면 빨리 청산되어야 하는 것은 당연하다. 그러나 아직도 우리 사회에서는 일제의 잔재가 많이 남아 있어 그것의 청산이 늘 문제가 되고 있다. 그 중에서도 가장 심각한 문제가 인적 청산, 즉 친일파 청산 문제이다. 친일 행위가 부끄러운 행위이며 그러한 행위를 한 인사는 마땅히 처벌되어야 한다는 데에는 공감하는 데 비하여 친일파 색출과 처벌은 현재까지도 문제가 되고 있는 것이다. 그런데 이러한 논쟁의 근원에는 친일파에 대한 명확한 개념 규정을 하지 못하고 그 개념규정에 따른 분류와 처벌을 제대로 하지 못한 것이 자리 잡고 있다. **따라서 이 글에서는 친일파에 대한 분명한 정의를 바탕으로 친일파를 분류하여 이들을 차등적으로 처벌할 구체적 방안에 대해서 알아보고자 한다.**

위의 서론은 '불행한 과거의 청산 필요성 → 일제 잔재의 청산 필요성 → 친일파 처벌의 문제'순으로 도입부를 설정하여 친일파에 대한 개념규정의 필요성과 처벌방안에 대해 논의할 것임을 제시하고 있다. 즉 '불행한 과거'라는 일반론에서 시작하여 차차 문제를 좁혀 최종적으로 친일파 처벌 문제로 접근하고 있는 것이다. 이러한 방법으로 서론의 도입부를 쓰게 되면 일반적 사고의 과정과 일치하기 때문에 효과적인 도입부를 쓸 수 있다.

다음의 예도 구체화에 의한 도입부를 썼다.

[문제] 온라인상에서의 만남이 일반화될수록 네트워크상의 에티켓, 즉 네티켓이 중요해지고 있다. '바람직한 네티켓 정립을 위한 방안'을 주제로 하여 한 편의 완성된 글을 쓰시오.

사회적 동물인 인간은 늘 누군가와 관계를 맺고 살 수밖에 없다. 그리고 어떤 관계든 관계가 맺어지면 원만한 관계를 유지하기 위해 신경 써야 할 것이 한두 가지가 아니다. 특히 사람을 사귈 때의 마음가짐이나 몸가짐을 에티켓이라 하여 매우 중시한다. 그런데 이 에티켓은 비단 얼굴을 맞대는 관계에서만 필요한 것은 아닌 듯하다. 요즘 들어 사이버 공간에서의 만남이 활발해지고 그 사이에서 다툼과 상처가 발생하는 것을 보면 특히 그렇다. 이러한 문제는 하루가 다르게 발달해 가는 사이버 세계의 만남을 예절이 따라가지 못해 발생한 것이다. **어떻게 하면 네트워크상에서의 에티켓, 즉 네티켓을 정립할 것인가에 대한 고민은 더 이상 미룰 수 없는 상황이 되었다.**

위의 서론은 일반적인 예절에서 출발하여 점점 범위를 좁혀가다 마침내 문제에서 요구하는 네티켓 문제까지 접근하고 있다. 이러한 도입부 또한 일반론에서 시작하여 구체론으로 접근해 가는 방식의 구체화를 통한 도입부이다. 네티켓의 근원이 에티켓에 있는 만큼 일반적인 예절에 대해 먼저 생각하게 하고 자연스럽게 주어진 문제로 접근하게 하여 매우 자연스러운 서론이 되었다.

- **구체화에 의해 도입부를 쓸 때는 주어진 문제보다 포괄적이고 일반적인 문제나 내용에서 출발하여 주어진 문제로 좁혀 나가는 방식으로 쓴다.**

확인문제

다음에 제시되는 주제에 대해 구체화의 방법으로 도입부를 쓴 서론을 작성하시오.

(1) 식민사관의 극복
(2) 노동생산성 향상의 필요성
(3) 부의 세습
(4) 참여와 순수 논쟁
(5) 국어순화

넓히기 – 일반화를 통한 도입

일반화에 의한 도입부는 주어진 문제를 구성하는 보다 구체적인 내용에서 출발하여 이를 일반화한 문제로 접근하도록 유도하는 방법으로 쓴 도입부이다. 즉 본론에서 다루고자 하는 주제를 보다 세분화하여 그 구성요소를 먼저 제시한 후 그것을 보다 상위의 개념, 포괄적인 문제, 원론적인 내용으로 확대시켜가는 방법이다. 이러한 사고의 방향 또한 인간의 일반적인 사고방식과 일치하기 때문에 이러한 방법으로 서론의 도입부를 쓰면 독자가 주어진 문제에 대하여 쉽게 접근할 수 있다.

이러한 방법으로 서론을 쓸 때는 본론까지 염두에 두고 써야 한다. 즉 주어진 문제에 대해 보다 구체적인 항목을 제시할 때는 본론의 구성을 염두에 두어 각 구성을 대표할 만한 구체적 항목을 제시하는 것이 좋다. 너무 지엽적인 것이나 어느 한쪽에 편중된 항목이 제시되었을 경우 이러한 항목을 일반화하여 주어진 문제로 접근하기가 어려워진다.

다음에 제시된 문제와 이에 대한 서론을 살펴보자.

[문제] 얼마 전 우리는 IMF라는 혹독한 시련을 겪었다. 우리가 이런 시련을 다시 겪지 않기 위해서는 당시의 문제점을 면밀히 검토하고 그에 대한 대비를 철저히 할 필요가 있다. 과거의 IMF를 겪게 된 원인을 분석하여 현재의 경제위기를 대비할 수 있는 방안에 대해 논하시오.

카드 빚에 허덕이면서도 명품을 마구 사들이는 이들, 연구와 개발보다는 빌린 돈으로 정치권에 뇌물을 대고 사주의 배만 불리는 기업, 정치논리에 휩쓸려 전혀 경제적이지 않은 경제정책을 펴는 정부의 모습을 보면서 우리는 경제위기를 예감하고 있다. 혹독했던 IMF의 기억을 모두 잊었는지 가계, 기업, 정부 모두 이전 시기의 모습으로 돌아가고 있는 것이다. 모든 경제주체가 이러한 모습을 보인다면 우리 경제가 또다시 송두리째 흔들리지 않으리라는 보장을 할 수가 없다. 지난 시절의 과오는 다가올 시기의 위기를

> 극복할 수 있는 좋은 교과서가 된다. **따라서 지난 경제 위기의 원인을 분석해 보고 이에 따라 대책을 마련하는 것은 다가올 우리 경제의 위기를 막는 중요한 방책이 될 것이다.**

위의 서론은 가계, 기업, 정부의 문제적 행태를 먼저 제시하고 이것이 초래할 경제 위기를 지적하는 내용으로 도입부를 쓰고 있다. 즉 경제를 이루는 개별 주체의 문제적 행태를 지적하고 그것을 일반화시켜 경제 전체에 미칠 악영향을 지적하고 있다. 이러한 방법으로 지난 경제 위기와 자연스럽게 연결하여 경제위기의 원인 분석과 해결책 제시라는 문제제기로 나아가고 있는 것이다. 또한 본론에서 경제위기의 원인과 해결책을 '가계, 기업, 정부'로 나눈다면 서론에서 제시한 행태와 잘 맞아떨어지기 때문에 통일성이 있는 글을 쓸 수 있다. 이러한 방법으로 서론의 도입부를 쓰게 되면 일반적 사고의 과정과 일치하기 때문에 효과적인 도입부를 쓸 수 있다.

다음의 서론 또한 일반화에 의한 도입부를 썼다. 논제는 앞의 것과 같은 '네티켓'이다.

> 남이 글을 올리면 악착같이 따라다니며 험한 소리를 지껄여 대는 사람을 뜻하는 '악플러', 인터넷 게시판이 온통 자기 것인 양 자신의 글만 올리는 행위를 뜻하는 '도배', 도대체 무슨 말인지 알 수 없는 단어와 표기를 써 대는 외계인 '휑자'들……. 한때의 경향으로만 보기에는 도가 너무 지나치고 이 때문에 피해를 보는 사람도 속출하고 있다. 사이버 공간 자체의 논리와 정화작용을 기대해 볼 수도 있지만 그것도 요원한 것처럼 보인다. 아무리 사이버 공간이라지만 결국 현실 공간의 논리와 예절이 개입할 수밖에 없는 것인가? **그렇다면 현실 공간의 논리와 예절을 어떻게 변형하여 사이버 공간에 반영할 것인가 생각해 보자.**

위의 서론에서는 '악플러, 도배, 휑자'를 예로 들어 인터넷 상의 문제를 지적하고 있다. 이것은 인터넷상의 문제이기는 하지만 현실의 예절로 풀어야 할 문제임을 보이며 자연스럽게 문제를 제기하고 있다. 이 과정 역시 일반화의 과정으로서 우리의 사고 흐름과 잘 일치된다. 그리고 '악플러, 도배, 헬자'는 인터넷 예절, 즉 네티켓과 관련하여 가장 중요한 세 가지 요소인데 이것을 예로 듦으로써 본론에서도 이 세 가지 문제를 집중적으로 논의할 것을 예고하고 있다.

- **일반화에 의해 도입부를 쓸 때는 주어진 문제를 구성하는 보다 구체적인 문제나 내용에서 출발하여 이를 일반화한 문제로 접근해 나가는 방식으로 쓴다.**

ⓘ 확인문제

다음에 제시되는 주제에 대해 일반화의 방법으로 도입부를 쓴 서론을 작성하시오.

(1) 청소년기의 방황
(2) 종교의 폐해
(3) 성공을 위한 지름길
(4) 대학에서 교양교육이 필요한가?
(5) 실천적 지성의 필요성

빗대기 - 유추를 통한 도입

유추에 의한 도입부는 다루고자 하는 주제와 밀접한 관련을 가지면서 많은 사람들에게 잘 알려진 개념, 사건, 일화 등을 소개하면서 주제에 접근하는 방법으로 쓴 도입부이다. 즉 본론에서 다루고자 하는 개념이 비교적 어렵거나 잘 알려지지 않은 주제일 경우 보다 쉬운 내용에서부터 접근하여 문제를 쉽게 파악할 수 있도록 유도하는 방식이다.

이 때 유추의 소재로 삼을 수 있는 것은 추상적 개념에서 시작하여 구체적 사건에 이르기까지 매우 다양하다. 어느 것이든 독자가 잘 알고 있으며 주제와 밀접한 관련을 가진 것이어야 한다. 이렇게 독자들이 흥미를 느낄 수 있는 개념과 사건을 도입부에 쓰면 독자들은 자연스럽게 글에 몰입하게 되고, 글에서 다룰 주제도 쉽게 파악하게 된다.

다음에 제시된 문제와 이에 대한 서론을 살펴보자.

[문제] 역사는 인간들의 주체적 노력에 의해 이루어진다. 그런데 이 주체적 노력을 하는 이들이 누구인가에 따라 역사의 주인에 대한 다양한 견해가 존재한다. '역사의 주인은 누구인가'에 대한 명확한 답이 될 수 있는 한 편의 완성된 글을 쓰시오.

물은 중력에 의해 위에서 아래로 흐른다. 이는 거스를 수 없는 자연의 순리이며, 물은 그 의지와 상관없이 아래로 향할 뿐이다. 과거에서 현재로 이어지는 시간의 흐름 역시 거스를 수 없는 자연의 순리이다. 그러나 시간의 흐름 속에서 이루어낸 인간의 삶의 과정인 역사는 물의 무조건적인 흐름과는 다르다. 그 역사에는 역사를 만들어낸 주인공이 있으며 그 주인공의 의지에 의해 흐름이 바뀌기도 하고 속도가 달라지기도 하는 것이다. 그 주인공은 한 시대를 풍미한 영웅일 수도 있고 역사에 이름을 남기지는 못했지만 묵묵히 자신의 역할을 다했던 민중일 수도 있다. **이 글에서는 역사의 도도한 흐름을 만들어낸 민중에 초점을 맞추어 그들이 각 분야에서 역**

사의 흐름을 어떻게 주도했는가에 대해서 논하고자 한다.

위의 서론은 물의 흐름과 역사의 흐름의 유사성에 착안해 역사의 주인은 누구인가에 대한 문제제기를 하고 있다. 역사는 흔히 물에 비유되기는 하지만 물의 흐름은 자연현상이고 역사의 흐름은 인간의 의지에 의한 것이라는 면에서 차이점이 있다. 따라서 위의 도입부는 공통점과 차이점을 적절히 부각시키면서 문제제기로 접근하고 있다는 면에서 매우 효과적이다.

또 다른 문제와 이에 대한 서론을 살펴보자.

[문제] 문화시장 개방 문제에 대하여 국내의 문화산업 보호라는 측면에서 반대하는 의견이 있는가 하면 모든 것이 개방되고 있는 시점에서 문화산업 시장만 문을 닫아거는 것은 시대착오적일 뿐만 아니라 장기적인 국내 문화산업 발전을 위해서도 좋지 않다는 의견도 있다. 두 의견 중 어느 하나를 선택하여 자신의 견해를 쓰시오

온실에서 자란 화초가 밖에 나왔을 경우 오래 견디지 못함을 우리는 잘 알고 있다. 양식용으로 들여온 황소개구리가 늪지와 연못의 생태계를 장악한 사실 또한 우리에게 익숙한 일이다. 이것은 비록 자연계의 일이긴 하지만 우리 문화산업계에도 그대로 적용될 수 있는 일이기도 하다. 국내 문화산업 보호라는 명분 하에 우리의 문화를 온실 속에 가두고 그 속에서 기득권을 유지하려는 사람들이 있다. 그러나 모든 것이 개방되고 있는 시점에서 언젠가는 우리 땅에 들어오게 될 거대한 문화 황소개구리에 준비하지 않을 수 없는 것이 현실이다. **따라서 이 글에서는 폐쇄주의자들의 견해를 비판하고 우리의 문화산업을 지키면서 외국문화를 개방하고 나아가 우리의 문화가 세계의 문화시장으로 뻗어나갈 수 있는 방법에 대해 모색하고자 한다.**

위의 서론은 온실 속의 화초를 우리 문화산업에 비유하고 황소개구리를

외국의 문화산업에 비유하여 도입부를 쓰고 있다. 폐쇄주의자들은 우리 문화산업의 보호를 위하여 외국의 문화산업에 대한 개방을 거부하고 있지만 그것은 온실 속에서 화초를 기르는 것과 같이 우리의 문화산업을 오히려 약화시킬 것임을 비유적으로 제시하고 있다. 또한 외국의 문화산업이 언젠가는 거대한 황소개구리가 되어 우리의 문화산업 시장을 장악할 것을 비유적으로 표현하고 있다. 이 서론은 이러한 도입부를 바탕으로 하여 폐쇄주의자들을 비판하고 충격 없이 외국문화 개방을 견뎌내고 세계시장으로 우리의 문화를 수출할 방법을 모색하는 문제제기로 이어지고 있어 매우 효과적이다.

다음의 서론 또한 유추의 방법으로 도입부를 써서 매우 효과적으로 주제에 접근하고 있다.

> [문제] 영화, 연극, 소설을 둘러싼 예술과 외설 논쟁이 끊이지 않고 있다. 이러한 논쟁이 발생하게 된 근본적인 원인을 밝히고, 이 논쟁에 대한 자신의 견해를 제시하시오.
>
> 땅거미가 질 무렵은 낮인가 밤인가? 지친 몸을 편히 쉬게 할 집을 찾아 들어가는 농부에게는 땅거미가 질 무렵은 밤일 테지만, 시간 가는 줄 모르고 놀이에 열중해 있는 아이에게는 낮일 것이다. 동이 틀 무렵은 밤인가 낮인가? 소풍날 아침의 초등학생에게는 훤한 대낮이지만, 일하기 싫은 농부에게는 한밤중으로 보일 것이다. 모든 일이 다 이렇다. 같은 대상을 두고도 어느 쪽에서 어떻게 바라보느냐에 따라 얼마든지 달라 보이는 것이다. 예술과 외설을 둘러 싼 논쟁도 어느 쪽에 서서 무엇을 바라보느냐의 문제이다. 예술 영화에서 어두컴컴한 침실 장면만 찾는 사람에게는 모든 것이 외설이고, 온통 살색에 신음으로만 가득 찬 영화에서 인간과 인생의 아름다움을 찾는 사람에게는 모든 것이 예술이다. 그런데 왜 서로 반대쪽에 서서 서로를 욕하기만 하는 것인가? 이 싸움에서 우리는 어디에 서야 하는 것인가?

위의 서론은 예술과 외설 논쟁은 경계가 모호하기 때문에 발생한 문제임을 지적하면서 그러한 논쟁이 발행하는 보다 근본적인 이유와 자신의 견해를 밝히겠다는 내용을 쓰고 있다. 이러한 주제를 끌어내기 위해 땅거미가 질 무렵과 동이 틀 무렵을 들고 있는데 모두 경계가 모호하다는 면에서 주제와 관련이 있다. 즉 예술과 외설이라는 다소 어려운 주제를 익숙한 것에 빗대어 씀으로써 독자의 관심과 이해를 도모하고 있다.

- **유추에 의해 도입부를 쓸 때는 다루고자 하는 주제와 밀접한 관련을 가지면서 많은 사람들에게 잘 알려진 개념, 사건, 일화 등을 소개하면서 주제에 접근하는 방법으로 쓴다.**

ⓘ 확인문제

다음에 제시되는 주제에 대해 유추의 방법으로 도입부를 쓴 서론을 작성하시오.

(1) 철새 정치인
(2) 중우정치 비판
(3) 증권시장
(4) 공무원의 무사안일주의
(5) 정치와 언론의 유착

알리기 – 문제제기

독자의 관심을 끌기 위해서 서론의 도입부가 중요하지만 서론이 있어야 하는 궁극적인 이유는 문제제기에 있다. 즉 글의 주제, 구성 등을 명확히 밝히는 부분이 있어야 서론이 제 역할을 다할 수 있는데 그런 역할을 하는 것이 문제제기 부분이다. 따라서 서론을 쓸 때 문제제기부는 반드시 있어야 하며 가능한 한 명확하게 써야 한다. 글에서 다루는 문제가 무엇인지, 글이 어떻게 전개될 것인지 반드시 써 주어야만 독자가 불안해하지 않는다. 그리고 가능한 한 명시적으로 써야만 독자가 주제와 글의 구성을 정확하게 파악할 수 있다.

설명문과 논설문 등의 실용문을 쓸 때는 다른 어떤 종류의 글보다 문제 제기 문장을 정확하게 써 주어야 한다. 문제 제기 문장은 글의 종류에 따라 문장의 형식이 어느 정도 결정된다. 즉 설명을 주로 하는 글이라면 '…설명하고자 한다, …서술하고자 한다' 등으로 끝맺을 수 있고 논증을 주로 하는 글이라면 '…논하고자 한다, …고찰하고자 한다, …입증하고자 한다' 등으로 끝맺을 수 있다. 또한 문제의 중요성과 필요성을 제시하면서 문장을 끝맺을 수도 있다.

그러나 반드시 이러한 형식을 따를 필요는 없다. 학술 논문인 경우에는 형식이 대개 정해져 있으므로 위와 같이 문제제기를 한다고 해서 시비를 삼을 사람이 없지만 창의적인 글이 요구될 때는 위와 같은 문제제기가 자칫하면 천편일률적으로 느껴질 수도 있다. 이럴 경우에는 다소 표현을 달리 해서 문제제기를 할 수 있다.

앞의 서론에서 썼던 문제제기 부분만 따로 모아 살펴보자.

(1) 따라서 이 글에서는 친일파에 대한 분명한 정의를 바탕으로 친일파를 분류하고 이 분류에 따라 이들을 차등적으로 처벌할 구체적 방안에 대해서 알아보고자 한다.

(2) 따라서 이 글에서는 폐쇄주의자들의 견해를 비판하고 우리의 문화산업을 지키면서 외국문화를 개방하고 나아가 우리의 문화가 세계의 문화시장으로 뻗어나갈 수 있는 방법에 대해 모색하고자 한다.

(3) 그렇다면 현실 공간의 논리와 예절을 어떻게 변형하여 사이버 공간에 반영할 것인가 생각해 보자.

(4) 이 글에서는 역사의 도도한 흐름을 만들어낸 민중에 초점을 맞추어 그들이 각 분야에서 역사의 흐름을 어떻게 주도했는가에 대해서 논하고자 한다.

(5) 따라서 지난 경제 위기의 원인을 분석해 보고 이에 따라 대책을 마련하는 것은 다가올 우리 경제의 위기를 막는 중요한 방책이 될 것이다.

(6) 어떻게 하면 네트워크상에서의 에티켓, 즉 네티켓을 정립할 것인가에 대한 고민은 더 이상 미룰 수 없는 상황이 되었다.

(7) 그런데 왜 서로 반대쪽에 서서 서로를 욕하기만 하는 것인가? 이 싸움에서 우리는 어디에 서야 하는 것인가?

위에서 (1)-(4)는 전형적인 문제제기의 형식을 따랐고 (5)-(7)은 다소 다른 문제제기 형식을 썼다. 앞의 묶음처럼 쓰면 본론에서 논할 주제와 구성을 명시적으로 제시할 수 있는 장점이 있지만 다소 단조로운 느낌을 줄 수도 있다. 그리고 뒤의 묶음처럼 쓰면 주제와 구성이 다소 불분명하게 보일 수도 있지만 단조로운 느낌은 피할 수 있다.

어떤 방식을 쓰든 선택의 문제이지만 궁극적으로 중요한 것은 본론에서 논할 주제와 구성이 명시적으로 드러나야 한다는 것이다. 결국 주제와 구성이 분명하게 드러나되 창의적인 문제제기를 하는 것이 가장 좋은 방법이라 할 수 있다.

- **글의 주제와 구조를 밝히는 문제제기부는 반드시 있어야 하고 명시적으로 써야 한다.**
- **문제제기부는 글의 종류에 따라 내용과 형식이 대개 결정되지만 창의적이고도 효과적인 방법을 모색할 수도 있다.**

ⓘ 확인문제

1. 다음에 제시되는 논제에 적합한 서론의 문제제기 문장을 쓰시오.

(1) 환경문제가 중요시되면서부터 기업들은 앞을 다투어 '환경상품'을 내놓고 있다. 이러한 환경상품의 허와 실을 논하고 기업이 환경의 오염과 파괴를 막기 위해 해야 할 일은 무엇인가를 논하라.
(2) 본격적인 지방자치시대를 맞이하여 '전체 속의 부분, 부분 속의 전체'라는 관점에서 지방자치에 대한 자신의 견해를 쓰라.
(3) 오늘날 우리 사회가 안고 있는 많은 병폐 중 우리의 잘못된 가치관과 생활방식에서 기인한다고 생각되는 사례를 중심으로 '바람직한 현대 생활을 위한 과제'에 대해 논하라.

2. 다음에 제시되는 논제에 적합한 서론의 문제제기 문장을 쓰시오.

[문제] 아래 글은 남자거나 여자라는 이유로 부당하게 대우하는 세태에 대한 생각을 보여 준다. 이 글을 읽고 다음 물음에 대해 자신의 견해를 논하라.

(1) 여자다움, 남자다움에 대해 어떻게 생각하는가?
(2) '여자다움'이나 '남자다움'은 '인간다움'이라는 말과 어떻게 관련되는가?

<여학생 A> 엄마와 아빠가 하시는 말씀은 날 우울하게 한다. "너 공부 열심히 해서 좋은 대학 들어가는 것이 효도다. 요즘 시집가는 일이 얼마나 힘든 줄 아니? 그래도 좀 알아주는 대학 나와야 괜찮은 집안으로 시집갈 수 있다." "누가 시집가려고 대학 가나"하면 "자고로 여자는 시집가서 아들딸 쑥쑥 잘 낳는 것이 복이다"라고 하신다. 그래도 굽히지 않고 "요즘은 여자들도 사회에서 한몫 한다구요." 하니까 "저런 버릇없는 것! 여자가 부모님 말씀에 꼬박꼬박 말대답이나 하고"라며 더 이상 이야기를 꺼낼 수 없게 하신다.

<남학생A> 저는 어렸을 때 화가 나거나 슬퍼서 울면 사내 녀석이 눈물을

보인다고 호되게 혼나곤 했어요. 왜 그래야 하는지도 모른 채 무조건 울음을 참아야 했어요. 남자는 대학을 선택할 때도 여자와 달리 부담을 많이 느껴요. 여자들은 대학 원서를 쓸 때 그냥 원하는 과를 가면 되지만 남자는 여자를 먹여 살려야 하니까 구체적인 직업을 고려해서 원서를 쓰게 돼요.

<여학생B> 여성은 남성보다 평균적으로 지능이 낮은가? 그렇지 않다는 여러 실험 결과가 있다. 여성의 IQ는 태어나면서부터 남자보다 낮은 것이 아니라 보통 초등학교 3, 4학년부터 낮아진다. 또 몇몇 연구에 따르면, 적극적이고 독립심이 강한 아이는 IQ의 발전 가능성이 높은 반면 소극적이고 의존 성향이 큰 아이는 반대 성향을 보인다. 여자는 대부분 남자에 비해 더 소극적인 유형으로 키워지기 때문에 학년이 올라갈수록 자신의 잠재력을 발휘할 기회를 잃어버린다.

<여학생C> 우리 반 남학생들은 내게 여성 호르몬보다 남성 호르몬이 더 많다고 놀리지만 난 항상 뭔가 하겠다는 적극적인 성격이 좋다. 여자라고 그저 얌전하게 행동하는 것은 딱 질색이다. 남자다움, 여자다움 이전에 먼저 인간이라는 점을 생각해야 한다.

6. 본론 쓰기

본론은 글에서 가장 핵심이 되는 부분으로서 중요한 모든 논의가 이 본론에서 이루어진다. 본론을 구성하고 전개하는 방법에 대해 상세하게 알아보자.

❑ 펼침 – 본론의 역할
❑ 엮음 – 본론의 구성과 전개

펼침 – 본론의 역할

본론은 말 그대로 글의 가장 근본이 되는 부분이며, 핵심적인 부분이기도 하다. 어떤 문제에 대해 글을 쓸 때 핵심적인 모든 논의는 본론에서 이루어진다. 서론은 본론의 내용과 형식을 끌어내는 부가적인 구성요소이고, 결론은 본론의 내용을 요약하고 덧붙이는 부가적인 구성요소이다. 따라서 본론은 글의 근간을 이루는 구성요소이다.

주어진 주제에 대하여 서론에서 문제제기가 이루어졌다면 본론에서는 제기된 문제 하나하나를 구체화시켜 나가면서 필자의 주장과 설명을 해 나간다. 본론을 구성하는 큰 줄기는 개요에 의해 결정이 되며 각 구성요소의 최소단위는 하나의 단락이다. 이 단락들을 유기적으로 결합시켜 주어진 문제에 대한 분명한 답을 본론 부분에 모두 써야 한다.

본론은 상호 독립적이되 다른 부분과 유기적인 관련을 맺도록 써야 한다. 일차적으로 본론은 서론 및 결론과 유기적인 관련을 맺어야 한다. 이는 본론의 문제라기보다는 서론과 결론의 문제라고 할 수 있다. 서론과 결론은 본론의 내용과 구조에 결정되므로 서론과 결론을 본론과 유기적으로 쓰면 결과적으로 본론의 유기성도 그대로 드러나게 된다. 따라서 서론 및 결론과 분명히 구별되도록 본론을 쓰고 이에 따라 서론과 결론을 써 주면 글 전체의 통일성, 긴밀성이 잘 갖추어질 수 있다.

본론의 각 부분도 독립적이되 유기적인 관련을 맺도록 써야 한다. 본론은 주어진 문제에 따라 서론에서 예고된 대로 구성된다. 이때 본론의 각 구성요소는 간잡이그림에서 독립적으로 설정되었으므로 각 구성요소별로 완결성을 갖추어야 한다. 그러나 본론의 각 구성요소는 본론의 일부이므로 각 구성요소끼리 직렬, 병렬, 복합 등의 방법으로 배열되어야 한다. 이렇게 해야만 본론의 긴밀성과 완결성이 갖추어질 수 있고 나아가 글 전체의 통일성, 긴밀성, 완결성이 갖추어질 수 있다.

본론에서는 주어진 문제와 관련된 핵심적인 내용을 모두 다루어야 한다.

즉 설명, 주장의 모든 내용이 본론 속에 있어야지 다른 부분에 포함되어서는 안 된다. 특히 본론에 이어지는 결론에 핵심적인 설명과 주장을 포함시키는 경우가 있는데 이는 '결론'의 실질적 의미와 글의 구성요소로서의 '결론'을 혼동하는 데서 범하는 오류이다. 설명과 논증의 결론은 글의 가장 핵심적인 내용이므로 본론에 포함시켜야 한다.

- **본론은 글의 근본이 되는 부분으로서 주어진 문제에 대한 핵심적인 논의를 하는 부분이다.**
- **본론과 글 전체, 그리고 본론의 각 구성요소는 상호 독립적이되 유기적으로 결합되어야 한다.**

① 확인문제

다음은 '대학생이 놀아야 하는 이유'에 대해 학생이 쓴 글이다. 글을 읽고 본론이 글 전체와 유기적으로 결합되었는가를 평가하시오. 그리고 본론의 각 구성요소끼리 상호 독립적이되 유기적으로 결합되었는가를 평가하시오.

대학생이 놀아야 하는 3가지 이유

여유와 낭만의 대명사였던 대학생들의 생활이 달라지고 있다. 얼마 전부터 각 대학에서는 신입생을 광역화로 모집하고 있다. 1년 혹은 2년간의 전공탐색 기간을 거쳐 자신에게 맞는 과를 선택하도록 하는 것이 이 제도를 도입한 대학 측의 취지이다. 그러나 과 배정의 기준이 학점인 경우가 많아서 갓 대학에 입학한 학생들이 대학생활을 제대로 누려보지 못한 채 학점에 얽매이는 부작용을 낳았다. 또 경기 침체로 인한 청년 실업이 사회적인 문제로 대두되면서 취업에 관한 불안감이 조성됨에 따라 대학 입학 후 곧 취직 준비를 시작하는 학생들도 늘어나고 있다. 캠퍼스 생활의 낭만이나, 여유는 이미 옛말이 되어버린 것이다. 그러나 대학생은 놀아야 하며 대학생들의 놀이는 여러 가지 이유로 정당성을 지닌다. 이 글에서는 대학생활에서의 놀이의 의미와 대학생이 놀아야하는 이유를 대학생의 위상에 따라 알아보고, 구체적인 놀이 방안에 대해 살펴보고자 한다.

대학생은 예비 사회인으로서 다양한 단체 활동을 통한 놀이로 사회적 안목을 넓혀야 한다. 대학은 물론 학문 탐구를 위한 상아탑이다. 그러나 졸업생의 대다수는 상아탑에 남기보다는 사회로 진출한다. 따라서 대학생은 대학 재학 시절에 사회로 나갈 준비를 해야 한다. 그러나 여기서의 준비는 취업과 같은 당장의 현실적인 목표를 위한 행위들과는 구분되는 '놀이'의 의미를 가지고 있다. 어떤 목적성이나 현실성을 배제한 순수한 활동인 것이다. 예비 사회인으로서 대학생의 놀이는 각종 사회단체에서의 활동이나, 사회 내의 소수자들을 위한 봉사 활동, 학내에서의 학생 자치 활동 등이 있다. 이러한 활동을 통해 사회의 축소판이라고 할 수 있는 학내에서 사회생활을 미리 체험하고, 학교의 울타리를 벗어나 처음으로 사회와 만나, 미처 보지 못했던 사회의 여러 부분을 인지하고 경험할 수 있다. 나아가 사회에서 단순히 취직을 한 반쪽 사회인이 아닌, 사회에 대한 올바른 안목을 가지고 있고, 사회인으로서의 책임감을 갖춘 온전한 사회인이 될 수 있는 것이다.

대학생은 잠재된 끼의 저장고로서 각종 문화 활동을 통한 놀이로 문화적 정체성을 찾아야한다. 한국의 중고등학생은 대학 입시 준비와 같은 현실적 장애 때문에 끼를 표출할 수 있는 공간은 물론 자신의 잠재력을 알 수 있는 기회도 갖지 못한다. 따라서 자율적으로 운용할 수 있는 시간이 많고, 다양하고 활발한 문화 활동들이 이루어질 수 있는 기반이 갖추어진 대학 생활에서 문화적 감수성을 길러야 한다. 여기서의 '놀이'는 단순한 쾌락적 유희를 일컫는 말이 아니라, 내 안에 감추어진 문화적 코드를 찾아내는 과정을 의미한다. 그 구체적인 방편은 특히 예술 쪽으로 특화된 학내외의 각종 동아리 활동, 순수 교양서적의 탐독, 다양한 문화 단체에서의 자원 봉사 활동, 명상과 사색의 시간 갖기 등이 있다. 이와 같은 활동을 통해 그간의 불균형한 교육으로 결핍된 문화적 소양을 키우고, 자신의 문화적 정체성을 발견하고, 정신적으로 풍요로운 삶을 위한 평생 취미를 발견할 수 있다. 문화의 중요도가 점차 높아지고 있는 현대에 이러한 문화적 놀이들은 또 하나의 경쟁력으로 작용할 것이다.

대학생은 독립을 앞둔 경제인으로서 다각적인 경제활동을 통한 놀이로 살아 있는 경제를 배워야 한다. 대학생활을 시작하면서 경제적으로도 큰 변화를 겪게 된다. 다양한 활동과 생활 범주의 변화들로 씀씀이가 커질 뿐 아니라 다양화되고, 대학생들의 40% 가량이 자신의 용돈을 벌어 쓴다는 최근의 조사와 같이 경제적으로 어느 정도 자립하게 된다. 학비나 생활비와 같은 생계를 위한 벌이가 아니고, 여러 경제활동을 통해 부수적으로 다양한 경험을 쌓는다는 점에서 대학생의 경제활동들을 일종의 생산적 '놀이'라고 칭할 수 있다. 대학생활에서의 경제적 놀이로는 개인 과외, 다양한 경제 현장에서의 아르바이트, 학내에서의 봉사 장학 활동 등과 같은 생산 활동과 더불어 용돈 기입장 작성, 소비자 단체 활동 등이 있다. 생산적 활동을 통해서는 다양한 경제생활을 경험하고, 노동의 중요성과 돈의 가치를 깨닫고, 자신의 금전 관리를 통해 균형 있는 소비와 현실적 경제 감각을 배우며, 소비자 단체 활동을 통해 경제적 시야를 넓히고 건전한 경제 마인드를 정립시킬 수 있다.

돌아가는 길이 질러가는 길이라는 말이 있다. 눈앞의 현실적인 이득에 현혹되어, 기초적인 소양을 쌓는 단계를 간과하거나, 대학생만이 누릴 수 있는 경험을 놓치는 것은 질러가는 길을 찾다 도리어 먼 길로 돌아가는 어리석음을 범하는 것이다. 이상에서 살펴본 정치, 사회적, 문화적, 경제적 놀이들이 현실의 이윤을 추구하거나 목적성을 띄지 않는 순수한 열정을 내포하고 있다는 점에서 현실과는 동떨어져 먼 길로 돌아가는 행위인 듯하지만, 결국 현실적인 요소와 조화를 이루는 질러가는 길이라고 할 수 있다. 다만 주의할 것은 논다는 의미를 학문을 경원시하거나, 말초적 쾌락만을 좇는 기존의 의미와 구분해서 이해해야 한다는 것이다. 무한하게 열린 가능성의 세계인 대학 생활에서 어떤 놀이로 어떻게 노느냐에 따라 학생들의 미래는 다르게 전개될 것이다.

엮음 - 본론의 구성과 전개

본론의 구성과 전개는 간잡이그림에서 시작하여 개요까지 여러 번 설명하였다. 이제 최종적인 단락으로 전개하는 방법에 대해 알아보기 위해 친일파 청산 문제에 대한 간잡이그림부터 다시 살펴보자.

[문제] 최근 과거사 청산 문제가 중요한 화두로 대두되고 있다. 그 중에서 집중적으로 거론되고 있는 것이 친일파 처리 문제이다. 그런데 친일파 처리에 대한 현재의 논란은 감정에 치우친 면이 적지 않다. 이러한 친일파 문제를 합리적으로 해결할 수 있는 방안에 대해 논하라.

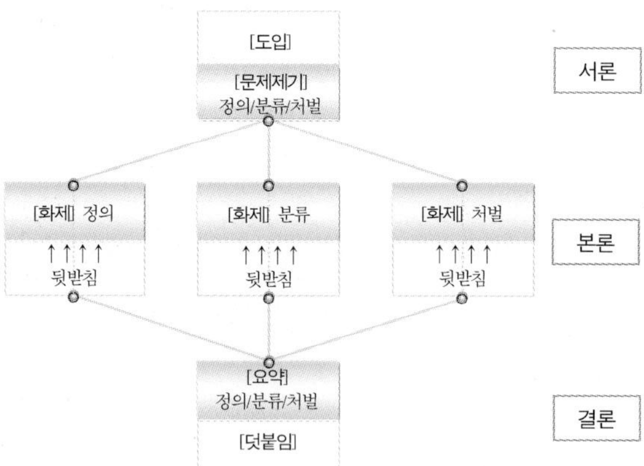

위의 간잡이그림을 보면 주어진 문제에 대한 답, 즉 친일파청산에 대한 자신의 견해를 제시하기 위해 친일파에 대한 정의를 하고, 이 정의에 따라 적

절하게 분류하며, 분류에 따라 차등적인 처벌을 하겠다는 계획을 세웠다. 이 간잡이그림에 따라 다음과 같은 개요를 작성할 수 있다.

- 제목 : 친일파의 합리적 처리를 위하여
- 주제 : 친일파의 분류와 차등적 처벌
- 글의 구성
  1. 서론
     - 친일파에 대한 논의의 문제점
     - 정확한 정의와 분류의 필요성, 차등적 처벌 필요성
     - **친일파에 대한 정확한 정의와 분류를 하고, 이에 따른 차등적 처벌 방안을 모색하고자 한다.**
  2. 본론 1 : **친일파는 일제시대에 일제와 결탁해 일제의 식민통치에 도움을 주고 우리 민족에게 피해를 주었으며 개인적인 이득을 취한 사람들을 뜻한다.**
     - 시대 - 행동 - 피해
  3. 본론 2 : **친일파는 식민 정책에 대한 태도와 자발성 여부에 따라 세 부류로 나눌 수 있다.**
     - 자발적 친일파 : 식민 정책에 대한 적극적 동조, 자발적 참여
     - 묵시적 친일파 : 식민 정책에 대한 소극적 동조, 수수방관 또는 소극적 참여
     - 강요된 친일파 : 식민 정책에 대한 소극적 반대, 강요에 의한 참여
  4. 본론 2 : **친일파는 부류에 따라 차등적으로 처벌해야 한다.**
     - 자발적 친일파에 대한 처벌 - 재산 몰수, 지위 박탈, 사법 처리
     - 묵시적 친일파에 대한 처벌 - 도의적 책임, 부분적·제한적 처리
     - 강압에 의한 친일파에 대한 처벌 - 반성의 기회 제공
  5. 결론
     - 요약
     - 친일파 문제의 신속한 처리 촉구

위의 개요는 3장에서 작성한 복합개요로서 중요한 부분은 문장으로 썼고

나머지 부분은 메모식으로 썼다. 이에 따라 글을 전개하면 다음과 같이 전개할 수 있다.

최근 몇몇 국회의원들이 면밀한 조사와 검토 끝에 친일파 명단을 새로이 발표한 일이 있었다. 일제의 식민통치에서 벗어난 지 반세기가 넘었음에도 불구하고 아직도 친일파 명단을 발표하고 그들의 처벌을 놓고 논쟁을 벌이는 것이 시대에 뒤떨어진 듯한 느낌을 지울 수가 없다. 그런데 이러한 논쟁의 근원에는 친일파에 대한 명확한 개념규정을 하지 못하고 그 개념규정에 따른 분류와 처벌을 제대로 하지 못한 것이 자리 잡고 있다. 친일파 문제에 대한 감정적 대응을 자제하고 이들에 대한 올바른 처리를 통해 소모적 논쟁을 불식시키는 일은 여전히 중요한 일이다. **따라서 이 글에서는 친일파에 대한 분명한 정의를 바탕으로 친일파를 분류하고 이 분류에 따라 이들을 차등적으로 처벌할 구체적 방안에 대해서 알아보고자 한다.**

'친일파'는 일제 식민지 시대에 일본에 협력해 우리의 독립을 방해하고 일제의 식민 통치에 도움을 주었던 모든 사람을 일컫는 말이다. 일제는 식민 통치를 효율적으로 하기 위해서 일본인뿐만 아니라 한국인들을 동원해 한국의 식민지화를 공고히 하려 했다. 이 과정에서 한국인을 관료로 뽑아 식민 통치의 꼭두각시로 만들기도 하였으며 친일적인 상인과 기업인을 내세워 우리의 자원과 노동력을 수탈하기도 하였다. 또한 한국 지식인들을 회유하거나 협박하여 식민 통치를 정당화하는 이념을 창출해 내거나 한국인들을 세뇌하도록 하였다. 이렇듯 일제의 식민 통치를 돕고 우리의 독립의지를 짓밟아 버린 모든 행위가 친일 행위이며 이러한 행위를 자행한 사람이 친일파인 것이다.

이런 친일 행위를 한 모든 사람들이 친일파이기는 하지만 친일행위의 동기와 자발성 여부에 따라 친일파를 다양하게 분류할 수 있다. 친일파 중에는 자발적으로 나서서 일본인보다 더 적극적으로 우리나라의 식민지화를 위해 광분하던 사람도 있었다. 또한 일제의 식민정책에 저항할 수 있는 위치에 있지만 침묵으로 일관해 일제의 식민정책에 묵시적으로 동조한 사람도 있었고 일제에 저항할 아무런 힘도 없어 생명의 위협을 느껴 어쩔 수 없이 일제가 강요하는 행위를 해 결과적으로 친일 행위를 한 사람도 있었다. **이러한 경우를 종합하면 친일파는, 친일 정책에 대한 자발성 여부에 따라 '자발적 친일파, 묵시적 친일파, 강요된 친일파'로 분류할 수 있다.**

친일파에 대한 처벌은 이상의 분류를 감안하여 차등적으로 이루어져야 한다. 자발적 친일파들은 일제에 적극적으로 동조해 권력과 부를 누려온 사람들이므로 그들의 부와 권력을 박탈해야 하는 것은 당연하다. 또한 그들의 정신은 친일사상으로 완전히 오염되어 있으므로 사상적으로 단죄하고, 참회의 마음을 그들 속에 깊이 심어주어 사상적 오염물을 완전히 제거해야 한다. 묵시적 친일파들은 참회의 계기를 먼저 만들어 주고 각각의 분야에 백의종군해 자신들이 역사 발전에 미친 악영향을 극복해 내기 위한 봉사활동을 적극적으로 유도해야 한다. 강압에 의한 친일파들은 어쩔 수 없는 상황에서 친일을 한 것이므로 물리적 처벌 대신 일제에 대한 공포감을 씻고 자신의 행위에 대한 반성을 통해 사회발전을 위해 매진할 수 있도록 해야 한다.

병의 근원이 몸속에 남아 있을지라도 병은 치유된 것처럼 보일 수 있다. 우리의 역사에서 일제시대는 중병을 앓았던 시기였기 때문에 그 시대의 중병을 치료하려고 무던히도 애써왔다. 그러나 아직도 친일잔재는 청산이 되지 않았고 그 핵심인 친일파 처리 문제는 결론이 나지 않았다. 이 문제를 해결하는 지름길은 친일파에 대한 정의와 분류에서 시작되어야 한다. **이상에서 친일파의 정의와 분류를 하고 이에 따른 차등적인 처벌 방안을 제시했다. 이제 남은 과제는 이 방안에 따라 철저하게 처벌하여 남은 병의 근원마저 송두리째 뽑아 버리는 일일 것이다.**

위의 예문에서 서론의 마지막 부분을 보면 친일파의 처리 문제에 대해 '정의, 분류, 처벌'에 대해서 논하겠다고 문제제기를 하고 있다. 그리고 세 단락으로 구성된 본론은 제기된 각각의 문제에 대해서 구체화시켜 나가고 있다. 굵은 글씨로 표시된 부분은 각 단락의 화제문으로서 서론에서 제기된 문제에 대한 분명한 대답을 압축적으로 제시하고 있으며 각 단락의 뒷받침문은 화제문을 구체화하여 논의를 전개시키고 있다. 그리고 각 단락의 유기적 관계를 고려해 '이런, 이상의 분류' 등의 단어를 써서 단락 간의 긴밀성을 높이고 있다. 그리고 결론에서 요약하고 남은 과제를 제시하고 있다.

이처럼 본론의 모든 부분은 서론 및 결론과 유기적인 관련을 맺어야 하며 본론의 각 구성요소끼리도 유기적인 관련을 맺어야 한다.

- **본론은 간잡이그림과 개요에 따라 주어진 문제에 대한 분명한 답이 되도록 전개하면 된다.**
- **본론의 각 단락은 단락의 전개 방법을 효과적으로 이용해 전개하면 된다.**

확인문제

1. 다음에 제시되는 주제에 적합한 구성을 직렬식으로 제시한 후 이 구성에 따라 본론을 쓰시오.

(1) 집단이기주의
(2) 지역감정
(3) 세대 간의 갈등

2. 다음에 제시되는 주제에 적합한 구성을 병렬식으로 제시한 후 이 구성에 따라 본론을 쓰시오.

(1) 신자유주의
(2) 과학의 가치중립성
(3) 노사 갈등

3. 다음에 제시되는 주제에 적합한 구성을 복합식으로 제시한 후 이 구성에 따라 본론을 쓰시오.

(1) 문명충돌
(2) 남북관계
(3) 웰빙 열풍

7. 결론 쓰기

결론은 글을 마무리하는 부분이다. 결론의 역할과 서술 방법에 대해 알아보자.

- ❑ 마무리 - 결론
- ❑ 요약과 덧붙임 - 결론의 서술 방법

마무리 – 결론

결론은 한 편의 글에서 가장 마지막에 놓이는 구성요소로서 본론에서 논의된 내용을 종합하고 정리하여 글을 끝맺는 구실을 하는 부분이다. 그리고 본론의 논의와 관련하여 덧붙이고자 하는 내용, 남은 문제 등을 추가하여 글의 완결성을 높이는 구실을 하는 부분이기도 하다.

결론을 쓸 때 주의해야 할 점 중의 하나가 '결론'이란 단어에 현혹되어 논의의 핵심을 결론 부분에 써서는 안 된다는 것이다. 마무리는 어디까지나 어떤 일이 거의 끝날 무렵 끝맺음을 하는 것을 의미한다. 즉 마무리 단계에서 뭔가 중요한 일을 새로 시작할 수는 없는 것이다. 따라서 글을 쓸 때에도 주어진 문제에 대한 논증과 설명은 본론에서 모두 이루어져야 한다. 어떤 글이 논증적인 글일지라도 그 논증의 '결론'은 본론의 마지막에서 내려져야 하고 결론에서는 본론의 내용 전체를 종합해야 한다.

- **결론은 글의 맨 마지막 부분에서 논의된 내용을 종합하고 정리하여 글을 끝맺는 부분이다.**

① 확인문제

다음은 민중가요에 대해 학생이 쓴 글이다. 글을 읽고 결론이 글 전체와 어울리도록 쓰였는지 평가하고 부족한 면이 있다면 보충해서 다시 쓰시오.

민중가요의 역할과 그 의의

인간이 창조해낸 모든 예술은 그 심미적 기능 이외에도 당대의 사회 구성원에게 일정한 메시지를 전달하는 참여적이고 사회적인 기능을 지니고 있다. 음악에서도 이러한 기능은 중시되어 왔으며, 특히 가요의 경우 가사를 통해 직접적으로 의미를 전달할 수 있기 때문에 사회적 기능의 비중이 크다는 특성이 있다. 민중가요는 이와 같은 사회적, 참여적 특성을 잘 보여주는 예로, 불평등한 사회 현실 속에서 민중들의 생활상을 묘사하고 그들의 의사를 대변하는 역할을 하여 우리 사회의 발전사에 어엿이 한 자리를 차지하고 있다. 이 글에서는 대표적인 민중가요 몇 곡을 통하여 민중가요가 어떻게 민중들의 고통을 폭로하고 저항 의지를 함양하였으며, 그들의 저항에 실제적인 힘이 되어 왔는가를 알아보도록 하겠다.

민중가요는 부정적인 현실 속에서 억눌린 삶을 살아가는 민중들의 모습을 생생하게 묘사하고 있다. <포장마차>는 '잔업철야 지친 몸 소주로 달래며' 사회의 주류 계층으로부터 소외당해 포장마차 한 구석에서 울분을 털어놓는 노동자의 모습을 선명하게 그린 노래이다. 하루 종일 몸 바쳐 일해도 나아질 줄 모르는 살림을 한탄하기도 하고, 5공 비리를 안주로 술을 들이킨다. '세상은 삐까번쩍 거꾸로 돈다네'로 노동자들의 일방적인 희생 아래 표면적으로는 더없이 매끄럽게 돌아가는 우리 사회 현실을 풍자하고 있다. <시다의 꿈>과 <단순 조립공>은 꿈과 희망을 잃은 채 어린 나이부터 단순 노동에 종사하는 안타까운 젊음의 모습을 잘 나타내고 있다. 이러한 민중가요들은 자신의 정당한 몫을 받지 못하고 억압된 생활을 하는 노동자와 빈민들의 모습을 생생하게 묘사하고 있으며, 단순히 그들의 안타까운 처지에 대한 한탄으로만 끝나지 않고 부조리한 현실을 깨우치고 민중들을 억압하는 세력에 대해 폭로함으로써 그들이 저항을 통해 좀 더 나은 사회를 만들어갈 수 있는 바탕이 되었다고 할 수 있다.

민중가요는 소외된 민중들이 정당한 대우를 받지 못하도록 억압하는 세력에 대한 저항 정신을 표현하고 있다. 잘 알려진 민중가요 <노동의 새벽>에서는 '어쩔 수 없는 이 절망 벽 깨트려 솟구칠' 민중의 힘을 통해 '노동자의 첫새벽이 오를 때까지' 투쟁하겠다는 의지를 담고 있다. 부정적인 현실에 대한 인식이 현실을 변혁하기 위한 의지로 발전하였음을 읽을 수 있는 부분이다. <만주 출정가>는 일제와 맞서 싸우던 독립군의 군가가 민중들에 의해 그대로 불린 경우로 주목의 대상이 된다. 노동자와 농민으로 대표되는 민중을 압제하고 수탈하는 당대의 부패한 사회 고위층을 우리 민족을 35년 간 압제한 일제와 대응시켜 강렬한 저항 의지를 드러냄과 함께 거스를 수 없는 역사의 흐름에 따라 민중이 정당한 대우를 받을 수 있는 새로운 사회가 도래할 것이라는 희망과 기대를 담고 있다. 또한 <고백>에서는 고통스러운 노동운동에 참여하면서 '참 삶이 무엇인지 알았네'라고 고백함으로써 저항을 통해 삶의 의미와 존엄성을 새로이 찾아가는 당당한 민중의 모습을 담고 있다. 민중가요들은 그것이 담고 있는 거센 저항정신으로 인해 부패한 기득권층으로부터 탄압을 받았으나 민중과 함께하는 끈질긴 생명력으로 오늘까지 이어져 오고 있다.

민중가요는 민중들에게 단결의 메시지를 전달하여 저항을 위한 실제적인 힘을 모으는 데 큰 역할을 하였다. 개인으로서는 약하기 그지없는 힘을 가졌을 뿐인 민중들이 기득권 세력에 대항하기 위한 유일한 방법은 단결이었으며, 민중가요는 민중들이 쉽게 접하고 친근하게 받아들일 수 있는 방법으로 단결의 뜻을 전달하였다. 민중들의 권리를 찾기 위한 집회나 시위 장소에서는 어디서나 민중가요가 울려 퍼졌으며, 민중가요를 통해 그들은 단결된 힘을 느낄 수 있었다. <선언>과 같은 민중가요는 '아픔과 아픔 한데 모여 비로소 하나된 새 땅' '지금 흘린 우리 피 한방울이 아름답게 피리라'라고 노래하여 단결하여 하나가 된 민중의 힘과 그들의 결의를 실감하게 한다.

이상에서 살펴보았듯이 민중가요는 민중들의 현실에 대해 폭로하고 저항 의지를 표현하였으며, 그들의 힘을 하나로 모음으로써 민중의 거대한 흐름으로 억압의 둑을 무너뜨리는 데 일조하였다. 뿐만 아니라 민중들은 단순한 저항을 넘어 '참 자유 참 평화 세상 우리가 건설하리라'고 노래한다. 저항의 파괴적인 힘을 보다 나은 사회를 건설하기 위한 창조적인 힘으로 승화시키는 민중의 힘을 느낄 수 있는 부분이다.

요약과 덧붙임 – 결론의 서술 방법

결론을 쓸 때는 먼저 본론의 내용을 요약하고 필요한 내용을 몇 가지 덧붙인다. 요약을 할 때는 본론에서 서술된 내용을 나열할 수도 있지만 각 내용들을 종합해 보다 추상적인 문장으로 종합할 수도 있다. 또한 본론에서 논의된 핵심적인 내용을 다시금 반복하여 읽는 이에게 강한 인상을 남길 수도 있다. 나아가 여러 가지 이유로 본론에서 다루지 못한 내용이 있을 수 있는데 이에 대해 짤막하게 언급하거나 더 해결해야 할 문제를 제시할 수도 있다.

앞에서 다루어 본 역사의 주인에 대한 문제에 대한 서론과 결론을 살펴보자.

물은 중력에 의해 위에서 아래로 흐른다. 이는 거스를 수 없는 자연의 순리이며, 물은 그 의지와 상관없이 아래로 향할 뿐이다. 과거에서 현재로 이어지는 시간의 흐름 역시 거스를 수 없는 자연의 순리이다. 그러나 시간의 흐름 속에서 이루어낸 인간의 삶의 과정인 역사는 물의 무조건적인 흐름과는 다르다. 그 역사에는 역사를 만들어낸 주인공이 있으며 그 주인공의 의지에 의해 흐름이 바뀌기도 하고 속도가 달라지기도 하는 것이다. 그 주인공은 한 시대를 풍미한 영웅일 수도 있고 역사에 이름을 남기지는 못했지만 묵묵히 자신의 역할을 다했던 민중일 수도 있다. **이 글에서는 역사의 도도한 흐름을 만들어낸 민중에 초점을 맞추어 그들이 각 분야에서 역사의 흐름을 어떻게 주도했는가에 대해서 논하고자 한다.**

[본론 생략]

이상에서 살펴보았듯이 역사의 도도한 물줄기는 그 물줄기의 각 부분을 이루는 민중들에 의해 그 흐름이 결정되었고, 따라서 역사의 주인은 당연히 역사 그 자체인 민중들이다. 당대의 정치가 민중의 자유와 권리를 억압했을 때 자유와 권리의 쟁취를 위한 민중의 거대한 흐름은 억압의 둑을 허물어뜨렸다. 민중은 신성한 노동에 의하여 경제를 발전시켰으며 건강한 창조력으로 문화를 발전시켰다. 비록 이들의 거대한 흐름에 편승한 몇몇 영

> 웅들이 역사에 이름을 남겼지만 오히려 이 영웅은 민중의 거대한 흐름에 휩쓸린 존재에 불과했고 역사의 참주인은 민중이었던 것이다.

위의 서론은 역사의 흐름을 물의 흐름에 비유하여 역사의 주인을 민중으로 설정하고 분야별로 민중이 어떻게 역사의 주인으로 활동했는가를 서술하겠다고 예고하고 있다. 본론은 생략되어 있지만 결론으로 볼 때 정치, 경제, 문화 분야에서 민중이 어떻게 주인으로서의 역할을 했는가를 서술했을 것으로 추측할 수 있다. 따라서 이 결론은 서론의 비유적인 내용을 이어받되 본론의 내용을 종합하고 다시금 역사의 주인공은 민중임을 밝히고 있다. 이렇듯 비유적인 방법으로 결론을 맺으면서 글 전체의 내용을 요약하면 글 전체의 통일성을 살리면서 글을 끝맺을 수 있다.

다음으로 앞에서 다루었던 문화시장 개방 문제에 대한 서론과 결론을 살펴보자.

> 온실에서 자란 화초가 밖에 나왔을 경우 오래 견디지 못함을 우리는 잘 알고 있다. 양식용으로 들여온 황소개구리가 늪지와 연못의 생태계를 장악한 사실 또한 우리에게 익숙한 일이다. 이것은 비록 자연계의 일이긴 하지만 우리 문화산업계에도 그대로 적용될 수 있는 일이기도 하다. 국내 문화산업 보호라는 명분 하에 우리의 문화를 온실 속에 가두고 그 속에서 기득권을 유지하려는 사람들이 있다. 그러나 모든 것이 개방되고 있는 시점에서 언젠가는 우리 땅에 들어오게 될 거대한 문화 황소개구리에 준비하지 않을 수 없는 것이 현실이다. **따라서 이 글에서는 폐쇄주의자들의 견해를 비판하고 우리의 문화산업을 지키면서 외국문화를 개방하고 나아가 우리의 문화가 세계의 문화시장으로 뻗어나갈 수 있는 방법에 대해 모색하고자 한다.**
>
> [본론 생략]
>
> 위기는 또 다른 도약을 위한 기회이다. 지금의 문화시장 개방 압력은 우

> 리 문화산업계가 직면한 문제임에 틀림없다. 그러나 그러한 위기 속에서 폐쇄론자들의 주장처럼 움츠러들기만 한다면 결국엔 우리 문화는 경쟁력을 잃은 채 소멸하고 말 것이다. **이러한 상황이 예상된다면 점진적으로 문화시장을 개방하여 우리의 적응력도 높이는 동시에 보다 적극적으로 외국 문화의 장점들을 받아들이는 노력이 필요한 때이다.** 우리의 문화적 잠재력에 외국 문화의 장점까지 부가된다면 오히려 우리의 문화가 세계문화를 주도하고, 우리의 문화상품이 세계를 제패하게 될 수도 있을 것이다. 지금의 우리에게 진정으로 필요한 것은 문을 굳게 닫을 빗장이 아닌 세계로 향한 문을 활짝 열 수 있는 자신감이다.

위의 서론은 온실 속의 화초를 우리 문화산업에 비유하고 황소개구리를 외국의 문화산업에 비유하여 도입부를 쓴 후 폐쇄주의자들의 견해를 비판하고 보다 적극적인 자세로 문화개방 압력에 대처해야 함을 주장하겠다는 내용을 담고 있다. 따라서 본론에서는 이 세 가지 내용이 본격적으로 논의되었을 것임을 추측할 수 있다.

결론의 첫 문장은 언뜻 보기에는 서론 및 본론의 내용과 별 관련이 없는 듯이 보일 수도 있다. 그러나 바로 이 문장이 서론의 비유적 내용과 연결하여 본론의 내용을 종합하고 있다. 또한 본론의 내용을 바탕으로 더 적극적인 대응자세를 말하며 글을 끝맺고 있다. 이러한 방법으로 결론을 작성하면 본문의 내용도 효과적으로 요약하면서 강한 여운을 남길 수 있다.

실용적인 성격이 강한 글에서는 이처럼 요약과 덧붙임으로 결론을 쓰지만 다소 가벼운 글에서는 다른 형식을 쓰기도 하고, 여운을 강조할 수도 있다. 앞에서 살펴본 몇 편의 글에서 결론이 어떻게 쓰였나 살펴보자.

> [1] 문제는 이율배반 사이에서 얼마나 균형을 잡느냐 하는 것이다. 어름사니가 줄을 탈 때 기둥은 튼튼해야 하고 줄은 팽팽해야 한다. 어름사니는 두 기둥 사이의 거리를 정확히 가늠해야 하고 팽팽한 줄 위에서 완벽한 균형을 잡아야 한다. 전파 위의 어름사니 또한 규범과 현실을 명

확하게 인식하고 품위 있는 재미를 추구하며 완벽한 균형을 잡아야 한다. 전파 위 어름사니의 말이 우리말의 미래를 좌지우지할 정도로 강력한 힘을 가지고 있는 만큼 균형 속 찬란한 줄타기가 지속돼야 우리말의 미래도 밝아지며 어름사니의 미래도 밝아질 것이다. <위험한, 그러나 찬란한 어름사니의 줄타기>

[2] 배우고 알아야 할 것은 소리가 아닌 뜻임을 깨우쳐 준 나씨 할머니, 사람의 소리만 듣지 말고 마음의 소리까지 들어야 함을 알려 주신 운산댁, 안타까운 마음으로 통일을 다시금 생각하게 해 주셨던 진씨 아매. 내가 그 동안 숱한 방언조사에서 얻은 가장 큰 만남이자 배움이었다. 조사하는 데도 철이 들어 말의 참뜻까지 배우고자 하는 자세가 내게도 있다면, 만나 뵐 모든 분이 언어의 보고이니 마음을 다해 섬겨야 함을 알게 됐다면, 통일을 앞당기기 위해 연구자로서 해야 할 일이 무엇인지 깨닫고 실천할 수 있게 되었다면 이는 순전히 이 세 여인의 향기 덕이리라. <세 여인의 향기>

[3] 아둔한 내게 맡겨진 학생들이 불쌍할 따름이지만 때늦은 깨달음에 의지해 같이 길을 떠나보는 수밖에 달리 길이 없다. 그나마 다행이기도 하다. 몇 푼어치도 안 되는 경험과 몇 권 되지도 않는 책으로 학생들을 가두고 강요하지 않을 수 있게 되었으니 다행이다. 학생 하나하나를 파악하고 같이 손을 잡고 같이 고민해 나가야 한다는 것을 알았으니 다행이다. '창의적인 문제해결책이 바로 이것이다'라고 말할 확신은 없지만 어딘가에 반드시 있고 같이 찾다보면 찾을 수 있을 것이라는 확신이나마 있어 다행이다. 이제야 두 눈의 안대를 뗀 느낌이다. <다래끼를 치료하는 세 가지 방법>

[4] 봄을 맞아 딸아이의 운동화를 한 켤레 샀다. 하루가 다르게 커가는 아이를 흐뭇하게 바라보며 두 치수나 큰 운동화를 샀다. 볼이 넓어 신기 편하고 앞코에 여유가 많아 발가락이 자유롭게 놀아 좋단다. 나를 키운 부모님이나 나를 가르친 선생님들의 마음을 조금이나마 느낄 수 있는 봄날이다. <검정 고무신>

[1]은 결론 부분에 핵심적인 내용을 어느 정도 가미했다. 엄격한 실용문의 경우에는 이러한 방식이 허용되지 않지만 이 글에서는 논의의 전개 과정에서 맨 마지막에서 다시 한 번 강조하기 위해 핵심적인 내용을 결론에 썼다. 그리고 뒤에 전망을 붙임으로써 중요성을 다시 강조하고 있다. [2]는 앞부분의 내용을 차근차근 요약하면서 마지막에 여운을 남길 수 있는 내용을 덧붙였다.

[3]은 앞부분에서 본론의 내용을 충실히 요약하고 있지만 맨 마지막 문장은 여운을 강하게 남기고 있다. [4]는 다른 결론과는 매우 다른 방식으로 썼다. 언뜻 보면 본론의 내용과 별로 관련이 없어 보인다. 그러나 곰곰이 생각해 보면 딸아이에게 큰 운동화를 사 준 것을 통해 앞으로도 계속 가르침의 방식을 고수하겠다는 의지를 간접적으로 드러내고 있음을 알 수 있다.

- **결론은 본문의 핵심적인 내용을 요약하고 추가할 내용, 전망, 여운 등을 덧붙여서 쓴다.**

ⓘ 확인문제

1. 다음은 앞의 서론 쓰기에서 구체화에 의한 도입부로 서론을 썼던 주제이다. 다음의 주제에 대해 구체화에 의한 도입으로 쓴 서론과 짝을 이루도록 결론을 쓰시오.

(1) 식민사관의 극복
(2) 노동생산성 향상의 필요성
(3) 부의 세습
(4) 참여와 순수 논쟁
(5) 국어순화

2. 다음은 앞의 서론 쓰기에서 일반화에 의한 도입부로 서론을 썼던 주제이다. 다음의 주제에 대해 일반화에 의한 도입으로 쓴 서론과 짝을 이루도록 결론을 쓰시오.

(1) 청소년기의 방황
(2) 종교의 폐해
(3) 성공을 위한 지름길
(4) 대학에서의 교양교육이 필요한가?
(5) 실천적 지성의 필요성

3. 다음은 앞의 서론 쓰기에서 유추에 의한 도입부로 서론을 썼던 주제이다. 다음의 주제에 대해 유추에 의한 도입으로 쓴 서론과 짝을 이루도록 결론을 쓰시오.

(1) 철새 정치인
(2) 중우정치 비판
(3) 증권시장
(4) 공무원의 무사안일주의
(5) 정치와 언론의 유착

제5장 경계 넘어 자유 찾기

1. 다름과 틀림, 그리고 바름
2. 맞춤법과 띄어쓰기
3. 한없이 완벽에 가까운 문법

“규범과 문법, 그것은
단지 우리 머릿속에 있는 것을 베낀 것에 불과하다.”

1. 다름과 틀림, 그리고 바름

각종 어문규범이나 어법은 글쓰기를 매우 성가시게 하는 요인이다. 그러나 이러한 사소한 것 때문에 글쓰기를 두려워할 이유가 없다. 규범과 어법의 기본 원리에 대해 이해하고 자신감을 회복해 보자.

- 다름과 틀림
- 같음과 바름
- 얄팍한 규범과 머릿속의 완벽한 어법

다름과 틀림

'다름'이라는 것은 의사소통을 할 때 많은 장애가 된다. 아예 다른 언어를 사용하는 사람들끼리 정상적인 의사소통을 하는 것은 거의 불가능하다. 같은 언어를 사용하더라도 지역, 계층, 나이, 성별, 직업 등에 따라 차이가 크다면 원활한 의사소통을 하는 데 장애가 따른다. 더욱이 이질적인 여러 사람들이 모여 있는 상황에서 의사소통을 하거나, 이질적인 사람의 집단을 대상으로 말이나 글로 일방적인 의사소통을 하는 것은 매우 어렵다.

그렇다고 해서 '다름'이 '틀림'을 의미하는 것은 아니다. 날 때부터 배우고 자란 언어는 옳고 그름을 따질 수 있는 대상이 아니기 때문에 지구상의 모든 언어는 다른 언어이긴 하지만 틀린 언어는 아니다. 같은 언어를 사용하는 집단 내에서도 다양한 조건에 따라 언어가 다를 수 있는데 이 다르다는 것이 결코 틀리다는 것을 의미하지 않는다. 나고 자란 환경 속에서 습득한 언어를 그대로 사용하다 보니 그런 차이가 나타나는 것일 뿐이다. 어떤 것이 절대적으로 옳다고 말할 수 없다면 서로 다른 것에 대해서 틀리다고 말할 수 없다.

따라서 누군가가 조금 다르게 말하고 쓴다면 그것이 틀렸다고 할 절대적인 근거는 없다. 정서법은 정하기 나름인데 누군가가 고유의 정서법을 고안해 일관되게 사용하면 그 정서법이 옳지 않을 이유는 없다. 나고 자라면서 배우고 쓴 언어가 소위 사투리라고 불리더라도 그것으로 의사소통을 하는 것이 잘못된 것일 까닭이 없다. 또한 자신만의 독특한 문체를 개발하고 어휘를 창의적으로 사용하더라도 그것이 표현효과를 높인다면 역시 문제될 것이 없다. 적어도 나쁜 의도를 가지지 않았다면 조금 다르게 말하고 쓰는 것 자체는 크게 문제될 것은 없다.

•절대적인 판단 기준이 없으므로 의사소통 방법에 차이가 있다고 해서 이것의 옳고 그름을 말할 수는 없다.

같음과 바름

의사소통은 둘 이상의 사람이나 집단 사이에서 일어난다. 즉 의사소통이 이루어지기 위해서는 말하고 쓰는 이가 있고 이것을 듣고 읽는 이가 있어야 한다. 그리고 이들 간에 의사소통을 할 수 있는 공통분모, 즉 서로 통할 수 있는 말과 글이 있어야 한다. 이러한 공통분모가 없다면 의사소통 자체는 근본적으로 불가능하다. 따라서 의사소통은 공통의 말과 글을 바탕으로 이루어지는 둘 이상의 사람이나 집단 간에 일어나는 표현 - 전달 - 수용의 과정으로 정의할 수 있다.

이러한 의사소통이 효율적으로 이루어지려면 의사소통의 매개체인 말과 글이 완벽하게 같은 것이 가장 이상적이다. 화자의 생각이 문자나 소리로 표현되었을 때 청자는 화자의 생각 그대로를 읽어 내려면 문자와 소리에 대한 지식이 같아야 한다. 화자가 쓴 단어와 문장이 청자에게 그대로 받아들여지려면 단어의 의미나 어법을 공유하고 있어야 한다. 의사소통의 매개체인 문자, 소리, 단어, 문장 등 모든 면에서 정확하게 일치될 때 가장 정확한 의사소통이 일어날 수 있는 것이다.

따라서 특정한 집단 간에는 효율적인 의사소통을 위해 합의된 언어의 공통분모가 있다. 합의는 의도하든 의도하지 않든 의사소통의 당사자 간에 자연스럽게 이루어진다. 누군가가 강요하지 않더라도 공통분모가 있는 것이 원활한 의사소통을 돕는다는 것을 아는 이상 의사소통의 수단을 같게 하려는 시도가 일어나고 결과적으로 언어의 동질성이 유지된다.

자연적인 합의가 어려울 때는 강요에 의해서 언어의 동질성이 확보되기도 한다. 의사소통을 해야 하는 집단이 적대적이거나, 적대적이지는 않더라도 합의를 이룰 수 있는 조건이 마련되지 않는다면 그 집단에 대한 통제력을 가진 개인이나 집단이 공통의 의사소통 수단을 만들고 강요할 수 있다. 물론 이 경우에도 강제적 제정과 사용을 강요하는 것이 목적이 아니라 원활한 의사소통을 가능하게 하는 것이 목적이다.

이러한 합의나 강요된 의사소통 수단의 공통성은 유·무형의 규범으로 확립된다. 발음과 표기를 어떻게 하는 것이 효율적인 의사소통에 도움이 되는가, 단어의 뜻을 어떻게 고정시켜야 혼동이 일어나지 않는가, 단어를 어떻게 운용해 문장을 구성해야 생각을 정확하게 전달할 수 있는지에 대한 규범이 형성된다. 이러한 규범이 무형으로 공유될 수 있지만 가시적인 형태로 정리될 수 있다. 각종 어문규범은 소리, 표기, 단어에 대한 규정을 성문화한 것이고, 사전은 단어의 뜻과 용법을 풀이하고 정리한 것이다. 그리고 학자의 연구에 의해 어법은 문법서로 정리된다.

합의된 것이든 강요된 것이든 공통의 의사소통 수단에 대한 규범이 만들어지면 실제 사용되는 말과 글에 대한 판단이 가능하다. 공통성을 준수하면 바르다고 인식되고 그렇지 않다면 틀리다고 인식된다. 물론 이때의 기준은 공통성 자체가 아니라 이러한 공통성에 의해 효율적인 의사소통이 가능하다는 것이 된다. 효율적인 의사소통을 가능하도록 공통규범을 준수하는 것은 바른 것이며, 공통규범을 준수하지 않거나 깨는 것은 바르지 않다는 판단이 내려질 수 있다.

따라서 효율적인 의사소통을 위해서는 규범을 따르는 '같음'을 추구함으로써 '바름'을 보장받을 필요가 있다. 같은 발음법과 정서법을 따르면 의사소통이 원활하므로 이 발음법과 정서법은 바른 정서법이 될 수 있다. 각종 어문규정을 따르고 사전의 뜻풀이와 용법을 준수하는 것 또한 정확한 의사소통을 도우므로 바른 것이 된다. 공통적인 어법 또한 이해하기 쉬운 문장을 쓰는 가장 좋은 방법이므로 이 공통적인 어법을 따라 바른 문장을 추구할 필요가 있다.

• 원활한 의사소통을 위해 공통의 규범과 어법을 지키는 것이 좋다.

얄팍한 규범과 머릿속의 완벽한 어법

글쓰기를 짜증나게 하는 이유 중에는 각종 규범과 어법도 끼어 있다. 혹시 맞춤법과 띄어쓰기가 잘못된 것은 아닌가, 사투리나 잘못된 외래어를 쓰지 않았는가가 늘 염려가 되는데 이런 염려 때문에 글쓰기 자체가 고역으로 느껴지기도 한다. 단어의 의미를 제대로 알고 적재적소에 사용했는가, 어법에 맞게 문장을 썼는가 등까지 고민하려면 열심히 준비한 내용까지도 다 날아갈 정도로 괴로운 일이다. 게다가 어쩌다 쓴 글이 온통 붉은 글씨로 첨삭이 되어 있다면 글쓰기 자체가 싫어질 정도이다.

그러나 규범이나 어법 때문에 너무 심각한 고민을 할 필요는 없다. 규범이나 어법 모두 우리가 잘 알고 있고, 현재 쓰고 있는 언어를 바탕으로 만들어진 것이다. 각종 어문규범이 우리의 상식에서 크게 벗어나는 일이 없고 어법은 우리가 매일 쓰고 있는 언어를 분석하여 정리해 놓은 것일 뿐이다. 우리가 매일매일 자연스럽게 쓰는 언어를 바탕으로 만든 규범과 어법인데 이것 때문에 글쓰기를 어렵게 느끼거나 포기하게 되는 것은 옳지 않다.

국어의 어문규정집이 두껍고 복잡할 것 같아 보인다. 대표적인 어문규정인 한글 맞춤법을 보면 총 6장 15절에 셀 수 없는 항과 목으로 30쪽이 넘게 인쇄되어 있어 무척 양이 많아 보인다. 그리고 세부적으로 들어가 보면 수없이 많은 원칙과 예, 예외, 붙임 등이 있어 매우 어려워 보인다. 또한 설명은 전문용어투성이여서 보통 사람들은 도저히 읽을 수 없어 보인다.

그러나 어문규정의 모든 내용이 글을 쓰는 데 필요한 것은 아니다. 규범은 모든 경우에 대비할 수 있어야 되기 때문에 그 체계나 내용이 복잡해지기 마련이다. 그러나 실제로는 그 모든 것이 다 필요한 것은 아니다. 더욱이 예외나 붙임 등까지 모두 외워야 하는 것도 아니고 일상에서 잘 쓰이지 않는 예까지 모두 외워야 하는 것은 아니다. 규범은 기준으로서 있는 것이고 필요할 때 참조하라는 것이지 암기하고 학습해야 할 대상은 아니다.

따라서 글을 쓰는 데 필요한 어문규범은 매우 얇고 간단하다. 전문가 수준으로 글을 교정하고 편집을 하기 위해서는 어문규범 전부를 이해하고 늘 끼고 있어야겠지만 보통 사람들이 글을 쓸 때는 그럴 필요가 없다. 어문규범의 가장 핵심적인 원리만 이해하고 있으면 상황에 따라 적절히 판단할 수 있으며, 판단이 어려우면 규범과 사전을 이용해 문제를 해결할 수 있다. 어문규범의 핵심 원리 몇 가지만 추려 얄팍하게 따로 꾸린다면 글을 쓰는 데 별 어려움을 느끼지 않을 수 있다. 여기에 늘 틀리기 쉬운 몇 가지만 덧붙인다면 완벽한 자신만의 글쓰기용 어문규범을 만들 수 있다.

사전도 두껍고 복잡해 보이지만 실제로는 두꺼운 사전일수록 더 편리하다. 사전은 가능한 한 두꺼워야 찾는 사람의 모든 요구에 부응할 수 있기 때문에 대부분의 사전은 천 쪽이 넘는다. 그러나 사전은 찾기 위한 것이지 읽기 위한 것은 아니다. 필요할 때 필요한 단어만 찾아보면 되는 것이기 때문에 사전이 두껍다고 해서 부담을 가질 이유는 전혀 없다. 오히려 두꺼운 사전이어야만 모르는 단어가 있어도 사전을 참조할 수 있으므로 안심하고 글을 쓸 수 있다.

어법은 규범이나 사전보다 더 두렵게 보인다. 국어학자들이 정리해 놓은 문법서를 보면 국어의 문법이 지나치게 어려워서 도저히 이해할 수 없을 것 같기도 하다. 체계도 복잡할 뿐만 아니라 용어는 지나치게 전문적이다. 이러한 문법서를 보고 두려움을 느끼는 것은 당연하다.

그러나 문법서는 우리가 사용하고 있는 말의 법칙을 정리해 놓은 것에 불과하다. 우리는 이러한 문법서를 모르고도 일상생활에서 완벽하게 말을 하고 또 듣는다. 문법에 대한 고려 없이도 자연스럽게 문장을 만들며, 다른 사람의 말을 들을 때도 문장을 이루는 각 요소의 상호 관계를 복잡하게 따지지 않아도 바로 이해한다. 이렇듯 우리의 머릿속에는 완벽한 문법이 들어 있고 국어학자들은 머릿속의 문법 중 일부만 정리해 놓았을 뿐이다.

따라서 어법 때문에 글을 쓰는 데 두려움을 느낄 필요는 전혀 없다. 잘 아는 내용에 대해서 말을 할 때나 글을 쓸 때는 문법을 생각하지 않아도 자연스럽게 어법에 맞는 문장을 만들어낼 수 있다. 또한 충분한 생각을 해 본 사안에 대해 말을 할 때는 단어와 표현을 적재적소에 잘 쓴다. 이는 우리의 머릿속에 완벽한 문법이 있기 때문이며 말할 내용과 생각만 잘 정리되어 있다면 이 머릿속의 문법이 완벽한 문장을 생성해 내기 때문이다.

글을 쓸 때 규범과 어법에 대해 공포를 가질 필요가 전혀 없다. 글을 쓸 때 알아야 할 규범은 매우 적다. 늘 틀리는 것만 주의하면 대부분은 규범에 잘 맞는다. 우리의 머릿속에는 완벽한 어법이 있으며 내용만 제대로 준비된다면 술술 문장으로 풀려 나온다.

- **글을 쓸 때 필요한 규범은 그리 많지 않으므로 핵심적인 원리와 틀리기 쉬운 것만 잘 정리하면 규범에 맞는 글을 쓸 수 있다.**
- **우리들의 머릿속에는 완벽한 문법이 들어있으므로 내용과 생각만 잘 정리된다면 완벽한 문장을 쓸 수 있다.**

2. 맞춤법과 띄어쓰기

맞춤법은 복잡해 보이지만 그 원리는 매우 간단하다. 간단한 원리를 터득하고 자신 있게 글을 쓸 수 있는 방안을 모색해 보자. 또한 컴퓨터를 이용해 맞춤법 문제에서 해방될 수 있는 방안도 찾아보자.

- 받아쓰기의 어려움
- 누구나 아는 맞춤법
- 참을 수 없이 당연한 띄어쓰기
- 사전과 컴퓨터의 도움

받아쓰기의 어려움

받아쓰기는 학교에 입학하게 되면 제일 먼저 보는 시험이었지만 결코 쉬운 시험은 아니다. 받아쓰기는 누구나 백점을 맞아야 하는 시험으로 인식된다. 더욱이 요즘처럼 대부분의 학생이 초등학교 입학 이전에 한글을 다 익히는 상황에서는 더욱 그렇다. 그러나 맞춤법의 원리를 깨우치지 못한 학생에게는 받아쓰기는 매우 괴로운 시험이다. 설사 맞춤법의 원리를 깨우쳤다 하더라도 받아쓰기에 어려운 단어도 있고 틀리게 받아쓸 수밖에 없는 경우도 있다.

받아쓰기가 어려운 이유는 소리를 듣고 글자로 적어야 한다는 데 있다. 언어의 발달과정을 보면 말이 먼저 생겨났고 한참 후에야 글자가 만들어졌다. 따라서 글자는 당연히 말소리를 정확히 적을 수 있도록 만들어졌다. 그러나 실제로는 말소리와 글자가 일치하지 않을 때가 많다. 이는 문자가 불완전하게 만들어졌기 때문일 수도 있고, 해당 언어 자체의 특징이나 역사적 변화 때문일 수도 있다.

다음과 같은 받아쓰기를 생각해 보자.

소리		받아쓰기
[궁민]		국민
[턴빧]	⇒	텃밭
[그파게 머그면 체하니까 천처니 머거요]		급하게 먹으면 체하니까 천천히 먹어요

이러한 예는 받아쓰기가 소리를 받아쓰는 것이 아니고 '뜻을 그리는 것'임을 의미한다. 위의 예는 모두 소리와 글자 사이에 차이가 있기 때문에 소리만으로는 제대로 받아쓸 수가 없다. 말 그대로 받아쓰기라면 앞의 예들은 소

리대로 적어야 하지만 단어나 문장의 뜻을 알 수 있도록 원래의 형태를 밝혀 적어야 한다. 원래의 형태를 그려 주어 그 그림을 보고 읽는 사람이 뜻을 머리에 그릴 수 있도록 해야만 정확한 받아쓰기라고 평가를 받는다.

따라서 받아쓰기에서 백점을 받으려면 불러 주는 단어나 문장이 어떤 의미인가를 어렴풋이나마 알아야 한다. 그리고 단어 하나나 문장속의 단어가 어떻게 '그려졌었는가'에 대한 기억을 떠올려 그대로 그려야 한다. 또한 기억 속의 그 그림이 어떻게 소리가 나는가도 알고 있어야 한다. 이래서 받아쓰기는 어려울 수밖에 없지만 '뜻을 그리는' 원리만 제대로 파악하면 받아쓰기는 늘 백점을 맞을 수도 있다.

- **한글 맞춤법은 소리를 있는 그대로 적기 위한 것이 아니라 뜻을 밝혀 적기 위한 규정이다.**

① 확인문제

1. 다음 문장에서 한자로 된 것을 한글로 바꾸어 쓰시오.

> 올해도 前例대로 先烈墓 참배 행사가 치러졌다. 장소는 國立墓地 獨立有功者墓域. 規律部 선생님의 "一同 默念"이라는 口令에 따라 整列한 우리들은 일제히 머리를 숙였다. 日帝下의 어두운 상황, 卑劣한 삶을 택하기보다는 壯烈한 죽음을 택했던 그분들의 삶은 내게 戰慄로 다가왔다. 확성기를 타고 나오는 추모곡의 旋律이 끝나갈 무렵 우리들 모두의 가슴 속에는 무언가 뜨거운 것이 자리 잡고 있었다.

2. 다음 글에서 맞춤법에 어긋난 부분을 찾아 고쳐 쓰시오.

> 어찌된 일인지 동네 코흘이개들마저 코빼기도 뵈지 않는다. 남도의 소문난 재줏군으로 자처하는 덕삼이는 오늘도 공치는 것은 아닌가 하는 객적은 생각

이 들었다. 이태 전 이곳 당진 땅에서 한 밑천 잡았든 기억을 되살리며 이곳에 들어 온 지 벌써 나흘이 지났다. 그런데 읍내던지 시골이던지 어디를 가도 동네 사람들이 입을 마췄는지 아무도 관심을 가지지 않는다. 지나가는 사람마다 잡고 '날쎄, 나 기억 못하나?' 하는 말을 던져도 '글쎄유, 무르것는디유.'라는 말을 던지고 갈 뿐이다. 몇 일을 그렇게 허송한 덕삼이의 입에서는 '어디로 갈꺼나, 차라리 고향으로나 갈껄.'하는 소리가 절로 나왔다.

누구나 아는 맞춤법

한글 맞춤법의 원리는 받아쓰기의 원리와 크게 다르지 않다. 문자는 말을 적어 시각적으로 의사소통이 가능하도록 하기 위한 것인데 말을 소리대로 그리는 것이 아니라 뜻을 알 수 있도록 그리는 것이 맞춤법이다. 그리고 이렇게 그려 보다 빠르고 정확한 의사소통이 가능하도록 하는 것이 맞춤법 규정의 목적이다.

따라서 한글 맞춤법을 정확히 이해하기 위해서는 뜻을 문자로 그리는 원리를 알면 된다. 그 원리는 그리 복잡하지 않기 때문에 누구나 이해할 수 있다. 한글 맞춤법의 가장 기본적인 원리는 한글 맞춤법 맨 앞의 총칙에 잘 나와 있다.

> 제 1장 총칙
>
> 제 1항 한글 맞춤법은 표준어를 소리대로 적되, 어법에 맞도록 함을 원칙으로 한다.

위의 1항에서 '소리대로'와 '어법에 맞도록'은 서로 충돌될 수 있는 원칙이다. 즉 한글은 소리글자이기 때문에 소리대로 적는 것은 당연한데 '어법에 맞도록'이란 제한이 가해지는 것이 문제가 된다. 한글 맞춤법이 어렵게 느껴지는 근본적인 이유가 바로 이 '어법에 맞도록'이란 데 있다.

'어법에 맞도록'이란 것은 '뜻을 그리는 것'과 밀접한 관련이 있다. 즉 표기를 보고 뜻을 파악하기 쉽도록 하기 위해 각 형태소의 본래 모양을 밝혀 적는다는 것이다. 이를 이해하기 위해서 다음과 같은 예를 살펴보자. 다음의 예는 같은 뜻을 가진 단어가 환경에 따라 세 가지로 소리가 나는 것을 보여준다.

뜻	소리	표기
價, price	갑씨, 갑쓸, 갑쎄 갑또, 갑꽈 감만	값이, 값을, 값에 값도, 값과 값만
沸, to boil	끄르니, 끄러서 끌코, 끌치, 끌터라 끌른다	끓으니, 끓어서 끓고, 끓지, 끓더라 끓는다

만약 소리대로 적는다면 두 번째와 같이 적어야 한다. 그런데 두 번째와 같이 '갑씨, 갑또, 감만' 또는 '끄르니, 끌코, 끌른다'와 같이 적으면 세 가지 표기가 같은 뜻을 가진 한 단어인지 알기가 어렵다. 또한 글자로는 뜻을 알기 어려우므로 글자대로 소리를 내어 본 후 그것이 어떤 뜻인가를 생각해 내야 된다.

그런데 세 번째와 같이 '값, 끓'을 통일시켜 적으면 이러한 어려움이 없어진다. 같은 뜻을 가진 단어는 어떤 환경에서도 늘 같은 글자로 표기되기 때문에 글자 모양을 보면 그것이 어떤 뜻인지 금세 파악할 수가 있다. 또한 늘 같은 글자로 적히기 때문에 글자를 보고 소리를 생각해 뜻을 알아낼 필요 없이 바로 의미를 파악할 수가 있다.

위의 맞춤법규정에서 '어법에 맞게' 적는다는 것은 이처럼 표기만 보고도 의미를 파악할 수 있도록 본래의 형태대로 적는다는 것을 의미한다. 본래의 형태를 밝혀 적기 위해서 소리가 이어서 나더라도(갑씨, 갑쓸, 갑쎄) 이어서 적지 않는다(값이, 값을, 값에). 또한 여러 음운규칙이 적용되더라도(끌코, 끌른다) 이 음운규칙을 반영하지 않는다(끓고, 끓는다). 이렇게 함으로써 본래의 형태가 그대로 유지되고 그것이 문자로 표기되면 뜻을 쉽게 파악할 수 있는 것이다.

글을 쓸 때 맞춤법이 헷갈리면 바로 이 규정을 떠올리면 된다. 먼저 어떤 단어의 맞춤법이 혼동될 때 그 단어의 흔한 '그림'이 무엇이었던가를 먼저 떠올려 본다. 우리는 쓰기보다 읽기를 먼저 배우기 때문에 읽는 과정에서 뜻에 해당하는 '그림'을 수없이 보아 왔기 때문에 맞춤법에 맞는 표기는 눈에 익숙하고 그렇지 않은 표기는 익숙하지 않다. 따라서 일차적으로 익숙한 그림을 떠올리면 대개는 맞춤법에 맞게 적을 수 있다.

익숙한 단어가 아닐 경우에는 그 단어가 다른 환경에서는 어떻게 쓰이는가를 생각해서 가장 공통성을 많이 가진 형태를 적으면 된다. 만약 '닭도, 닭과, 닭보다'가 맞는지 '닥도, 닥과, 닥보다'가 맞는지 헷갈리면 적당한 조사를 붙여본다. 모음으로 시작되는 조사를 붙여 보면 [달기, 달글, 달게] 등으로 발음되므로 ㄱ의 존재를 확인할 수 있다. 따라서 이 경우에는 '닭도, 닭과, 닭보다'와 같이 적어야 한다는 것을 유추할 수 있다. 대부분의 국어 화자는 이러한 직관을 가지고 있으므로 이 직관을 조금만 떠올리면 맞춤법 문제를 쉽게 해결할 수 있다.

- **한글 맞춤법은 소리대로 적되 어법에 맞도록 적은 것을 원칙으로 한다.**
- **맞춤법에 맞게 적기 위해서는 흔히 보아왔던 표기를 떠올리거나 직관을 동원해 바른 맞춤법을 찾아낼 수 있다.**

① 확인문제

1. 다음 글에서 맞춤법에 어긋난 부분을 찾아 고쳐 쓰시오.

기럭이 울음 소리가 빨리 들리는 것을 보니 올해는 겨울이 빨리 올 모양이다. 햅쌀을 비롯하여 해곡식은 일찍이 가을거지를 끝낸 뒷끝이라 겁날 것은 없지만 아무래도 땔깜이 걱정이다. 좀더 서둘러서 나무가지도 걷어 오고, 솔닢이라도 긁어 왔어야 할 것을, 도통 바쁜 까닭에 때를 노쳐 버린 것이다. 그렇다고 누덕누덕 기운 누덕이 한 벌과 웃풍이 심해 고간 같은 방에서 화로불 하나를 끼고 겨울을 나자니 벌써부터 걱정이 앞선다. 번번히 추위에 꽁꽁 얼고 난 후에야 지나가 버린 가을에 틈틈이 나무짐이라도 져 날르지 못한 것을 후회하지 않기 위해서는 급한 마음이 날 법도 하지만 뒷곁에 수북이 쌓아 놓은 볏가리에 일심 마음이 놓이기는 한다.

2. 다음 글에서 맞춤법에 어긋난 부분을 찾아 고쳐 쓰시오.

누군가에게 도움을 청할 때, '도와주세요'라고 하는 것과 '도와주시요'라고 하는 것은 약간의 어감 차이가 있다. 전자는 도움을 청하는 대상이 누구이든 상대를 대접하며 공손하게 할 수 있는 말이지만, 후자는 웬지 자신보다 낮은 사람이나 동등한 사람에게나 쓸 수 있는 말이라는 느낌이 들기 때문이다. 따라서 왠만하면 '도와주세요'라는 표현을 쓰는 것이 좋을 것이다. 그리고 누군가의 도움에 감사를 표할 때도 '감사합니다' 대신 '고마와요'라는 표현을 쓰는 것이 좋을 듯싶다. 후자가 훨씬 더 다정한 느낌을 주기 때문이다.

참을 수 없이 당연한 띄어쓰기

글에 대한 첨삭을 받아보거나 교정지를 보면 가장 흔하게 발견할 수 있는 수정부호가 띄어쓰기 부호이다. 즉 띄어 써야 할 것을 붙여 썼다거나 붙여 써야 할 것을 띄어 썼을 때 부호로써 이를 수정한다. 이렇게 띄어쓰기에 대한 수정이 많다는 것은 그만큼 띄어쓰기가 어렵다는 증거이기도 하다.

글을 통한 의사소통을 할 때 띄어쓰기는 결정적으로 중요한 문제가 아닐 수도 있다. 휴대폰 문자메시지처럼 글자 수의 제한이 있을 경우에 띄어쓰기를 하지 않아도 의미를 파악하는 데 별 문제가 없다. 또한 일본어나 중국어처럼 띄어쓰기를 하지 않는 경우도 있는 것을 보면 띄어쓰기가 별로 중요해 보이지 않는다.

이 문제 역시 효율성의 측면에서 검토해 보아야 한다. 국어의 경우는 조사와 어미가 문장을 구성할 때 반드시 쓰이므로 이것을 기준으로 문장의 각 단위를 끊어 읽으면 문장의 의미를 파악하는 데는 큰 문제가 없다. 그러나 이렇게 하기 위해서는 조사나 어미를 찾아 각 단위를 끊고 나서 문장을 읽어야 한다. 이렇게 하다 보면 문장을 읽는 데 훨씬 더 시간이 많이 걸리고 의사소통의 효율성이 떨어질 수밖에 없다. 따라서 띄어쓰기 규칙이 다소 어렵더라도 약속에 따라 띄어 쓰면 읽기가 편하고 빠르기 때문에 띄어쓰기를 하는 것은 당연하다.

그런데 띄어쓰기 규정은 의외로 간단하다. 한글 맞춤법 규정에서 띄어쓰기에 대한 규정은 다음의 조항이 전부이다.

> 제 1장 총칙
>
> 제 2항 문장의 각 단어는 띄어 씀을 원칙으로 한다.

위의 규정대로라면 '단어'가 무엇인지만 알면 띄어쓰기는 어렵지 않아 보인다. 단어는 '최소의 자립형식'이라고 정의되기도 하는데 최소의 자립형식에 대한 지식만 정확하다면 띄어쓰기는 완벽하게 할 수 있을 것처럼 보인다. 그러나 단어의 개념은 다소 복잡하고 문장에서 적당한 단위로 단어를 끊어 내는 것도 쉽지는 않다. 띄어쓰기가 어려운 이유는 규정 자체가 어렵다는 데에 있는 것이 아니라 띄어쓰기의 가장 핵심적인 단위인 단어가 무엇인지 알기가 어렵다는 데에 있다.

언어학적으로 단어를 정의하고 이해하기 어렵더라도 글쓰기에서는 띄어쓰기를 어렵지 않게 구현할 수 있다. 띄어쓰기를 정확하게 하려면 단어가 아닌 것, 즉 자립해서 쓰일 수 없는 것들이 무엇인지 먼저 알아야 하는데 국어에서 자립성이 없는 대표적인 것은 조사, 어미, 접사 등이다. 이들은 문장 내에서 띄어 쓸 수 없고 반드시 다른 무엇에 붙여 써야 한다. 따라서 조사, 어미, 접사가 아니라면 일단 다른 요소와 띄어 써야 한다.

동사나 형용사도 자립성이 없지만 실질적인 의미를 가지고 있다는 면에서 조사나 어미와는 다르다. 동사나 형용사는 혼자 쓰일 수 없지만 이 경우에는 어미를 가져다 독립된 단위로 문장에서 쓰인다는 면에서 다른 비자립적인 요소와는 다르다. 따라서 동사나 형용사는 어미를 붙여 다른 단위와 띄어 쓰면 된다.

그리고 의존명사의 띄어쓰기도 헷갈리는 경우가 많다. 의존명사는 말 그대로 무엇엔가 의존해야 한다는 것인데 이는 형식적으로 무엇엔가 의존해야 한다는 것이 아니라 의미적으로 무엇엔가 의존해야 한다는 면에서 동사 및 형용사와는 다르다. 의존명사는 다른 요소의 꾸밈을 받아야 하는데 꾸미는 요소와는 당연히 띄어 써야 하고 이 의존명사 뒤에 붙는 조사와는 붙여 써야 한다.

이렇게 띄어쓰기와 관련된 원칙은 많지 않지만 문제가 되는 상황은 어떤 요소가 조사, 어미, 접사인가 아닌가를 구별하기 힘들 때이다. 다음의 예를 살펴보자.

(1) 숙제를 해 온 학생은 철수뿐이었다.
허공만 응시할 뿐 아무 말이 없었다.

(2) 그가 떠난 지 3년이 됐다.
그가 오는지 모르겠다.

(1)에서 앞 문장의 '뿐'은 조사이므로 앞에의 명사에 붙여 써야 하고 뒷문장의 '뿐'은 의존명사이므로 앞의 관형어와 띄어 써야 한다. (2)에서 앞 문장의 '지'는 의존명사이므로 앞의 관형어와 띄어 써야 하고, 뒷문장의 'ㄴ지'는 어미이기 때문에 앞의 용언과 붙여 써야 한다.

이러한 띄어쓰기를 정확하게 하려면 국어의 문법에 대한 지식이 필요한데 그리 복잡한 지식은 아니다. 의존명사도 명사이므로 앞의 관형어와 띄어 써야 하지만 조사가 붙을 수 있으므로 조사와는 붙여 써야 한다. 즉 '할∨수밖에∨없다'에서 '할'은 관형어이므로 의존명사 '수'와 띄어 써야 하고, '밖에'는 조사이므로 의존명사 '수'와 붙여 써야 한다. '없다'는 형용사이므로 어미를 붙여 다른 요소와 띄어 써야 한다. 이러한 설명이 복잡해 보일지라도 헷갈리는 경우는 많지 않으므로 몇 가지 예만 암기해도 띄어쓰기를 정확하게 할 수 있다.

- **띄어쓰기의 가장 중요한 원칙은 문장의 각 단어는 띄어 쓴다는 것이다.**
- **국어에 대한 지식과 직관을 띄어쓰기의 원칙과 함께 적용하면 띄어쓰기 문제를 극복할 수 있다.**
- **혼동될 수 있는 띄어쓰기 몇 가지만 암기하면 대부분의 오류를 극복할 수 있다.**

ⓘ 확인문제

다음 문장을 바르게 띄어 쓰고 띄어 쓴 원리를 제시하시오.

(1) 내가아는바그가바라는바성공의목표는그게아니다.
(2) 세끼를굶을지언정양심에거스르는일에찬성할수없다.
(3) 그일을할까말까망설이고있다손치더라도어디있는지소재라도알려주어야하지않겠는가?
(4) 빛나는전통을이어받은배달겨레의자손들이여크나큰시련에도굴함이없었던선조들의끈기와용맹지혜와창조정신을본받으라.
(5) 가깝디가까운곳을왔다갔다하기야쉽지만열시간더걸리는천리길을어찌자주야오갈수가있겠는가?
(6) 파릇파릇한보리이삭사이로알록달록한호랑나비한쌍이너울거리고굽이굽이꼬부랑산고갯길넘어먼하늘저쪽에서난데없는비행기두대가부르릉부르릉소리내며날아오는봄날모락모락피어오르는아지랑이어지럼증도는봄날의아지랑이여!
(7) 스무사람가량되는불한당이여러가지흉기를들고제깐에는뚝심깨나쓴다고거들먹거린다.
(8) 그런년을내쫓기라도할양이면제딴에신바람이라도날법했지만될대로되라는식으로내버려둔것이오히려팔자땜을했지.
(9) 그랬을리가없는데,나로서도자세히아는바가없으니,아시는분말씀대로합시다.
(10) 진실로사후의명성에연연해하는자는,그를기억해주기를바라는사람의하나하나가,얼마아니하여이세상에서사라지고,기억자체도한동안사람의마음의날개에오르내리나,결국은사라져버린다는것을알지못하는사람이다.

사전과 컴퓨터의 도움

요즘은 글을 쓸 때 컴퓨터를 많이 이용한다. 컴퓨터에는 문서를 작성하기 위한 워드프로세서가 내장되어 있어서 글을 직접 쓸 수 있다. 뿐만 아니라 글을 마음대로 편집할 수도 있고 출력할 수도 있다. 여기에서 그치는 것이 아니라 컴퓨터 및 워드프로세서에 내장된 각종 기능을 이용하여 더 정확하고도 효율적으로 글을 쓸 수 있다.

컴퓨터를 이용해 글을 쓸 때 컴퓨터가 지원하는 사전이나 맞춤법 기능은 매우 유용하다. 과거에는 사전이 필요하면 종이사전을 찾아볼 수밖에 없었는데 이 사전은 휴대하기도 불편하고 검색하는 데도 시간이 걸린다. 그런데 컴퓨터에 내장된 사전을 이용할 수도 있고, 컴퓨터를 이용해 온라인 사전을 얼마든지 참조할 수 있다. 또한 워드프로세서에는 맞춤법 교정기가 내장되어 있어 자동으로 오류를 찾아 고쳐주기도 하고 수동으로 교정을 해주기도 한다. 따라서 컴퓨터를 이용하면 띄어쓰기와 맞춤법의 대부분을 바로잡을 수 있다.

글을 쓰는 방법이 달라졌으므로 맞춤법이나 띄어쓰기 오류를 수정하는 것도 달라질 필요가 있다. 즉 대부분의 글을 컴퓨터를 이용해서 쓴다면 빠르고 정확하게 글을 쓸 수 있다. 전자사전이나 맞춤법 교정기를 이용하는 것이 각종 규범을 외우고 적용하는 것보다 훨씬 더 빠를 수 있다.

- **컴퓨터를 이용해 글을 쓸 때 사전과 맞춤법 교정기를 이용하면 빠르고도 정확하게 글을 쓸 수 있다.**

ⓘ 확인문제

1. 다음 글을 워드프로세서에 그대로 입력해 보고 워드프로세서의 맞춤법교정 기능을 이용해 수정하시오.

이 학과에 원서를 넣어야할 지, 저 학과에 원서를 넣어야할 지 창수는 망서리고 있었다. 법학과 경쟁율 오 십 구 대 일, 도저히 자신의 실력으로서는 합격할 자신이 없었다. 국문과 경쟁율 구 대 일, 그러나 스무명 밖에 뽑지않는 국문과에 지원하기에는 너무 가슴이 떨렸다. 일년동안 할만큼 했다는 생각이 안드는 것도 아니지만 이제와서 생각하니 더 열심히 하지않은 것이 무척 후회가 된다. 어머니, 아버지, 김 동식선생님등의 얼굴이 눈앞에 얼른거릴 수록 창수는 점점 더 힘이 빠지기 시작했다. 일년전에는 창수 보다 훨씬 성적이 나뻤든 영식이 까지도 더 높은 수능점수를 받고 원서접수를 마감한 상태였다. 이제 남은 시간은 단지 11 분, 좀 더 이따가 내느니보다는 차라리 홀가분하게 마음을 비우고 싶어진 창수는 법학과에 과감이 원서를 던졌다.

2. 다음 글을 워드프로세서에 그대로 입력해 보고 워드프로세서의 맞춤법교정 기능을 이용해 수정하시오.

원고 하나 써내기. 결코 쉽지 않은 일이다. '일기 써야지, 이렇게 나태하면 안 되'하는 반쯤은 의무감, 나머지 반쯤은 생활이 정리 되지 않은 채 흩어져 버리는 것에 대한 불안감이 자주 생겨 나는 요사이도 전에 가끔 썼던 일기장을 뒤척이다 결국 다시 덮어 버리고 한줄도 거기 덧대지 못했다. 상황이 이러한지라 자주 원고 부탁을 받고도 '쓸것이 없어요'라고 똑같은 말을 반복해야했던 것이 괜한 게으름이나 무관심때문이 아니었음을 먼저 밝혀둔다. 요즘 대화속에 의례 등장하는 말이 있다. "뭐 특별한 일 없어?" 느껴질런지 모르겠지만 여기서 '특별한'이라는 표현에 담긴 뜻은 퍽 제한적이다. (결혼, 아니면 적어도 의미있는 교제쯤 될까?) 지금 내게는 특별한 일이라곤 없고, 따라서 지금부터 할려는 이야기도 별로 특별한것이 되지는 못할 것이다.

3. 한없이 완벽에 가까운 문법

우리는 문법이 매우 어렵다고 생각하지만 우리의 머릿속에는 완벽한 문법이 들어 있어 일상의 대화에서는 완벽한 문장을 구사한다. 이 능력을 글쓰기에서도 발휘할 방법을 찾아보자.

❑ 수다와 글쓰기
❑ 아는 만큼, 생각한 만큼 쓸 수 있다
❑ 짜깁기의 비극과 긴 문장에 대한 오해

수다와 글쓰기

우리는 일상에서 늘 대화를 한다. 대화는 대개 길든 짧든 문장으로 이루어지는데 우리는 하루에 셀 수 없이 많은 문장들을 만들어 낸다. 이렇게 쉴 새 없이 만들어지는 문장인데도 불구하고 대부분의 문장은 어법에 맞는다. 또한 말을 하면서 어법에 맞지 않을까 고민해 본 적도 없다. 우리들은 대화를 하면서 전혀 의식하지 못한 채 완벽한 문법을 동원해 정확한 문장을 만들어 내고 있는 것이다.

그런데 글을 쓸 때는 상황이 전혀 달라진다. 그렇게 술술 나오던 말도 글을 쓸 때면 한 줄도 나오지 않는다. 어쩌다 쓴 문장은 주어와 서술어가 호응이 되지 않고 쓸 데 없는 요소가 끼어 있는가 하면 꼭 필요한 성분이 빠져 있는 경우도 있다. 단어는 정확한 자리를 찾지 못하고 있고 표현은 진부하기 이를 데 없다. 글을 쓸 때 우리는 문법 지식을 최대한 동원해 문장을 만들려 하지만 쓰면 쓸수록 어법에 맞지 않는 문장들이 만들어질 뿐이다.

글을 쓸 때 겪는 곤란은 공식적인 자리에서 말을 할 때도 그대로 나타난다. 남 앞에서 발표를 한다거나 연설을 해야 할 때면 어떤 말부터 해야 할지 막막하다. 겨우 말을 꺼내기는 하지만 앞뒤가 전혀 맞지 않는다. 꼭 필요한 단어가 생각이 나지 않아 한참을 머뭇거려야 하고, 문장은 어디서 끝을 맺어야 할지 몰라 끝없이 길어진다.

이러한 상반된 상황이 나타나는 근본적인 이유가 개인이 가지고 있는 문법지식의 부족이나 말과 글의 차이에 있는 것 같지는 않다. 문법지식이 부족하다면 일상의 대화에서도 문제가 나타나야 하는데 일상의 대화에서는 그런 문제가 나타나지 않는다. 말은 쉽지만 글은 다소 어렵기 때문이라면 발표나 연설할 때는 이러한 문제가 나타나지 않아야 하는데 글을 쓸 때와 마찬가지로 발표나 연설을 할 때도 이러한 문제가 나타난다. 적어도 어법상의 오류는 문법에 대한 지식이나 말과 글의 특성에 기인하는 것 같지는 않다.

글이나 말에서 나타나는 어법상의 오류는 문장 자체의 문제가 아니라 문장에 실리는 내용의 문제이다. 일상의 대화에서 아무런 문제없이 말할 수 있는 이유는 대화의 내용을 잘 알고 있기 때문이다. 또한 많은 생각을 해 보았던 문제이거나 따로 생각해 보지 않아도 상식적으로 이야기할 수 있기 때문이다. 이처럼 말하는 내용에 대해 충분히 알고 있고 생각해 놓았다면 어법상의 문제는 별로 드러나지 않는다.

이를 뒤집어 얘기하면 어법상의 문제는 내용이 준비되지 않았거나 충분히 생각해 보지 않았을 때 발생한다. 문법이 아무리 완벽하게 갖추어져 있을지라도 그 문법에 실려 전달될 내용이 제대로 구성되어 있지 않다면 올바른 문장을 만들어내기가 쉽지 않다. 생각이 정리되어 있지 않다면 문장은 뒤죽박죽이 될 수밖에 없다.

따라서 어법에 맞는 문장을 쓰기 위해서는 잘 아는 주제에 대해서 쓰거나, 잘 알지 못한다면 충분히 생각해 보고 충분한 자료를 바탕으로 그 주제에 대해 잘 알게 된 이후에 써야 한다.

- **글을 쓸 때나 말을 할 때 나타나는 어법상의 문제는 문법 지식의 문제가 아니라 내용과 사고의 문제이다.**

ⓘ 확인문제

다음은 라디오 방송의 발화 내용을 녹취한 것이다. 오류가 있는 문장을 찾아 고치시오.

> 네 골든디스크 ○○○입니다. 음악에세이 노래가 있는 풍경이 방송되는 날입니다. 지난 주 이백삼십삼화 그 남자 그 여자라는 작품이 방송됐습니다. 청취 소감이 많이 왔어요. 저희들은 할 때 이렇게 많이 좋은 반응이라고 생각 못했는데 그냥 그 어떤 두 사랑하는 남녀 젊은 남자가 그 연, 연이라는 훼방, 훼방꾼이라 그러나요. 하튼 농간이라 그러나요. 한 여자의 어떤 질투, 방해에 의해

서 깨진다는 그런 내용입니다. 평범한 내용인데 그런데 청취소감이 거의 백 개 정도 들어왔어요. 아주 놀라울 정도로 많은 좋은 반향을 일으켰는데, 자 오늘도 세 분, 다섯 분 추첨해서 오만 원에서 오십만 원 상당의 상품을 드립니다.

아는 만큼, 생각한 만큼 쓸 수 있다

인간은 누구나 완벽한 언어를 구사할 수 있는 잠재적 능력을 가지고 있으며 유아기의 특정 시점에 이 능력이 발휘되어 자신의 모국어에 대한 완벽한 지식을 갖추게 되는 것으로 언어학자들은 보고 있다. 이러한 능력을 언어능력이라고 하는데 인간은 이 능력을 발휘하여 이제까지 한 번도 들어보지 못한 문장을 무한히 만들어낼 수 있다. 이 능력을 바탕으로 획득된 모국어에 대한 지식은 특별한 외부적인 손상이 없는 한 계속 유지될 수 있다.

이런 능력을 갖춘 사람이 말을 할 때나 글을 쓸 때 오류를 범했다면 그것은 능력의 문제가 아니라 수행의 문제로 본다. 인간이 구체적인 상황에서 실제로 문장을 생성해 내어 의사를 소통하는 행위를 언어수행이라 한다. 언어수행에서는 화자나 환경의 여러 조건에 따라 오류가 나타나기도 한다. 즉 말을 하는 사람이 피곤하거나 술에 취해 있다면 말이 헛나올 수 있다. 그러나 이런 수행상의 오류가 능력의 문제를 반영하는 것은 아니다. 외적인 조건에 의해 이러한 오류가 나타났을 뿐 그 화자의 언어능력은 그대로이다.

글을 써야 할 상황에서 내용이 준비되지 않았거나 생각이 충분히 정리되지 않았다면 이 상황에서도 언어수행상의 오류가 나타날 수 있다. 피곤해서 머릿속이 텅 비어 버리는 것이나, 지식이 없어 머릿속이 텅 비어 버리는 것은 크게 다르지 않다. 이런 상황에서 억지로 문장을 짜내다 보면 당연히 어법상의 오류가 나타날 수밖에 없다. 그리고 술이 취해 논리적 사고가 안 될 때나, 사고가 부족해 논리적 연결고리가 제대로 만들어지지 않았을 때에도 역시 어법상의 오류가 나타난다.

결국 아는 만큼, 생각한 만큼 어법에 맞는 문장을 쓸 수 있음을 알 수 있다. 내용이 풍부하게 준비가 되어 있다면 수다를 떨 때처럼 자연스럽게 글이 써질 수 있다. 생각이 충분히 정리가 되어 있다면 앞뒤가 척척 맞게 글이 써질 수 있다.

- **어법상의 문제는 내용과 사고의 문제이므로 많이 알고 충분히 생각하면 극복할 수 있다.**

짜깁기의 비극과 긴 문장에 대한 오해

최근의 글쓰기에서 어법상의 문제는 남의 글이나 생각을 그러모아 짜깁기를 하는 과정에서 많이 나타난다. 알고 있는 것이 부족하고 생각이 부족하면 남의 지식과 생각을 빌려올 수밖에 없다. 글을 쓰면서 남의 지식과 생각을 이용하는 것은 큰 문제가 아니다. 남의 지식과 생각이 곧 자료이며 이 자료를 충실히 수집하고 정리하는 것은 글쓰기에 꼭 필요하기 때문이다. 문제는 남의 생각과 자료를 적당히 이어붙이면서 나타난다.

글을 쓰면서 남의 지식과 생각을 이용한다는 것은 그것을 자신의 지식과 생각으로 바꾸고 자신의 말로 다시 쓴다는 것을 의미한다. 글을 쓸 때 필요할 경우에는 직접 인용을 하기도 한다. 그러나 대부분의 지식과 생각은 필자의 지식과 생각 속에 녹아들어가야 하고 필자의 문장으로 다시 쓰여야 하다. 이러한 과정을 거쳐야만 각각의 지식과 사고가 따로 놀지 않게 되고 문장 속에서도 어법에 맞게 드러날 수 있다.

생각이 정리되지 않으면 문장이 장황해지고 그 과정에서 앞뒤가 안 맞을 가능성이 높아진다. 잘 알고 있는 사안이나 충분히 생각한 사안에 대해서는 그 핵심이 무엇인지를 알기 때문에 핵심만 뽑아서 문장으로 만들 수 있다. 그러나 잘 모르거나 생각해 보지 않은 것에 대해 쓸 때에는 이런저런 얘기를 다 한 문장에 몰아넣게 되고 이 과정에서 생략 및 중복의 문제가 나타난다. 또한 잘 아는 내용일지라도 문장을 길게 하면 호응 관계나 인과관계가 복잡해질 수 있으므로 글을 쓸 때 짧은 문장을 쓸 것을 요구하는 경우가 많다.

그러나 문장을 짧게 쓰는 것보다 먼저 강조되어야 할 것은 글을 쓸 내용이 먼저 짧게 정리되어야 한다는 것이다. 문장을 짧게 쓴다는 것은 단순히 물리적인 길이를 짧게 한다는 것을 의미한다. 그러나 이렇게 짧게 쓰다보면 꼭 필요한 성분이 생략되거나 논리적인 맥락이 잘 드러나지 않을 수도 있다. 따라서 무조건 짧은 문장을 쓰는 것이 중요한 것이 아니라 문장이 짧아지더라도 어법상이나 논리상 전혀 문제가 되지 않도록 내용과 생각을 가다듬는 것이 중요하다.

- **남의 지식과 사고를 그러모아 짜깁기를 할 때 어법상의 오류가 많이 발생하므로 주의해야 한다.**
- **무조건 문장을 짧게 쓰려고 노력할 것이 아니라 내용과 지식이 잘 정리되어 짧은 문장으로 표현될 수 있도록 노력해야 한다.**

① 확인문제

1. 다음은 일간신문 문화면의 연극 공연 안내이다. 제시된 단편적인 사실을 바탕으로 하여 문장으로 다시 써라.

- 새들은 제 이름을 부르며 운다
- 9월 1일부터 9월 29일까지(4시 30분, 7시 30분, 월요일 쉼)
- 동숭동 강강술래 소극장
- 김형경 작, 김동수 연출
- 남명렬, 박지일 등 출연
- 극단 춘추 / (02)747-7491

2. 다음은 시사 주간지에 실린 광고 문안이다. 제시된 단편적인 사실을 바탕으로 하여 문장으로 써라.

'05 폐품을 이용한 공예품 공모전

주　최 : 조선일보사, 한국자원재생공사
후　원 : 환경처, 한국교원단체총연합회
목　적 : 폐기물 재활용의 생활화와 국민적 관심 고취
응모사항
응모부문 : 국민학생부, 중등학생부, 일반부

내　　용 : 각종 폐기물을 직접 이용하거나 가공, 재처리하여 만든 공예품

마　　감 : 2005년 10월 10일 (월)

작품전시 : 2005. 11. 2 ~ 11. 6 (장소 추후 통보)

기　　타

입상작의 일체 권한은 한국자원재생공사에 귀속됩니다.

입상작 외의 작품은 2005년 11월 9일 ~ 15일 반출

기타 상세한 내용은 한국자원재생공사 홍보부로 문의

3. 다음 글에서 반복적으로 쓰인 부분을 적절한 단어로 대치해 고쳐 쓰시오. 또한 한 단어로 대치시킬 수 있는 부분은 적절한 단어로 대치시키시오.

노사분규가 발생했을 때 신문, 방송 등은 분규의 빌미를 제공한 기업의 소유주 또는 간부들과 사업체의 정상적인 활동을 마비시킨 생산현장에서 일하는 사람들 모두를 동시에 비판한다. 신문 방송 등이 분규의 빌미를 제공한 기업의 소유주 또는 간부들과 사업체의 정상적인 활동을 마비시킨 생산현장에서 일하는 사람들 모두에 대해 동시에 비판하는 것은 일면 객관적인 보도 태도로 보일 수도 있다. 그러나 힘 있는 자와 힘없는 자의 싸움에서 그 싸움 자체만을 고려해 힘 있는 자와 힘없는 자 모두를 동시에 비판하는 것은 결국은 힘 있는 자의 편을 들어주는 것과 마찬가지이다. 힘 있는 자와 힘없는 자와 싸움의 발단은 힘 있는 자의 강압에 힘없는 자가 반발을 했기 때문이고 힘 있는 자와 힘없는 자의 싸움에서 피해를 입은 쪽은 당연히 힘없는 자일 것이다. 싸움을 말리면서 힘 있는 자와 힘없는 자를 동시에 비판한다면 힘 있는 자들의 강압을 그대로 인정하는 것일 뿐만 아니라 힘 있는 자와 힘없는 자의 싸움에서 힘 있는 자의 횡포와 힘없는 자의 피해를 모두 당연시 하는 것이다. 따라서 신문과 방송은 노사분규가 발생했을 때 양쪽을 모두 비판하는 양비론적 태도를 지양하고 분규의 원인을 면밀히 검토하는 태도를 보여야 할 것이다.

4. 다음 문장의 구조를 적절히 바꾸어 어법에 맞고 경제적인 문장으로 다시 쓰시오.

(1) 흡연의 장점은 스트레스를 일시적으로 해결해 준다는 장점도 있지만 그 이면에는 그만큼 기관지와 폐가 손상된다는 사실을 잊지 말아야 한다.
(2) 최근 맥주 3사의 과당경쟁은 소비자들의 선택의 폭을 보다 넓혀 주었다는 긍정적인 측면도 있지만 지나친 광고로 인한 광고 비용을 소비자들이 고스란히 부담해야 한다는 부정적인 측면도 있다.
(3) 일본은 자국의 경제력을 한껏 뽐내려는 의도에서 월드컵을 개최하고, 반면에 한국은 자국의 축구 발전과 경제발전을 동시에 도모하려는 의도에서 월드컵을 개최한다.
(4) 아무도 그렇게 빨리 일이 처리되리라고 예상치 못했고, 실제로는 예상 밖으로 일이 그렇게 빨리 처리되었다.
(5) 현실적인 어려움 중의 하나는 아무도 모르게 빨리 그 일을 이루어 내야 한다는 점에서 쉽사리 그 일을 결정하지 못하고 있다.

5. 다음 문장을 적절히 연결하여 한 문장으로 쓰시오.

(1) 어느 시대든지 지켜야할 성도덕이 있게 마련이다. 이것은 새로움을 추구하는 젊은이들에게는 크나큰 억압으로 느껴진다.
(2) 재즈는 고정된 틀을 거부한다. 젊은이들은 기존 관념을 파괴하고 싶다. 젊은이들 사이에 재즈는 새로운 유행이 되고 있다.
(3) 세계일류인 우리의 경제는 삼류 정치 위에 그 기반을 두고 있다. 세계의 언론인들을 이렇게 비아냥거린다.
(4) 그는 뻔뻔스럽게도 이렇게 말했다. "중국의 문화혁명 때는 훨씬 더 많은 사람이 죽었습니다." "우리의 경우는 새 발의 피에 불과합니다."
(5) 광복 후 우리는 서구의 민주주의를 받아들였다. 그것은 당시의 우리의 처지에 잘 맞지 않았다.

제 6장 남은 경계들

1. 솔기 없는 옷(Seamless Coat)
2. 규정종목과 자유종목

*"경계를 넘는 원리와 방법이 경계가 된다면
그 경계마저도 넘어야 한다."*

1. 솔기 없는 옷(Seamless Coat)

이제 모든 장애물은 다 치웠고, 모든 경계는 다 넘었다. 그러나 아직도 글쓰기에 대한 몇 가지 오해가 남아 있다. 글쓰기 능력을 바탕으로 이 오해를 풀어나갈 길을 찾아보자.

- ❑ 경계와 솔기
- ❑ 학술적 글쓰기
- ❑ 분야별, 상황별 글쓰기
- ❑ 백신, 보약, 치료약
- ❑ 읽기와 사고력
- ❑ 입말과 글말

경계와 솔기

이제까지 글쓰기를 방해하는 많은 경계를 찾고 그 경계를 넘어 자유를 누리는 길을 모색해 왔다. 글쓰기를 둘러 싼 경계는 두려움에 의한 것이기도 하고 무지에 의한 것이기도 했다. 두려움에 의한 경계는 자신감을 회복함으로써 넘을 수 있고, 무지에 의한 경계는 앎을 통하여 넘을 수 있다. 경계를 넘기 위한 이제까지의 여정에서 글쓰기의 원리, 구체적인 방법, 예를 살펴보았다. 이 여정을 함께 하면서 글쓰기에 대해 자신감을 가지고 실제로 글을 수월하게 쓸 수 있을 것이라 믿는다.

모든 경계를 넘고 자유를 누리고 난 후에 바라보면 이제까지 넘은 경계들은 경계가 아니라 온전한 글쓰기를 위해 꼭 필요한 것들, 다시 말해 온전한 글쓰기의 영토를 조금씩 나누어 자리를 차지하고 있는 것들임을 알 수 있다. 문제를 발견하는 데서 출발하여 주제를 설정하고 구성을 한 후 전개하는 데까지 단계를 밟아 왔으나 그것은 시간적인 순서나 공간적인 위계가 있는 것이 아니라 글쓰기를 위해서 동시에, 동등하게 필요한 것들일 뿐이다. 결국 이제까지 확인하고 넘은 경계들은 늘 뒤돌아보면서 균형을 찾는 데 도움이 될 수 있는 경계들이기도 하다.

이제 남은 경계들을 확인해 볼 차례이다. 이제까지 글쓰기를 방해하는 글쓰기 자체의 경계는 넘어왔으나 글쓰기를 둘러싼 외부의 경계는 아직도 남아 있다. 글쓰기를 방해하는 외부의 경계는 다음의 인용과 관련지어 생각해 볼 수 있다.

솔기 없는 옷(Seamless Coat)

'솔기 없는 옷(seamless coat)'이 전달하고자 하는 바는 연관이다. 인류와 자연이 '생명계' 안에 통합된 것으로 바라보는 세계관을 소개하고 있는 것이다. 이러한 세계관에 따르면 우리는 이원론을 포기해야 한다. 몸과 마음,

> 인류와 자연, 개인과 공동체, 관념과 행위 등과 같은 대립쌍을 구성하는 두 대상이 맺고 있는 연관을 찾아내야 하는 것이다. 여기서 우리는 교육에 대한 강력한 메시지를 발견하게 된다. 그것은 모든 경험은 서로 관련되어 있으며 학습은 우리의 과거뿐 아니라 우리의 미래와도 관련이 있다는 견해이다. 위와 같은 비유에서 학습이라는 솔기 없는 옷의 도움을 받아 우리는 경험과 감정뿐 아니라 우리가 맺고 있는 관계까지도 세계에 대한 이해의 틀 안에서 통합할 수 있게 된다.
>
> – Malcolm D. Evans, <*Whitehead and Philosophy of Education*>

자연계와 인간의 삶 속의 모든 것이 상호 연관이 되어 있음에도 불구하고 우리는 늘 분리하여 생각하려는 경향이 있다. 글쓰기에서도 이러한 상황은 별반 다르지 않다. 글쓰기는 글쓰기이되 학술적 글쓰기가 따로 있고, 분야에 따른 글쓰기가 따로 있다고 믿는다. 고등학교까지의 과정에서 해야 할 글쓰기가 따로 있고, 대학의 교양과정에서 해야 할 글쓰기와 전공과정에서 할 글쓰기가 따로 있다고 믿는다. 읽기와 사고의 영역은 글쓰기와 분리될 수 있는 독자적인 영역이라고 말하고 싶어 하며, 입말과 글말은 별개의 것이라고 말하고 싶어 한다.

그러나 글쓰기가 온전히 이루어지려면 위의 모든 것이 결코 글쓰기와 분리되거나 글쓰기와 다른 것으로 치부되어서는 안 된다. 모든 과정에서 능동적인 글쓰기가 이루어져야 하고 가르쳐져야 한다. 또한 글쓰기를 둘러 싼 모든 상황 및 여건과 글쓰기가 상호 관련을 맺어야 한다. 이렇게 글쓰기를 둘러싼 경계들이 허물어져야 진정한 글쓰기가 가능하다.

이제 누구나 쓸 수 있는 글쓰기의 여정을 마무리하면서 뒤돌아보아야 할 것들, 그리고 앞에 남아 있는 것들을 마지막으로 살펴보아 솔기 없는 옷을 완성해 보자.

- **글쓰기에 대한 여러 가지 견해, 글쓰기의 각 영역, 글쓰기의 다양한 방법 등은 독립되어 있는 것이 아니다. 모두가 글쓰기에 필요한 것이므로 이것들이 좋은 글을 쓰기 위해 잘 종합되고 결합되어야 한다.**

학술적 글쓰기

실용문 중에서 다소 특수하고 전문적인 성격이 강한 것이 학술적인 글이다. 대학에서 공부를 할 때 각종 보고서는 필수적이고 졸업을 하기 위해서는 논문을 써야 한다. 또한 학문적인 연구를 업으로 삼을 경우에는 연구논문을 쓰고, 각종 저술을 하게 된다. 기업이나 기관에서도 연구에 관련된 일을 하게 되면 학술적인 글을 써야 할 경우가 많다.

학술적인 글은 갖추어야 할 내용적, 형식적 요건이 매우 까다롭다. 내용적으로는 독창성이 있어야 하며, 치밀하고도 철저해야 한다. 이제까지 연구되지 않았거나 잘못 알려진 연구주제를 찾아 철저하게 조사하고, 실험하고, 연구하여 독창적인 결과를 발표해야 한다. 형식적으로는 서론, 본론, 결론의 요건이 더 철저하게 갖추어져야 하며, 주석, 참고문헌 등이 규칙에 따라 제시되어야 한다. 연구 분야마다 정해져 있는 형식적 요건을 따르지 않았을 경우 연구자로서의 기초적인 소양이 부족하다고 생각되기도 한다.

학술적인 글을 쓸 때도 이제까지 우리가 살펴본 글쓰기의 원리와 방법을 그대로 적용할 수 있다. 학술적인 글쓰기에서의 연구주제(theme)는 우리가 해결해야 할 문제 중의 하나이며, 연구의 결과를 발표하는 것이 의사소통의 전형적인 방법이다. 연구주제를 좁히고 이에 대한 자료를 수집하며 충분한 연구를 거쳐 논문이나 저서를 구성하고 전개하는 것 모두가 실용적인 글쓰기의 전형적인 형태이다. 따라서 학술적 글쓰기를 일반적인 글쓰기와 다르다고 볼 근거가 전혀 없다.

학술적인 글쓰기에서 내용적으로 더 강조되어야 할 것은 철저한 문제의식이다. 학술적 글쓰기에서 가장 중요한 것은 창의적인 연구주제를 설정하는 일이다. 각 분야의 연구결과와 동향을 면밀히 분석하고 필요한 연구주제가 무엇인지 찾아내는 능력이 필수적이다. 이러한 능력은 연구자로서의 성실한 자세와 연구를 위해 들인 노력에 비례해 길러지는 것이 당연하다. 따라서 학술적인 글을 쓰기 위해서는 더 첨예한 문제의식을 가지고 창의적인 주제를 발견하고 성실하게 연구해 나가는 자세가 필요하다.

학술적인 글쓰기에서 형식적으로 더 강조되어야 할 것은 인용, 주석, 참고문헌을 쓰는 방법이다. 어떤 분야의 연구든 연구자 한 사람이 모든 것을 다 조사하고 다 알아낼 수는 없으므로 자신의 독특한 이론이나 방법론 등이 아니라면 상당히 많은 부분은 기존의 연구를 인용해야 하고, 그에 대해 철저한 주석과 참고문헌을 붙여야 한다. 각 분야마다 이러한 면에 대한 철저한 규정이 있으므로 학술적인 글을 쓰기 위해서는 이 규정을 철저히 익히고 반영해야 한다.

- **학술적인 글도 실용문의 특수하고 전문적인 한 종류이므로 실용문 쓰기의 원리와 방법을 그대로 적용할 수 있다.**
- **학술적인 글을 쓸 때는 더 창의적인 주제에 대해 철저하게 연구해야 하고, 해당 분야의 형식에 맞게 써야 한다.**

분야별, 상황별 글쓰기

인문학적 글쓰기, 사회과학적 글쓰기, 공학적 글쓰기, 자연과학적 글쓰기……. 요즘 대학에서는 분야별로 글쓰기 강좌를 개설하는 것이 유행하고 있다. 또한 분야별 글쓰기에 대한 연구도 활발하게 진행되고 있다. 이러한 추세는 학문 분야마다 다른 원리와 방법에 의해 글을 쓰고 있다는 전제 하에 나타나고 있다. 즉 연구의 대상이나 방법이 다르니 글쓰기의 원리나 방법도 달라야 한다는 것이다.

이러한 발상은 부분적으로는 타당하지만 전체적으로는 문제가 있다. 분야별로 연구의 대상이나 방법이 차이가 나는 것은 당연하다. 그리고 이러한 차이 때문에 각 분야의 글이 다소 달라 보이기도 한다. 그러나 연구의 대상과 방법이 다르다고 해서 글을 쓰는 근본적인 목적이 달라지는 것은 아니다. 어떤 분야에서 글을 쓰든 글을 쓰는 목적은 해당 분야의 문제를 해결하려 하는 것이기 때문에 문제해결이라는 근본적인 목적은 달라지지 않는다. 그리고 그 해결책을 제시하는 방법으로서 글을 쓰는 것이기 때문에 의사소통이란 목적도 달라지지 않는다.

이런 근본적인 목적에서 차이가 없다면 이에 따라 파생되는 원리와 방법이 달라지지는 않는다. 즉 문제를 발견하고, 주제를 설정하며, 자료를 수집하여 연구하고, 그 결과를 글로 구성하고 전개해 나가는 과정은 어떤 분야에서든 달라지지 않는다. 달라지는 것이 있다면 해결의 대상과, 그 대상에 따른 약간의 내용이지 근본적인 원리와 방법은 아닌 것이다.

따라서 각 분야별로 글을 쓸 때도 글쓰기의 기본 원리와 방법을 보다 철저히 이해하고 적용할 필요가 있다. 기본적인 원리와 방법을 익히면 개별적인 상황에서 얼마든지 응용할 수 있고 그 상황에 맞도록 변형시켜 나갈 수 있다. 반면에 개별적인 상황에 맞게 기술만 익힌다면 원리나 방법을 모르기 때문에 능력을 신장시켜 나간다거나 다른 분야에 적용하는 것은 불가능하다. 글쓰기의 기본적인 원리와 방법이 제대로만 정립되고 이해된다면 분야별로 얼마든지 이용할 수 있게 되므로 분야별 글쓰기가 별로 의미가 없어질 수 있다.

이러한 점은 사회의 여러 분야에서 글쓰기를 할 때도 마찬가지로 적용된다. 기업이나 기관에서 근무하려면 다양한 종류의 글을 써야 한다. 그래서 문서의 종류에 따라 따로 교육이 이루어지기도 하고 문서별로 지침을 따로 만들기도 한다. 이러한 맞춤교육과 지침에 따라 문서를 작성하면 형식적인 면에서는 크게 문제가 없을 수 있다.

그러나 정작 문제가 되는 것은 글의 형식적인 면이 아니라 내용적인 면이다. 어떤 글이 아무리 개별 상황에 따른 문서의 형식을 잘 지켰더라도 그 문서가 궁극적으로 문제를 해결하는 데 도움이 되지 않는다면 의미가 없다. 문제를 해결하기 위해 진정 필요한 것은 그 문서를 통해 이루고자 하는 목적을 얼마나 달성할 수 있느냐 하는 것이지 문서의 형식을 얼마나 잘 지켰는가 하는 것은 아니다. 따라서 기업이나 기관의 여러 상황에서 글을 쓸 때도 역시 글쓰기의 기본 원리와 방법에 의거해서 써야 한다. 각 상황에 따라 약간의 차이는 있지만 그 차이는 사소한 것일 뿐이다.

- **분야와 상황의 차이에도 불구하고 글쓰기의 기본 원리와 방법은 변함없이 적용될 수 있다.**

백신, 보약, 치료약

글쓰기 능력은 언제 어디서 필요한 것인가? 1장에서 우리는 '누구'와 '아무'의 문제를 생각해 보았지만 '언제'의 문제는 생각해 보지 않았다. 그러나 글쓰기는 이미 글자를 알고서부터 시작되었고 앞으로도 글쓰기가 의사소통의 주요한 수단으로 남아 있는 한 계속될 것이다. 중고등학교까지의 과정에서는 대학에 들어가기 위해서, 대학에서는 학점을 받고 졸업을 하기 위해서, 졸업 후에는 생계의 수단으로 글쓰기를 해야 할 수도 있다. 이러한 현실적인 목적이 아니더라도 현실에 산적한 문제에 대한 독자적인 문제의식을 가지고 그 문제의 해결책을 제시하기 위해 언제 어디서든 글을 능동적으로 쓰게 될 수도 있을 것이다. 어느 편이든 글을 '언제나' 써야 한다는 것은 달라지지 않을 것 같다.

이렇듯 언제나 써야 하는 글쓰기에 대해서 이제까지 살펴본 글쓰기의 여정은 어떤 역할을 해야 하는 것인가. 나아가 글쓰기 능력, 혹은 이것을 좀 더 폄하한 '글쓰기 기술'은 어떤 역할을 해야 하는 것인가. 이에 대해서는 '백신, 보약, 치료약'에 비유할 수 있다.

글쓰기 능력은 어떠한 문제가 닥쳐도 그 문제에 대한 저항력을 가질 수 있도록 도와주는 백신의 역할을 할 수 있다. 백신은 전염병에 대하여 인공적으로 면역을 주기 위해 생체에 투여하는 항원으로 정의된다. 즉 질병을 예방하기 위해 미리 맞아두는 것이다. 이러한 백신처럼 글쓰기 능력은 학습이 시작될 때부터 체계적인 훈련을 통해 길러져야 한다. 그리하여 글쓰기에 대한 면역이 생겨야 어떤 상황이 닥치더라도 자신 있게 글을 써 나갈 수 있다.

그러나 현재의 글쓰기 교육을 보면 백신으로서의 글쓰기 능력 교육은 제대로 이루어지지 않고 있다. 초등학교 과정에서부터 글쓰기 교육이 이루어지고 중고등학교 과정에서도 작문을 비롯한 글쓰기 과목이 있지만 체계적으로 글쓰기를 배워 글쓰기에 자신감을 가지기에는 부족해 보인다. 대학에서도 한두 학기 글쓰기나 그와 관련된 과목을 배우지만 역시 부족하긴 마찬가지다. 교육과정상으로는 글쓰기 교육의 백신을 마련한 것처럼 보이지만 아무도 자신 있게 글을 쓰지 못하는 것을 보면 백신을 제대로 맞히지 못했거나 면역력이 없는 백신을 맞히고 있는 것으로 보인다.

따라서 이제까지 글쓰기를 위한 여정을 밟아오면서 익힌 글쓰기 능력은 효과적인 백신이 될 수 있도록 노력해야 한다. 이제까지 살펴본 글쓰기 능력은 가장 기초적인 능력이지만 그만큼 꼭 필요한 능력이기도 하다. 이러한 기초적인 능력이 갖추어졌을 때 보다 나은 글쓰기가 가능할 것이고 글쓰기를 통한 문제해결이 가능할 것이다.

글쓰기 능력은 몸의 전체적 기능을 조절하고 저항 능력을 키워 주며 기력을 보충해 주는 보약의 역할을 할 수 있다. 이제까지 살펴본 글쓰기 능력은 결코 글을 쓰기 위한 단편적인 기법, 또는 기술이 아니었다. 최종적으로는 글로 표현되더라도 그러한 글이 쓰이기까지는 문제에 대해 인식하는 단계부터 치열하게 고민하고 그에 대한 해결책을 만들어나가는 훈련이 바로 지금까지의 글쓰기였다. 이 과정에서 획득한 문제의식과 문제해결력은 앞으로 닥치게 될 문제를 해결해 나가는 데 큰 힘으로 작용하도록 해야 한다.

그러나 현재의 글쓰기 교육을 보면 보약으로서의 글쓰기 능력 교육도 제대로 이루어지지 있음을 알 수 있다. 글쓰기 능력은 글쓰기 기법 또는 기술과 동일시하거나 단순한 표현의 도구로만 여기는 글쓰기 교육도 이루어지고 있다. 글쓰기 과정을 통해 사고와 표현이 조화를 이루고, 문제해결을 위한 능동적 활동을 할 수 있도록 이끌기보다는 말초적인 기술에만 초점을 맞추는 교육이 이루어지고 있다. 이러한 상황에서는 글쓰기 능력이 하찮은 것으로 전락해 버린다.

따라서 글쓰기 능력이, 문제해결을 위해 우리의 전체적 능력이 조화를 이루도록 하고, 글쓰기 과정을 통해 문제해결력을 키울 수 있도록 해야 한다. 글쓰기 능력이 문제해결력의 전부는 아니지만 문제해결을 위한 일련의 과정에서 중요한 역할을 하며 최종적으로 그 해결책을 제시하는 중요한 능력임을 다시금 깨달아야 할 것이다.

마지막으로 글쓰기 능력은 특정 질병을 치유하기 위한 능력으로 발전해 나가야 한다. 이제까지 배운 글쓰기는 모든 글쓰기에 모두 적용될 수 있는 기초적인 것이었다. 이것이 기초적인 능력인 만큼 어떤 종류의 글을 쓰든 다 적용될 수 있지만 특정한 문제를 해결하기 위한 맞춤 능력은 아닐 수도 있다. 즉 문제의 사안에 따라서, 분야에 따라서, 독자에 따라서 다른 방식의 글쓰기가 필요한데 그러한 필요에 맞는 글쓰기가 될 수 있도록 글쓰기 능력을 향상시켜 나가야 한다.

현재의 몇몇 대학에서 맞춤식 글쓰기 교육이 이루어지고 있는데 그 성과는 미지수이다. 대학의 계열별로 또는 전공별로 필요한 글쓰기가 따로 있다는 발상에서 이러한 글쓰기 교육이 이루어지고 있는 듯하나 아직까지는 확실한 성과를 내지 못하고 있다. 현실적인 요구에 의해서 교육이 이루어지고는 있으나 무엇을 어떻게 가르쳐야 하는지 연구되지 않은 상황에서 어쩔 수 없는 한계이기도 하다.

이 문제는 글을 쓰는 주체 스스로가 해결해 나가야 하는 문제이기도 하다. 글을 쓰는 행위가 문제해결을 위한 것이라면 각각의 분야에서 필요하고도 적합한 글을 써야 하는 것도 문제 상황이다. 따라서 이 문제 상황에 대한 면밀한 검토에서 출발하여 필요한 자료를 모으고 글을 구성하고 전개하는 능력을 발휘해야 하는 것이다. 이 과정 역시 글쓰기의 일반적인 과정과 크게 다르지 않다. 중요한 것은 개별적인 문제에 직면한 주체가 그 문제에 대한 가장 효과적인 해결책을 제시하기 위해 얼마나 능동적인 태도를 보이는가이다.

이렇듯 글쓰기 능력은 글쓰기 자체에 국한된 능력이라기보다는 여러 상황과 밀접한 관련을 맺기도 하고 그 상황에서 주도적인 역할을 할 수 있는 능력이기도 하다. 글쓰기 능력이 전부는 아니지만 중요한 능력 중의 하나임을 인식하고 글쓰기의 기초적인 원리에서 출발하여 주어진 문제 상황에 맞는 글을 쓸 수 있는 능력으로 확장시키는 노력을 늘 경주해야 한다.

- **글쓰기 능력은 누구나 갖추어야 하는 기초적인 능력이고, 문제해결을 위한 주요한 수단이며, 무한히 발전시켜야 할 능력이다.**

읽기와 사고력

글쓰기와 관련해서 함께 강조되는 것이 읽기와 사고력이다. 좋은 글을 쓰기 위해서는 많이 읽어야 하고 좋은 글을 쓰기 위해서는 사고력이 갖추어져 있어야 한다는 것이다. 그리하여 각종 읽기 자료들이 쏟아져 나오고 있으며 각종 사고력 강화를 위한 프로그램이 쏟아져 나오고 있다.

읽기와 사고력은 글을 쓰기 위해 매우 중요한 요소이지만 개별적으로 강조되어서는 안 된다. 많이 읽으면 읽을수록 풍부한 지식을 갖추게 될 뿐만 아니라 다른 사람의 생각도 잘 이해할 수 있게 된다. 또 좋은 글을 쓰기 위해서는 풍부한 자료를 모아야 하는데 대부분의 자료가 글로 되어 있기 때문에 읽기 능력은 매우 중요한 능력이다.

또한 비판적, 논리적, 창의적 사고도 글을 쓰기 위해서 매우 중요한 요소이다. 주어진 문제에 대해서 비판적인 인식이 있어야 문제를 제대로 분석할 수 있고 글을 전개할 때도 논리적인 사고를 할 줄 알아야 제대로 전개할 수 있다. 그리고 창의적으로 사고할 수 있어야 창의적인 문제해결책을 제시할 수 있다. 이러한 사고력이 종합적으로 갖추어져야 좋은 글을 쓸 수 있는 것은 당연하다.

그러나 읽기, 사고력, 글쓰기가 따로 분리되어서는 의미가 없다. 맹목적으로 읽기만 강조한다면 지식을 넓히는 데 의의를 둘 수밖에 없다. 사고력에만 주안점을 둔다면 그것은 논리학 공부에 지나지 않을 수도 있다. 결국 읽기와 사고력 모두가 분명한 목적의식이 있어야만 한다.

따라서 글쓰기는 물론 읽기와 사고력의 문제의식을 하나로 모을 필요가 있는데 그것은 당연히 문제해결이 되어야 한다. 앞에서도 여러 번 강조했지만 글을 쓰는 근본적인 목적이 문제해결이었듯이 읽기와 사고력 또한 문제해결을 근본적인 목적으로 삼아야 한다. 그리고 글을 쓸 때 읽기와 사고력이 조화를 이뤄야만 더 좋은 문제해결책을 제시할 수 있다.

• 읽기와 사고력도 글을 쓰기 위한 중요한 요소인데 글쓰기와 마찬가지로 이 둘의 근본적인 목적도 문제해결에 맞춰져야 한다.

입말과 글말

인간의 의사소통 수단 중에서 가장 중요한 두 수단은 말과 글이다. 말이 먼저 생겨나 주요한 의사소통의 수단으로 쓰이다가 말의 시간적 공간적 한계를 극복하기 위해 글자가 발명되고 글이 쓰이게 되었음은 주지의 사실이다. 이 두 가지는 늘 중요한 의사소통의 수단이었는데 말은 상대적으로 낮은 수준의 일상적 의사소통 수단이고, 글은 상대적으로 높은 공식적 의사소통 수단으로 인식되어 왔다. 그리고 말에 비해 글이 쓰기 어렵기 때문에 전문적인 교육을 받아야 하는 중요한 능력으로 생각되어 왔다.

그런데 최근에는 말의 중요성이 강조되기 시작했다. 공식적인 말하기 기회도 많아졌고, 그 기회에서 자신의 능력을 발휘해야만 성공을 거둘 수 있기 때문이다. 이에 따라 대학에서도 각종 말하기 강좌가 생기고 말하기 책들이 봇물을 이루고 있다.

이제까지 우리가 걸어온 길은 글을 쓰기 위한 길이었지만 글쓰기의 원리는 말하기에도 그대로 적용될 수 있다. 글쓰기와 말하기의 차이는 여러 차원에서 거론될 수 있지만 궁극적인 차이는 최종적인 표현 방법의 차이일 뿐이다. 더욱이 말하기가 일상의 언어소통을 위한 것이 아니라 문제해결을 위한 것이라면 더더욱 글쓰기의 원리와 말하기의 원리는 전혀 다르지 않다.

따라서 이제까지 살펴본 글쓰기 능력은 말하기에서도 그대로 발휘될 수 있어야 한다. 문제를 발견하고 이를 해결하기까지의 모든 과정은 말하기와 글쓰기가 전혀 다르지 않다. 문제다운 문제를 발견해야 말하기의 의의가 살아나는 것, 충분히 생각하고 충분히 자료가 준비되어야 할 말을 제대로 갖춰 말을 할 수 있게 되는 것, 체계적으로 구성하여 전개해야 사람들이 알아듣기 쉽게 되는 것 등 어느 것이나 말하기의 주요 원리는 글쓰기의 주요 원리와 다르지 않다.

말하기는 순차적, 일회적이기 때문에 글쓰기의 원리를 더 잘 이해하고 적용할 필요가 있다. 글을 읽을 때는 같은 곳을 여러 번 읽을 수도 있고 필요에 따라 뛰어 넘으면서 읽을 수도 있다. 그러나 말하기는 한 번 지나가면 그만이어서 앞의 내용을 다시 들을 수도, 필요한 내용을 반복해서 들을 수도 없다. 그렇기 때문에 말하기가 글쓰기보다 더 어려울 수 있다.

이때 글쓰기의 구성과 전개 원리를 말하기에 적용하면 좋은 성과를 거둘 수 있다. 글쓰기에서는 간잡이그림을 그리고, 이에 따라 개요를 작성하며, 일정한 전개원리에 따라 글을 전개했다. 이와 마찬가지로 말하기가 효과적으로 이루어지려면 구성의 원리가 철저하게 지켜져야 하다. 즉 말할 주제가 분명히 설정되었다면 이 주제에 대해 어떤 내용을 어떤 순서로 전개할 것인가가 분명해야 한다. 내용의 각 부분을 주제와 밀접하게 관련을 시키고 각 요소의 유기적인 관계를 맺어줘야 듣는 사람이 쉽게 이해할 수 있기 때문에 글쓰기의 구성원리가 말하기에 더 유용하게 적용될 수 있다.

나아가 글쓰기의 정신을 말하기에 적절히 적용해 말하기에 대한 현재의 천박한 이해를 극복할 필요도 있다. 글쓰기에 대해서도 단순한 기술 또는 기법 정도로 폄하시키거나 천박하게 이해하는 경우가 있는데 말하기에 대해서는 이러한 정도가 심하다. 즉 말하기의 목적이나 내용에 대한 고민보다는 음성, 표정, 동작이 중요한 것으로 생각하는 경향이 있다. 또한 말하기의 한 형태인 발표에서는 어떻게 하면 시각자료를 잘 만들 것인가에 초점을 맞추기도 하고, 면접에서는 어떤 말투를 써야 하는가가 주요 쟁점이 되기도 한다.

말하기에 대한 이러한 몰이해는 의사소통의 근본적인 목적을 알지 못하기 때문에 나타난다. 글을 쓰는 것이든 말을 하는 것이든 근본적으로는 문제해결을 위한 것임을 명심해야 한다. 그리고 말하기와 글쓰기는 그러한 해결책을 위한 도구이기 때문에 문제 자체에 대한 인식, 문제해결을 위한 노력 등이 더 중요한 요소임을 알아야 한다.

- **글쓰기나 말하기는 모두 문제해결을 위한 의사소통의 수단이므로 글쓰기의 원리가 말하기에도 그대로 적용될 수 있다.**

2. 규정종목과 자유종목

이제까지 살펴본 글쓰기의 원리와 방법이 우리의 창의적인 글쓰기를 방해해서는 안 된다. 이 원리와 방법을 완전히 익히고 난 후 무한히 발전해 나가야 할 당위와 방향을 알아보자.

❑ 규정종목과 자유종목
❑ 글쓰기의 규정종목과 자유종목

규정종목과 자유종목

피겨스케이팅 경기에서는 규정종목과 자유종목을 따로 두고 경합을 벌인다. 규정종목은 쇼트 프로그램이라고 불리기도 하는데 여기서는 정해진 요소 8가지(점프 3, 스핀 3, 스텝 2)를 정해진 시간(2분 50초) 안에 수행해야 한다. 순서나 동선은 선수 개인이 정할 수 있지만 8가지 요소와 시간은 바꿀 수 없다. 규정종목에 정해진 8가지 요소는 피겨스케이팅의 가장 기본적인 요소로서 피겨스케이팅 선수라면 이 정도의 능력은 모두 가지고 있어야 한다고 보고 있다.

반면에 자유종목은 프리 스케이팅이라고도 하는데 최대 12가지(점프 7, 스핀 3, 스텝 2)의 요소를 자유롭게 표현할 수 있으며 시간은 3분 20초에서 3분 40초까지 주어진다. 여기서는 선수 개인이 최대한 창의성을 살려 요소를 넣고 뺄 수 있으며 안무까지도 스스로 짜서 예술성을 돋보이게 할 수 있다. 이는 기초적인 능력과 함께 창의적인 능력을 함께 평가하고자 하는 배려이다.

글쓰기의 원리나 방법도 이와 같은 규정종목과 자유종목의 정신이 그대로 반영된다. 즉 간잡이그림의 유형이라든지 글의 전개 방법 등 여러 글쓰기의 원리나 방법이 제시될 수 있는데 이는 일종의 규정종목에 해당한다. 글을 쓰고자 한다면 이런 기초적인 원리나 방법에 대해서 알고 있어야 한다는 것을 전제로 하여 원리나 방법을 이해시키고 훈련시키는 것이다. 이러한 기초적인 원리나 방법은 글쓰기를 어렵게 하는 장애를 극복하고 어떤 형태로든 글을 쓸 수 있게 하는 원동력이 된다. 이러한 규정종목을 완전히 익혔을 때 비로소 자유종목을 창의적으로 수행할 수 있다.

- **글쓰기의 기초적인 방법을 익히고 이를 창의적으로 발전시킬 방안을 늘 생각해야 한다.**

글쓰기의 규정종목과 자유종목

글쓰기를 훈련하는 단계에서 반드시 밟아가야 하는 단계는 문제의 발견과 주제의 설정, 구성, 전개 이 세 가지이다. 각 단계가 있어야 하는 그 나름대로의 이유가 있고 그 단계를 어떻게 수행해야 하는가에 대한 구체적인 방법이 있다. 이제까지 우리는 그 방법 중의 하나를 알아보았다. 그것이 절대적인 것은 아니더라도 가장 효율적으로 보이는 방법이었다.

문제를 발견하고 그 문제의식 속에서 주제를 어떻게 설정할 것인가에 대해 알아보았다. 주제가 설정되면 어떻게 구성하고, 그 구성에 따라 글을 전개하기 위해서 어떻게 개요를 짤 것인가에 대해서도 알아보았다. 그리고 정해진 구성과 개요에 따라 어떻게 글로 전개할 것인가에 대해 알아보았다.

각 단계의 설명이 복잡해 보이기는 해도 그 원리는 아주 간단했다. 어떻게 하면 주어진 문제 상황에 가장 잘 맞는, 그래서 문제를 해결하는 데 도움이 되는 글을 쓸 수 있는가가 주요 원리였다. 그 원리에 입각해 각 단계의 방법을 세세하게 알아보고 그에 따른 예문도 검토해 보았다. 간단한 원리를 바탕으로 아무도 두려움을 가지지 않고 누구나 글을 쓸 수 있도록 설명을 했다.

이상의 원리와 방법만 잘 활용한다면 글쓰기의 기초는 충분히 확립할 수 있다. 어떤 상황에서 어떤 주제가 주어지더라도 최소한의 여건만 갖추어진다면 글 한 편 써내는 것 자체는 그리 어려운 일이 아니라는 확신이 들 수 있다.

그러나 이러한 원리나 방법에 머물러서는 안 되고 보다 창의적인 글쓰기로 나아갈 수 있어야 한다. 원리나 방법을 이해하고 적용할 수 있다면 이 원리나 방법을 넘어설 수도 있어야 한다. 그리고 새로운 원리나 방법을 개발해 낼 수도 있어야 한다.

이상에서 살펴본 글쓰기 방법은 필요에 따라 선택적으로 활용할 수 있고, 선택해야 하는 것들이다. 이러한 방법은 절대적인 것이 아니며 가장 많이 사용하면서도 편리하게 활용할 수 있는 예를 제시한 것뿐이다. 그럼에도 불구하고 이러한 틀 속에 갇혀 모든 글을 이러한 방식으로 써 나간다면 창의적인 글쓰기는 불가능해진다.

글쓰기 원리와 방법의 창의적인 활용은 글을 쓰는 사람들 각자가 이루어 나가야 할 몫이다. 나아가 더 궁극적인 원리와 더 좋은 방법을 개발해 내는 것 또한 글을 쓰는 사람 스스로가 해야 할 몫이다.

- **글쓰기의 기초적인 원리나 방법이 숙달되면 창의적인 글쓰기의 원리와 방법을 스스로 개척해 나갈 수 있어야 한다.**

한 성 우(韓成愚)

서울대학교 국어국문학과를 졸업하고(1994), 같은 학교 대학원 국어국문학과에서 국어학을 전공하여, 문학석사(1996), 문학박사(2003) 학위를 받았다.

현재 인하대학교 문과대학 인문학부 한국어문학전공 교수로 재직하고 있다.

주된 연구 분야는 음운론, 방언학, 사회언어학이며, 외국인을 위한 한국어교육과 어휘 분야의 연구도 병행하고 있다. 또한 일찍부터 글쓰기에도 관심을 기울여 글쓰기 교육과 연구를 계속하고 있다. 저서로는 『평안북도 의주방언의 음운론』, 『인천 토박이말 연구』, 『경계를 넘는 글쓰기』, 『방송발음』(공저), 『보도 가치를 높이는 TV뉴스 문장쓰기』(공저) 등이 있다. 논문으로는 「의주방언과 구개음화」, 「국어 음소 분포의 통시적 변화」, 「보통학교 조선어독본 음성자료에 대한 음운론적 연구」, 「<兒學編>을 통해 본 근대 동아시아의 언어 교류」 외에 여러 편이 있다.

e-mail : drysoul@inha.ac.kr

경계를 넘는 글쓰기

초판 1쇄 발행 • 2006년 6월 1일
초판 2쇄 발행 • 2010년 9월 15일
지은이 • 한 성 우
펴낸이 • 박 성 복
펴낸곳 • 도서출판 월인
서울특별시 강북구 수유2동 252-9
등록번호 • 제6-0364호
등록일 • 1998년 5월 4일
대표전화 • (02) 912-5000
팩스 • (02) 900-5036
http://www.worin.net

ISBN 89-8477-321-2 03810

값 16,000원